科学出版社“十三五”普通高等教育本科规划教材

复变函数与积分变换

主　编　宫　华
副主编　艾　玲　刘玉凤　林洪娟

科学出版社
北　京

内 容 简 介

本书是复变函数与积分变换课程教材，介绍复变函数与积分变换的基本概念、理论和方法. 主要内容包括：复数与复变函数、解析函数、复变函数的积分、级数、留数、Fourier 变换、Laplace 变换、Matlab 在复变函数与积分变换中的应用等. 每章给出本章小结，颇具特色. 各章后配有适量习题，书末附习题参考答案，便于读者复习和总结. 本书突出应用性，力求讲解细致、通俗易懂，加强数学软件在课程教学中的作用.

本书可供普通高等院校工科各专业使用，尤其是自动化、通信工程、电子信息、测控、机械工程、车辆工程等专业，也可供有关技术人员参考.

图书在版编目 (CIP) 数据

复变函数与积分变换/宫华主编. —北京：科学出版社，2016.7

科学出版社“十三五”普通高等教育本科规划教材

ISBN 978-7-03-049220-3

Ⅰ. ①复…　Ⅱ. ①宫…　Ⅲ. ①复变函数②积分变换　Ⅳ. ①O174.5 ②O177.6

中国版本图书馆 CIP 数据核字(2016)第 147091 号

责任编辑：王胡权 / 责任校对：邹慧卿

责任印制：吴兆东 / 封面设计：迷底书装

科学出版社出版

北京东黄城根北街 16 号

邮政编码：100717

http://www.sciencep.com

北京富资园科技发展有限公司印刷

科学出版社发行　各地新华书店经销

*

2016 年 7 月第 一 版　开本：720×1 000 1/16

2024 年 7 月第十次印刷　印张：16

字数：322 000

定价：45.00 元

（如有印装质量问题，我社负责调换）

前　　言

复变函数与积分变换的基本理论和方法已经被广泛地应用于自然科学的众多领域，是高等院校理工科类学生必须具备的数学基础知识之一. 通过本课程的学习，学生不仅能够掌握复变函数与积分变换的基本理论、数学物理及工程技术中常用的数学方法，而且可以巩固和复习高等数学的基础知识，提高数学素养，为学习有关的后续课程和进一步扩大数学知识奠定必要的基础. 此外本课程在培养学生的应用能力、抽象思维能力、逻辑推理能力和科学计算能力等方面起着重要的作用.

本书是根据教育部高等院校复变函数与积分变换课程的基本要求，依据工科数学《复变函数与积分变换教学大纲》，在积累多年教学经验的基础上编写而成. 以解析函数的理论为基础，对复变函数的积分、级数、留数、对 Fourier 变换、Laplace 变换作了较系统介绍. 此外还介绍了数学软件在复变函数与积分变换中的应用，使读者能够熟悉和掌握Matlab 在复变函数与积分变换课程中的基本使用方法. 书中精心编排了大量的例题和习题以供读者进一步理解教材的内容，标有*部分供读者选学使用. 本书力求体系严谨、逻辑性强、推证简洁、思路清晰、内容组织由浅入深且可读性强. 本书具有如下特点：

1．从实用性角度出发，加大积分变换及其应用的篇幅，给出了一些实际应用问题以帮助读者加深对课程的理解，培养解决实际问题的能力，从而达到学为所用的最终目的.

2．把数学软件 MATLAB 引入教材，体现了教材的现代化. 在实践中数学问题的解决往往要借助计算机，为了使学生既能通过计算机编程来亲身体验数学知识，又不至于被繁琐的程序编写羁绊，我们选择了编程简单而高效的 MATLAB，作为计算机手段引入课堂教学. 数学实验的增加无疑为培养学生的创新能力、实际操作能力等综合能力搭建了一个良好的平台.

3．在讲清基本概念、基本方法的基础上，降低了本课程难度，力求低起点，通俗易懂，条理清晰. 在每章后精心设置了小结，可帮助读者更清楚明了地把握学习要点，更深刻地理解该章的主要学习内容，便于教学与自学.

全书共分为 8 章，第 1 章、第 2 章、第 3 章由宫华编写，第 4 章、第 6 章由刘玉凤编写，第 5 章、第 7 章由艾玲编写，第 8 章由林洪娟编写.

由于编者水平有限，书中不妥之处在所难免，希望广大读者、专家和同行批评指正.

编　者

2016 年 5 月

目　　录

第 1 章　复数与复变函数

复变函数论中所研究的函数的自变量与因变量均取复数，对于复数域及复变量的函数要有清晰的认识. 本章在现行中学课本的基础上，介绍复数的基本概念、四则运算、复数的三角表示、复球面、区域以及复变函数的极限与连续性等概念，为进一步研究解析函数理论和方法奠定必要的基础. 从形式上看，复变函数及其极限、连续等概念与高等数学中相应的概念颇为相似，但意义已不尽相同，学习过程中应当善于比较、深刻理解.

1.1　复数及其运算

1.1.1　复数的基本概念

定义 1.1　对于任意实数 x, y，将形如 $z=x+\mathrm{i}y$（或 $z=x+y\mathrm{i}$）的数称为**复数**，其中 i 为**虚数单位**，并规定 $\mathrm{i}^2=-1$；x, y 分别称为 z 的**实部**与**虚部**，记作

$$\mathrm{Re}\,z=x,\quad \mathrm{Im}\,z=y.$$

当 $x=0$，$y\neq 0$ 时，$z=\mathrm{i}y$ 称为**纯虚数**；当 $y=0$ 时，将 $z=x+0\mathrm{i}$ 看作是实数 x，例如复数 $4+0\mathrm{i}$ 就是实数 4，而 $0+2\mathrm{i}$ 就是纯虚数 $2\mathrm{i}$.

设 $z_1=x_1+\mathrm{i}y_1$ 与 $z_2=x_2+\mathrm{i}y_2$ 是两个复数，当且仅当 $x_1=x_2, y_1=y_2$ 时，称两个复数**相等**，即 $z_1=z_2$. 对于复数 $z=x+\mathrm{i}y$，$z=0$ 当且仅当 $x=y=0$. 与实数不同，一般来说，两个复数不能比较大小.

把实部相同，而虚部绝对值相等、符号相反的两个复数称为**共轭复数**. 对于复数 $z=x+\mathrm{i}y$，称 $x-\mathrm{i}y$ 为 z 的共轭复数，记作 $\overline{z}$. 特别地，实数的共轭复数是该实数本身；反之，如果 $z=\overline{z}$，这个复数便是一个实数.

1.1.2　复数的代数运算

由共轭复数的定义不难验证，下列性质成立.

(1) $\overline{z_1\pm z_2}=\overline{z}_1\pm\overline{z}_2$，$\overline{z_1z_2}=\overline{z}_1\overline{z}_2$，$\overline{\left(\dfrac{z_1}{z_2}\right)}=\dfrac{\overline{z}_1}{\overline{z}_2}$（$z_2\neq 0$）；

(2) $\overline{\overline{z}}=z$；

(3) $z\overline{z}=(\mathrm{Re}\,z)^2+(\mathrm{Im}\,z)^2$；

(4) $z+\overline{z}=2\operatorname{Re}z$， $z-\overline{z}=2\mathrm{i}\operatorname{Im}z$.

两个复数 $z_1=x_1+\mathrm{i}\,y_1$， $z_2=x_2+\mathrm{i}\,y_2$ 的四则运算定义如下：

$$z_1\pm z_2=(x_1+\mathrm{i}\,y_1)\pm(x_2+\mathrm{i}\,y_2)=(x_1\pm x_2)+\mathrm{i}(y_1\pm y_2)\,, \tag{1-1}$$

$$z_1z_2=(x_1+\mathrm{i}\,y_1)(x_2+\mathrm{i}\,y_2)=(x_1x_2-y_1y_2)+\mathrm{i}(x_2y_1+x_1y_2)\,, \tag{1-2}$$

若 $z_2\neq 0$，则

$$\frac{z_1}{z_2}=\frac{x_1+\mathrm{i}\,y_1}{x_2+\mathrm{i}\,y_2}=\frac{(x_1+\mathrm{i}\,y_1)(x_2-\mathrm{i}\,y_2)}{(x_2+\mathrm{i}\,y_2)(x_2-\mathrm{i}\,y_2)}=\frac{x_1x_2+y_1y_2}{x_2^{\ 2}+y_2^{\ 2}}+\mathrm{i}\frac{x_2y_1-x_1y_2}{x_2^{\ 2}+y_2^{\ 2}}\,. \tag{1-3}$$

注意　在计算 $\dfrac{z_1}{z_2}$ 时，常利用共轭复数的性质(3)，将分子分母同乘以 $\overline{z}_2$.

与实数的情形一样，复数的运算也满足

(1) 交换律： $z_1+z_2=z_2+z_1$， $z_1z_2=z_2z_1$；

(2) 结合律： $z_1+(z_2+z_3)=(z_1+z_2)+z_3$， $z_1(z_2z_3)=(z_1z_2)z_3$；

(3) 分配律： $z_1(z_2+z_3)=z_1z_2+z_1z_3$.

例 1.1　设 $z_1=1-5\mathrm{i}$， $z_2=-3+2\mathrm{i}$，求 $\dfrac{z_1}{z_2}$.

解　$\dfrac{z_1}{z_2}=\dfrac{z_1\overline{z}_2}{z_2\overline{z}_2}=\dfrac{(1-5\mathrm{i})(-3-2\mathrm{i})}{(-3+2\mathrm{i})(-3-2\mathrm{i})}=\dfrac{(-3-10)+(15-2)\mathrm{i}}{9+4}=-1+\mathrm{i}$.

例 1.2　设 $z=\dfrac{1}{\mathrm{i}}-\dfrac{2\mathrm{i}}{1-\mathrm{i}}$，求 $\operatorname{Re}z$， $\operatorname{Im}z$ 与 $z\overline{z}$.

解　$z=\dfrac{1}{\mathrm{i}}-\dfrac{2\mathrm{i}}{1-\mathrm{i}}=\dfrac{-\mathrm{i}}{\mathrm{i}(-\mathrm{i})}-\dfrac{2\mathrm{i}(1+\mathrm{i})}{(1-\mathrm{i})(1+\mathrm{i})}=-\mathrm{i}-\dfrac{-2+2\mathrm{i}}{2}=1-2\mathrm{i}$，所以， $\operatorname{Re}z=1$， $\operatorname{Im}z=-2$， $z\overline{z}=1^2+(-2)^2=5$.

例 1.3　设 $z_1=x_1+\mathrm{i}\,y_1$， $z_2=x_2+\mathrm{i}\,y_2$ 是两个任意复数，证明 $z_1\overline{z}_2+\overline{z}_1z_2=2\operatorname{Re}(z_1\overline{z}_2)$.

证法一　$z_1\overline{z}_2+\overline{z}_1z_2=z_1\overline{z}_2+\overline{z_1\overline{z}_2}=2\operatorname{Re}(z_1\overline{z}_2)$.

证法二

$$\begin{aligned}z_1\overline{z}_2+\overline{z}_1z_2&=(x_1+\mathrm{i}\,y_1)(x_2-\mathrm{i}\,y_2)+(x_1-\mathrm{i}\,y_1)(x_2+\mathrm{i}\,y_2)\\&=(x_1x_2+y_1y_2)+\mathrm{i}(x_2y_1-x_1y_2)+(x_1x_2+y_1y_2)+\mathrm{i}(x_1y_2-x_2y_1)\\&=2(x_1x_2+y_1y_2)=2\operatorname{Re}(z\overline{z}).\end{aligned}$$

1.1.3　复平面

一个复数 $z=x+\mathrm{i}\,y$ 由一个有序实数对 (x,y) 唯一确定，而有序实数对与平面上的点一一对应. 所以，对于平面上给定的直角坐标系，复数 z 的全体与坐标平面上的点的全体形成一一对应关系. 从而坐标平面上的点 (x,y) 可以用来表示复数 $x+\mathrm{i}\,y$，横轴上的点表示实数，称为实轴；纵轴上的点表示纯虚数，称为虚轴，两轴所在的坐标平面称为**复平面或** z **平面**. 这样，复数与复平面上的点形成一一对应，一个复数集合就是一个平面点集.

某些特殊的平面点集可以用复数所满足的某种关系式来表示. 例如，$\{z: 0 \leqslant \operatorname{Re} z \leqslant 2, 0 \leqslant \operatorname{Im} z \leqslant 1\}$ 表示以 0, 2, 2+i, i 为顶点的长方形.

在复平面上，复数 z 可以与从原点指向点 $z = x + \mathrm{i}\,y$ 的平面向量成一一对应，这样可以把复数与平面向量等同起来，复数 z 可以用向量 $\overrightarrow{OP}$ 来表示(图 1-1).

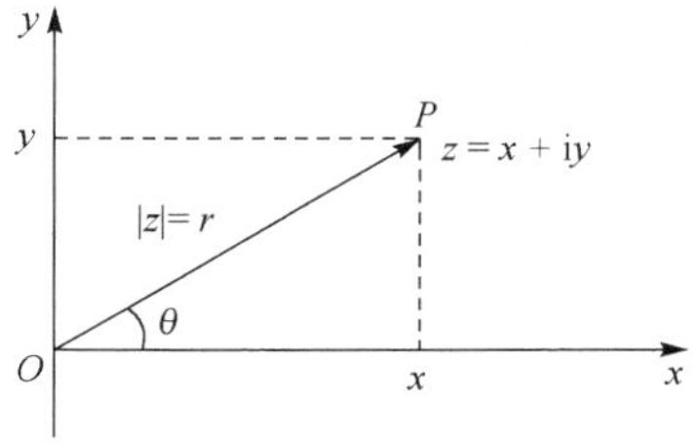

图 1-1

定义 1.2　若 $z = x + \mathrm{i}\,y$ 是一个不为 0 的复数，将其所对应的向量 $\overrightarrow{OP}$ 的长度称为 z 的**模**，记作 $|z| = \sqrt{x^2 + y^2}$；以正实轴为始边，以向量 $\overrightarrow{OP}$ 为终边的角的弧度数 θ (即所对应的向量的方向角)叫做 z 的**辐角**，记作 $\operatorname{Arg} z$. 显然，辐角有无穷多个值，彼此之间相差 2π 的整数倍，通常把满足 $-\pi < \theta_0 \leqslant \pi$ 的辐角 θ_0 称为 $\operatorname{Arg} z$ 的**主值**，记作 $\arg z$. 从而 $\theta = \theta_0 + 2k\pi$ (k 为任意整数).

当 $z = 0$ 时，$|z| = 0$，辐角不确定.

设 $z = x + \mathrm{i}\,y$ 是不为 0 的复数，易知，$\tan(\operatorname{Arg} z) = \dfrac{y}{x}$，于是辐角主值 $\arg z$ 可以按下列关系确定.

$$\arg z = \begin{cases} \arctan \dfrac{y}{x}, & x > 0, y \in \mathbf{R}, \\ \dfrac{\pi}{2}, & x = 0, y > 0, \\ \arctan \dfrac{y}{x} + \pi, & x < 0, y \geqslant 0, \\ \arctan \dfrac{y}{x} - \pi, & x < 0, y < 0, \\ -\dfrac{\pi}{2}, & x = 0, y < 0, \end{cases} \tag{1-4}$$

其中 $-\dfrac{\pi}{2} < \arctan \dfrac{y}{x} < \dfrac{\pi}{2}$.

下面介绍复数 $z = x + \mathrm{i}\,y$ 的模的性质.

首先，由定义 1.2 容易验证

$$|x| \leqslant |z|, \quad |y| \leqslant |z|, \quad |z| \leqslant |x| + |y|, \quad |z| = |\overline{z}|, \quad z\overline{z} = |z|^2 .$$

由于复数和平面向量一一对应，所以两个不为 0 的复数 z_1 与 z_2 的和(图 1-2(a))与差(图 1-2(b))可以按照两向量和与差的几何作图法在复平面中表示出来. 还可以看到 $|z_1 - z_2|$ 表示复平面上两点 z_1 和 z_2 之间的距离.

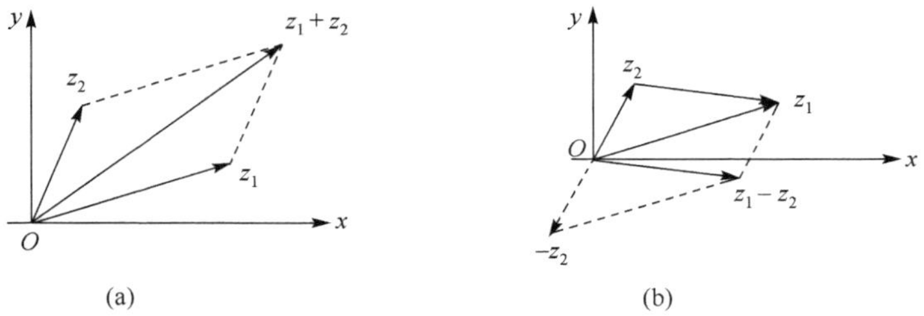

图 1-2

由图 1-2 结合三角形的性质可知

$$|z_1 + z_2| \leqslant |z_1| + |z_2|, \tag{1-5}$$

$$|z_1 - z_2| \geqslant \big||z_1| - |z_2|\big|. \tag{1-6}$$

设 z 是一个不为 0 的复数，r 是 z 的模，θ 是 z 的任意一个辐角，利用直角坐标与极坐标的关系，$x = r\cos\theta, y = r\sin\theta$，可以把 z 表示为

$$z = r(\cos\theta + \mathrm{i}\sin\theta), \tag{1-7}$$

称为**复数** z 的**三角表示式**.

由于一个复数的辐角有无穷多种选择，因而复数的三角表示不是唯一的.

利用欧拉公式：$\mathrm{e}^{\mathrm{i}\theta} = \cos\theta + \mathrm{i}\sin\theta$，又可以将复数 z 表示为

$$z = r\,\mathrm{e}^{\mathrm{i}\theta}, \tag{1-8}$$

称为**复数** z 的**指数表示式**.

复数的各种表示法要灵活转换以适应不同问题的讨论需要.

例 1.4 写出复数 $z = 1 - \sqrt{3}\mathrm{i}$ 的三角表示式与指数表示式.

解 $|z| = \sqrt{1+3} = 2$. 由于 z 在第四象限，由式(1-4)知

$$\arg z = \arctan\frac{-\sqrt{3}}{1} = -\frac{\pi}{3},$$

从而 z 的三角表示式为

$$z = 2\left[\cos\left(-\frac{\pi}{3}\right) + \mathrm{i}\sin\left(-\frac{\pi}{3}\right)\right].$$

z 的指数表示式为

$$z = 2\mathrm{e}^{-\frac{\pi}{3}\mathrm{i}}.$$

利用复数及其运算的几何意义，很多平面图形能用复数的方程或不等式来表示；反之，也可以由给定的复数形式的方程或不等式来确定它所表示的图形. 看下面两个例子.

例 1.5　将通过两点 $z_1 = x_1 + \mathrm{i}\,y_1$ 与 $z_2 = x_2 + \mathrm{i}\,y_2$ 的直线用复数形式的方程表示.

解　通过两点 $z_1 = x_1 + \mathrm{i}\,y_1$ 与 $z_2 = x_2 + \mathrm{i}\,y_2$ 的直线可以用参数方程表示为

$$\begin{cases} x = x_1 + t(x_2 - x_1), \\ y = y_1 + t(y_2 - y_1), \end{cases} \quad -\infty < t < +\infty .$$

因此，令 $z = x + \mathrm{i}\,y$，得到该直线的复数形式的参数方程为

$$z = z_1 + t(z_2 - z_1), \quad -\infty < t < +\infty .$$

当 $0 \leqslant t \leqslant 1$ 时，该参数方程表示 z_1 到 z_2 的直线段. 特别地，取 $t = \dfrac{1}{2}$，得线段 $\overline{z_1 z_2}$ 的中点 $z = \dfrac{z_1 + z_2}{2}$.

例 1.6　求下列方程所表示的曲线：

(1) $|z-1| = 3$；　　　　(2) $|z-2| = |z+2\mathrm{i}|$.

解　(1) 由复数的几何意义，方程 $|z-1| = 3$ 表示复平面上所有与点 $z=1$ 距离为 3 的点的轨迹，即以 $z=1$ 为中心，半径为 3 的圆(图 1-3(a)). 下面用代数方法求出该圆的直角坐标方程. 设 $z = x + \mathrm{i}\,y$，方程变为 $|(x-1) + y\mathrm{i}| = 3$，即 $\sqrt{(x-1)^2 + y^2} = 3$，或 $(x-1)^2 + y^2 = 9$.

(2) 几何上，该方程表示到点 $z_1 = 2$ 与 $z_2 = -2\mathrm{i}$ 距离相等的点的轨迹，所以方程表示的曲线就是连接点 $z_1 = 2$ 与 $z_2 = -2\mathrm{i}$ 的线段的垂直平分线(图 1-3(b))，它的方程为 $y = -x$，该方程也可以用代数方法求得.

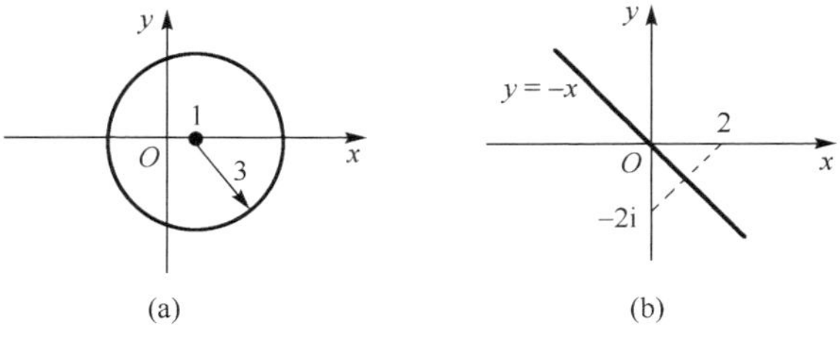

图 1-3

1.1.4　复数的乘幂与方根

利用复数的三角与指数表示式进行乘除、乘方与开方，往往比直接用代数运算要方便得多. 首先来讨论乘法.

设两个复数

$$z_1 = r_1(\cos\theta_1 + \mathrm{i}\sin\theta_1), \quad z_2 = r_2(\cos\theta_2 + \mathrm{i}\sin\theta_2),$$

则

$$\begin{aligned} z_1 z_2 &= r_1 r_2(\cos\theta_1 + \mathrm{i}\sin\theta_1)(\cos\theta_2 + \mathrm{i}\sin\theta_2) \\ &= r_1 r_2[(\cos\theta_1\cos\theta_2 - \sin\theta_1\sin\theta_2) + \mathrm{i}(\cos\theta_1\sin\theta_2 + \sin\theta_1\cos\theta_2)] \\ &= r_1 r_2[(\cos(\theta_1+\theta_2) + \mathrm{i}\sin(\theta_1+\theta_2))] \end{aligned} \tag{1-9}$$

于是有

$$|z_1 z_2| = r_1 r_2 = |z_1||z_2|, \tag{1-10}$$

$$\mathrm{Arg}(z_1 z_2) = \mathrm{Arg}\, z_1 + \mathrm{Arg}\, z_2 . \tag{1-11}$$

由此可知，两个复数相乘，只要把它们的模相乘，辐角相加即可.

根据式(1-10)和(1-11)得到复数乘法的几何意义为：将向量 z_1 沿自身的方向伸长或缩短 $|z_2|$ 倍，再旋转一个角度 $\arg z_2$，得到的向量的终点即为乘积 $z_1 z_2$（图 1-4）. 特别地，当 $|z_2| = 1$ 时，乘法变成了向量旋转，例如，$\mathrm{i}z$ 相当于将 z 逆时针旋转 90°，而 $-\mathrm{i}z$ 相当于将 z 顺时针旋转 90°；又当 $\arg z_2 = 0$ 时，乘法就变成了只是伸长或缩短.

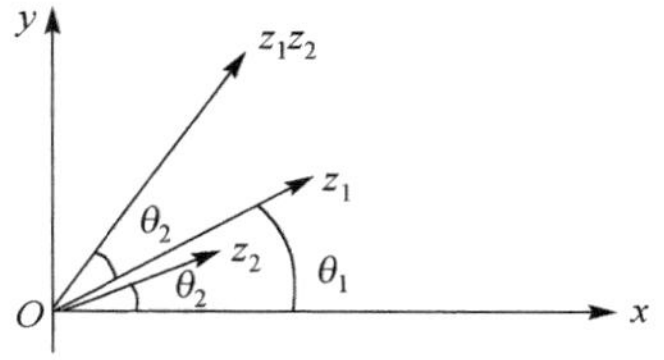

图 1-4

注意　由于辐角的多值性，等式(1-11)两端都是由无穷个数构成的数集，它表示集合意义下的相等，即两端可能取的值的全体是相同的.

例如，设 $z_1 = -1$，$z_2 = \mathrm{i}$，则 $z_1 z_2 = -\mathrm{i}$，从而

$$\mathrm{Arg}\, z_1 = 2m\pi + \pi, \quad \mathrm{Arg}\, z_2 = 2n\pi + \frac{\pi}{2}, \quad \mathrm{Arg}\, z_1 z_2 = 2k\pi - \frac{\pi}{2},$$

其中 m, n, k 均取整数，代入式(1-11)得

$$2(m+n)\pi + \frac{3\pi}{2} = 2(k-1)\pi + \frac{3\pi}{2},$$

要使该式成立，必须且只需 $k = m+n+1$. 若取 $m = n = 0$，则取 $k = 1$；反之，若取 $k = 0$，则可取 $m = 0$，$n = -1$.

如果用指数形式表示复数

$$z_1 = r_1 \mathrm{e}^{\mathrm{i}\theta_1}, \quad z_2 = r_2 \mathrm{e}^{\mathrm{i}\theta_2},$$

那么首先由式(1-9)，两个复数的乘积可以表示为

$$z_1 z_2 = r_1 r_2 \,\mathrm{e}^{\mathrm{i}(\theta_1+\theta_2)}. \tag{1-12}$$

其次讨论除法. 当 $z_2 \neq 0$ 时， $z_1 = \dfrac{z_1}{z_2} z_2$ ，由式(1-10)和(1-11)有

$$|z_1| = \left|\frac{z_1}{z_2}\right| |z_2|, \quad \operatorname{Arg} z_1 = \operatorname{Arg}\left(\frac{z_1}{z_2}\right) + \operatorname{Arg} z_2,$$

于是

$$\left|\frac{z_1}{z_2}\right| = \frac{|z_1|}{|z_2|}, \quad \operatorname{Arg}\left(\frac{z_1}{z_2}\right) = \operatorname{Arg} z_1 - \operatorname{Arg} z_2. \tag{1-13}$$

由此可知，两个复数相除，只需把它们的模相除，辐角相减即可.

如果用指数形式表示复数

$$z_1 = r_1 \,\mathrm{e}^{\mathrm{i}\theta_1}, \quad z_2 = r_2 \,\mathrm{e}^{\mathrm{i}\theta_2},$$

则由式(1-13)易知，两个复数的商可以表示为

$$\frac{z_1}{z_2} = \frac{r_1}{r_2} \mathrm{e}^{\mathrm{i}(\theta_1-\theta_2)} \quad (r_2 \neq 0). \tag{1-14}$$

例 1.7　用复数的三角表示式计算 $\dfrac{(1+\sqrt{3}\,\mathrm{i})(\sqrt{3}+\mathrm{i})}{1-\mathrm{i}}$.

解　因为

$$1+\sqrt{3}\,\mathrm{i} = 2\left(\frac{1}{2}+\frac{\sqrt{3}}{2}\mathrm{i}\right) = 2\left(\cos\frac{\pi}{3}+\mathrm{i}\sin\frac{\pi}{3}\right),$$

$$\sqrt{3}+\mathrm{i} = 2\left(\frac{\sqrt{3}}{2}+\frac{1}{2}\mathrm{i}\right) = 2\left(\cos\frac{\pi}{6}+\mathrm{i}\sin\frac{\pi}{6}\right),$$

$$1-\mathrm{i} = \sqrt{2}\left(\frac{\sqrt{2}}{2}-\frac{\sqrt{2}}{2}\mathrm{i}\right) = \sqrt{2}\left[\cos\left(-\frac{\pi}{4}\right)+\mathrm{i}\sin\left(-\frac{\pi}{4}\right)\right],$$

从而

$$\frac{(1+\sqrt{3}\,\mathrm{i})(\sqrt{3}+\mathrm{i})}{1-\mathrm{i}} = \frac{2\times 2}{\sqrt{2}}\left[\cos\left(\frac{\pi}{3}+\frac{\pi}{6}+\frac{\pi}{4}\right)+\mathrm{i}\sin\left(\frac{\pi}{3}+\frac{\pi}{6}+\frac{\pi}{4}\right)\right] = -2+2\mathrm{i}.$$

下面讨论复数的幂与方根.

n 个相同的复数 z 的乘积称为 z 的 ***n* 次幂**，记作 $z^n = \underbrace{z\cdot z\cdot \cdots \cdot z}_{n个}$.

设 $z_k = r_k(\cos\theta_k + \mathrm{i}\sin\theta_k)$ （$k=1,2,\cdots,n$），则式(1-9)可作如下推广，

$$z_1 z_2 \cdots z_n = r_1 r_2 \cdots r_n[(\cos(\theta_1 + \theta_2 + \cdots + \theta_n) + \mathrm{i}\sin(\theta_1 + \theta_2 + \cdots + \theta_n)].$$

在上式中，令 $z_1 = z_2 = \cdots = z_n = z = r(\cos\theta + \mathrm{i}\sin\theta)$，那么对任何正整数 n，

$$z^n = r^n(\cos n\theta + \mathrm{i}\sin n\theta). \tag{1-15}$$

特别地，当 $r=1$ 时，得到有名的棣莫弗(De Moivre)公式

$$z^n = \cos n\theta + \mathrm{i}\sin n\theta. \tag{1-16}$$

如果定义 $z^{-n} = \dfrac{1}{z^n}$，那么当 n 为负整数时，式(1-15)仍然成立.

事实上，令 $n=-m$（m 为正整数），则

$$\begin{aligned} z^n = z^{-m} = \frac{1}{z^m} &= \frac{\cos 0 + \mathrm{i}\sin 0}{r^m(\cos m\theta + \mathrm{i}\sin m\theta)} \\ &= r^{-m}[\cos(-m\theta) + \mathrm{i}\sin(-m\theta)] = r^n(\cos n\theta + \mathrm{i}\sin n\theta) \end{aligned}$$

设 z 是不等于 0 的复数，若存在复数 w，使得 $w^n = z$，则称 w 为 z 的 **n 次方根**，记作 $\sqrt[n]{z}$.

为了从已知的 z 求出 w，把 z 和 w 均用三角表示式写出，设

$$z = r(\cos\theta + \mathrm{i}\sin\theta), \quad w = \rho(\cos\varphi + \mathrm{i}\sin\varphi),$$

由棣莫弗公式(1-16)有

$$\rho^n(\cos n\varphi + \mathrm{i}\sin n\varphi) = r(\cos\theta + \mathrm{i}\sin\theta),$$

考虑到辐角的多值性，得到

$$\rho^n = r, \quad n\varphi = \theta + 2k\pi \quad (k = 0, \pm 1, \pm 2, \cdots),$$

因此，

$$\rho = r^{\frac{1}{n}}, \quad \varphi = \frac{\theta + 2k\pi}{n} \quad (k = 0, \pm 1, \pm 2, \cdots),$$

其中 $r^{\frac{1}{n}}$ 是 r 的 n 次算术根. 所以，

$$w = \sqrt[n]{z} = r^{\frac{1}{n}}\left(\cos\frac{\theta + 2k\pi}{n} + \mathrm{i}\sin\frac{\theta + 2k\pi}{n}\right). \tag{1-17}$$

当 $k = 0, 1, 2, \cdots, n-1$ 时，得到 n 个相异的根：

$$w_0 = r^{\frac{1}{n}}\left(\cos\frac{\theta}{n} + \mathrm{i}\sin\frac{\theta}{n}\right),$$

$$w_1 = r^{\frac{1}{n}}\left(\cos\frac{\theta+2\pi}{n} + \mathrm{i}\sin\frac{\theta+2\pi}{n}\right),$$

$$\cdots\cdots$$

$$w_{n-1} = r^{\frac{1}{n}}\left[\cos\frac{\theta+2(n-1)\pi}{n} + \mathrm{i}\sin\frac{\theta+2(n-1)\pi}{n}\right].$$

当 k 取其他整数时，这些根又重复出现. 例如，

$$w_n = r^{\frac{1}{n}}\left(\cos\frac{\theta+2n\pi}{n} + \mathrm{i}\sin\frac{\theta+2n\pi}{n}\right) = w_0 .$$

由此可见,任何非零复数的 n 次方根有且仅有 n 个相异的值 $w_k\,(k=0,1,2,\cdots,n-1)$，它们具有相同的模 $r^{\frac{1}{n}}$,而每两个相邻的辐角的差为 $\frac{2\pi}{n}$，故在几何上，w 的 n 个值分布在以原点为圆心，$r^{\frac{1}{n}}$ 为半径的圆内接正 n 边形的顶点上.

例 1.8　求 $\sqrt[4]{1+\mathrm{i}}$.

解　因为 $1+\mathrm{i}=\sqrt{2}\left(\cos\frac{\pi}{4}+\mathrm{i}\sin\frac{\pi}{4}\right)$，所以

$$\sqrt[4]{1+\mathrm{i}} = \sqrt[8]{2}\left(\cos\frac{\frac{\pi}{4}+2k\pi}{4} + \mathrm{i}\sin\frac{\frac{\pi}{4}+2k\pi}{4}\right),\quad k=0,1,2,3,$$

即

$$w_0 = \sqrt[8]{2}\left(\cos\frac{\pi}{16} + \mathrm{i}\sin\frac{\pi}{16}\right),$$

$$w_1 = \sqrt[8]{2}\left(\cos\frac{9}{16}\pi + \mathrm{i}\sin\frac{9}{16}\pi\right),$$

$$w_2 = \sqrt[8]{2}\left(\cos\frac{17}{16}\pi + \mathrm{i}\sin\frac{17}{16}\pi\right),$$

$$w_3 = \sqrt[8]{2}\left(\cos\frac{25}{16}\pi + \mathrm{i}\sin\frac{25}{16}\pi\right).$$

这四个根是内接于中心在原点,半径为 $\sqrt[8]{2}$ 的圆的正方形的四个顶点(图 1-5)，并且

$$w_1 = \mathrm{i}w_0,\quad w_2 = -w_0,\quad w_3 = -\mathrm{i}w_0 .$$

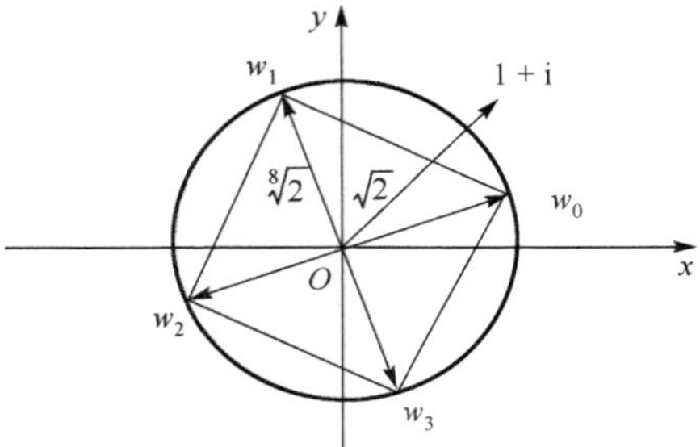

图 1-5

1.2　复球面与区域

1.2.1　复球面

除了把复数表示成复平面上的点或者向量外，还可以用其他方法表示复数. 例如在地图制图学中将地球投影到平面上进行研究，需要考虑球面与平面上点的对应关系，这种测地投影法可以建立全体复数与球面上的点之间的一一对应关系. 下面介绍这种用球面上的点来表示复数的方法.

取一个在原点 O 与平面相切的球面(图 1-6)，球面上的一点 S(南极)与原点重合. 通过原点作一垂直于平面的直线与球面交于一点 N(北极). 用直线段将点 N 与球面上的任意一点 P 相连，其延长线交平面于一点 z，这就说明：球面上的点(不包括北极点 N)与平面上的点(有限点)之间存在着一一对应的关系，点 z 是点 P 在平面上的投影，点 P 可以看作是复数 z 的球面图形.

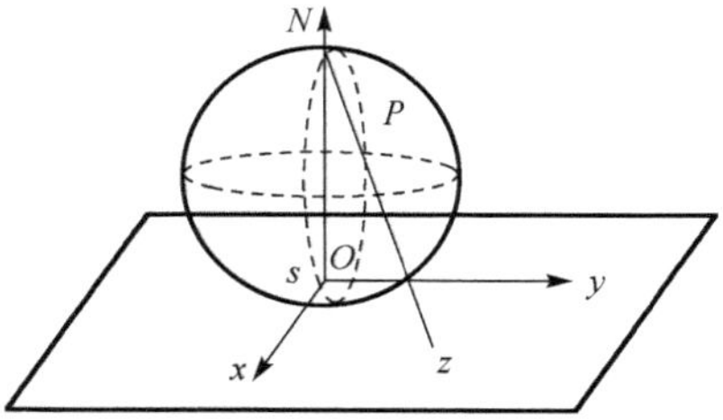

图 1-6

但是，还没有复平面内的一个点与球面上的北极点 N 相对应. 现在研究平面上与北极点 N 相对应的点. 从图 1-6 中容易看出，当点 z 无限地远离原点时，复数 z 的模$|z|$无限地变大，点 P 便越趋近于北极点 N. 因此，北极点可以看作是平面上无穷远点在球面上的图形，并且规定：复数中有唯一的“无穷大”与复平面上的无穷远点相对应，

记作 ∞. 球面上的北极点 N 就是复数无穷大 ∞ 的几何表示. 这样，球面上的每一个点都有唯一的一个复数与之对应，这样的球面称为**复球面**. 我们把不包括无穷远点在内的复平面称为**有限平面**或者**复平面**，把包含无穷远点在内的复平面称为**扩充复平面**. 无穷大是个特殊的复数，∞ 是没有符号的，其模规定为 $+\infty$，而实部、虚部和辐角均没有意义. 对于其他的每个复数 z，都有 $|z|<+\infty$，称为**有限复数**.

复数 ∞ 与有限复数 a 的四则运算定义如下：

(1) $a\pm\infty=\infty\pm a=\infty$ （$a\neq\infty$），

(2) $a\cdot\infty=\infty\cdot a=\infty$ （$a\neq 0$），

(3) $\dfrac{a}{\infty}=0$ （$a\neq\infty$），$\dfrac{\infty}{a}=\infty$ （$a\neq\infty$），$\dfrac{a}{0}=\infty$ （$a\neq 0$）.

而其他运算 $\infty\pm\infty$，$0\cdot\infty$，$\infty\cdot 0$，$\dfrac{\infty}{\infty}$，$\dfrac{0}{0}$ 都无意义.

1.2.2　区域

由于复数与复平面上的点一一对应，故对于一些复平面点集，我们将采用复数所满足的等式或者不等式来表示.

定义 1.3　复平面上以 z_0 为中心，任意正数 δ 为半径的圆的内部称为 z_0 的 **δ-邻域**（图 1-7），记作 $N(z_0,\delta)=\{z:|z-z_0|<\delta\}$；而称由不等式 $0<|z-z_0|<\delta$ 所确定的点集为 z_0 的去心 δ-邻域，记作 $\overset{\circ}{N}(z_0,\delta)$.

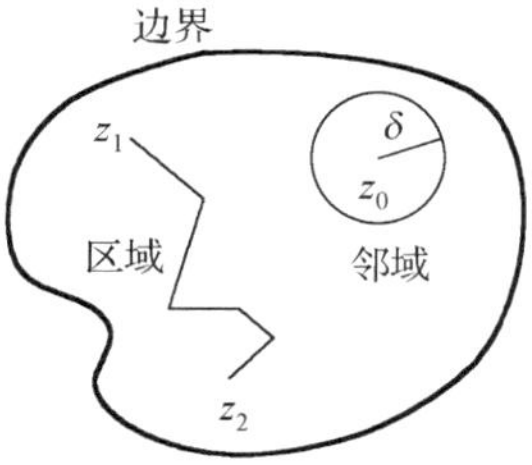

图 1-7

注意　在扩充复平面上，无穷远点的邻域应理解为以原点为圆心的某圆周的外部，即满足 $|z|>M$（$M>0$，为实数)的所有点的集合.

设 z_0 为平面点集 D 中任意一点，如果存在 z_0 的一个邻域全含于 D 内，那么称 z_0 为 D 的**内点**；若点集 D 的点都是它的内点，则称 D 为**开集**.

若点 z_0 的任意邻域内总有点集 D 中的无穷多个点，则称 z_0 为 D 的**聚点**，否则称 z_0 为 D 的**孤立点**；若 D 的所有聚点都属于 D，则称 D 为**闭集**.

若点 z_0 的任意邻域内，同时有属于点集 D 和不属于点集 D 的点，则称 z_0 为 D 的**边界点**；D 的全部边界点所组成的点集称为 D 的**边界**，记作 ∂D.

定义 1.4　满足下列两个条件的平面点集 D 称为**区域**.

(1) D 是一个开集，

(2) D 是**连通集**，即 D 内任意两点都可以用完全属于 D 的一条折线连接起来(图 1-7).

区域 D 连同它的边界一起构成**闭区域**，记作 $\overline{D}$.

若区域 D 可以包含在一个以原点为圆心的圆里面，即存在正数 M，对 D 中每个点 z，都有 $|z| \leqslant M$，则称 D 为**有界区域**，否则称为**无界区域**.

例如，满足不等式 $r < |z - z_0| < R$ 的所有点构成一个有界区域，其边界由两个圆周 $|z - z_0| = r$ 和 $|z - z_0| = R$ 组成，称为圆环域(图 1-8(a))；该圆环域去掉点 ζ 和曲线 C 后仍为一个区域，只是其边界除了上述两个圆周外，还有孤立点 ζ 和曲线 C (图 1-8(b)). 带形域 $a < \operatorname{Im} z < b$ (图 1-9(a))，角形域 $0 < \arg z < \varphi$ (图 1-9(b))，上半平面 $\operatorname{Im} z > 0$ (图 1-9(c))等都是无界区域.

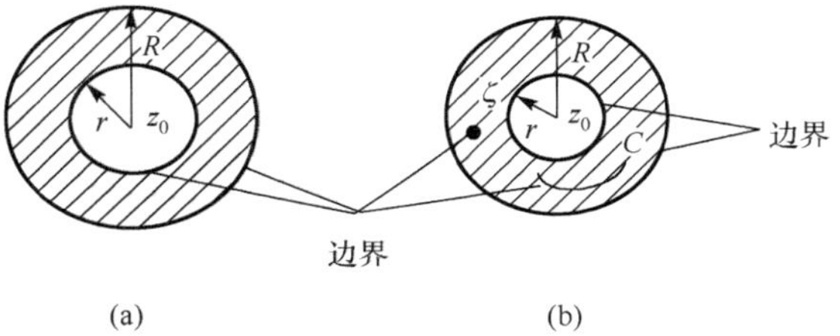

图 1-8

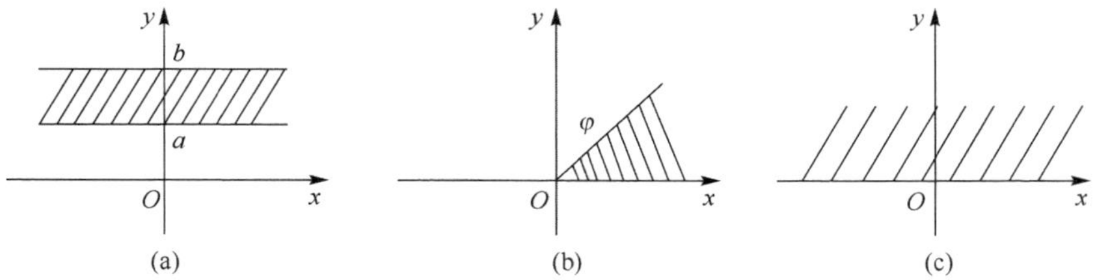

图 1-9

定义 1.5　若平面曲线

$$C: z = z(t) = x(t) + \mathrm{i}\, y(t), \quad \alpha \leqslant t \leqslant \beta$$

的实部 $x(t)$ 与虚部 $y(t)$ 均为 t 的连续函数，则称曲线 C 为**连续曲线**.

对于连续曲线 $C: z = z(t)$，当 $\alpha \leqslant t \leqslant \beta$ 时，$x'(t)$ 和 $y'(t)$ 连续且满足 $[x'(t)]^2 + [y'(t)]^2 \neq 0$，则在曲线 C 上每点均有切线且切线方向连续变化，称这种曲线为**光滑曲线**. 由有限段光滑曲线连接而成的连续曲线称为**逐段光滑曲线**，这种曲线在连接点处可能不存在切线.

对于连续曲线 $C: z = z(t)$，当 $t_1 \neq t_2 (\alpha < t_1 < \beta, \alpha \leqslant t_2 \leqslant \beta)$ 时，$z(t_1) \neq z(t_2)$，即曲

线没有重点，则称 C 为**简单曲线**；当曲线 C 的起点与终点重合，即 $z(\alpha)=z(\beta)$，称 C 为**简单闭曲线**. 简单曲线自身不会相交. 图 1-10 列出了关于曲线的各种情况.

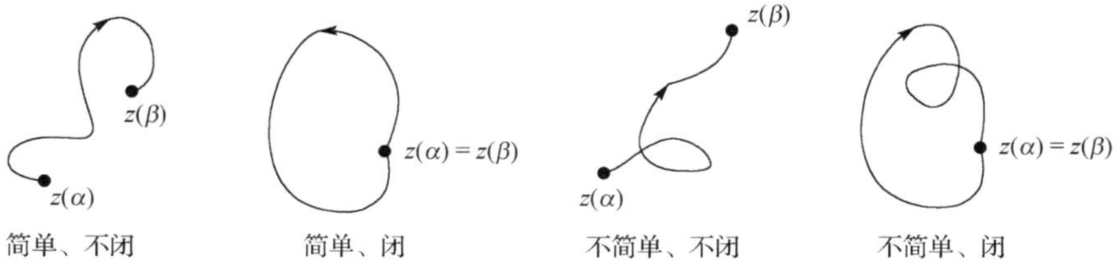

图 1-10

任意一条简单闭曲线 C 一定把扩充复平面分成两个没有公共点的区域，一个是有界的，称为 C 的内部；另一个是无界的，称为 C 的外部. 从几何直观上看，该结论是明显的.

定义 1.6　在复平面上，如果区域 D 内任意一条简单闭曲线的内部都含于 D，则称 D 为**单连通区域**(图 1-11(a)). 否则，就称 D 为**多连通区域**(图 1-11(b)).

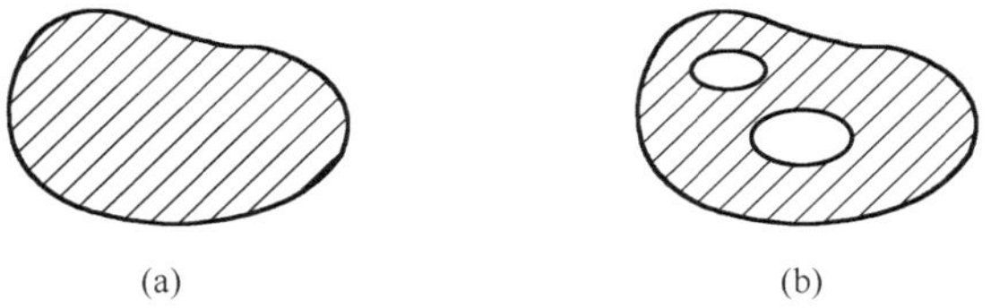

图 1-11

单连通区域 D 具有这样的特征：属于 D 的任意一条简单闭曲线，在 D 内可以经过连续变形而缩成一点，多连通区域不具备这个性质.

例如，圆周 $|z-z_0|=R$ 的内部，上半平面 $\operatorname{Im} z>0$，角形域 $0<\arg z<\varphi$，带形域 $a<\operatorname{Im} z<b$ 都是单连通区域；而圆环域 $r<|z-z_0|<R$ 及圆周 $|z-z_0|=R$ 的外部都是多连通的.

1.3　复变函数

1.3.1　复变函数的概念

定义 1.7　设 G 是复数 $z=x+\mathrm{i}y$ 的集合，如果存在一个对应法则 f，按这个法则，对于 G 中的每一个 z，都有一个(或多个)确定的复数 w 与之对应，就称复变量 w 为复变量 z 的函数(简称**复变函数**)，记作

$$w=f(z).$$

如果 z 的一个值唯一对应 w 的一个值，那么称函数 $f(z)$ 是**单值函数**；如果 z 的一个值对应 w 两个或两个以上的值，那么称函数 $f(z)$ 是**多值函数**.

例如，$w=\overline{z}$，$w=z^2$ 均为 z 的单值函数；而 $w=\sqrt[n]{z}$（$z\neq 0, n\geqslant 2$ 为整数），$w=\operatorname{Arg} z$（$z\neq 0$）均为 z 的多值函数.

集合 G 称为函数 $f(z)$ 的定义集合，与 G 中 z 对应的一切 w 构成的集合 G^* 称为函数值集合. 以后的讨论中，定义集合 G 通常是一个平面区域，称之为定义域. 另外，如无特殊说明，所讨论的函数均为单值函数.

设 $z=x+\mathrm{i}y$，则 $w=f(z)$ 可以写成下列形式

$$w=f(z)=u+\mathrm{i}v=u(x,y)+\mathrm{i}v(x,y),$$

其中 $u=u(x,y)$ 与 $v=v(x,y)$ 为实值函数. 这样，一个复变函数 $w=f(z)$ 就相当于一对二元实变函数. $w=f(z)$ 的性质取决于 $u=u(x,y)$ 与 $v=v(x,y)$ 的性质.

例如，函数 $w=z^2+1$. 令 $z=x+\mathrm{i}y$，$w=u+\mathrm{i}v$，那么

$$u+\mathrm{i}v=(x+\mathrm{i}y)^2+1=x^2-y^2+1+2xy\mathrm{i},$$

因而，函数 $w=z^2+1$ 对应两个二元实变函数：

$$u=x^2-y^2+1, \quad v=2xy.$$

1.3.2 映射

高等数学中常常用几何图形直观地帮助我们理解和研究实变函数的性质. 类似地，一个复变函数也可以看作是一个映射或变换，它反映了两对变量 x, y 和 u, v 之间的对应关系. 为避免四维空间的困难表示，必须将一个复变函数看成两个复平面上的点集之间的对应关系.

定义 1.8 如果用 z 平面和 w 平面上的点分别表示自变量 z 和因变量 w，那么函数 $w=f(z)$ 在几何上可以看作 z 平面上的点集 G 到 w 平面上的点集 G^* 的一种对应，由 $w=f(z)$ 所确定的这种对应称为**映射**(或变换)，如果 G 中的点 z 被映射 $w=f(z)$ 映射成 G^* 中的点 w，那么 w 称为 z 的**象点**，而 z 称为 w 的**原象**.

例如，函数 $w=\overline{z}$ 所构成的映射.

显然，该映射把 z 平面上的点 $z=a+\mathrm{i}b$ 映射成 w 平面上的点 $z=a-\mathrm{i}b$. 例如 $z_1=2+3\mathrm{i}$ 映射成 $w_1=2-3\mathrm{i}$，$z_2=1-2\mathrm{i}$ 映射成 $w_2=1+2\mathrm{i}$，$\triangle ABC$ 映射成 $\triangle A'B'C'$，等等(图 1-12(a)).

如果把 z 平面和 w 平面重叠在一起，则可以看到函数 $w=\overline{z}$ 是关于实轴的一个对称映射. 由此可知，通过映射 $w=\overline{z}$，平面上的任一图形的映象是关于实轴对称的一个全同图形(图 1-12(b)).

再来研究函数 $w=z^2$ 所构成的映射.

由关于复数乘法的结论(1-10)和(1-11)可知，通过映射 $w=z^2$，z 的辐角增大一倍.

因此，z 平面上与正实轴交角为 α 的角形域映射成 w 平面上与正实轴交角为 2α 的角形域(图 1-13)．

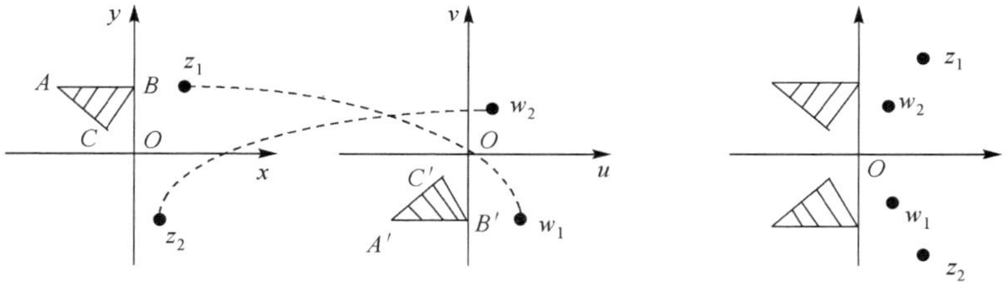

图 1-12

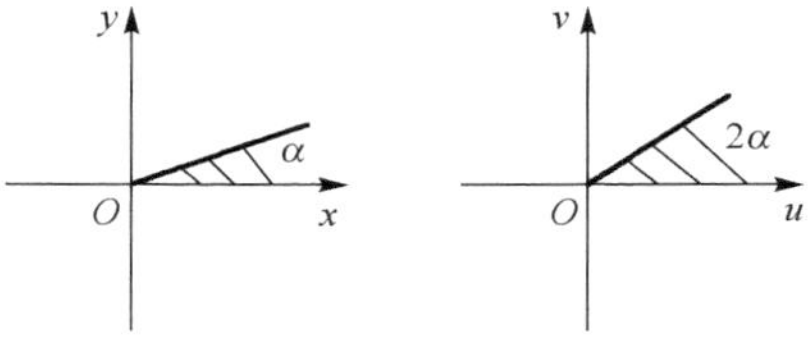

图 1-13

由于函数 $w=z^2$ 对应于两个二元实变函数：

$$u=x^2-y^2, \quad v=2xy.$$

于是，$u=c_1$ (实常数)在 $w=z^2$ 的映射下的原象为

$$x^2-y^2=c_1,$$

这是 z 平面上的一族等轴双曲线．而 $v=c_2$ (实常数)的原象为

$$2xy=c_2,$$

这是 z 平面上的另一族以坐标轴为渐近线的双曲线(图 1-14)．

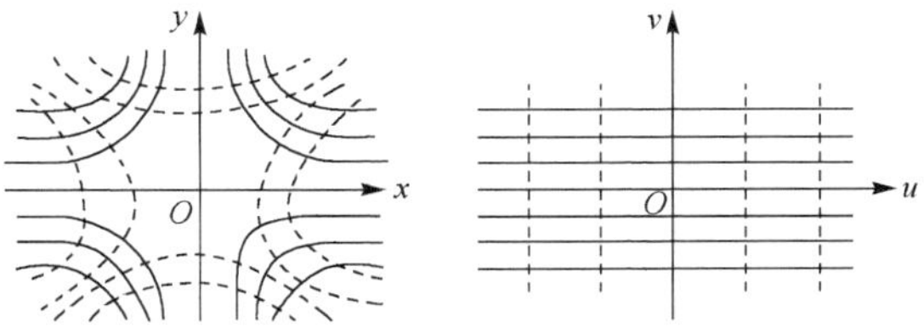

图 1-14

与实变函数一样，复变函数也有反函数的概念．

在函数 $w=f(z)$ 的对应关系中，对于函数值集合 G^* 中的每一个点 w，必将存在 G 中的一个或多个 z 与之对应，这样，在 G^* 上就确定了一个单值或多值函数 $z=\varphi(w)$，称之为函数 $w=f(z)$ 的**反函数**，也称为映射 $w=f(z)$ 的**逆映射**．

当 $w=f(z)$ 为单值函数时，其反函数 $z=\varphi(w)$ 可能是单值的或是多值的. 例如，$w=z^2$ 的反函数是双值的.

特别地，如果函数(映射) $w=f(z)$ 与它的反函数(逆映射) $z=\varphi(w)$ 都是单值的，则称函数(映射) $w=f(z)$ 是一一的. 此时也称集合 G 与集合 G^* 是一一对应的.

1.3.3　复变函数的极限

定义 1.9　设复变函数 $w=f(z)$ 在 z_0 的去心邻域 $0<|z-z_0|<\rho$ 内有定义，如果有一个确定的复数 A，对于任意给定的正数 ε，总存在正数 δ，当 $0<|z-z_0|<\delta\le\rho$ 时，恒有 $|f(z)-A|<\varepsilon$ 成立，那么称 A 为当 z 趋向于 z_0 时函数 $f(z)$ 的**极限**，记作

$$\lim_{z\to z_0} f(z)=A.$$

这个定义的几何意义是：当变点 z 在 z_0 的一个充分小的 δ 邻域时，它们的象点就在 A 的一个给定的 ε 邻域.

注意　由于 z_0 是复平面上的点，z 可以以任意方式趋近于 z_0，但无论 z 从什么方向，以何种方式趋近于 z_0，$f(z)$ 的值总是趋近于同一个常数 A.

复变函数的极限在定义的形式上与高等数学中的一元实变函数类似，因此，复变函数极限有类似于实变函数极限的性质.

例如，当 $\lim\limits_{z\to z_0} f(z)=A$，$\lim\limits_{z\to z_0} g(z)=B$ 时，有

(1) $\lim\limits_{z\to z_0}[f(z)\pm g(z)]=A\pm B$，

(2) $\lim\limits_{z\to z_0}[f(z)\cdot g(z)]=A\cdot B$，

(3) $\lim\limits_{z\to z_0}\dfrac{f(z)}{g(z)}=\dfrac{A}{B}\quad(B\ne 0)$.

而复变函数极限的计算可以归结为一对二元实变函数极限的计算.

定理 1.1　设函数 $f(z)=u(x,y)+\mathrm{i}\,v(x,y)$，$A=u_0+\mathrm{i}\,v_0$，$z_0=x_0+\mathrm{i}\,y_0$，则 $\lim\limits_{z\to z_0} f(z)=A$ 的充要条件是

$$\lim_{\substack{x\to x_0\\ y\to y_0}} u(x,y)=u_0,\quad \lim_{\substack{x\to x_0\\ y\to y_0}} v(x,y)=v_0.$$

证　必要性　若 $\lim\limits_{z\to z_0} f(z)=A$，则对于任意的 $\varepsilon>0$，存在 $\delta>0$，当 $0<|z-z_0|<\delta$，即 $0<\sqrt{(x-x_0)^2+(y-y_0)^2}<\delta$ 时，有

$$|f(z)-A|<\varepsilon,$$

即

$$\sqrt{(u-u_0)^2+(v-v_0)^2}<\varepsilon,$$

从而

$$|u-u_0|<\varepsilon, \quad |v-v_0|<\varepsilon,$$

即

$$\lim_{\substack{x\to x_0\\ y\to y_0}} u(x,y)=u_0, \quad \lim_{\substack{x\to x_0\\ y\to y_0}} v(x,y)=v_0 .$$

充分性　由 $\lim\limits_{\substack{x\to x_0\\ y\to y_0}} u(x,y)=u_0$，$\lim\limits_{\substack{x\to x_0\\ y\to y_0}} v(x,y)=v_0$ 知，对于任意的 $\varepsilon>0$，存在 $\delta>0$，当 $0<\sqrt{(x-x_0)^2+(y-y_0)^2}<\delta$ 时，有

$$|u-u_0|<\frac{\varepsilon}{2}, \quad |v-v_0|<\frac{\varepsilon}{2},$$

于是

$$|f(z)-A|=\sqrt{(u-u_0)^2+(v-v_0)^2}\le|u-u_0|+|v-v_0|<\varepsilon,$$

即

$$\lim_{z\to z_0} f(z)=A .$$

要使 $\lim\limits_{z\to z_0} f(z)$ 存在，z 以任意方式趋近于 z_0，$f(z)$ 的值总是要趋近于同一个常数. 如果 z 以某种方式趋向于 z_0 时极限不存在，或 z 以某两种方式趋向于 z_0 时极限不相等，则可断定 $\lim\limits_{z\to z_0} f(z)$ 不存在.

例 1.9　问函数 $f(z)=\dfrac{\overline{z}}{z}$ 在 $z=0$ 处有无极限?

解　令 $z=x+\mathrm{i}\,y$，则

$$f(z)=\frac{\overline{z}}{z}=\frac{\overline{z}^2}{z\overline{z}}=\frac{(x-y\mathrm{i})^2}{x^2+y^2}=\frac{x^2-y^2}{x^2+y^2}+\mathrm{i}\frac{2xy}{x^2+y^2},$$

当 z 沿直线 $y=kx$ 趋向于 0 时，

$$\lim_{\substack{x\to 0\\ y=kx}} u(x,y)=\lim_{\substack{x\to 0\\ y=kx}}\frac{x^2-y^2}{x^2+y^2}=\lim_{x\to 0}\frac{x^2-k^2x^2}{x^2+k^2x^2}=\frac{1-k^2}{1+k^2},$$

该极限随着 k 的变化而变化，所以 $\lim\limits_{\substack{x\to 0\\ y\to 0}} u(x,y)$ 不存在. 根据定理 1.1，$\lim\limits_{z\to 0} f(z)$ 不存在(类似地，可以说明 $\lim\limits_{\substack{x\to 0\\ y\to 0}} v(x,y)$ 也不存在).

1.3.4 复变函数的连续性

定义 1.10 若 $\lim\limits_{z\to z_0} f(z)=f(z_0)$，则称函数 $f(z)$ 在 z_0 处连续. 若 $f(z)$ 在区域 D 内每一点连续，则称函数 $f(z)$ 在 D 内连续.

定理 1.2 函数 $f(z)=u(x,y)+\mathrm{i}v(x,y)$ 在 $z_0=x_0+\mathrm{i}y_0$ 处连续的充要条件是：$u(x,y)$ 和 $v(x,y)$ 在 (x_0,y_0) 处连续.

复变函数的极限、连续性的定义与一元实变函数的极限、连续性的定义形式上完全相同，因此高等数学中证明的关于连续函数的和、差、积、商(分母不为零)及复合函数连续性的定理依然成立.

定理 1.3 已知函数 $f(z)$ 与 $g(z)$ 在 z_0 处连续，则两个函数 $f(z)$ 与 $g(z)$ 的和、差、积、商(分母在 z_0 处不为零)在 z_0 处仍连续.

定理 1.4 已知函数 $h=g(z)$ 在 z_0 处连续，函数 $w=f(h)$ 在 $h_0=g(z_0)$ 处连续，则复合函数 $w=f[g(z)]$ 在 z_0 处仍连续.

由此可知，幂函数 $w=z^n$ (n 为正整数)与更一般的多项式

$$w=P(z)=a_0+a_1z+a_2z^2+\cdots+a_nz^n$$

是复平面上的连续函数.

而有理函数

$$w=R(z)=\frac{a_0+a_1z+a_2z^2+\cdots+a_nz^n}{b_0+b_1z+b_2z^2+\cdots+b_mz^m}$$

除了使分母为 0 的点外，在复平面上也处处连续.

例 1.10 求证函数 $\arg z$ 在原点与负实轴不连续.

证 对于原点，因为其辐角不确定，因此 $\arg z$ 在原点处不连续.

对于负实轴上任意一点 z_0，$\arg z_0=\pi$，当 z 从上半平面趋向于 z_0 时，$\arg z$ 趋于 π，而当 z 从下半平面趋向于 z_0 时，$\arg z$ 趋于 $-\pi$，所以 $\lim\limits_{z\to z_0}\arg z$ 不存在，从而 $\arg z$ 在负实轴不连续.

最后指出，在有界闭区域 $\bar{D}$ 上连续的函数 $f(z)$ 在该区域上是有界的，即存在正数 M，使 $|f(z)|\leqslant M$.

事实上，设 $f(z)=u+\mathrm{i}v$，由 $u(x,y)$ 及 $v(x,y)$ 的连续性知它们有界，即存在正数 M_1 及 M_2，使

$$|u|\leqslant M_1,\quad |v|\leqslant M_2,$$

从而

$$|f(z)|=|u+\mathrm{i}v|=\sqrt{u^2+v^2}\leqslant|u|+|v|\leqslant M_1+M_2=M.$$

同理，在闭曲线或包括曲线端点在内的曲线段上连续的函数，在该曲线或曲线段上也是有界的.

本 章 小 结

本章学习了复数的概念、运算及其表示；复球面；平面点集、区域；复变函数的概念、极限及连续等内容，这些内容是学习复变函数与积分变换的基础知识，必须牢固掌握相关内容. 中学已经学习了复数的概念、运算及其表示方法等，由于本书的研究对象均是在复数范围内讨论，所以对于复数的概念、性质等必须做到熟练掌握、灵活应用.

学习本章的知识要点如下：

1. 要熟练掌握复数的三角表示、指数表示并进行运算的技能. 熟悉两个复数乘积和商的计算方法. 要正确理解辐角的多值性，掌握根据由给定非零复数在复平面上的位置确定辐角主值的方法.

$$\operatorname{Arg} z=\arg z+2k\pi \quad (k\text{ 为任意整数}).$$

2. 掌握两个复数乘积与商的辐角公式：

$$\operatorname{Arg}(z_1z_2)=\operatorname{Arg} z_1+\operatorname{Arg} z_2,$$

$$\operatorname{Arg}\left(\frac{z_1}{z_2}\right)=\operatorname{Arg} z_1-\operatorname{Arg} z_2.$$

3. 熟悉复数乘幂、方根的计算方法及其意义. 任何一个非零复数总可以开方，且开方所得结果是多值的. 通过复数开方的三角表示可以很清楚地看到：开 n 次方就有 n 个值，这是复数与实数计算上的不同之处.

4. 由于复数可以用平面上的点和向量来表示，故必须掌握用复数形式的方程表示平面图形，以此解决有关难以理解的几何问题. 比如，向量的旋转可以用该向量所表示的复数乘以一个模为 1 的复数来实现.

5. 了解复球面与复数的一一对应关系，尤其是北极点可以看作是平面上无穷远点在球面上的图形. 掌握无穷远点与扩充平面的概念，无穷远点与无穷大这个复数相对应. 无穷大是指模为正无穷大，辐角无意义的唯一的一个复数，不同于实数中的无穷大、正负无穷大，正确理解复数中的无穷远点与实数中的无穷大的区别与联系.

6. 掌握平面曲线的复数表示方法，特别是简单曲线、光滑曲线、闭曲线等. 掌握直线、圆、椭圆等常见曲线的复数形式的方程表示. 熟悉平面区域、单连通、多连通等概念，了解相应的判断方法. 区域、曲线的相关知识是复变函数理论的几何基础，必须熟练使用复数表达式表示一些常见平面曲线、区域. 反之，根据所给的平面曲线、区域的复数表达式画出它所表示的图形或区域.

7．了解复变函数的定义，虽然从形式上看，复变函数是一元实变函数中变量从实数到复数的一种推广，但是在几何意义上，两者有着本质的区别. 一个复变函数与一对二元实变函数相对应，反映了两对变量 x, y 和 u, v 之间的对应关系. 因此，将一个复变函数看作是一个映射或变换，能够更好地理解一个复变函数与两个复平面上的点集之间的对应关系.

8．复变函数的极限与连续是高等数学中相应概念的推广，要正确掌握复变函数的极限、连续与一元实变函数的形式的相似而含义的不同. 复变函数的极限比一元实变函数的极限要求更苛刻. 一元实变函数的极限 $\lim\limits_{x\to x_0} f(x)$ 存在时，是指 x 在 x_0 的邻域内从 x_0 的左右以任何方式趋近于 x_0. 而复变函数的极限 $\lim\limits_{z\to z_0} f(z)$ 存在是指 z 在 z_0 的邻域内从 z_0 的四面八方以任何方式趋近于 z_0. 从二元函数的极限定义可以很好地理解复变函数的极限定义.

9．熟练掌握复变函数的极限、连续与实部、虚部相对应的二元函数之间的等价关系，借助二元实变函数的极限与连续解决复变函数的极限与连续. 复变函数 $f(z)=u(x,y)+\mathrm{i}\,v(x,y)$ 在一点处的极限存在等价于它的实部 $u(x,y)$ 、虚部 $v(x,y)$ 在该点处极限同时存在. 复变函数的连续等价于它的实部、虚部同时连续. 因此，可以将复变函数的极限、连续问题转化为二元函数的极限与连续问题. 在学习复变函数极限与连续的运算性质时，完全可以从实变函数的相关极限连续性质进行推广应用.

习题 1

1．求下列复数 z 的实部与虚部，共轭复数、模与辐角.

(1) $\dfrac{1}{3+2\mathrm{i}}$；　　(2) $\dfrac{1}{\mathrm{i}}-\dfrac{3\mathrm{i}}{1-\mathrm{i}}$；

(3) $\dfrac{(3+4\mathrm{i})(2-5\mathrm{i})}{2\mathrm{i}}$；　　(4) $\mathrm{i}^8-4\mathrm{i}^{21}+\mathrm{i}$.

2．如果等式 $\dfrac{x+1+\mathrm{i}(y-3)}{5+3\mathrm{i}}=1+\mathrm{i}$ 成立，求实数 x,y 的值.

3．判断下列命题的真假.

(1) $\mathrm{i}<2\mathrm{i}$；

(2) $\overline{\mathrm{i}z}=\dfrac{1}{\mathrm{i}}\overline{z}$；

(3) $|z_1+z_2|=|z_1|+|z_2|$；

(4) 零的辐角为零；

(5) 若 c 为实常数，则 $c=\overline{c}$；

(6) 若 z 为纯虚数，则 $z\neq\overline{z}$；

(7) 仅存在一个数 z，使得 $\dfrac{1}{z}=-z$；

(8) 对任何复数 z，有 $z^2=|z|^2$.

4. 当 $|z|\leqslant 1$ 时，求 $|z^n+a|$ 的最大值，其中 n 为正整数，a 为复数.

5. 证明下列等式：

(1) $|z_1-z_2|^2=|z_1|^2+|z_2|^2-2\mathrm{Re}(z_1\overline{z_2})$；

(2) $|z_1+z_2|^2+|z_1-z_2|^2=2(|z_1|^2+|z_2|^2)$，并说明其几何意义.

6. 将下列复数化为三角表示式和指数表示式.

(1) i；　(2) -1；　(3) $1-\cos\varphi+\mathrm{i}\sin\varphi$（$0\leqslant\varphi\leqslant\pi$）；

(4) $1+\sqrt{3}\mathrm{i}$；　(5) $\dfrac{2\mathrm{i}}{-1+\mathrm{i}}$；　(6) $\dfrac{(\cos 5\varphi+\mathrm{i}\sin 5\varphi)^2}{(\cos 3\varphi-\mathrm{i}\sin 3\varphi)^3}$.

7. 若 $(1+\mathrm{i})^n=(1-\mathrm{i})^n$，试求 n 的值.

8. 如果 $z=\mathrm{e}^{\mathrm{i}t}$，证明

(1) $z^n+\dfrac{1}{z^n}=2\cos nt$；　(2) $z^n-\dfrac{1}{z^n}=2\mathrm{i}\sin nt$.

9. 求下列各式的值.

(1) $(\sqrt{3}-\mathrm{i})^5$；　(2) $(1+\mathrm{i})^6$；　(3) $\sqrt[6]{-1}$；　(4) $(1-\mathrm{i})^{\frac{1}{3}}$.

10. 求方程 $z^3+8=0$ 的所有根.

11. 设 z_1，z_2，z_3 三点适合条件：$z_1+z_2+z_3=0$，$|z_1|=|z_2|=|z_3|=1$. 证明：z_1，z_2，z_3 是内接于单位圆 $|z|=1$ 的一个正三角形的顶点.

12. 指出下列各题中点 z 的轨迹或所在范围，并作图.

(1) $|z-\mathrm{i}|=2$；　(2) $|z+2\mathrm{i}|\geq 1$；

(3) $\mathrm{Re}\,z\geq 2$；　(4) $|z+\mathrm{i}|=|z-\mathrm{i}|$；

(5) $\mathrm{Re}(\overline{\mathrm{i}z})=3$；　(6) $|z+3|+|z+1|=4$；

(7) $\mathrm{Im}\,z^2=1$；　(8) $\left|\dfrac{z-3}{z-2}\right|\geqslant 1$；

(9) $|\arg z|<\dfrac{\pi}{3}$；　(10) $\arg(z-\mathrm{i})=\dfrac{\pi}{4}$.

13. 描出下列不等式所确定的区域或闭区域，并指出它是有界的还是无界的，单连通的还是多连通的.

(1) $|z-1|>4$；　(2) $1<|z-3\mathrm{i}|<3$；

(3) $\mathrm{Im}\,z>0$；　(4) $-1<\arg z<-1+\pi$；

(5) $|z-1|<|z+3|$；　(6) $|z-2|-|z+2|>1$；

(7) $|z-1|<4|z+1|$；　(8) $|z-2|+|z+2|\leqslant 6$；

(9) $0<\mathrm{Re}\,z<1$；　(10) $z\overline{z}-(2+\mathrm{i})z-(2-\mathrm{i})\overline{z}\leqslant 4$.

14. 证明复平面上的直线方程可写成

$$\alpha\overline{z}+\overline{\alpha}z=c\quad(\alpha\neq 0\text{ 为复常数，}c\text{ 为实常数}).$$

15．证明复平面上的圆周方程可写成

$$z\bar{z}+\alpha\bar{z}+\bar{\alpha}z+c=0 \quad (\alpha \text{ 为复常数，} c \text{ 为实常数}).$$

16．将下列方程（t 为实参数）给出的曲线用一个实直角坐标方程表示.

（1）$z=t(1+\mathrm{i})$；（2）$z=a\cos t+\mathrm{i}b\sin t$ （a,b 为实常数）；

（3）$z=t+\dfrac{\mathrm{i}}{t}$；（4）$z=t^2+\dfrac{\mathrm{i}}{t^2}$；

（5）$z=a\mathrm{e}^{\mathrm{i}t}+b\mathrm{e}^{-\mathrm{i}t}$；（6）$z=\mathrm{e}^{\alpha t}$（$\alpha=a+\mathrm{i}b$ 为复数）.

17．证明下列各题：

（1）任何有理分式函数 $R(z)=\dfrac{P(z)}{Q(z)}$ 可以化为 $X+\mathrm{i}Y$ 的形式，其中 X 与 Y 为具有实系数的关于 x 与 y 的有理分式函数；

（2）如果 $R(z)$ 为（1）中的有理分式函数，但具有实系数，那么 $R(\bar{z})=X-\mathrm{i}Y$；

（3）如果复数 $a+\mathrm{i}b$ 是实系数方程

$$a_0z^n+a_1z^{n-1}+\cdots+a_{n-1}z+a_n=0$$

的根，那么 $a-\mathrm{i}b$ 也是它的根.

18．函数 $w=\dfrac{1}{z}$ 把下列 z 平面上的曲线映射成 w 平面上怎样的曲线？

（1）$x^2+y^2=4$；（2）$y=x$；

（3）$x=1$；（4）$(x-1)^2+y^2=1$.

19．已知映射 $w=z^3$，求

（1）点 $z_1=\mathrm{i}$，$z_2=\sqrt{3}+\mathrm{i}$ 在 w 平面上的象；

（2）区域 $0<\arg z<\dfrac{\pi}{3}$ 在 w 平面上的象.

20．试证当 $z\to 0$ 时，下列函数 $f(z)$ 极限不存在.

（1）$\dfrac{\mathrm{Re}\,z}{z}$；（2）$\dfrac{1}{2\mathrm{i}}\left(\dfrac{z}{\bar{z}}-\dfrac{\bar{z}}{z}\right)$ （$z\neq 0$）.

第 2 章 解析函数

解析函数是复变函数研究的主要对象，是本课程讨论的中心，解析函数在理论和实际问题中有着广泛的应用. 本章首先引入复变函数导数的概念，着重介绍解析函数的概念及判别方法，最后介绍几个常用的初等函数及基本性质.

2.1 解析函数的概念及充要条件

2.1.1 复变函数的导数与微分

定义 2.1 设函数 $w=f(z)$ 定义在区域 D 内，z_0 为 D 中的一点，$z_0+\Delta z$ 不出 D 的范围，如果极限

$$\lim_{\Delta z\to 0}\frac{\Delta w}{\Delta z}=\lim_{\Delta z\to 0}\frac{f(z_0+\Delta z)-f(z_0)}{\Delta z}$$

存在，则称函数 $f(z)$ 在 z_0 处可导. 并称此极限值为函数 $f(z)$ 在 z_0 处的**导数**，记作

$$f'(z_0)=\left.\frac{\mathrm{d}w}{\mathrm{d}z}\right|_{z=z_0}=\lim_{\Delta z\to 0}\frac{f(z_0+\Delta z)-f(z_0)}{\Delta z}. \tag{2-1}$$

如果函数 $f(z)$ 在区域 D 内处处可导，就称函数 $f(z)$ 在区域 D 内可导. 这时，D 内每一点对应于 $f(z)$ 的一个导数值，因而在 D 内定义了一个函数，称为 $f(z)$ 在 D 内的导函数，简称 $f(z)$ 的导数，记作 $f'(z)$ 或 $\dfrac{\mathrm{d}w}{\mathrm{d}z}$. 于是 $f(z)$ 在点 z_0 处的导数可看作是导函数 $f'(z)$ 在点 z_0 处的值.

导数的 ε-δ 定义：对于任意给定的 $\varepsilon>0$，相应地存在一个 $\delta(\varepsilon)>0$，使得当 $0<|\Delta z|<\delta$ 时，有

$$\left|\frac{f(z_0+\Delta z)-f(z_0)}{\Delta z}-f'(z_0)\right|<\varepsilon .$$

注意 定义 2.1 中，要求在区域 D 内复变量 $z_0+\Delta z$ 趋近于 z_0 的方式是任意的，即不论 $z_0+\Delta z$ 以任何方式趋近于 z_0，比值 $\dfrac{\Delta w}{\Delta z}$ 都趋近于同一个数.

因此，复变函数导数的概念从形式上看与一元实变函数类似，但复变函数导数的限制比一元实变函数严格得多，从而使复变函数的导数具有许多独特的性质.

例 2.1　求函数 $f(z)=z^2$ 的导数.

解　对复平面内任一点 z，由导数的定义，有

$$\lim_{\Delta z\to 0}\frac{f(z+\Delta z)-f(z)}{\Delta z}=\lim_{\Delta z\to 0}\frac{(z+\Delta z)^2-z^2}{\Delta z}$$
$$=\lim_{\Delta z\to 0}\frac{2z\Delta z+(\Delta z)^2}{\Delta z}=\lim_{\Delta z\to 0}(2z+\Delta z)=2z.$$

由 z 的任意性得，在复平面内处处有

$$f'(z)=2z.$$

例 2.2　设函数 $f(z)=\mathrm{Re}\,z$，证明：$f(z)$ 在复平面内处处不可导.

证　对复平面内任一点 $z=x+\mathrm{i}\,y$，有

$$\lim_{\Delta z\to 0}\frac{f(z+\Delta z)-f(z)}{\Delta z}=\lim_{\substack{\Delta x\to 0\\ \Delta y\to 0}}\frac{(x+\Delta x)-x}{\Delta x+\mathrm{i}\,\Delta y}=\lim_{\substack{\Delta x\to 0\\ \Delta y\to 0}}\frac{\Delta x}{\Delta x+\mathrm{i}\,\Delta y}.$$

当 $z+\Delta z$ 沿着平行于 x 轴的方向趋于 z 时(图 2-1)，此时 $\Delta y=0$，极限

$$\lim_{\substack{\Delta x\to 0\\ \Delta y\to 0}}\frac{\Delta x}{\Delta x+\mathrm{i}\,\Delta y}=\lim_{\Delta x\to 0}\frac{\Delta x}{\Delta x}=1;$$

当 $z+\Delta z$ 沿着平行于 y 轴的方向趋于 z 时，此时 $\Delta x=0$，极限

$$\lim_{\substack{\Delta x\to 0\\ \Delta y\to 0}}\frac{\Delta x}{\Delta x+\mathrm{i}\,\Delta y}=0.$$

所以 $f(z)=\mathrm{Re}\,z$ 的导数不存在.

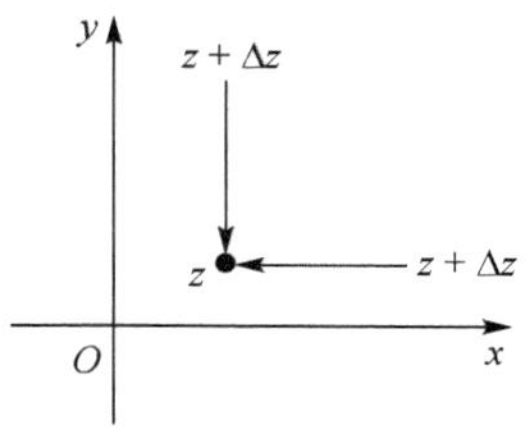

图 2-1

在复变函数中，连续和可导的关系与一元实变函数相同，即连续函数不一定可导. 例 2.2 中的函数就是在复平面内处处连续却处处不可导；反过来，在 z_0 点可导的函数必定在该点连续.

事实上，令

$$\rho(\Delta z)=\frac{f(z_0+\Delta z)-f(z_0)}{\Delta z}-f'(z_0),$$

则

$$f(z_0+\Delta z)-f(z_0)=f'(z_0)\Delta z+\rho(\Delta z)\Delta z\,. \tag{2-2}$$

由导数的 ε-δ 定义，有

$$\lim_{\Delta z\to 0}\rho(\Delta z)=0\,.$$

对式(2-2)两端取极限，得到

$$\lim_{\Delta z\to 0}f(z_0+\Delta z)=f(z_0)\,,$$

即 $f(z)$ 在 z_0 处连续.

复变函数的微分概念，在形式上与一元实变函数的微分概念类似.

定义 2.2　设函数 $f(z)$ 在 z_0 处可导，则由式(2-2)有

$$\Delta w=f(z_0+\Delta z)-f(z_0)=f'(z_0)\Delta z+\rho(\Delta z)\Delta z\,,$$

其中 $\lim\limits_{\Delta z\to 0}\rho(\Delta z)=0$. 称函数 $f(z)$ 的改变量 Δw 的线性部分 $f'(z_0)\Delta z$ 为函数在 z_0 点的**微分**，记作

$$\mathrm{d}w=f'(z_0)\Delta z\,. \tag{2-3}$$

如果函数在 z_0 处的微分存在，则称函数 $f(z)$ 在 z_0 处可微.

如果函数 $f(z)$ 在区域 D 内处处可微，就称函数 $f(z)$ 在 D 内可微.

特别地，当 $f(z)=z$ 时，由式(2-3)可得 $\mathrm{d}z=\Delta z$，于是式(2-3)可以表示为

$$\mathrm{d}w=f'(z_0)\,\mathrm{d}z\,,$$

即

$$f'(z_0)=\left.\frac{\mathrm{d}w}{\mathrm{d}z}\right|_{z=z_0}.$$

因此，函数 $f(z)$ 在 z_0 处可导与 $f(z)$ 在 z_0 处可微是等价的.

2.1.2　解析函数的概念及运算

定义 2.3　如果函数 $f(z)$ 在 z_0 点及 z_0 点的某个邻域内处处可导，则称 $f(z)$ 在 z_0 点**解析**. 如果函数 $f(z)$ 在区域 D 内每一点解析，则称 $f(z)$ 在区域 D 内解析，或称 $f(z)$ 是区域 D 内的**解析函数**.

如果 $f(z)$ 在 z_0 处不解析，则称 z_0 为 $f(z)$ 的**奇点**.

由定义可知，函数解析是指函数在某个区域内处处可导，解析性不是函数在一个孤立点的性质，而是函数在一个区域内的性质. 因此，函数在区域内解析与在区域内可导是等价的. 但是，函数在一点处解析与一点处可导却是不等价的两个概念. 函数在一点处解析，则在该点处一定可导；反之，函数在一点处可导却未必在该点处解析.

由于复变函数中的导数定义形式上与一元实变函数的导数定义类似，而且极限运算法则也与实变函数类似，因而用与高等数学中类似的方法就可以证明下列复变函数的求导法则及解析性.

1. 四则运算

设 $f(z)$ 和 $g(z)$ 是区域 D 内的解析函数，则 $f(z)\pm g(z)$，$f(z)\cdot g(z)$，$f(z)/g(z)$（$g(z)\neq 0$）在 D 内解析，且有

$$[f(z)\pm g(z)]'=f'(z)\pm g'(z),$$

$$[f(z)\cdot g(z)]'=f'(z)\cdot g(z)+f(z)\cdot g'(z),$$

$$\left[\frac{f(z)}{g(z)}\right]'=\frac{f'(z)\cdot g(z)-f(z)\cdot g'(z)}{[g(z)]^2},\quad (g(z)\neq 0).$$

容易证明：

$$(c)'=0\quad（c\text{ 为复常数}）;$$

$$(z^n)'=nz^{n-1}\quad（n\text{ 为自然数}）;$$

$$[kf(z)]'=kf'(z)\quad（k\text{ 为复常数}）.$$

2. 复合函数

设函数 $h=g(z)$ 在 z 平面的区域 D 内解析，函数 $w=f(h)$ 在 h 平面的区域 G 内解析. 如果对于 D 内的每一个点 z，函数 $g(z)$ 的对应值 h 都属于 G，则复合函数 $w=f[g(z)]$ 在 D 内解析，且有

$$w'=[f(g(z))]'=f'[g(z)]g'(z).$$

3. 反函数

设 $w=f(z)$ 是区域 D 内的解析函数且 $f'(z)\neq 0$，又反函数 $z=f^{-1}(w)=\varphi(w)$ 存在且连续，则有

$$\varphi'(w)=\left.\frac{1}{f'(z)}\right|_{z=\varphi(w)}=\frac{1}{f'(\varphi(w))}.$$

由函数 z^n（n 为自然数）在复平面解析及上述解析性质，可以推出，多项式在复平面内是处处解析的. 任何一个有理分式函数 $\dfrac{P(z)}{Q(z)}$ 在 $Q(z)\neq 0$ 的区域内解析，而 $Q(z)=0$ 的点是有理分式函数的奇点.

例 2.3　研究函数 $f(z)=|z|^2$ 的解析性.

解　由于

$$\frac{f(z+\Delta z)-f(z)}{\Delta z}=\frac{|z+\Delta z|^2-|z|^2}{\Delta z}$$

$$=\frac{(z+\Delta z)(\overline{z}+\overline{\Delta z})-z\overline{z}}{\Delta z}=\overline{z}+\overline{\Delta z}+z\frac{\overline{\Delta z}}{\Delta z}.$$

如果 $z=0$，则当 $\Delta z\to 0$ 时，上式极限为零；

如果 $z\neq 0$，此时

$$\lim_{\Delta z\to 0}\frac{f(z+\Delta z)-f(z)}{\Delta z}=\overline{z}+z\lim_{\Delta z\to 0}\frac{\overline{\Delta z}}{\Delta z},$$

令 $z+\Delta z$ 沿直线 $\Delta y=k\Delta x$ 趋于 z，得到

$$\lim_{\Delta z\to 0}\frac{\overline{\Delta z}}{\Delta z}=\lim_{\substack{\Delta x\to 0\\ \Delta y\to 0}}\frac{\Delta x-\mathrm{i}\,\Delta y}{\Delta x+\mathrm{i}\,\Delta y}=\lim_{\substack{\Delta x\to 0\\ \Delta y\to 0}}\frac{1-\mathrm{i}\dfrac{\Delta y}{\Delta x}}{1+\mathrm{i}\dfrac{\Delta y}{\Delta x}}=\frac{1-k\mathrm{i}}{1+k\mathrm{i}}.$$

随着 k 的不同，上式趋于一个不确定的值，即当 $\Delta z\to 0$ 时，上式极限不存在. 因此，$f(z)=|z|^2$ 仅在 $z=0$ 可导，在其他点都不可导，由定义知，它在复平面内处处不解析.

2.1.3　函数解析的充要条件

从解析的定义可以看出，判别一个函数是否解析往往比较困难，因此需要寻找判别函数解析的简便、有效方法. 另一方面，根据复变函数与二元实变函数的关系，我们自然要问：作为解析函数的实部和虚部的两个二元函数有什么特征？下述定理回答了这个问题.

定理 2.1　设函数 $f(z)=u(x,y)+\mathrm{i}\,v(x,y)$ 定义在区域 D 内，则 $f(z)$ 在 D 内一点 $z=x+\mathrm{i}\,y$ 可导的充要条件是：$u(x,y)$ 与 $v(x,y)$ 在点 (x,y) 处可微，并且满足柯西-黎曼方程(C-R 方程)：

$$\frac{\partial u}{\partial x}=\frac{\partial v}{\partial y},\quad \frac{\partial u}{\partial y}=-\frac{\partial v}{\partial x}. \tag{2-4}$$

证　必要性　因为 $f(z)$ 在点 $z=x+\mathrm{i}\,y$ 可导，由式(2-2)可知，对于充分小的 $|\Delta z|=|\Delta x+\mathrm{i}\,\Delta y|>0$ 有

$$f(z+\Delta z)-f(z)=\Delta u+\mathrm{i}\,\Delta v=f'(z)\Delta z+\rho(\Delta z)\Delta z,$$

其中

$$\lim_{\Delta z\to 0}\rho(\Delta z)=0.$$

令 $f'(z)=a+\mathrm{i}b$， $\rho(\Delta z)=\rho_1+\mathrm{i}\,\rho_2$（$a,b,\rho_1,\rho_2$ 为二元实变函数），则

$$\begin{aligned}\Delta u+\mathrm{i}\,\Delta v&=(a+\mathrm{i}\,b)(\Delta x+\mathrm{i}\,\Delta y)+(\rho_1+\mathrm{i}\,\rho_2)(\Delta x+\mathrm{i}\,\Delta y)\\&=(a\Delta x-b\Delta y+\rho_1\Delta x-\rho_2\Delta y)+\mathrm{i}(b\Delta x+a\Delta y+\rho_2\Delta x+\rho_1\Delta y),\end{aligned}$$

从而有

$$\Delta u=a\Delta x-b\Delta y+\rho_1\Delta x-\rho_2\Delta y\,,$$

$$\Delta v=b\Delta x+a\Delta y+\rho_2\Delta x+\rho_1\Delta y\,,$$

由于 $\lim\limits_{\Delta z\to 0}\rho(\Delta z)=0$，所以 $\lim\limits_{\substack{\Delta x\to 0\\ \Delta y\to 0}}\rho_1=0$， $\lim\limits_{\substack{\Delta x\to 0\\ \Delta y\to 0}}\rho_2=0$，因此，$u(x,y)$ 与 $v(x,y)$ 在点 (x,y) 处可微，并且满足柯西-黎曼方程

$$a=\frac{\partial u}{\partial x}=\frac{\partial v}{\partial y},\quad -b=\frac{\partial u}{\partial y}=-\frac{\partial v}{\partial x}.$$

充分性

$$\begin{aligned}&f(z+\Delta z)-f(z)=\Delta u+\mathrm{i}\Delta v\\&=u(x+\Delta x,y+\Delta y)-u(x,y)+\mathrm{i}[v(x+\Delta x,y+\Delta y)-v(x,y)],\end{aligned}$$

由 $u(x,y)$ 与 $v(x,y)$ 在点 (x,y) 处可微，有

$$\Delta u=\frac{\partial u}{\partial x}\Delta x+\frac{\partial u}{\partial y}\Delta y+\varepsilon_1\Delta x+\varepsilon_2\Delta y\,,$$

$$\Delta v=\frac{\partial v}{\partial x}\Delta x+\frac{\partial v}{\partial y}\Delta y+\varepsilon_3\Delta x+\varepsilon_4\Delta y\,,$$

这里 $\lim\limits_{\substack{\Delta x\to 0\\ \Delta y\to 0}}\varepsilon_k=0(k=1,2,3,4)$. 因此

$$\begin{aligned}&f(z+\Delta z)-f(z)\\&=\left(\frac{\partial u}{\partial x}+\mathrm{i}\frac{\partial v}{\partial x}\right)\Delta x+\left(\frac{\partial u}{\partial y}+\mathrm{i}\frac{\partial v}{\partial y}\right)\Delta y+(\varepsilon_1+\mathrm{i}\,\varepsilon_3)\Delta x+(\varepsilon_2+\mathrm{i}\,\varepsilon_4)\Delta y,\end{aligned}$$

根据柯西-黎曼方程

$$\frac{\partial u}{\partial y}=-\frac{\partial v}{\partial x}=\mathrm{i}^2\frac{\partial v}{\partial x},\quad \frac{\partial v}{\partial y}=\frac{\partial u}{\partial x},$$

所以

$$f(z+\Delta z)-f(z)=\left(\frac{\partial u}{\partial x}+\mathrm{i}\frac{\partial v}{\partial x}\right)(\Delta x+\mathrm{i}\,\Delta y)+(\varepsilon_1+\mathrm{i}\,\varepsilon_3)\Delta x+(\varepsilon_2+\mathrm{i}\,\varepsilon_4)\Delta y,\,,$$

或

$$\frac{f(z+\Delta z)-f(z)}{\Delta z}=\left(\frac{\partial u}{\partial x}+\mathrm{i}\frac{\partial v}{\partial x}\right)+(\varepsilon_1+\mathrm{i}\,\varepsilon_3)\frac{\Delta x}{\Delta z}+(\varepsilon_2+\mathrm{i}\,\varepsilon_4)\frac{\Delta y}{\Delta z},$$

因为$\left|\dfrac{\Delta x}{\Delta z}\right| \leqslant 1$，$\left|\dfrac{\Delta y}{\Delta z}\right| \leqslant 1$，故当$\Delta z \to 0$时，上式右端的最后两项都趋于 0，因此

$$f'(z) = \lim_{\Delta z \to 0} \frac{f(z+\Delta z) - f(z)}{\Delta z} = \frac{\partial u}{\partial x} + \mathrm{i}\frac{\partial v}{\partial x}.$$

即$f(z)$在点$z = x + \mathrm{i}\,y$可导.

由定理 2.1 的证明及柯西-黎曼方程，可以得到函数$f(z) = u(x,y) + \mathrm{i}\,v(x,y)$在点$z = x + \mathrm{i}\,y$处的**导数公式**：

$$f'(z) = \frac{\partial u}{\partial x} + \mathrm{i}\frac{\partial v}{\partial x} = \frac{\partial v}{\partial y} + \mathrm{i}\frac{\partial v}{\partial x} = \frac{\partial u}{\partial x} - \mathrm{i}\frac{\partial u}{\partial y} = \frac{\partial v}{\partial y} - \mathrm{i}\frac{\partial u}{\partial y}. \tag{2-5}$$

注意　柯西-黎曼方程只是函数可导的必要条件而非充分条件. 因为一个二元函数在某一点偏导数存在并不能保证函数在该点处连续，更不能保证函数在该点处可微.

例如，令两个二元函数

$$u(x,y) = v(x,y) = \begin{cases} \dfrac{xy}{x^2+y^2}, & x^2+y^2 \neq 0, \\ 0, & x^2+y^2 = 0. \end{cases}$$

取$f(z) = u(x,y) + \mathrm{i}\,v(x,y)$，则函数$f(z)$在$z=0$处满足柯西-黎曼方程：

$$\frac{\partial u}{\partial x} = \frac{\partial v}{\partial y} = 0, \quad \frac{\partial u}{\partial y} = -\frac{\partial v}{\partial x} = 0.$$

但$f(z)$在$z=0$处是不连续的，从而也不可导.

根据函数在区域内解析的定义及定理 2.1，可以得到下面判断函数在区域D内解析的一个充要条件.

定理 2.2　函数$f(z) = u(x,y) + \mathrm{i}\,v(x,y)$在区域$D$内解析($D$内可导)的充要条件是$u(x,y)$与$v(x,y)$在区域$D$内处处可微，且满足柯西-黎曼方程.

如果$u(x,y)$与$v(x,y)$在区域D内具有一阶连续偏导数，则$u(x,y)$与$v(x,y)$在区域D内可微，从而得到如下推论.

推论 2.1　函数$f(z) = u(x,y) + \mathrm{i}\,v(x,y)$在区域$D$内有定义，如果$u(x,y)$与$v(x,y)$在区域$D$内的四个偏导数$\dfrac{\partial u}{\partial x}$，$\dfrac{\partial v}{\partial y}$，$\dfrac{\partial u}{\partial y}$，$\dfrac{\partial v}{\partial x}$存在且连续，并且满足柯西-黎曼方程，则$f(z)$在区域$D$内解析.

定理 2.1 与定理 2.2 是本章的主要定理，它们不但提供了判断函数在一点处可导，在区域内解析的常用方法，而且给出了一个与二元实变函数相关的简洁求导公式(2-5). 柯西-黎曼方程是判断函数是否解析的一个重要依据，如果函数$f(z)$在区域D内不满足柯西-黎曼方程，则在区域D内不解析；如果$f(z)$在区域D内满足柯西-黎曼方程，

还需判断 $u(x,y)$ 与 $v(x,y)$ 在区域 D 内具有一阶连续偏导数，方可证明 $f(z)$ 在区域 D 内解析.

例 2.4 讨论下列函数的可导性与解析性.

(1) $f(z)=\mathrm{Re}\,z$； (2) $f(z)=|z|^2$； (3) $f(z)=\mathrm{e}^x(\cos y+\mathrm{i}\sin y)$.

解 (1) 设 $z=x+\mathrm{i}y$，由 $\mathrm{Re}\,z=x$，可得 $u=x$，$v=0$. 从而有

$$\frac{\partial u}{\partial x}=1,\quad \frac{\partial u}{\partial y}=0,$$

$$\frac{\partial v}{\partial x}=0,\quad \frac{\partial v}{\partial y}=0,$$

因为 $\dfrac{\partial u}{\partial x}\neq\dfrac{\partial v}{\partial y}$，C-R 方程不满足，所以 $f(z)=\mathrm{Re}\,z$ 在复平面内处处不可导，处处不解析.

(2) 设 $z=x+\mathrm{i}y$，由 $|z|^2=x^2+y^2$，可得 $u=x^2+y^2$，$v=0$. 从而有

$$\frac{\partial u}{\partial x}=2x,\quad \frac{\partial u}{\partial y}=2y,$$

$$\frac{\partial v}{\partial x}=0,\quad \frac{\partial v}{\partial y}=0,$$

这四个一阶偏导数都连续，但只有 $x=y=0$ 时才满足 C-R 方程，所以 $f(z)=|z|^2$ 仅在 $z=0$ 点可导，在复平面内处处不解析.

(3) 由 $f(z)=\mathrm{e}^x(\cos y+\mathrm{i}\sin y)$，可得 $u=\mathrm{e}^x\cos y$，$v=\mathrm{e}^x\sin y$. 从而有

$$\frac{\partial u}{\partial x}=\mathrm{e}^x\cos y,\quad \frac{\partial u}{\partial y}=-\mathrm{e}^x\sin y,$$

$$\frac{\partial v}{\partial x}=\mathrm{e}^x\sin y,\quad \frac{\partial v}{\partial y}=\mathrm{e}^x\cos y.$$

这四个一阶偏导数都连续，且满足 C-R 方程，所以 $f(z)=\mathrm{e}^x(\cos y+\mathrm{i}\sin y)$ 在复平面内处处可导，处处解析. 并且根据式(2-5)有

$$f'(z)=\mathrm{e}^x(\cos y+\mathrm{i}\sin y)=f(z).$$

这个函数的特点在于它的导数是其本身，下一节将介绍这就是复变函数中的指数函数.

例 2.5 如果函数 $f(z)$ 在区域 D 内解析，且满足下列条件之一，则 $f(z)$ 在区域 D 内为常数.

(1) $f'(z)=0$； (2) $\mathrm{Re}\,f(z)$ 为常数； (3) $|f(z)|$ 为常数.

证 (1) 因为

$$f'(z)=\frac{\partial u}{\partial x}+\mathrm{i}\frac{\partial v}{\partial x}=\frac{\partial v}{\partial y}-\mathrm{i}\frac{\partial u}{\partial y}=0,$$

故

$$\frac{\partial u}{\partial x}=\frac{\partial u}{\partial y}=\frac{\partial v}{\partial x}=\frac{\partial v}{\partial y}=0,$$

所以 $u=$ 常数， $v=$ 常数，从而 $f(z)$ 在区域 D 内为常数.

(2) 因为

$$\operatorname{Re} f(z)=u=\text{常数},$$

故

$$\frac{\partial u}{\partial x}=\frac{\partial u}{\partial y}=0,$$

又因为 $f(z)$ 满足 C-R 方程，即

$$\frac{\partial u}{\partial x}=\frac{\partial v}{\partial y}=0, \quad \frac{\partial u}{\partial y}=-\frac{\partial v}{\partial x}=0,$$

所以 $v=$ 常数，从而 $f(z)$ 在区域 D 内为常数.

(3) 因为

$$|f(z)|=\sqrt{u^2+v^2}=\text{常数},$$

从而

$$u^2+v^2=\text{常数},$$

上式两端分别对 x 及 y 求偏导可得

$$2u\frac{\partial u}{\partial x}+2v\frac{\partial v}{\partial x}=0,$$

$$2u\frac{\partial u}{\partial y}+2v\frac{\partial v}{\partial y}=0,$$

结合 C-R 方程

$$\frac{\partial u}{\partial x}=\frac{\partial v}{\partial y}, \quad \frac{\partial u}{\partial y}=-\frac{\partial v}{\partial x}$$

有

$$\begin{cases} 2u\dfrac{\partial u}{\partial x}+2v\dfrac{\partial v}{\partial x}=0, \\ 2v\dfrac{\partial u}{\partial x}-2u\dfrac{\partial v}{\partial x}=0. \end{cases}$$

整理得

$$2(u^2+v^2)\frac{\partial v}{\partial x}=0,$$

因为$u^2+v^2=$常数，若$u^2+v^2=0$，则$u=0$，$v=0$，从而$f(z)$在区域D内为常数.

若$u^2+v^2\neq 0$，得到$\dfrac{\partial v}{\partial x}=0$，由 C-R 条件知，$\dfrac{\partial u}{\partial y}=-\dfrac{\partial v}{\partial x}=0$. 同理可证，$\dfrac{\partial u}{\partial x}=\dfrac{\partial v}{\partial y}=0$. 因而，$u=$常数，$v=$常数，则$f(z)$在区域$D$内为常数.

2.2 初 等 函 数

与初等实变函数一样，初等复变函数也是一种最简单、最基本的常用函数类，在复变函数及其应用中非常重要. 本节将介绍实变函数中的常用初等函数推广到复变函数的情形，研究这些初等复变函数的重要性质. 当把初等实变函数推广到复变函数时，我们将阐述和揭示初等函数性质的“新貌”，如指数函数的周期性，对数函数的无穷多值性，正弦、余弦函数的无界性等.

2.2.1 指数函数

定义 2.4 对于任意复数$z=x+\mathrm{i}y$，称函数

$$\exp z=\mathrm{e}^z=\mathrm{e}^x(\cos y+\mathrm{i}\sin y) \tag{2-6}$$

为z的**指数函数**.

这个定义等价于

$$\left.\begin{aligned}|\exp z|&=\mathrm{e}^x,\\ \mathrm{Arg}(\exp z)&=y+2k\pi\end{aligned}\right\} \tag{2-7}$$

其中k为整数.

当$\mathrm{Im}\,z=y=0$时，式(2-6)就是实变量指数函数e^x.

当$x=0$时，得到欧拉公式

$$\mathrm{e}^{\mathrm{i}y}=\cos y+\mathrm{i}\sin y. \tag{2-8}$$

指数函数有如下性质：

(1) 由(2-7)中的第一式知，$\exp z\neq 0$.

(2) 由例 2.4(3)的结论知，$\exp z$在复平面内处处解析，且$(\exp z)'=\exp z$.

(3) 跟e^x一样，$\exp z$也服从加法定理：$\exp z_1\cdot\exp z_2=\exp(z_1+z_2)$.

事实上，设$z_1=x_1+\mathrm{i}y_1$，$z_2=x_2+\mathrm{i}y_2$，按定义有

$$\begin{aligned}\exp z_1\cdot\exp z_2&=\mathrm{e}^{x_1}(\cos y_1+\mathrm{i}\sin y_1)\cdot\mathrm{e}^{x_2}(\cos y_2+\mathrm{i}\sin y_2)\\&=\mathrm{e}^{x_1+x_2}[(\cos y_1\cos y_2-\sin y_1\sin y_2)+\mathrm{i}(\sin y_1\cos y_2+\cos y_1\sin y_2)]\\&=\mathrm{e}^{x_1+x_2}[\cos(y_1+y_2)+\mathrm{i}\sin(y_1+y_2)]\\&=\exp(z_1+z_2).\end{aligned}$$

(4) 由加法定理可以推出，$\exp z$ 具有周期性，它的周期是 $2k\pi i$. 即

$$e^{z+2k\pi i}=e^z\cdot e^{2k\pi i}=e^z.$$

注意　e^z 仅仅是一个记号，没有幂的意义(幂的意义后面再讲).

2.2.2　对数函数

与实变函数一样，对数函数是作为指数函数的反函数给出的.

定义 2.5　把满足方程

$$e^w=z\qquad(z\neq 0)$$

的函数 $w=f(z)$ 称为**对数函数**，记作 $\mathrm{Ln}\,z$，即 $w=\mathrm{Ln}\,z$.

根据这个定义，$\mathrm{Ln}\,z$ 的实部和虚部可以用 z 的模和辐角表示.

令 $z=re^{i\theta}$，$w=u+iv$，则

$$e^{u+iv}=re^{i\theta},$$

所以

$$u=\ln r,\quad v=\theta,$$

因此

$$\mathrm{Ln}\,z=\ln|z|+i\,\mathrm{Arg}\,z. \tag{2-9}$$

由于 $\mathrm{Arg}\,z$ 为多值函数，所以对数函数 $w=\mathrm{Ln}\,z$ 是多值函数，并且每两个值相差 $2\pi i$ 的整数倍. 如果规定式(2-9)中的 $\mathrm{Arg}\,z$ 取主值 $\arg z$，那么 $\mathrm{Ln}\,z$ 为一单值函数，记作 $\ln z$，称为 $\mathrm{Ln}\,z$ 的**主值**. 这样就有

$$\ln z=\ln|z|+i\arg z. \tag{2-10}$$

而其他值可由主值表达如下：

$$\mathrm{Ln}\,z=\ln z+2k\pi i\qquad(k=\pm1,\pm2,\cdots). \tag{2-11}$$

对于每一个固定的 k，式(2-11)为一单值函数，称为 $\mathrm{Ln}\,z$ 的一个**分支**.

特别地，当 $z=x>0$ 时，$\mathrm{Ln}\,z$ 的主值 $\ln z=\ln x$，就是实变函数中的对数函数.

例 2.6　求 $\mathrm{Ln}\,2$，$\mathrm{Ln}(-1)$ 以及与它们相应的主值.

解　因为 $\mathrm{Ln}\,2=\ln 2+2k\pi i$，所以它的主值就是 $\ln 2$. 而

$$\mathrm{Ln}(-1)=\ln 1+i\,\mathrm{Arg}(-1)=(2k+1)\pi i\qquad(k\text{ 为整数}),$$

所以它的主值是 $\ln(-1)=\pi i$.

此例说明，在实变函数中“负数无对数”的说法，在复数范围内不成立. 可以改成“负数无实对数，且正实数的对数也是无穷多值的”.

对数函数 $\mathrm{Ln}\,z$ 有如下性质.

(1) 与实变量对数函数相同的运算法则

$$\operatorname{Ln}(z_1 z_2)=\operatorname{Ln} z_1+\operatorname{Ln} z_2,$$

$$\operatorname{Ln}\frac{z_1}{z_2}=\operatorname{Ln} z_1-\operatorname{Ln} z_2.$$

上述两式应理解为集合意义下的相等. 以第一式为例证明如下:
由式(1-10)和(1-11)有

$$\begin{aligned}\operatorname{Ln}(z_1 z_2)&=\ln|z_1 z_2|+\mathrm{i}\operatorname{Arg}(z_1 z_2)=\ln|z_1|+\ln|z_2|+\mathrm{i}(\operatorname{Arg} z_1+\operatorname{Arg} z_2)\\&=(\ln|z_1|+\mathrm{i}\operatorname{Arg} z_1)+(\ln|z_2|+\mathrm{i}\operatorname{Arg} z_2)=\operatorname{Ln} z_1+\operatorname{Ln} z_2.\end{aligned}$$

注意　等式 $\operatorname{Ln} z^n=n\operatorname{Ln} z$, $\operatorname{Ln}\sqrt[n]{z}=\frac{1}{n}\operatorname{Ln} z$ ($n>1$, 正整数)不再成立.

例如, 当 $z=\mathrm{i}$ 时,

$$\operatorname{Ln}\mathrm{i}^2=\operatorname{Ln}(-1)=(2k+1)\pi\mathrm{i},$$

而

$$2\operatorname{Ln}\mathrm{i}=2\left(\frac{\pi}{2}+2k\pi\right)\mathrm{i}=(4k+1)\pi\mathrm{i}.$$

其中 $k=0,\pm1,\pm2,\cdots$, 因此 $\operatorname{Ln}\mathrm{i}^2\neq 2\operatorname{Ln}\mathrm{i}$.

(2) 由例 1.10 知, $\operatorname{Ln} z$ 的主值 $\ln z=\ln|z|+\mathrm{i}\arg z$ 在复平面内除去原点和负实轴的单连通区域 $\{z:|z|>0,-\pi<\arg z<\pi\}$ 内连续, 由反函数的求导法则知

$$\frac{\mathrm{d}\ln z}{\mathrm{d}z}=\frac{1}{\dfrac{\mathrm{d}\mathrm{e}^w}{\mathrm{d}w}}=\frac{1}{\mathrm{e}^w}=\frac{1}{z}.$$

由式(2-11)知, $\operatorname{Ln} z$ 的各个分支在除去原点和负实轴的平面内也解析, 并且具有相同的导数值.

今后, 应用对数函数 $\operatorname{Ln} z$ 时, 指的都是它的解析区域内的某一单值分支.

2.2.3　幂函数

在高等数学里, 当 a 为正数, b 为实数时, 乘幂 $a^b=\mathrm{e}^{b\ln a}$, 现在将这一结果推广到复数的情形.

定义 2.6　设 a 是不为 0 的复数, b 是任一复数, 那么**乘幂** a^b 定义为

$$a^b=\mathrm{e}^{b\operatorname{Ln} a}. \tag{2-12}$$

由于 $\operatorname{Ln} a=\ln|a|+\mathrm{i}(\arg a+2k\pi)$ ($k=0,\pm1,\pm2,\cdots$) 是多值的, 所以 a^b 一般也是多值的.

下面根据式(2-12), 讨论 b 的如下三种情形.

(1) b 为整数，

$$a^b = e^{b\operatorname{Ln} a} = e^{b[\ln|a| + i(\arg a + 2k\pi)]} = e^{b(\ln|a| + i\arg a) + 2kb\pi i} = e^{b\ln a}.$$

此时 a^b 是单值的.

(2) b 为有理数 $\frac{p}{q}$（p 与 q 为互质的整数，$q>0$），

$$\begin{aligned} a^{\frac{p}{q}} &= e^{\frac{p}{q}[\ln|a| + i(\arg a + 2k\pi)]} \\ &= e^{\frac{p}{q}\ln|a|}\left[\cos\frac{p}{q}(\arg a + 2k\pi) + i\sin\frac{p}{q}(\arg a + 2k\pi)\right]. \end{aligned} \tag{2-13}$$

当 $k = 0,1,2,\cdots,q-1$ 时，得到 a^b 的 q 个不同的值.

(3) 除了上述两种情形外，一般而论 a^b 具有无穷多个值.

例 2.7 计算下列乘幂的值与主值.

(1) $1^{\sqrt{2}}$； (2) i^i； (3) $e^{1-\pi i}$.

解 (1) $1^{\sqrt{2}} = e^{\sqrt{2}\operatorname{Ln}1} = e^{\sqrt{2}(\ln 1 + 2k\pi i)}$

$$= \cos 2\sqrt{2}k\pi + i\sin 2\sqrt{2}k\pi \quad (k = 0, \pm1, \pm2, \cdots),$$

当 $k=0$ 时，其主值为 1.

(2) $i^i = e^{i\operatorname{Ln} i} = e^{i[\ln|i| + (\frac{\pi}{2} + 2k\pi)i]} = e^{-(\frac{\pi}{2} + 2k\pi)}$（$k = 0, \pm1, \pm2, \cdots$）. 由此可见，$i^i$ 的值是正实数，当 $k=0$ 时，其主值为 $e^{-\frac{\pi}{2}}$.

(3) $e^{1-\pi i} = e^{(1-\pi i)\operatorname{Ln} e} = e^{(1-\pi i)(\ln e + 2k\pi i)}$

$$= e^{(1-\pi i)(1+2k\pi i)} = e^{1+2k\pi^2 + i(2k\pi - \pi)} \quad (k = 0, \pm1, \pm2, \cdots),$$

当 $k=0$ 时，其主值为 $e[\cos(-\pi) + i\sin(-\pi)] = -e$.

注意 e^b 作为指数函数的值和作为乘幂是不一样的. 前者是单值的，而后者是多值的，这和实变函数的情况是不同的.

应当指出的是，在式(2-12)中，当 b 为正整数 n 和分数 $\frac{1}{n}$ 时，与 a 的 n 次幂及 a 的 n 次方根(参见第 1 章)的意义完全一致. 这是因为

(1) 当 b 为正整数 n 时，

$$a^n = e^{n\operatorname{Ln} a} = e^{\overbrace{\operatorname{Ln} a + \operatorname{Ln} a + \cdots + \operatorname{Ln} a}^{n\text{项和}}} = \underbrace{e^{\operatorname{Ln} a} \cdot e^{\operatorname{Ln} a} \cdot \cdots \cdot e^{\operatorname{Ln} a}}_{n\text{项乘积}} = \underbrace{a \cdot a \cdot \cdots \cdot a}_{n\text{个}a\text{相乘}}.$$

(2) 当 b 为分数 $\frac{1}{n}$ 时，

$$\begin{aligned} a^{\frac{1}{n}} &= e^{\frac{1}{n}[\ln|a|+i(\arg a+2k\pi)]} \\ &= e^{\frac{1}{n}\ln|a|}\left(\cos\frac{\arg a+2k\pi}{n}+i\sin\frac{\arg a+2k\pi}{n}\right) \\ &= |a|^{\frac{1}{n}}\left(\cos\frac{\arg a+2k\pi}{n}+i\sin\frac{\arg a+2k\pi}{n}\right)=\sqrt[n]{a}, \end{aligned} \tag{2-14}$$

其中 $k=0,1,2,\cdots,n-1$.

在乘幂 a^b 中，当 $a=z$ 为一复变量时，就得到一般的**幂函数** $w=z^b$，其中 $z\neq 0$，b 为任意复数. 当 $b=n$ 与 $\frac{1}{n}$ 时，分别得到通常的幂函数 $w=z^n$ 及根式函数 $w=z^{\frac{1}{n}}=\sqrt[n]{z}$.

幂函数有如下性质.

(1) 当 $b=n$ 时，$w=z^n$ 在复平面内是单值解析函数. 由 2.1 节有

$$(z^n)'=nz^{n-1}.$$

(2) 当 $b=\frac{1}{n}$ 时，$w=z^{\frac{1}{n}}$ 为多值函数，具有 n 个分支. 由于对数函数 $\mathrm{Ln}\,z$ 的各个分支在除去原点和负实轴的平面内是解析的，因而 $w=z^{\frac{1}{n}}$ 的各个分支在除去原点和负实轴的平面内也是解析的，且有

$$(z^{\frac{1}{n}})'=(e^{\frac{1}{n}\mathrm{Ln}\,z})'=e^{\frac{1}{n}\mathrm{Ln}\,z}\left(\frac{1}{n}\mathrm{Ln}\,z\right)'=z^{\frac{1}{n}}\cdot\frac{1}{n}\cdot\frac{1}{z}=\frac{1}{n}z^{\frac{1}{n}-1}.$$

(3) 当 $b\neq n$ 且 $b\neq\frac{1}{n}$ 时，幂函数 $w=z^b$ 也是一个多值函数，当 b 为无理数或复数时，是无穷多值的. 它的各个分支在除去原点和负实轴的平面内也是解析的，且有

$$(z^b)'=(e^{b\mathrm{Ln}\,z})'=e^{b\mathrm{Ln}\,z}(b\,\mathrm{Ln}\,z)'=z^b\cdot b\cdot\frac{1}{z}=bz^{b-1}.$$

2.2.4　三角函数

由欧拉公式(2-8)有

$$e^{iy}=\cos y+i\sin y,\quad e^{-iy}=\cos y-i\sin y,$$

其中 y 是实数. 将上面两式相加、相减分别得到

$$\cos y=\frac{e^{iy}+e^{-iy}}{2},\quad \sin y=\frac{e^{iy}-e^{-iy}}{2i}. \tag{2-15}$$

这给出了实变量的三角函数与复变量的指数函数之间的关系. 现在把式(2-15)中的实变量 y 推广到复变量 z，则有以下定义.

定义 2.7 称

$$\cos z=\frac{e^{iz}+e^{-iz}}{2},\quad \sin z=\frac{e^{iz}-e^{-iz}}{2i} \tag{2-16}$$

分别为 z 的**余弦函数**和**正弦函数**.

当 z 为实数时，即得式(2-15).

由式(2-16)容易得到

$$e^{iz}=\cos z+i\sin z.$$

可见，欧拉公式对于复数仍然成立.

余弦函数和正弦函数有如下性质.

(1) 由于指数函数 e^z 是以 $2\pi i$ 为周期的周期函数，不难证明，$\cos z$ 和 $\sin z$ 都是以 2π 为周期的周期函数，即

$$\cos(z+2\pi)=\cos z,\quad \sin(z+2\pi)=\sin z.$$

(2) $\cos z$ 为偶函数，而 $\sin z$ 为奇函数，即

$$\cos(-z)=\cos z,\quad \sin(-z)=-\sin z.$$

不过这里的奇偶函数已经没有了如实变函数那样对称的意义.

(3) $\cos z$ 和 $\sin z$ 都是复平面内的解析函数，且

$$(\cos z)'=-\sin z,\quad (\sin z)'=\cos z.$$

可见，导数公式与实变量的情形完全相同.

(4) $\cos z$ 的零点为 $z=\left(k+\frac{1}{2}\right)\pi$，$\sin z$ 的零点为 $z=k\pi$（$k=0,\pm1,\pm2,\cdots$）.

事实上，由 $\cos z=0$ 可得 $e^{iz}+e^{-iz}=0$，即 $e^{2iz}=-1$，所以

$$2iz=\mathrm{Ln}(-1)=(2k+1)\pi i\quad (k=0,\pm1,\pm2,\cdots),$$

从而 $z=\left(k+\frac{1}{2}\right)\pi$，对 $\sin z$ 可作类似讨论.

(5) 三角学中很多公式仍然有效，例如

$$\left.\begin{aligned}\sin^2 z+\cos^2 z=1,\\ \cos(z_1+z_2)=\cos z_1\cos z_2-\sin z_1\sin z_2,\\ \sin(z_1+z_2)=\sin z_1\cos z_2+\cos z_1\sin z_2\end{aligned}\right\} \tag{2-17}$$

它们都可以直接从定义来加以证明，这里只证第三式.

$$\begin{aligned}\sin z_1\cos z_2+\cos z_1\sin z_2&=\frac{e^{iz_1}-e^{-iz_1}}{2i}\cdot\frac{e^{iz_2}+e^{-iz_2}}{2}+\frac{e^{iz_1}+e^{-iz_1}}{2}\cdot\frac{e^{iz_2}-e^{-iz_2}}{2i}\\&=\frac{e^{iz_1}e^{iz_2}-e^{-iz_1}e^{-iz_2}}{2i}=\frac{e^{i(z_1+z_2)}-e^{-i(z_1+z_2)}}{2i}=\sin(z_1+z_2).\end{aligned}$$

由式(2-17)得到

$$\cos(x+\mathrm{i}\,y)=\cos x\cos\mathrm{i}\,y-\sin x\sin\mathrm{i}\,y,$$

$$\sin(x+\mathrm{i}\,y)=\sin x\cos\mathrm{i}\,y+\cos x\sin\mathrm{i}\,y.$$

当 z 为纯虚数 $\mathrm{i}\,y$ 时，由式(2-16)可得

$$\left.\begin{aligned}\cos\mathrm{i}\,y&=\frac{\mathrm{e}^{-y}+\mathrm{e}^{y}}{2}=\mathrm{ch}\,y,\\ \sin\mathrm{i}\,y&=\frac{\mathrm{e}^{-y}-\mathrm{e}^{y}}{2\mathrm{i}}=\mathrm{i}\,\mathrm{sh}\,y\end{aligned}\right\}\tag{2-18}$$

所以

$$\left.\begin{aligned}\cos(x+\mathrm{i}\,y)&=\cos x\,\mathrm{ch}\,y-\mathrm{i}\sin x\,\mathrm{sh}\,y,\\ \sin(x+\mathrm{i}\,y)&=\sin x\,\mathrm{ch}\,y+\mathrm{i}\cos x\,\mathrm{sh}\,y\end{aligned}\right\}\tag{2-19}$$

这两个公式在具体计算 $\cos z$ 和 $\sin z$ 的值时是有用的.

注意　在复数范围内，$|\sin z|\leqslant 1$ 和 $|\cos z|\leqslant 1$ 不再成立.

例如，取 $z=\mathrm{i}\,y$（$y>0$，实数），则

$$\cos\mathrm{i}\,y=\frac{\mathrm{e}^{-y}+\mathrm{e}^{y}}{2}>\frac{\mathrm{e}^{y}}{2},$$

当 $y\to+\infty$ 时，$\cos\mathrm{i}\,y\to+\infty$.

由此可见，$\cos z$ 和 $\sin z$ 虽然保持了实变函数中一些基本性质，但它们之间也有本质的差异.

例 2.8　求 $\cos(\pi+5\mathrm{i})$ 的值.

解法一　

$$\begin{aligned}\cos(\pi+5\mathrm{i})&=\frac{1}{2}\left[\mathrm{e}^{\mathrm{i}(\pi+5\mathrm{i})}+\mathrm{e}^{-\mathrm{i}(\pi+5\mathrm{i})}\right]\\&=\frac{1}{2}[\mathrm{e}^{-5}(\cos\pi+\mathrm{i}\sin\pi)+\mathrm{e}^{5}(\cos\pi-\mathrm{i}\sin\pi)]\\&=-\frac{1}{2}(\mathrm{e}^{5}+\mathrm{e}^{-5})=-\mathrm{ch}\,5.\end{aligned}$$

解法二　由式(2-19)，

$$\cos(\pi+5\mathrm{i})=\cos\pi\,\mathrm{ch}\,5-\mathrm{i}\sin\pi\,\mathrm{sh}\,5=-\mathrm{ch}\,5.$$

其他复变量三角函数定义如下：

$$\tan z=\frac{\sin z}{\cos z},\quad \cot z=\frac{\cos z}{\sin z},$$

$$\sec z=\frac{1}{\cos z},\quad \csc z=\frac{1}{\sin z}.$$

它们分别称为 z 的**正切、余切、正割**及**余割函数**.

读者可以仿照 $\cos z$ 和 $\sin z$ 讨论它们的周期性、奇偶性与解析性等.

2.2.5　反三角函数

将反三角函数定义为三角函数的反函数.

定义 2.8　如果 $\cos w = z$，那么称 w 为 z 的**反余弦函数**，记作

$$w = \mathrm{Arc}\cos z\,.$$

由

$$z = \cos w = \frac{1}{2}(\mathrm{e}^{\mathrm{i}w} + \mathrm{e}^{-\mathrm{i}w})$$

得到关于 $\mathrm{e}^{\mathrm{i}w}$ 的二次方程

$$\mathrm{e}^{2\mathrm{i}w} - 2z\,\mathrm{e}^{\mathrm{i}w} + 1 = 0\,,$$

它的根为

$$\mathrm{e}^{\mathrm{i}w} = z + \sqrt{z^2 - 1}\,,$$

其中 $\sqrt{z^2-1}$ 应理解为双值函数. 对上式两端取对数得

$$\mathrm{Arc}\cos z = -\mathrm{i}\,\mathrm{Ln}(z + \sqrt{z^2 - 1})\,.$$

用同样的方法可以定义**反正弦函数**和**反正切函数**，并且重复上述步骤，可以得到它们的表达式：

$$\mathrm{Arc}\sin z = -\mathrm{i}\,\mathrm{Ln}(\mathrm{i}z + \sqrt{1 - z^2})\,,$$

$$\mathrm{Arc}\tan z = -\frac{\mathrm{i}}{2}\mathrm{Ln}\frac{1+\mathrm{i}z}{1-\mathrm{i}z}\,.$$

2.2.6　双曲函数与反双曲函数

定义 2.9　称

$$\mathrm{ch}\,z = \frac{\mathrm{e}^z + \mathrm{e}^{-z}}{2}, \quad \mathrm{sh}\,z = \frac{\mathrm{e}^z - \mathrm{e}^{-z}}{2}, \quad \mathrm{th}\,z = \frac{\mathrm{e}^z - \mathrm{e}^{-z}}{\mathrm{e}^z + \mathrm{e}^{-z}}$$

分别为**双曲余弦、双曲正弦**和**双曲正切函数**.

当 z 为实数 x 时，该定义与高等数学中实双曲函数的定义是一致的.

由于 e^z 及 e^{-z} 皆以 $2\pi\mathrm{i}$ 为周期，故双曲余弦和双曲正弦函数也以 $2\pi\mathrm{i}$ 为周期. $\mathrm{ch}\,z$ 为偶函数，$\mathrm{sh}\,z$ 为奇函数，而且它们都是复平面内的解析函数，导数分别为

$$(\mathrm{ch}\,z)' = \mathrm{sh}\,z\,, \quad (\mathrm{sh}\,z)' = \mathrm{ch}\,z\,.$$

根据定义，不难证明

$$\operatorname{ch} \mathrm{i} y=\cos y, \quad \operatorname{sh} \mathrm{i} y=\mathrm{i} \sin y$$

及

$$\operatorname{ch}(x+\mathrm{i} y)=\operatorname{ch} x \cos y+\mathrm{i} \operatorname{sh} x \sin y,$$
$$\operatorname{sh}(x+\mathrm{i} y)=\operatorname{sh} x \cos y+\mathrm{i} \operatorname{ch} x \sin y.$$

反双曲函数定义为双曲函数的反函数. 用与推导反三角函数表达式类似的步骤，可以得到各反双曲函数的表达式：

反双曲正弦　$\operatorname{Arsh} z=\operatorname{Ln}(z+\sqrt{z^2+1})$，

反双曲余弦　$\operatorname{Arch} z=\operatorname{Ln}(z+\sqrt{z^2-1})$，

反双曲正切　$\operatorname{Arth} z=\dfrac{1}{2} \operatorname{Ln} \dfrac{1+z}{1-z}$，

它们都是多值函数.

本 章 小 结

解析函数是复变函数的主要研究对象. 本章的重点是正确理解复变函数的导数与解析函数等基本概念，熟练掌握复变函数的可导性与解析性的判断方法. 熟悉初等函数的定义和基本性质，特别是要注意掌握复变量的初等函数与实数范围下的初等函数的异同点，哪些是实变初等函数所不具有的性质.

学习本章的知识要点如下：

1. 熟悉复变函数的导数与微分概念及性质. 复变函数的导数(微分)定义与一元实变函数的导数(微分)定义形式上类似，因而它们的求导法则与运算性质相同. 复变函数的微分与可导等价. 从极限定义可以看出，复变函数的导数定义中要求 $z_0+\Delta z$ 以任意方式趋近于 z_0 时极限存在，即导数存在与 $z_0+\Delta z$ 趋近于 z_0 的方式无关. 因此，复变函数导数的限制比一元实变函数严格，从而使复变函数的导数具有许多独特的性质.

2. 掌握解析函数的概念，解析与可导之间的关系. 函数在一个区域内解析与在该区域内可导是等价的，但需要注意的是，函数在一点处解析不仅要求它在该点处可导，并且要求在该点的邻域内可导. 复变函数解析、可导的关系如下：

函数 $f(z)$ 在区域 D 内解析 $\Leftrightarrow$ 函数 $f(z)$ 在区域 D 内可导；

函数 $f(z)$ 在 z_0 处解析 $\Rightarrow$ 函数 $f(z)$ 在 z_0 处可导；反之不成立.

在解析性的判别中，经常可以看到处处连续却处处不解析的函数. 因此解析函数有着许多实变函数所不具有的性质.

3. 牢固掌握复变函数可导与解析的判别方法：

法一：利用导数与解析的定义. 将函数解析的判别问题归结为可导性的判断，即判断函数在一点处及它的邻域内的可导性.

法二：利用解析函数判断的充要条件. 该充要条件是判断函数是否可导与解析的

常用简洁方法，并且给出了求导公式. 将函数 $f(z)=u+\mathrm{i}v$ 的可导与解析判断转化为实部 u 与虚部 v 的相关性质来研究，即：

函数 $f(z)=u+\mathrm{i}v$ 在区域 D 内解析

$\Leftrightarrow u$ 与 v 在 D 内可微，且满足 C-R 方程：$\dfrac{\partial u}{\partial x}=\dfrac{\partial v}{\partial y}$，$\dfrac{\partial u}{\partial y}=-\dfrac{\partial v}{\partial x}$

$\Leftrightarrow u(x,y)$ 与 $v(x,y)$ 在区域 D 内的四个偏导数 $\dfrac{\partial u}{\partial x}$，$\dfrac{\partial v}{\partial y}$，$\dfrac{\partial u}{\partial y}$，$\dfrac{\partial v}{\partial x}$ 存在且连续，且满足 C-R 方程.

导数公式表示为

$$f'(z)=\frac{\partial u}{\partial x}+\mathrm{i}\frac{\partial v}{\partial x}=\frac{\partial v}{\partial y}+\mathrm{i}\frac{\partial v}{\partial x}=\frac{\partial u}{\partial x}-\mathrm{i}\frac{\partial u}{\partial y}=\frac{\partial v}{\partial y}-\mathrm{i}\frac{\partial u}{\partial y}.$$

注意　若 $u(x,y)$ 与 $v(x,y)$ 在区域 D 内的一阶偏导数不存在，或者虽然存在但是不满足柯西-黎曼方程，则函数 $f(z)$ 不可导，因而也不解析.

4. 掌握复变量初等函数的定义及性质. 要清楚地了解复变量初等函数是实变初等函数的推广，这种推广既保持了函数原有的某些基本性质，同时在复数范围内的函数解析性、周期性等方面又有着明显的差异.

(1) 指数函数在复平面内处处解析，即：$(\mathrm{e}^z)'=\mathrm{e}^z$. 具有以 $2k\pi\mathrm{i}$ 为周期的周期性，这是与实指数函数的不同之处.

(2) 对数函数 $\mathrm{Ln}\,z=\ln|z|+\mathrm{i}\mathrm{Arg}\,z$ 是多值函数，$\mathrm{Ln}\,z$ 的**主值** $\ln z=\ln|z|+\mathrm{i}\arg z$ 为一单值函数，满足：$\mathrm{Ln}\,z=\ln z+2k\pi\mathrm{i}$（$k=\pm1,\pm2,\cdots$）. $\mathrm{Ln}\,z$ 的各个分支在除去原点和负实轴的平面内也解析，并且具有相同的导数值，$(\mathrm{Ln}z)'=(\ln z)'=\dfrac{1}{z}$.

虽然有着与实变量对数函数相同的运算法则，如

$$\mathrm{Ln}(z_1z_2)=\mathrm{Ln}\,z_1+\mathrm{Ln}\,z_2,\quad \mathrm{Ln}\frac{z_1}{z_2}=\mathrm{Ln}\,z_1-\mathrm{Ln}\,z_2.$$

但需要注意有些性质不再成立，如 $\mathrm{Ln}\,z^n=n\mathrm{Ln}\,z$，$\mathrm{Ln}\sqrt[n]{z}=\dfrac{1}{n}\mathrm{Ln}\,z$（$n>1$，正整数）不再成立，“负数无对数”的论断也不再成立.

(3) 乘幂 $a^b=\mathrm{e}^{b\mathrm{Ln}\,a}$（$a\neq0$）一般也是多值函数. 当 $a=z,b=n$ 时，幂函数 $w=z^n$ 是复平面内是单值解析函数，且 $(z^n)'=nz^{n-1}$. 其余情况都是多值函数，各个分支在除去原点和负实轴的平面内是解析的，且有 $(z^b)'=bz^{b-1}$.

(4) 三角正弦函数与余弦函数由指数函数表示，是在复平面内的解析函数，且 $(\cos z)'=-\sin z$，$(\sin z)'=\cos z$. 它们保持了与实数范围内的三角函数的周期性、奇偶性及一些三角恒等式. 但不再具有有界性，在复数范围内，$|\sin z|\leqslant1$ 和 $|\cos z|\leqslant1$ 不再成立.

(5) 双曲余弦和双曲正弦函数是复平面内以 $2\pi\mathrm{i}$ 为周期的解析函数，且有 $(\operatorname{ch} z)' = \operatorname{sh} z$，$(\operatorname{sh} z)' = \operatorname{ch} z$. 反三角函数与反双曲函数是用对数函数来表示的，因而都是多值函数.

习题 2

1．判断下列函数的可导性与解析性.

(1) $f(z) = x^2 - \mathrm{i}y$；　(2) $f(z) = xy^2 + \mathrm{i}x^2y$；

(3) $f(z) = \bar{z}$；　(4) $f(z) = \sin x \operatorname{ch} y + \mathrm{i}\cos x \operatorname{sh} y$.

2．试确定下列函数的解析性区域，并求出其导数.

(1) $(z-1)^5$；　(2) $z^3 + 2\mathrm{i}z$；

(3) $\dfrac{1}{z^2-1}$；　(4) $\dfrac{az+b}{cz+d}$(c,d 中至少有一个不为0).

3．求下列函数的奇点：

(1) $\dfrac{z+1}{z(z^2+1)}$；　(2) $\dfrac{z-2}{(z+1)^2(z^2+1)}$.

4．判断下列命题的真假. 若真，请给以证明；若假，请举例说明.

(1) 如果 $f(z)$ 在 z_0 连续，那么 $f'(z_0)$ 存在；

(2) 如果 $f'(z_0)$ 存在，那么 $f(z)$ 在 z_0 解析；

(3) 如果 z_0 是 $f(z)$ 的奇点，那么 $f(z)$ 在 z_0 不可导；

(4) 如果 $u(x,y)$ 和 $v(x,y)$ 偏导数存在，那么 $f(z) = u + \mathrm{i}v$ 可导；

(5) 如果 $u + \mathrm{i}v$ 在区域 D 内解析，那么 $v + \mathrm{i}u$ 也在区域 D 内解析；

(6) 如果 z_0 是 $f(z)$ 和 $g(z)$ 的奇点，那么 z_0 也是 $f(z) + g(z)$ 和 $f(z)/g(z)$ 的奇点.

5．如果 $f(z) = u + \mathrm{i}v$ 是 z 的解析函数，证明：

$$\left(\frac{\partial}{\partial x}|f(z)|\right)^2 + \left(\frac{\partial}{\partial y}|f(z)|\right)^2 = |f'(z)|^2.$$

6．设 $my^3 + nx^2y + \mathrm{i}(x^3 + lxy^2)$ 为解析函数，试确定 l,m,n 的值.

7．证明柯西-黎曼方程的极坐标形式是

$$\frac{\partial u}{\partial r} = \frac{1}{r}\frac{\partial v}{\partial \theta}, \qquad \frac{\partial v}{\partial r} = -\frac{1}{r}\frac{\partial u}{\partial \theta}.$$

8．证明：如果函数 $f(z) = u + \mathrm{i}v$ 在区域 D 内解析，并满足下列条件之一，那么 $f(z)$ 是常数.

(1) $f(z)$ 恒取实值；

(2) $\overline{f(z)}$ 在 D 内解析；

(3) $\arg f(z)$ 在 D 内为常数；

(4) $\operatorname{Im} f(z)$ 在 D 内为常数；

(5) 存在不全为零的实常数 a,b 和 c，使 $au + bv = c$.

9．证明：

（1）$\overline{e^{z}}=e^{\overline{z}}$；　（2）$\overline{\cos z}=\cos\overline{z}$；　（3）$\overline{\sin z}=\sin\overline{z}$.

10．证明：

（1）$\sin^2 z+\cos^2 z=1$；

（2）$\sin 2z=2\sin z\cos z$；

（3）$\tan 2z=\dfrac{2\tan z}{1-\tan^2 z}$；

（4）$\sin\left(\dfrac{\pi}{2}-z\right)=\cos z$，　$\cos(z+\pi)=-\cos z$；

（5）$|\cos z|^2=\cos^2 x+\operatorname{sh}^2 y$，　$|\sin z|^2=\sin^2 x+\operatorname{sh}^2 y$.

11．求 $\mathrm{Ln}(1-\mathrm{i})$，$\mathrm{Ln}(-3+4\mathrm{i})$ 和它们的主值.

12．求下列各值：

（1）$\exp(1-\pi\mathrm{i})$；　（2）$\sin(1+2\mathrm{i})$；

（3）3^{i}；　（4）$(1+\mathrm{i})^{\mathrm{i}}$.

13. 求下列方程的全部解：

（1）$1+e^{z}=0$；　（2）$e^{z}=1+\sqrt{3}\mathrm{i}$；

（3）$\sin z=0$；　（4）$\sin z+\cos z=0$；

（5）$\operatorname{ch} z=0$；　（6）$\operatorname{sh} z=\mathrm{i}$.

14．证明：

（1）$\operatorname{ch}^2 z-\operatorname{sh}^2 z=1$；

（2）$\operatorname{ch}^2 z+\operatorname{sh}^2 z=\operatorname{ch}2z$；

（3）$\operatorname{sh}(z_1+z_2)=\operatorname{sh}z_1\operatorname{ch}z_2+\operatorname{ch}z_1\operatorname{sh}z_2$；

（4）$\operatorname{ch}(z_1+z_2)=\operatorname{ch}z_1\operatorname{ch}z_2+\operatorname{sh}z_1\operatorname{sh}z_2$.

15．证明：$\operatorname{sh}z$ 的反函数为 $\operatorname{Arsh}z=\mathrm{Ln}(z+\sqrt{z^2+1})$.

第 3 章　复变函数的积分

复变函数的积分是研究解析函数性质和解决实际问题的重要工具. 本章首先介绍复积分的概念、性质及计算方法，在此基础上介绍柯西-古萨定理及复合闭路定理. 建立柯西积分公式，掌握解析函数使用积分形式表现出来的特征，从而得到解析函数的高阶导数公式. 最后讨论解析函数与调和函数的关系. 本章中介绍的柯西-古萨定理及柯西积分公式是研究解析函数性质的重要理论基础，要深入透彻理解并熟练掌握这一部分. 此外在学习积分理论体系的同时，必须注意与积分理论密切结合的复积分计算问题，真正掌握积分计算的技能.

3.1　复变函数积分的概念

3.1.1　复积分的定义

在讨论复变函数积分时，将要用到有向曲线的概念.

设 C 为平面上给定的一条光滑或逐段光滑曲线. 如果选定 C 的两个可能方向中的一个作为正方向，那么就把 C 理解为带有方向的曲线，称为**有向曲线**.

曲线的方向是这样规定的：

(1) 如果曲线 C 是开口弧段，设它的两个端点为 A 和 B，如果把从 A 到 B 的方向作为 C 的正方向，那么从 B 到 A 的方向就是 C 的负方向，记为 C^-.

(2) 如果是简单闭曲线，通常规定逆时针方向为正向，顺时针方向为负向.

(3) 如果闭曲线作为某区域的边界，其正向规定为：当观察者沿该曲线前进时，区域总保持在观察者的左侧. 特别地，单连通区域的边界曲线正向是逆时针方向；多连通区域的外边界取逆时针方向为正向，而内边界取顺时针方向为正向.

定义 3.1　设函数 $f(z)$ 在区域 D 内有定义，C 为区域 D 内一条光滑的有向简单曲线，起点为 A，终点为 B. 把曲线 C 分成任意 n 个小弧段，设分点为

$$A = z_0, z_1, \cdots, z_{n-1},\quad z_n = B,$$

在每个弧段 $\widehat{z_{k-1}z_k}$ $(k=1,2,\cdots,n)$ 上任取一点 ζ_k (图 3-1)，并作和式

$$S_n = \sum_{k=1}^{n} f(\zeta_k)\Delta z_k .$$

这里$\Delta z_k = z_k - z_{k-1}$记弧段$\overparen{z_{k-1}z_k}$的长度为$\Delta s_k$，$\lambda = \max\limits_{1\leqslant k\leqslant n}\{\Delta s_k\}$. 当$\lambda \to 0$时，如果不论对$C$的分法及$\zeta_k$的取法如何，和式$S_n$有唯一极限，则称此极限值为函数$f(z)$沿曲线$C$自$A$到$B$的积分，记作

$$\int_C f(z)\,\mathrm{d}z = \lim_{\lambda\to 0}\sum_{k=1}^{n} f(\zeta_k)\Delta z_k . \tag{3-1}$$

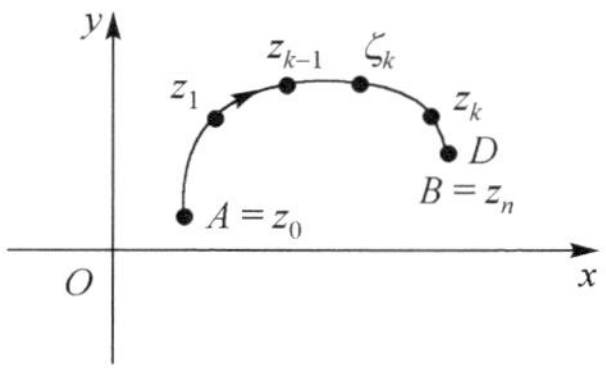

图 3-1

沿曲线C的负方向(自B到A)的积分记作$\int_{C^-} f(z)\mathrm{d}z$；当$C$为闭曲线时，则沿此闭曲线的积分记作$\oint_C f(z)\mathrm{d}z$.

3.1.2　复积分存在的条件及计算

定理 3.1　设$f(z)=u(x,y)+\mathrm{i}\,v(x,y)$在光滑曲线$C$上连续，则复积分$\int_C f(z)\mathrm{d}z$存在，且可以表示为

$$\int_C f(z)\mathrm{d}z = \int_C u(x,y)\mathrm{d}x - v(x,y)\mathrm{d}y + \mathrm{i}\int_C v(x,y)\mathrm{d}x + u(x,y)\mathrm{d}y . \tag{3-2}$$

证　设$z_k = x_k + \mathrm{i}\,y_k$，$\zeta_k = \xi_k + \mathrm{i}\eta_k$，则

$$\Delta z_k = z_k - z_{k-1} = (x_k - x_{k-1}) + \mathrm{i}(y_k - y_{k-1}) = \Delta x_k + \mathrm{i}\,\Delta y_k ,$$

所以

$$\begin{aligned}\sum_{k=1}^{n} f(\zeta_k)\Delta z_k &= \sum_{k=1}^{n}\left[u(\xi_k,\eta_k)+\mathrm{i}\,v(\xi_k,\eta_k)\right](\Delta x_k + \mathrm{i}\,\Delta y_k)\\ &= \sum_{k=1}^{n}\left[u(\xi_k,\eta_k)\Delta x_k - v(\xi_k,\eta_k)\Delta y_k\right] + \mathrm{i}\sum_{k=1}^{n}\left[v(\xi_k,\eta_k)\Delta x_k + u(\xi_k,\eta_k)\Delta y_k\right].\end{aligned}$$

因为$\lambda = \max\limits_{1\leqslant k\leqslant n}\{\Delta s_k\}\to 0$，故$\Delta z_k \to 0$，从而$\Delta x_k \to 0$，$\Delta y_k \to 0$，又$f(z)$在$C$上连续，从而$u,v$在$C$上连续. 根据曲线积分的存在定理，上式右端两个和式的极限都存在. 因此有

$$\int_C f(z)\mathrm{d}z = \int_C u\mathrm{d}x - v\mathrm{d}y + \mathrm{i}\int_C v\mathrm{d}x + u\mathrm{d}y .$$

为了便于记忆，可把式(3-2)形式上看作是 $f(z)=u+\mathrm{i}v$ 与 $\mathrm{d}z=\mathrm{d}x+\mathrm{i}\,\mathrm{d}y$ 相乘后求积分所得

$$\int_C f(z)\mathrm{d}z = \int_C (u+\mathrm{i}v)(\mathrm{d}x+\mathrm{i}\,\mathrm{d}y) = \int_C u\mathrm{d}x - v\mathrm{d}y + \mathrm{i}\int_C v\mathrm{d}x + u\mathrm{d}y .$$

定理 3.1 说明了两个问题：

(1) 当 $f(z)$ 是连续函数而 C 是光滑曲线时，复积分 $\int_C f(z)\mathrm{d}z$ 一定存在；

(2) 复积分 $\int_C f(z)\mathrm{d}z$ 可以通过二元实变函数的曲线积分来计算.

当曲线积分的积分路径 C 由参数方程给出时，利用式(3-2)还可以将复积分转化为普通的定积分来计算.

设曲线 C 的参数方程为

$$z = z(t) = x(t) + \mathrm{i}\,y(t), \quad \alpha \leqslant t \leqslant \beta ,$$

正方向为参数增加的方向，参数 α 及 β 分别对应于曲线的起点和终点，且 $z'(t)\neq 0$，$\alpha<t<\beta$.

根据曲线积分的计算方法，有

$$\int_C f(z)\mathrm{d}z = \int_\alpha^\beta \{u[x(t),y(t)]x'(t) - v[x(t),y(t)]y'(t)\}\,\mathrm{d}t$$
$$+\mathrm{i}\int_\alpha^\beta \{v[x(t),y(t)]x'(t) + u[x(t),y(t)]y'(t)\}\,\mathrm{d}t,$$

上式右端可以写成

$$\int_\alpha^\beta \{u[x(t),y(t)] + \mathrm{i}v[x(t),y(t)]\}[x'(t)+\mathrm{i}\,y'(t)]\mathrm{d}t ,$$

所以

$$\int_C f(z)\mathrm{d}z = \int_\alpha^\beta f[z(t)]z'(t)\mathrm{d}t \tag{3-3}$$

如果 C 是由 $C_1, C_2, \cdots, C_n$ 等光滑曲线段依次相互连接所构成的逐段光滑曲线，则定义

$$\int_C f(z)\mathrm{d}z = \int_{C_1} f(z)\mathrm{d}z + \int_{C_2} f(z)\mathrm{d}z + \cdots + \int_{C_n} f(z)\mathrm{d}z . \tag{3-4}$$

如无特殊说明，今后所讨论的积分总假定被积函数是连续的，曲线是按段光滑的.

例 3.1　计算积分 $\int_C \overline{z}\,\mathrm{d}z$，其中 C(图 3-2)是

(1) 从点 1 到 i 的直线段 C_1；

(2) 从点 1 到 0 的直线段 C_2，与从点 0 到 i 的直线段 C_3 所连接成的折线段.

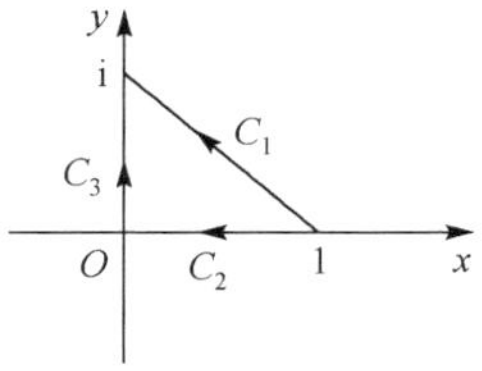

图 3-2

解　(1) C_1 的方程为 $z=(1-t)+\mathrm{i}t$，$0\leqslant t\leqslant 1$.

$$\int_{C_1}\overline{z}\mathrm{d}z=\int_0^1[(1-t)-\mathrm{i}t](\mathrm{i}-1)\mathrm{d}t=\int_0^1(2t-1+\mathrm{i})\mathrm{d}t=\mathrm{i}.$$

(2) C_2 的方程为 $z=1-t$，$0\leqslant t\leqslant 1$；C_3 的方程为 $z=\mathrm{i}t$，$0\leqslant t\leqslant 1$.

$$\int_C\overline{z}\mathrm{d}z=\int_{C_2}\overline{z}\mathrm{d}z+\int_{C_3}\overline{z}\mathrm{d}z=\int_0^1(1-t)(-1)\mathrm{d}t+\int_0^1(-\mathrm{i}t)\mathrm{i}\,\mathrm{d}t=0.$$

例 3.2　计算积分 $\oint_C\dfrac{\mathrm{d}z}{(z-z_0)^n}$，其中 n 为整数，C 是以 z_0 为中心，r 为半径的正向圆周(图 3-3).

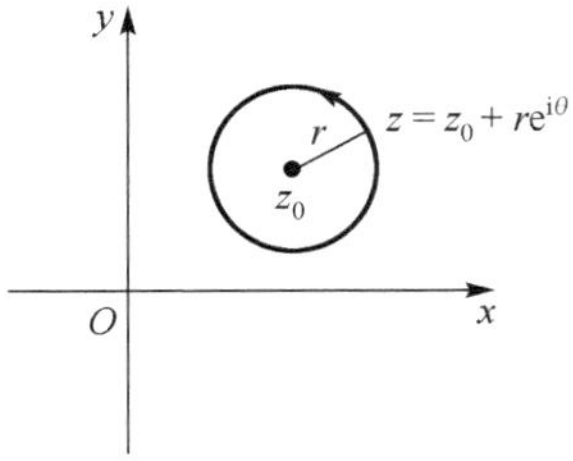

图 3-3

解　C 的参数方程为

$$z=z_0+r\mathrm{e}^{\mathrm{i}\theta}\quad(0\leqslant\theta\leqslant 2\pi),\quad \mathrm{d}z=\mathrm{i}r\mathrm{e}^{\mathrm{i}\theta}\mathrm{d}\theta.$$

所以

$$\oint_C\frac{\mathrm{d}z}{(z-z_0)^n}=\int_0^{2\pi}\frac{\mathrm{i}re^{\mathrm{i}\theta}}{r^n e^{\mathrm{i}n\theta}}\mathrm{d}\theta=\frac{\mathrm{i}}{r^{n-1}}\int_0^{2\pi}\mathrm{e}^{-\mathrm{i}(n-1)\theta}\mathrm{d}\theta$$

$$=\frac{\mathrm{i}}{r^{n-1}}\int_0^{2\pi}[\cos(n-1)\theta-\mathrm{i}\sin(n-1)\theta]\mathrm{d}\theta.$$

$$=\begin{cases}2\pi\mathrm{i}, & n=1,\\ 0, & n\neq 1.\end{cases}$$

这个积分结果以后经常要用到，它的特点是圆周上的积分结果与 z_0 和 r 无关.

3.1.3　复积分的性质

由于复积分与定积分有着类似的定义，且复积分的实部和虚部都是曲线积分，因此，复积分的性质与实变函数中的积分性质类似.

(1) $\int_C kf(z)\mathrm{d}z=k\int_C f(z)\mathrm{d}z$，其中 k 为复常数；

(2) $\int_C f(z)\mathrm{d}z=-\int_{C^-} f(z)\mathrm{d}z$；

(3) $\int_C [f(z)\pm g(z)]\mathrm{d}z=\int_C f(z)\mathrm{d}z\pm\int_C g(z)\mathrm{d}z$；

(4) 设曲线 C 长度为 L，函数 $f(z)$ 在 C 上满足 $|f(z)|\leqslant M$，则有

$$\left|\int_C f(z)\mathrm{d}z\right|\leqslant\int_C|f(z)|\mathrm{d}s\leqslant ML,\tag{3-5}$$

其中 $\mathrm{d}s=\sqrt{(\mathrm{d}x)^2+(\mathrm{d}y)^2}$ 表示弧长的微分.

利用复积分的定义或曲线积分的有关性质，很容易证明性质(1)～(3). 下面证明性质(4). 因为

$$\left|\sum_{k=1}^{n}f(\zeta_k)\Delta z_k\right|\leqslant\sum_{k=1}^{n}|f(\zeta_k)||\Delta z_k|\leqslant\sum_{k=1}^{n}|f(\zeta_k)|\Delta s_k,$$

其中 $|\Delta z_k|$，Δs_k 分别表示曲线 C 上弧段 $\overset{\frown}{z_{k-1}z_k}$ 对应的弦长和弧长. 两端取极限，得

$$\left|\int_C f(z)\mathrm{d}z\right|\leqslant\int_C|f(z)|\mathrm{d}s\leqslant M\int_C\mathrm{d}s=ML.$$

例 3.3　设曲线 C 是从原点到 3+4i 的直线段，试求积分 $\int_C\frac{1}{z-\mathrm{i}}\mathrm{d}z$ 绝对值的一个上界.

解　C 的方程为 $z=(3+4\mathrm{i})t$，$0\leqslant t\leqslant 1$. 由式(3-5)知

$$\left|\int_C\frac{1}{z-\mathrm{i}}\mathrm{d}z\right|\leqslant\int_C\left|\frac{1}{z-\mathrm{i}}\right|\mathrm{d}s.$$

在 C 上，

$$\left|\frac{1}{z-\mathrm{i}}\right|=\frac{1}{|3t+(4t-1)\mathrm{i}|}=\frac{1}{\sqrt{25\left(t-\dfrac{4}{25}\right)^2+\dfrac{9}{25}}}\leqslant\frac{5}{3}.$$

从而有

$$\left|\int_C\frac{1}{z-\mathrm{i}}\mathrm{d}z\right|\leqslant\frac{5}{3}\int_C\mathrm{d}s.$$

而 $\int_C\mathrm{d}s=5$，所以

$$\left|\int_C\frac{1}{z-\mathrm{i}}\mathrm{d}z\right|\leqslant\frac{25}{3}.$$

3.2　复变函数积分的基本定理

从例 3.1 和例 3.2 可以看出，复积分的值有时与路径有关，有时与路径无关. 因此自然产生一个问题：函数在什么条件下的复积分值与路径无关呢？观察与积分路径无关的复积分 $\oint_C\dfrac{\mathrm{d}z}{(z-z_0)^n}$，其中 n 为正整数，C 是以 z_0 为中心，r 为半径的正向圆周. 当 n=1 时，积分值为 $\oint_C\dfrac{\mathrm{d}z}{(z-z_0)}=2\pi\mathrm{i}$，被积函数在曲线 C 的内部除 z_0 外处处解析，但此时的解析区域已经不是单连通区域了. 观察与积分路径有关的复积分 $\int_C\bar{z}\mathrm{d}z$，被积函数不满足柯西-黎曼方程，复平面内处处不解析.

一个自然的想法，复积分的值与路径无关，或者沿封闭曲线的积分值为零的条件，可能与被积函数的解析性及区域的单连通性有关. 法国数学家柯西(Cauchy)于 1825 年解决了这个问题，得到了柯西积分定理，又称柯西-古萨基本定理，它是复变函数解析理论的基石. 本节还将柯西-古萨基本定理推广到多连通区域的情况，介绍复合闭路定理. 由于复积分可以转化为实变函数的曲线积分，而对于曲线积分，沿封闭曲线的积分为零跟积分与路径无关的概念等价. 因此，基于柯西-古萨基本定理，引入原函数与不定积分的概念.

3.2.1　柯西-古萨基本定理

定理 3.2　如果函数 $f(z)$ 在单连通区域 D 内解析，则 $f(z)$ 在 D 内沿任意一条闭曲线 C 的积分为零：

$$\oint_C f(z)\mathrm{d}z = 0\,.$$

1825 年，法国数学家柯西(Cauchy)在附加假设“ $f'(z)$ 在区域 D 内连续”的条件下，利用格林公式得到了如下的简单证明.

证 设 $z = x + \mathrm{i}y$， $f(z) = u + \mathrm{i}v$，因为 $f'(z) = u_x + \mathrm{i}v_x = v_y - \mathrm{i}u_y$ 是连续的，所以 u_x, u_y, v_x, v_y 都是连续的，且满足柯西-黎曼方程：

$$u_x = v_y\,,\quad v_x = -u_y\,.$$

设 D' 是 C 所围成的闭区域，由式(3-2)及格林公式得

$$\oint_C f(z)\mathrm{d}z = \oint_C u\mathrm{d}x - v\mathrm{d}y + \mathrm{i}\oint_C v\mathrm{d}x + u\mathrm{d}y$$

$$= \iint_{D'}(-v_x - u_y)\mathrm{d}x\mathrm{d}y + \mathrm{i}\iint_{D'}(u_x - v_y)\mathrm{d}x\mathrm{d}y = 0.$$

实际上，“ $f'(z)$ 在区域 D 内连续”这一假设是多余的. 1900 年，法国数学家古萨(E. Goursat)免去了这一假设，给出了新的证明方法，但证明过程比较复杂(有兴趣的读者可参阅钟玉泉编写的《复变函数》)，这也是称柯西积分定理为柯西-古萨基本定理的原因.

此外，在后面柯西积分公式中将证明，如果函数 $f(z)$ 解析，则 $f'(z)$ 必连续，即 $f'(z)$ 的连续性包含在解析的假设中.

这个定理成立的条件之一是曲线 C 要属于 D，如果曲线 C 是区域 D 的边界，函数 $f(z)$ 在 D 内与 C 上解析，则 $\oint_C f(z)\mathrm{d}z = 0$ 仍然成立；不仅如此，还可以证明：如果函数 $f(z)$ 在 D 内解析，在 D 的边界曲线 C 上连续，结论还是成立的.

3.2.2 基本定理的推广——复合闭路定理

下面把柯西-古萨基本定理推广到多连通区域.

定理 3.3 设 $f(z)$ 在多连通区域 D 内解析，C 与 C_1 是 D 内任意两条正向简单闭曲线，C_1 在 C 的内部，且以 C 及 C_1 为边界的区域 D_1 全含于 D，则

$$\oint_C f(z)\mathrm{d}z = \oint_{C_1} f(z)\mathrm{d}z\,.$$

证 在 D 内作两条不相交的割线 AA' 及 BB'，它们依次连接 C 上某一点 A 到 C_1 上的一点 A'，以及 C_1 上某一点 B' (异于 A')到 C 上的一点 B. 这样就使得 $AEBB'E'A'A$ 及 $AA'F'B'BFA$ 形成两条简单闭曲线，它们所围成的区域是单连通的，并且它们的内部全含于 D(图 3-4). 由柯西-古萨基本定理知

$$\oint_{AEBB'E'A'A} f(z)\mathrm{d}z = 0, \qquad \oint_{AA'F'B'BFA} f(z)\mathrm{d}z = 0.$$

将上面两式相加得

$$\oint_C f(z)\mathrm{d}z + \oint_{C_1^-} f(z)\mathrm{d}z + \int_{\overset{\frown}{AA'}} f(z)\mathrm{d}z + \int_{\overset{\frown}{A'A}} f(z)\mathrm{d}z + \int_{\overset{\frown}{B'B}} f(z)\mathrm{d}z + \int_{\overset{\frown}{BB'}} f(z)\mathrm{d}z = 0,$$

即

$$\oint_C f(z)\mathrm{d}z - \oint_{C_1} f(z)\mathrm{d}z = 0,$$

或

$$\oint_C f(z)\mathrm{d}z = \oint_{C_1} f(z)\mathrm{d}z.$$

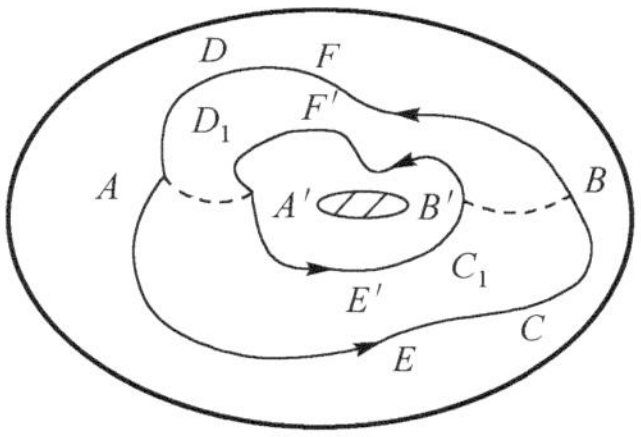

图 3-4

定理 3.3 表明，在区域内的一个解析函数沿闭曲线的积分，不因闭曲线在区域内做连续变形而改变它的值，只要在变形过程中曲线不经过函数不解析的点. 这一定理也称为**闭路变形原理**.

观察例 3.2 中的复积分 $\oint_C \frac{\mathrm{d}z}{z-z_0} = 2\pi\mathrm{i}$，其中 C 是以 z_0 为中心，r 为半径的正向圆周. 根据闭路变形原理，对于包含 z_0 的任何一条正向简单闭曲线 $\varGamma$ 都有：$\oint_\varGamma \frac{\mathrm{d}z}{z-z_0} = 2\pi\mathrm{i}$.

推论 3.1（复合闭路定理）　设 C 为多连通区域 D 内的一条简单闭曲线，$C_1, C_2, \cdots, C_n$ 是在 C 内部的简单闭曲线，它们互不相交也互不包含，并且以 C，$C_1, C_2, \cdots, C_n$ 为边界的区域全含于 D（图 3-5）. 如果 $f(z)$ 在 D 内解析，则有

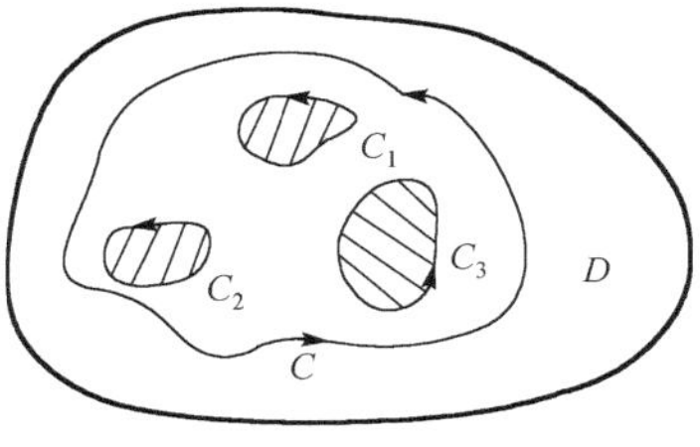

图 3-5

(1) $\oint_C f(z)\mathrm{d}z = \sum_{k=1}^{n} \oint_{C_k} f(z)\mathrm{d}z$，其中 $C, C_1, C_2, \cdots, C_n$ 均取正向；

(2) $\oint_\Gamma f(z)\mathrm{d}z = 0$，这里曲线 Γ 为由 $C, C_1, C_2, \cdots, C_n$ 所组成的复合闭路(其中 C 按逆时针方向，$C_1, C_2, \cdots, C_n$ 按顺时针方向).

例 3.4 计算积分 $\oint_C \frac{1}{z^2 - z}\mathrm{d}z$，其中 C 是包含 0 与 1 的正向简单闭曲线.

解 函数 $\frac{1}{z^2 - z}$ 在复平面内除了 $z=0$ 和 $z=1$ 两个奇点外是处处解析的. 由于 C 是包含 0 与 1 的简单闭曲线，故在 C 内作两个互不相交也互不包含的正向圆周 C_1 与 C_2，C_1 只包含奇点 $z=0$，C_2 只包含奇点 $z=1$ (图 3-6)，根据复合闭路定理的(1)有

$$
\begin{aligned}
\oint_C \frac{1}{z^2 - z}\mathrm{d}z &= \oint_{C_1} \frac{1}{z^2 - z}\mathrm{d}z + \oint_{C_2} \frac{1}{z^2 - z}\mathrm{d}z \\
&= \oint_{C_1} \frac{1}{z-1}\mathrm{d}z - \oint_{C_1} \frac{1}{z}\mathrm{d}z + \oint_{C_2} \frac{1}{z-1}\mathrm{d}z - \oint_{C_2} \frac{1}{z}\mathrm{d}z \\
&= 0 - 2\pi\mathrm{i} + 2\pi\mathrm{i} - 0 = 0 .
\end{aligned}
$$

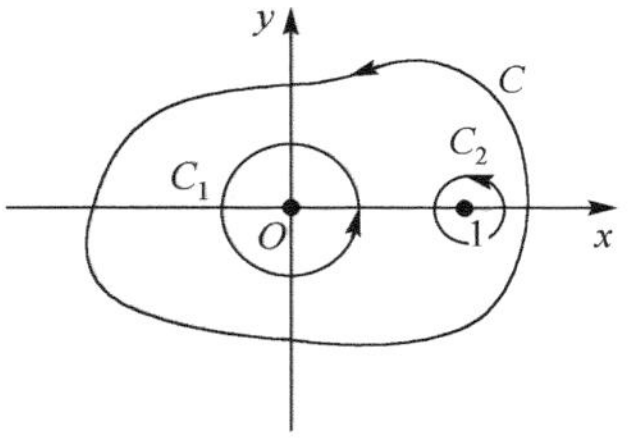

图 3-6

3.2.3 原函数与不定积分

复积分可以转化为曲线积分，解决复积分与路径无关的问题自然要归结为曲线积分与路径无关. 根据柯西-古萨基本定理，下面的定理显然成立.

定理 3.4 如果函数 $f(z)$ 在单连通区域 D 内处处解析，z_0 与 z_1 为 D 内任意两点，C_1 与 C_2 为 D 内连接 z_0 与 z_1 的任意两条曲线，则

$$
\int_{C_1} f(z)\mathrm{d}z = \int_{C_2} f(z)\mathrm{d}z = \int_{z_0}^{z_1} f(z)\mathrm{d}z .
$$

即当函数 $f(z)$ 为单连通区域 D 内的解析函数时，积分与路径无关，而仅与积分路径的起点 z_0 和终点 z_1 有关.

证　如图 3-7 所示，根据柯西-古萨基本定理，有

$$\int_{C_1} f(z)\mathrm{d}z - \int_{C_2} f(z)\mathrm{d}z = \oint_{C_1+C_2^-} f(z)\mathrm{d}z = 0 .$$

故

$$\int_{C_1} f(z)\mathrm{d}z = \int_{C_2} f(z)\mathrm{d}z .$$

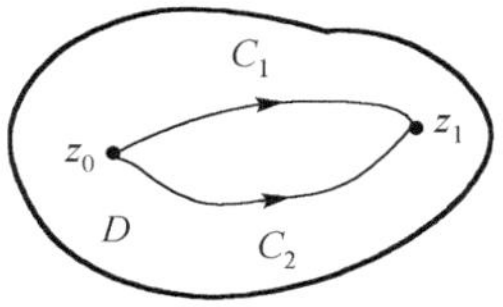

图 3-7

此时积分可以记作：$\int_{C_1} f(z)\mathrm{d}z = \int_{C_2} f(z)\mathrm{d}z = \int_{z_0}^{z_1} f(z)\mathrm{d}z$，$z_0$ 与 z_1 分别称为积分的下限与上限. 如果固定 z_0，让 $z_1 = z$ 在 D 内变动，则积分 $\int_{z_0}^{z} f(\zeta)\mathrm{d}\zeta$ 在 D 内确定了 z 的一个单值函数 $F(z)$，即

$$F(z) = \int_{z_0}^{z} f(\zeta)\mathrm{d}\zeta . \tag{3-6}$$

函数 $F(z)$ 具有如下重要性质.

定理 3.5　如果函数 $f(z)$ 是单连通区域 D 内的解析函数，则变上限的积分所确定的函数 $F(z)$ 也是 D 内的解析函数，且 $F'(z) = f(z)$.

证　从导数的定义来证. 设 z 为 D 内任一点，以 z 为圆心作一含于 D 内的小圆 K. 取 $|\Delta z|$ 充分小，使 $z+\Delta z$ 在 K 内(图 3-8). 于是由式(3-6)得

$$F(z+\Delta z) - F(z) = \int_{z_0}^{z+\Delta z} f(\zeta)\mathrm{d}\zeta - \int_{z_0}^{z} f(\zeta)\mathrm{d}\zeta .$$

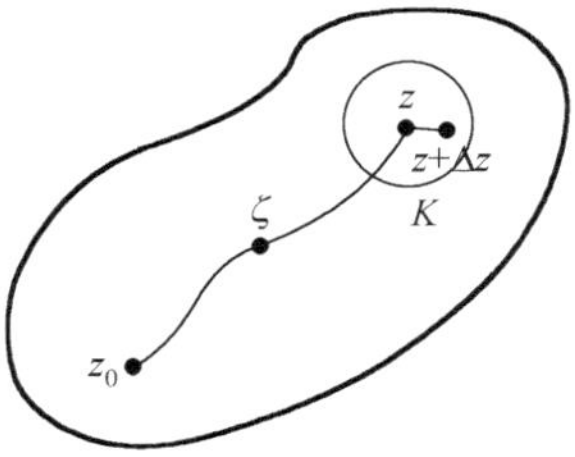

图 3-8

由于积分与路径无关，因此积分 $\int_{z_0}^{z+\Delta z} f(\zeta)\mathrm{d}\zeta$ 的积分路径可取先从 z_0 到 z，然后再从 z 沿直线段到 $z+\Delta z$，而从 z_0 到 z 的积分路径取得跟积分 $\int_{z_0}^{z+\Delta z} f(\zeta)\mathrm{d}\zeta$ 的积分路径相同. 于是有

$$F(z+\Delta z)-F(z)=\int_{z}^{z+\Delta z} f(\zeta)\mathrm{d}\zeta .$$

又因为

$$\int_{z}^{z+\Delta z} f(z)\mathrm{d}\zeta = f(z)\int_{z}^{z+\Delta z}\mathrm{d}\zeta = f(z)\Delta z ,$$

从而

$$\begin{aligned}\frac{F(z+\Delta z)-F(z)}{\Delta z}-f(z)&=\frac{1}{\Delta z}\int_{z}^{z+\Delta z} f(\zeta)\mathrm{d}\zeta - f(z)\\&=\frac{1}{\Delta z}\int_{z}^{z+\Delta z}[f(\zeta)-f(z)]\mathrm{d}\zeta.\end{aligned}$$

因为 $f(z)$ 在 D 内解析，所以 $f(z)$ 在 D 内连续，因此对于任意给定的正数 $\varepsilon>0$，总可以找到一个 $\delta>0$，使得对于满足 $|\zeta-z|<\delta$ 的一切 ζ 都在 K 内，也就是当 $|\Delta z|<\delta$ 时，总有

$$|f(\zeta)-f(z)|<\varepsilon .$$

根据积分的估值性质(3-5)有

$$\left|\frac{F(z+\Delta z)-F(z)}{\Delta z}-f(z)\right|=\frac{1}{|\Delta z|}\left|\int_{z}^{z+\Delta z}[f(\zeta)-f(z)]\mathrm{d}\zeta\right|\leqslant\frac{1}{|\Delta z|}\cdot\varepsilon\cdot|\Delta z|=\varepsilon .$$

那么

$$\lim_{\Delta z\to 0}\left|\frac{F(z+\Delta z)-F(z)}{\Delta z}-f(z)\right|=0 ,$$

即 $F'(z)=f(z)$.

定理 3.5 与高等数学中的变上限积分的求导原理类似. 在此基础上，我们引入原函数的概念，介绍类似于微积分学的基本定理和牛顿-莱布尼茨公式.

定义 3.2 设在单连通区域 D 内，函数 $F(z)$ 恒满足条件 $F'(z)=f(z)$，则称 $F(z)$ 是 $f(z)$ 的**原函数**.

容易证明， $f(z)$ 的任何两个原函数相差一个常数. 由定理 3.5 可知， $F(z)=\int_{z_0}^{z} f(\zeta)\mathrm{d}\zeta$ 是 $f(z)$ 的一个原函数，则对任意常数 c， $F(z)+c$ 都是 $f(z)$ 的原函数. 因此，一个函数 $f(z)$ 有无穷多个原函数，且具有一般表达式 $F(z)+c$，c 为任意常数. 我们定义：$f(z)$ 的原函数的一般表达式 $F(z)+c$（c 为任意常数）称为 $f(z)$ 的**不定积分**，记作

$$\int f(z)\,\mathrm{d}z = F(z) + c\,.$$

利用任意两个原函数相差一个常数的性质，可以推得与牛顿-莱布尼茨公式类似的解析函数的积分计算公式，此时可将高等数学中求解积分的方法移植过来.

定理 3.6　如果函数 $f(z)$ 是单连通区域 D 内的解析函数，$G(z)$ 是 $f(z)$ 的一个原函数，则

$$\int_{z_0}^{z_1} f(z)\mathrm{d}z = G(z_1) - G(z_0)\,,$$

其中 z_0 与 z_1 为 D 内两点.

证　因为 $F(z)=\int_{z_0}^{z} f(z)\mathrm{d}z$ 也是 $f(z)$ 的一个原函数，所以

$$\int_{z_0}^{z} f(z)\mathrm{d}z = G(z) + C\,.$$

当 $z=z_0$ 时，得到 $C=-G(z_0)$，因此

$$\int_{z_0}^{z} f(z)\mathrm{d}z = G(z) - G(z_0)\,.$$

令 $z=z_1$，得

$$\int_{z_0}^{z_1} f(z)\mathrm{d}z = G(z_1) - G(z_0)\,.$$

例 3.5　求积分 $\int_0^{\mathrm{i}} z\cos z\mathrm{d}z$ 的值.

解　函数 $z\cos z$ 在复平面内解析. 所以

$$\begin{aligned}\int_0^{\mathrm{i}} z\cos z\mathrm{d}z &= \int_0^{\mathrm{i}} z\mathrm{d}\sin z = z\sin z\Big|_0^{\mathrm{i}} - \int_0^{\mathrm{i}} \sin z\mathrm{d}z \\ &= z\sin z\Big|_0^{\mathrm{i}} + \cos z\Big|_0^{\mathrm{i}} = \mathrm{i}\sin\mathrm{i} + \cos\mathrm{i} - 1 \\ &= \mathrm{i}\frac{\mathrm{e}^{-1}-\mathrm{e}}{2\mathrm{i}} + \frac{\mathrm{e}^{-1}+\mathrm{e}}{2} - 1 = \mathrm{e}^{-1} - 1.\end{aligned}$$

例 3.6　试沿区域 $\mathrm{Im}(z)\geqslant 0$，$\mathrm{Re}(z)\geqslant 0$ 内的圆弧 $|z|=1$，计算积分 $\int_1^{\mathrm{i}} \frac{\ln(z+1)}{z+1}\mathrm{d}z$ 的值.

解　函数 $\frac{\ln(z+1)}{z+1}$ 在所给区域内解析. 所以

$$\begin{aligned}\int_1^{\mathrm{i}} \frac{\ln(z+1)}{z+1}\mathrm{d}z &= \int_1^{\mathrm{i}} \ln(z+1)\mathrm{d}\ln(z+1) = \frac{1}{2}\ln^2(z+1)\Big|_1^{\mathrm{i}} \\ &= \frac{1}{2}[\ln^2(\mathrm{i}+1) - \ln^2 2] = \frac{1}{2}\left[\left(\frac{1}{2}\ln 2 + \frac{\pi}{4}\mathrm{i}\right)^2 - \ln^2 2\right] \\ &= -\frac{\pi^2}{32} - \frac{3}{8}\ln^2 2 + \frac{\pi\ln 2}{8}\mathrm{i}.\end{aligned}$$

3.3　复变函数积分的基本公式

3.3.1　柯西积分公式

设 z_0 为单连通区域 D 内的一点，如果函数 $f(z)$ 在 D 内解析，则函数 $\dfrac{f(z)}{z-z_0}$ 在 z_0 处不解析．于是对于在 D 内围绕 z_0 的任一条闭曲线 C，积分 $\oint_C \dfrac{f(z)}{z-z_0}\mathrm{d}z$ 一般不为零．根据闭路变形原理可知，沿围绕 z_0 的任意一条闭曲线 C 的积分值都相同．那么就取以 z_0 为中心，半径为 δ 的正向圆周 $|z-z_0|<\delta$ 作为积分曲线 C_δ，则有

$$\oint_C \frac{f(z)}{z-z_0}\mathrm{d}z=\oint_{C_\delta}\frac{f(z)}{z-z_0}\mathrm{d}z .$$

由于 $f(z)$ 的连续性，在曲线 C_δ 上，函数 $f(z)$ 的值将随着半径 δ 的缩小而逐渐接近于它在圆心 z_0 处的值．从而猜想，积分 $\oint_{C_\delta}\dfrac{f(z)}{z-z_0}\mathrm{d}z$ 的值也与函数 $f(z)$ 在圆心处的函数值 $f(z_0)$ 有关．事实上，有下面定理．

定理 3.7（柯西积分公式）　如果函数 $f(z)$ 在区域 D 内处处解析，C 为 D 内任何一条正向简单闭曲线，它的内部完全含于 D，z_0 为 C 内任一点，则

$$f(z_0)=\frac{1}{2\pi \mathrm{i}}\oint_C \frac{f(z)}{z-z_0}\mathrm{d}z . \tag{3-7}$$

证　由于 $f(z)$ 在 z_0 点解析，因而 $f(z)$ 在 z_0 点连续．于是，对任意的 $\varepsilon>0$，存在 $\delta>0$，当 $|z-z_0|<\delta$ 时，有 $|f(z)-f(z_0)|<\dfrac{\varepsilon}{2\pi}$．以 z_0 为中心，R 为半径在 C 的内部作圆周 $K:|z-z_0|=R$，取 $R<\delta$（图 3-9）．由闭路变形原理有

$$\begin{aligned}\oint_C \frac{f(z)}{z-z_0}\mathrm{d}z=\oint_K \frac{f(z)}{z-z_0}\mathrm{d}z&=\oint_K \frac{f(z_0)+f(z)-f(z_0)}{z-z_0}\mathrm{d}z\\&=\oint_K \frac{f(z_0)}{z-z_0}\mathrm{d}z+\oint_K \frac{f(z)-f(z_0)}{z-z_0}\mathrm{d}z\\&=2\pi\mathrm{i}\,f(z_0)+\oint_K \frac{f(z)-f(z_0)}{z-z_0}\mathrm{d}z .\end{aligned}$$

由积分估值性质(3-5)得

$$\left|\oint_K \frac{f(z)-f(z_0)}{z-z_0}\mathrm{d}z\right| \leqslant \oint_K \frac{|f(z)-f(z_0)|}{|z-z_0|}\mathrm{d}s < \frac{\varepsilon}{2\pi R}\oint_K \mathrm{d}s = \varepsilon .$$

由 ε 的任意性，可知积分 $\oint_K \frac{f(z)-f(z_0)}{z-z_0}\mathrm{d}z = 0$，也就是 $f(z_0) = \frac{1}{2\pi\mathrm{i}}\oint_C \frac{f(z)}{z-z_0}\mathrm{d}z$.

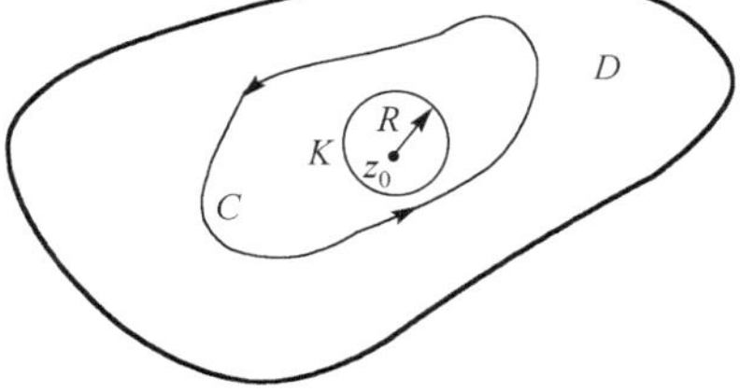

图 3-9

如果 $f(z)$ 在简单闭曲线 C 所围成的区域内及 C 上解析，公式(3-7)仍然成立.

式(3-7)称为柯西积分公式，这个公式表明：如果一个函数在简单闭曲线 C 的内部解析，在 C 上连续，则函数在 C 内部的任一点的函数值可以用它在边界上的值来表示. 这是解析函数的又一个重要特征，即如果函数 $f(z)$ 在边界 C 上的值一经确定，则它在 C 的内部任一点的函数值也随之确定. 柯西积分公式不但提供了计算某些复变函数沿简单闭曲线积分的一种方法，而且给出了一个解析函数的积分表达式，为研究解析函数提供了一个有力工具.

推论 3.2(平均值公式)　一个解析函数在圆心处的值等于它在圆周上的平均值. 如果 C 是圆周 $z = z_0 + R\mathrm{e}^{\mathrm{i}\theta}$，则式(3-7)可以表示为

$$f(z_0) = \frac{1}{2\pi}\int_0^{2\pi} f(z_0 + R\mathrm{e}^{\mathrm{i}\theta})\mathrm{d}\theta .$$

例 3.7　计算下列积分(沿圆周正向)的值：

(1) $\oint_{|z|=3} \frac{\sin z}{z}\mathrm{d}z$ ；　(2) $\oint_{|z|=2} \frac{z}{(9-z^2)(z+\mathrm{i})}\mathrm{d}z$.

解　由式(3-7)得

(1) $\oint_{|z|=3} \frac{\sin z}{z}\mathrm{d}z = 2\pi\mathrm{i}\sin z\big|_{z=0} = 0$ ；

(2) $\oint_{|z|=2} \frac{z}{(9-z^2)(z+\mathrm{i})}\mathrm{d}z = \oint_{|z|=2} \frac{\frac{z}{9-z^2}}{z+\mathrm{i}}\mathrm{d}z = 2\pi\mathrm{i}\frac{z}{9-z^2}\bigg|_{z=-\mathrm{i}} = \frac{\pi}{5}$.

3.3.2　解析函数的高阶导数公式

实变函数中，一阶导函数的存在，并不能保证导函数连续，更不能保证高阶导数

的存在. 而复变函数只要在区域内可导，便具有较好的性质：解析函数的导数仍然是解析的，即解析函数的任意阶导数都存在. 关于解析函数的高阶导数有下面的定理.

定理 3.8　解析函数 $f(z)$ 的导数仍为解析函数，它的 n 阶导数为

$$f^{(n)}(z_0)=\frac{n!}{2\pi i}\oint_C\frac{f(z)}{(z-z_0)^{n+1}}dz \quad (n=1,2,\cdots), \tag{3-8}$$

其中 C 为函数 $f(z)$ 的解析区域 D 内围绕 z_0 的任何一条正向简单闭曲线，而且它的内部全含于 D.

证　设 z_0 为 D 内任意一点，先证 $n=1$ 的情形，即

$$f'(z_0)=\frac{1}{2\pi i}\oint_C\frac{f(z)}{(z-z_0)^2}dz .$$

根据导数定义

$$f'(z_0)=\lim_{\Delta z\to 0}\frac{f(z_0+\Delta z)-f(z_0)}{\Delta z},$$

由柯西积分公式(3-7)得

$$f(z_0)=\frac{1}{2\pi i}\oint_C\frac{f(z)}{z-z_0}dz,$$

$$f(z_0+\Delta z)=\frac{1}{2\pi i}\oint_C\frac{f(z)}{z-z_0-\Delta z}dz,$$

从而有

$$\begin{aligned}\frac{f(z_0+\Delta z)-f(z_0)}{\Delta z}&=\frac{1}{2\pi i\Delta z}\left[\oint_C\frac{f(z)}{z-z_0-\Delta z}dz-\oint_C\frac{f(z)}{z-z_0}dz\right]\\&=\frac{1}{2\pi i}\oint_C\frac{f(z)}{(z-z_0)(z-z_0-\Delta z)}dz .\end{aligned}$$

因此

$$\begin{aligned}&\frac{1}{2\pi i}\oint_C\frac{f(z)}{(z-z_0)^2}dz-\frac{f(z_0+\Delta z)-f(z_0)}{\Delta z}\\&=\frac{1}{2\pi i}\oint_C\frac{f(z)}{(z-z_0)^2}dz-\frac{1}{2\pi i}\oint_C\frac{f(z)}{(z-z_0)(z-z_0-\Delta z)}dz\\&=\frac{1}{2\pi i}\oint_C\frac{\Delta z f(z)}{(z-z_0)^2(z-z_0-\Delta z)}dz=I .\end{aligned}$$

现在来证当 $\Delta z\to 0$ 时 $I\to 0$，由积分估值性质(3-5)有

$$|I| = \frac{1}{2\pi}\left|\oint_C \frac{\Delta z f(z)}{(z-z_0)^2(z-z_0-\Delta z)}\mathrm{d}z\right| \leqslant \frac{1}{2\pi}\oint_C \frac{|\Delta z||f(z)|}{|z-z_0|^2|z-z_0-\Delta z|}\mathrm{d}s .$$

由于 $f(z)$ 在 C 上解析，因而在 C 上连续，由 1.3 节知 $f(z)$ 在 C 上有界. 故存在正数 M，使得在 C 上有 $|f(z)| \leqslant M$. 设 d 为 z_0 到 C 上各点的最短距离，并取 $|\Delta z|$ 适当的小，使其满足 $|\Delta z| < \frac{d}{2}$，因此有

$$|z-z_0| \geqslant d, \quad \frac{1}{|z-z_0|} \leqslant \frac{1}{d},$$

$$|z-z_0-\Delta z| \geqslant |z-z_0| - |\Delta z| > \frac{d}{2},$$

$$\frac{1}{|z-z_0-\Delta z|} < \frac{2}{d}.$$

所以 $|I| < |\Delta z|\frac{ML}{\pi d^3}$，其中 L 为 C 的长度. 这就证明了当 $\Delta z \to 0$ 时 $I \to 0$，从而

$$f'(z_0) = \lim_{\Delta z\to 0}\frac{f(z_0+\Delta z)-f(z_0)}{\Delta z} = \frac{1}{2\pi \mathrm{i}}\oint_C \frac{f(z)}{(z-z_0)^2}\mathrm{d}z .$$

再利用同样的方法求极限：

$$\lim_{\Delta z\to 0}\frac{f'(z_0+\Delta z)-f'(z_0)}{\Delta z},$$

可以得到

$$f''(z_0) = \frac{2!}{2\pi \mathrm{i}}\oint_C \frac{f(z)}{(z-z_0)^3}\mathrm{d}z .$$

依次类推，用数学归纳法可以证明：

$$f^{(n)}(z_0) = \frac{n!}{2\pi \mathrm{i}}\oint_C \frac{f(z)}{(z-z_0)^{n+1}}\mathrm{d}z .$$

式(3-8)称为解析函数的高阶导数公式，这个公式的作用，一方面在于通过积分来求导，另一方面在于通过求导的方法来计算积分.

例 3.8　求下列积分(沿圆周正向)的值：

(1) $\oint_{|z|=3} \frac{\cos z}{(z-\mathrm{i})^3}\mathrm{d}z$；　(2) $\oint_{|z-\mathrm{i}|=4} \frac{\mathrm{e}^z}{z(z-1)^2}\mathrm{d}z$.

解　(1) 由式(3-8)可得

$$\oint_{|z|=3} \frac{\cos z}{(z-\mathrm{i})^3}\mathrm{d}z = \frac{2\pi \mathrm{i}}{(3-1)!}(\cos z)''\Big|_{z=\mathrm{i}} = -\pi \mathrm{i}\cos \mathrm{i} = \frac{-\pi(\mathrm{e}+\mathrm{e}^{-1})\mathrm{i}}{2} .$$

(2) 函数 $\dfrac{e^z}{z(z-1)^2}$ 在圆周 C：$|z-i|=4$ 内部 $z_1=0$ 与 $z_2=1$ 处不解析. 在 C 内分别以 0 和 1 为中心做正向圆周 C_1 和 C_2（图 3-10），那么函数 $\dfrac{e^z}{z(z-1)^2}$ 在由 C，C_1 及 C_2 所围成的区域内是解析的. 根据复合闭路定理，

$$\oint_{|z-i|=4}\frac{e^z}{z(z-1)^2}dz=\oint_{C_1}\frac{e^z}{z(z-1)^2}dz+\oint_{C_2}\frac{e^z}{z(z-1)^2}dz.$$

由式(3-7)可得

$$\oint_{C_1}\frac{e^z}{z(z-1)^2}dz=\oint_{C_1}\frac{\frac{e^z}{(z-1)^2}}{z}dz=2\pi i\left.\frac{e^z}{(z-1)^2}\right|_{z=0}=2\pi i.$$

由式(3-8)可得

$$\oint_{C_2}\frac{e^z}{z(z-1)^2}dz=\oint_{C_2}\frac{\frac{e^z}{z}}{(z-1)^2}dz=\frac{2\pi i}{(2-1)!}\left.\left(\frac{e^z}{z}\right)'\right|_{z=1}=0.$$

所以

$$\oint_{|z-i|=4}\frac{e^z}{z(z-1)^2}dz=2\pi i+0=2\pi i.$$

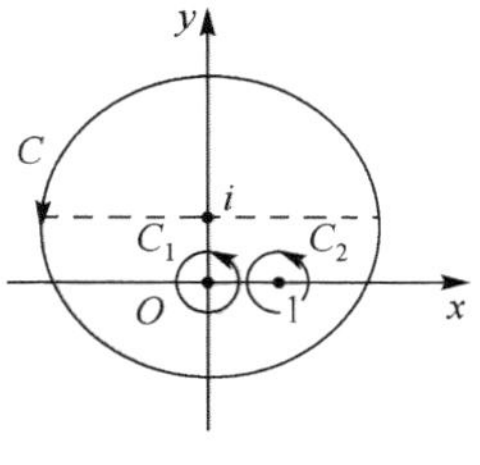

图 3-10

3.4　解析函数与调和函数的关系

平面静电场中的电位函数、平面流速场中的势函数与流函数都是一种特殊的二元实变函数，即调和函数. 而在前一节，我们已经证明了解析函数的导函数依然是解析函数. 一个解析函数与一对二元实变函数相对应，因此本节将介绍调和函数与解析函数之间的关系，使得我们可以利用解析函数的理论解决调和函数的问题.

3.4.1 调和函数的概念

定义 3.3　如果二元实变函数 $\varphi(x,y)$ 在区域 D 内有二阶连续偏导数，且满足拉普拉斯(Laplace)方程

$$\frac{\partial^2\varphi}{\partial x^2}+\frac{\partial^2\varphi}{\partial y^2}=0,$$

则称 $\varphi(x,y)$ 为区域 D 内的**调和函数**.

下面的定理说明了调和函数与解析函数之间的关系.

定理 3.9　任何在区域 D 内解析的函数 $f(z)=u(x,y)+\mathrm{i}v(x,y)$，它的实部 $u(x,y)$ 和虚部 $v(x,y)$ 都是 D 内的调和函数.

证　因为 $f(z)$ 为 D 内的一个解析函数，由 C-R 条件，有

$$\frac{\partial u}{\partial x}=\frac{\partial v}{\partial y},\quad \frac{\partial u}{\partial y}=-\frac{\partial v}{\partial x},$$

从而

$$\frac{\partial^2 u}{\partial x^2}=\frac{\partial^2 v}{\partial y\partial x},\quad \frac{\partial^2 u}{\partial y^2}=-\frac{\partial^2 v}{\partial x\partial y}.$$

根据解析函数高阶导数定理，u 与 v 具有任意阶的连续偏导数，所以

$$\frac{\partial^2 v}{\partial y\partial x}=\frac{\partial^2 v}{\partial x\partial y},$$

从而

$$\frac{\partial^2 u}{\partial x^2}+\frac{\partial^2 u}{\partial y^2}=0.$$

同理

$$\frac{\partial^2 v}{\partial x^2}+\frac{\partial^2 v}{\partial y^2}=0.$$

因此，u 与 v 都是调和函数.

3.4.2 共轭调和函数

定义 3.4　如果二元实变函数 $\varphi(x,y)$ 和 $\psi(x,y)$ 均为区域 D 内的调和函数，且满足柯西-黎曼方程

$$\frac{\partial\varphi}{\partial x}=\frac{\partial\psi}{\partial y},\quad \frac{\partial\varphi}{\partial y}=-\frac{\partial\psi}{\partial x}. \tag{3-9}$$

则称 $\psi(x,y)$ 是 $\varphi(x,y)$ 的**共轭调和函数**.

显然，解析函数的虚部是实部的共轭调和函数. 反过来，由具有共轭性质的两个调和函数构造的一个复变函数是否解析呢？下面的定理回答了这个问题.

定理 3.10 函数 $f(z)=u(x,y)+\mathrm{i}\,v(x,y)$ 在区域 D 内解析的充要条件是：在区域 D 内，函数 $f(z)$ 的虚部 $v(x,y)$ 是实部 $u(x,y)$ 的共轭调和函数.

3.4.3 解析函数与调和函数的关系

根据定理 3.10，可以利用一个调和函数和它的共轭调和函数作出一个解析函数. 本节介绍两种利用调和函数构造解析函数的方法，一种是偏积分法，一种是不定积分法.

方法一：偏积分法.

如果已知一个调和函数 $u(x,y)$（或 $v(x,y)$），利用柯西-黎曼方程求得它的共轭调和函数 $v(x,y)$（或 $u(x,y)$），从而构造出一个解析函数 $f(z)=u(x,y)+\mathrm{i}\,v(x,y)$ 的方法称为偏积分法.

例 3.9 验证 $u(x,y)=x^3-3xy^2$ 是调和函数，并构造以 $u(x,y)$ 为实部的解析函数 $f(z)$，使其满足 $f(0)=\mathrm{i}$.

解 (1) 因为

$$\frac{\partial u}{\partial x}=3x^2-3y^2,\quad \frac{\partial^2 u}{\partial x^2}=6x,$$

$$\frac{\partial u}{\partial y}=-6xy,\quad \frac{\partial^2 u}{\partial y^2}=-6x.$$

所以

$$\frac{\partial^2 u}{\partial x^2}+\frac{\partial^2 u}{\partial y^2}=0.$$

这就证明了 $u(x,y)$ 是调和函数.

(2) 设 $f(z)=u(x,y)+\mathrm{i}\,v(x,y)$ 是解析函数，则 v 是 u 的共轭调和函数，由 C-R 方程，有

$$\frac{\partial u}{\partial x}=\frac{\partial v}{\partial y}=3x^2-3y^2,$$

从而

$$v=\int\frac{\partial v}{\partial y}\mathrm{d}\,y=\int(3x^2-3y^2)\,\mathrm{d}\,y=3x^2y-y^3+\varphi(x).$$

于是得到

$$\frac{\partial v}{\partial x}=6xy+\varphi'(x),$$

又因为

$$\frac{\partial v}{\partial x} = -\frac{\partial u}{\partial y} = 6xy,$$

所以

$$\varphi'(x) = 0, \quad \varphi(x) = c.$$

故

$$v(x,y) = 3x^2y - y^3 + c.$$

从而

$$f(z) = (x^3 - 3xy^2) + \mathrm{i}(3x^2y - y^3 + c) = z^3 + ci，（c \text{ 为实常数}）.$$

将 $f(0) = \mathrm{i}$ 代入上式得 $c = 1$，故所求解析函数为 $f(z) = z^3 + i$.

方法二：不定积分法.

由于解析函数 $f(z)$ 的导数 $f'(z)$ 仍然是解析函数，根据第 2 章解析函数的导数公式可知

$$f'(z) = \frac{\partial u}{\partial x} - \mathrm{i}\frac{\partial u}{\partial y} = \frac{\partial v}{\partial y} + \mathrm{i}\frac{\partial v}{\partial x},$$

把导数 $f'(z)$ 的表达式还原成关于 z 的函数(即用 z 来表示)，得

$$f'(z) = \frac{\partial u}{\partial x} - \mathrm{i}\frac{\partial u}{\partial y} = U(z) \text{ 与 } f'(z) = \frac{\partial v}{\partial y} + \mathrm{i}\frac{\partial v}{\partial x} = V(z).$$

将它们积分，可得

$$f(z) = \int U(z)\,\mathrm{d}z + c, \tag{3-10}$$

$$f(z) = \int V(z)\,\mathrm{d}z + c. \tag{3-11}$$

已知实部 $u(x,y)$ 求 $f(z)$，可用式(3-10)；已知虚部 $v(x,y)$ 求 $f(z)$，可用式(3-11). 这种方法称为不定积分法.

例 3.10　已知一个调和函数 $v(x,y) = \mathrm{e}^x(y\cos y + x\sin y) + x + y$，构造解析函数 $f(z) = u(x,y) + \mathrm{i}v(x,y)$，使 $f(0) = 0$.

解　因为 $v(x,y) = \mathrm{e}^x(y\cos y + x\sin y) + x + y$，故

$$v_x = \mathrm{e}^x(y\cos y + x\sin y + \sin y) + 1,$$

$$v_y = \mathrm{e}^x(\cos y - y\sin y + x\cos y) + 1.$$

从而

$$\begin{aligned}f'(z)&=\mathrm{e}^x(\cos y-y\sin y+x\cos y)+1+\mathrm{i}[\mathrm{e}^x(y\cos y+x\sin y+\sin y)+1]\\&=\mathrm{e}^x(\cos y+\mathrm{i}\sin y)+\mathrm{i}(x+\mathrm{i}\,y)\mathrm{e}^x\sin y+(x+\mathrm{i}\,y)\mathrm{e}^x\cos y+1+\mathrm{i}\\&=\mathrm{e}^{x+\mathrm{i}\,y}+(x+\mathrm{i}\,y)\mathrm{e}^{x+\mathrm{i}\,y}+1+\mathrm{i}\\&=\mathrm{e}^z+z\mathrm{e}^z+1+\mathrm{i}.\end{aligned}$$

积分得

$$f(z)=\int(\mathrm{e}^z+z\mathrm{e}^z+1+\mathrm{i})\mathrm{d}z=z\mathrm{e}^z+(1+\mathrm{i})z+c\text{，（}c\text{ 为实常数）.}$$

将 $f(0)=0$ 代入上式得 $c=0$，故所求解析函数为 $f(z)=z\mathrm{e}^z+(1+\mathrm{i})z$.

本 章 小 结

本章的重点是解析函数的积分理论. 在引入复变函数积分概念与积分基本性质的基础上，对解析函数积分及运算性质等进行分析与讨论，得出柯西积分定理，揭示了解析函数沿任意闭曲线积分的特性. 柯西积分公式与高阶导数公式阐述了闭区域上的一点的函数值与其边界上的积分的联系，从而揭示了解析函数的内在联系. 因此，本章在学习积分理论体系的同时，要掌握与积分理论密切结合的积分计算问题，灵活运用各种积分方法.

学习本章的知识要点如下：

1．了解复变函数的积分概念. 复积分是定积分在复数域下的推广. 将定积分中的被积函数从实变函数 $f(x)$ 换成复变函数 $f(z)$，将积分区间 $[a,b]$ 换成了平面上的一条起点为 A 终点为 B 的光滑曲线 C. 虽然两者形式上相似，但本质含义不同，复积分实际上是复平面上的线积分.

$$\int_C f(z)\mathrm{d}z=\int_C u\mathrm{d}x-v\mathrm{d}y+\mathrm{i}\int_C v\mathrm{d}x+u\mathrm{d}y\,.$$

2．掌握利用曲线的复参数方程计算复积分的方法. 设曲线 C 的参数方程为 $z=z(t)=x(t)+\mathrm{i}\,y(t)$，$\alpha\leqslant t\leqslant\beta$，则有 $\int_C f(z)\mathrm{d}z=\int_\alpha^\beta f[z(t)]z'(t)\mathrm{d}t$.

灵活运用常用结论：积分 $\oint_C\frac{\mathrm{d}z}{(z-z_0)^n}=\begin{cases}2\pi\mathrm{i}, & n=1,\\0, & n\neq1,\end{cases}$ 其中 n 为正整数，C 是以 z_0 为中心，r 为半径的正向圆周.

3．掌握柯西–古萨基本定理的内容，它是解析函数理论中的重要基石，是连接解析函数与复积分的桥梁. 后续的复合闭路定理及柯西积分公式的证明均是基于柯西古萨定理. 注意定理适用条件的几种等价形式.

若函数 $f(z)$ 在单连通区域 D 内解析，则在 D 内沿任意一条简单闭曲线 C 的积分满足：$\oint_C f(z)\mathrm{d}z=0$.

$\Leftrightarrow$ 若曲线 C 是区域 D 的边界，函数 $f(z)$ 在 D 内与 C 上解析，则 $\oint_C f(z)\mathrm{d}z=0$

$\Leftrightarrow$ 若函数 $f(z)$ 在 D 内解析，在 D 的边界曲线 C 上连续，则 $\oint_C f(z)\mathrm{d}z=0$.

柯西-古萨基本定理表明：单连通区域内的解析函数沿闭曲线的积分为零跟曲线积分与路径无关是等价的. 因而，基于柯西古萨基本定理，推导出原函数与不定积分的概念，在学习的过程中注意复数域与实数域下的原函数与变上限积分函数的形式上是相同的，可以借助实变函数的不定积分与原函数的运算关系进行解析函数的复积分的计算.

4．牢固掌握闭路变形原理及复合闭路定理，尤其是在复积分计算中的应用. 在区域内的一个解析函数沿闭曲线的积分，不因闭曲线在区域内作连续变形而改变它的值. 闭路变形原理表明：复积分与函数在区域内的解析性有关，而与积分曲线的形状无关. 此时，计算复积分时可将复杂曲线转化为简单闭曲线进行分析.

复合闭路定理将基本定理推广到多连通区域内的简单闭曲线，$C_1,C_2,\cdots,C_n$ 是在 C 内部的简单闭曲线，它们互不相交也互不包含，并且以 $C_1,C_2,\cdots,C_n$ 为边界的区域全含于 D. 如果 $f(z)$ 在 D 内解析，则有 $\oint_C f(z)\mathrm{d}z=\sum_{k=1}^{n}\oint_{C_k} f(z)\mathrm{d}z$，其中 $C,C_1,C_2,\cdots,C_n$ 均取正向. 该定理为解决积分曲线内部包含多个奇点的复积分计算问题提供了有力的求解工具.

5．柯西积分公式与高阶导数公式是研究解析函数的重要工具：

$$f(z_0)=\frac{1}{2\pi \mathrm{i}}\oint_C \frac{f(z)}{z-z_0}\mathrm{d}z,$$

$$f^{(n)}(z_0)=\frac{n!}{2\pi \mathrm{i}}\oint_C \frac{f(z)}{(z-z_0)^{n+1}}\mathrm{d}z \quad (n=1,2,\cdots).$$

柯西积分公式的证明基于柯西-古萨基本定理，一个解析函数在区域内部的值可以通过它在边界上的积分值来表示. 从柯西积分公式还可以得出一系列推论，平均值公式、最大模原理等，每一个推论都有独立的应用和理论价值. 高阶导数公式是柯西积分公式的发展，表明解析函数的导数仍然是解析函数，解析函数的导数可以通过函数本身的某种积分来表达，以此从函数的积分性质推导出导数的积分性质，这也是解析函数与实变函数的本质区别. 这两个公式不仅在复变函数理论中具有重要的实际应用，也是计算复积分的重要工具.

6. 熟练掌握各种积分方法. 除了将复积分转化为二元函数的曲线积分或者利用积分曲线方程进行计算外，多数情况下，在计算沿封闭曲线的复积分时，都是应用柯西-古萨基本定理、复合闭路定理、闭路变形原理、柯西积分公式、高阶导数公式等为主要工具. 由于被积函数往往形式多样、复杂，不能直接套用公式、定理，而需要将被积函数作适当的变形，联合使用定理、公式和积分性质解决积分计算问题. 需要弄清楚积分的各种情况下，如何选择最方便的积分计算方法？何时使用单连通区域的柯西定理？何时使用多连通区域的柯西定理？柯西积分公式、高阶导数公式适用于怎样的积分？

7. 熟悉解析函数与调和函数的关系及解析函数的构造方法. 已知两个共轭调和函数 u 和 v，可构成解析函数 $u+\mathrm{i}v$；反之，已知解析函数，则它的实部与虚部均为调和函数，且虚部 v 是实部 u 的共轭调和函数，或者说满足 C-R 方程：$u_x=v_y$，$v_x=-u_y$. 任意两个调和函数构成的函数并不一定都是解析的，u 和 v 的顺序不能颠倒，对调和函数与解析函数的关系要有清晰的认识.

已知解析函数的实部或虚部，掌握构造解析函数的偏积分、不定积分两种方法. 偏积分法是利用柯西-黎曼方程求得已知调和函数 u(或 v)的共轭调和函数 v(或 u)，从而构造出一个解析函数 $u+\mathrm{i}v$. 不定积分法是通过构造解析函数的导数进行积分：

$$f'(z)=\frac{\partial u}{\partial x}-\mathrm{i}\frac{\partial u}{\partial y}=U(z)\quad\left(\text{或 } f'(z)=\frac{\partial v}{\partial y}+\mathrm{i}\frac{\partial v}{\partial x}=V(z)\right).$$

积分可得

$$f(z)=\int U(z)\,\mathrm{d}z+c\quad\left(\text{或 } f(z)=\int V(z)\mathrm{d}z+c\right).$$

习题 3

1. 沿下列路线计算积分 $\int_0^{3+\mathrm{i}} z^2\mathrm{d}z$.

(1) 自原点至 $3+\mathrm{i}$ 的直线段；

(2) 自原点沿实轴至 3，再由 3 沿竖直方向向上至 $3+\mathrm{i}$；

(3) 自原点沿虚轴至 i，再由 i 沿水平方向向右至 $3+\mathrm{i}$.

2. 分别沿 $y=x$ 和 $y=x^2$ 计算积分 $\int_0^{1+\mathrm{i}}(x^2+\mathrm{i}y)\,\mathrm{d}z$ 的值.

3. 设 $f(z)$ 在单连通区域 D 内解析，C 为 D 内任何一条正向简单闭曲线，问

$$\oint_C \mathrm{Re}[f(z)]\mathrm{d}z=0,\quad \oint_C \mathrm{Im}[f(z)]\mathrm{d}z=0$$

是否成立？如果成立，给出证明；如果不成立，举例说明.

4. 计算积分 $\oint_C \frac{\overline{z}}{|z|}\mathrm{d}z$ 的值，其中 C 为正向圆周：

(1) $|z|=2$；　　(2) $|z|=4$.

5. 用观察法确定下列积分的值，并说明理由. 其中 C 为正向圆周 $|z|=1$.

(1) $\oint_C z^3\cos z\mathrm{d}z$；　　(2) $\oint_C \frac{\mathrm{d}z}{z-2}$；

(3) $\oint_C \frac{\mathrm{d}z}{\cos z}$；　　(4) $\oint_C \frac{\mathrm{d}z}{z-\frac{1}{2}}$.

6. 计算下列积分：

(1) $\int_{-\pi\mathrm{i}}^{3\pi\mathrm{i}} \mathrm{e}^{2z}\mathrm{d}z$；　　(2) $\int_{-\pi\mathrm{i}}^{\pi\mathrm{i}} \sin^2 z\mathrm{d}z$；

(3) $\int_1^{1+\mathrm{i}} z\mathrm{e}^z\mathrm{d}z$；　　(4) $\int_1^{\mathrm{i}} \frac{1+\tan z}{\cos^2 z}\mathrm{d}z$（沿 1 到 i 的直线段）.

7. 沿指定曲线的正向计算下列积分：

(1) $\oint_C \frac{z\mathrm{d}z}{z-3}$，$C$：$|z|=2$；

(2) $\oint_C \frac{\mathrm{e}^z}{z-2}\mathrm{d}z$，$C$：$|z-2|=1$；

(3) $\oint_C \frac{\sin z}{z}\mathrm{d}z$，$C$：$|z|=1$；

(4) $\oint_C \frac{\mathrm{d}z}{z^2-a^2}$，$C$：$|z-a|=a$；

(5) $\oint_C \frac{\mathrm{d}z}{\left(z-\frac{\mathrm{i}}{2}\right)\left(z+\frac{3\mathrm{i}}{2}\right)}$，$C$：$|z|=1$；

(6) $\oint_C \frac{\mathrm{d}z}{(z^2+1)(z^2+4)}$，$C$：$|z|=\frac{3}{2}$；

(7) $\oint_C \left(\frac{4}{z+1}+\frac{3}{z+2\mathrm{i}}\right)\mathrm{d}z$，$C$：$|z|=4$；

(8) $\oint_C \frac{2\mathrm{i}}{z^2+1}\mathrm{d}z$，$C$：$|z-1|=6$.

8. 计算下列积分：

(1) $\oint_{C=C_1+C_2} \frac{\cos z}{z^3}\mathrm{d}z$，其中 C_1：$|z|=2$ 为正向，C_2：$|z|=3$ 为负向；

(2) $\oint_C \frac{\sin z}{\left(z-\frac{\pi}{2}\right)^2}\mathrm{d}z$，其中 C：$|z|=2$ 为正向；

(3) $\oint_C \frac{e^z}{z^5}dz$，其中 C：$|z|=1$ 为正向；

(4) $\oint_C \frac{e^z}{(z-\alpha)^3}dz$，其中 α 为复数且 $|\alpha|\neq 1$，C：$|z|=1$ 为正向.

9．证明：当 C 为任何不通过原点的简单闭曲线时，$\oint_C \frac{dz}{z^2}=0$.

10．设 C 为不经过 α 与 $-\alpha$ 的正向简单闭曲线，α 为不等于零的任何复数，试就 α 与 $-\alpha$ 跟 C 的各种不同位置，计算积分 $\oint_C \frac{z}{z^2-\alpha^2}dz$ 的值.

11．设 C_1 与 C_2 为两条互不包含，也互不相交的正向简单闭曲线时，证明

$$\frac{1}{2\pi i}\left[\oint_{C_1}\frac{z^2dz}{z-z_0}+\oint_{C_2}\frac{\sin z dz}{z-z_0}\right]=\begin{cases} z_0^2, & z_0\text{在}C_1\text{内}, \\ \sin z_0, & z_0\text{在}C_2\text{内}. \end{cases}$$

12．设函数 $f(z)$ 在 $0<|z|<1$ 内解析，且沿任何圆周 $C:|z|=r, 0<r<1$ 的积分等于零，问 $f(z)$ 是否必须在 $z=0$ 处解析？试举例说明.

13．设 $f(z)$ 和 $g(z)$ 在区域 D 内解析，C 为 D 内的任何一条简单闭曲线，它的内部全含于 D. 如果 $f(z)=g(z)$ 在 C 上所有的点处成立，试证在 C 内所有的点处 $f(z)=g(z)$ 也成立.

14．设 $f(z)$ 在单连通区域 D 内处处解析，且不为零. C 为 D 内的任何一条简单闭曲线，问积分 $\oint_C \frac{f'(z)}{f(z)}dz$ 是否等于零？为什么？.

15．设 $f(z)$ 在区域 D 内解析，C 为 D 内的任何一条正向简单闭曲线，证明：对在 D 内但不在 C 上的任意一点 z_0，下面等式成立.

$$\oint_C \frac{f'(z)}{z-z_0}dz=\oint_C \frac{f(z)}{(z-z_0)^2}dz.$$

16．判断下列说法是否正确.

(1) 函数 $v=x+y$ 是 $u=x+y$ 的共轭调和函数；

(2) 设 u 为区域 D 内的调和函数，则 $f=\frac{\partial u}{\partial x}-i\frac{\partial u}{\partial y}$ 是区域 D 内的解析函数；

(3) 设 u 和 v 都是调和函数，如果 v 是 u 的共轭调和函数，那么 u 也是 v 的共轭调和函数.

17．如果 $f(z)=u+iv$ 是一解析函数，试证：

(1) $\overline{i\overline{f(z)}}$ 也是解析函数；

(2) $-u$ 是 v 的共轭调和函数；

(3) $\frac{\partial^2|f(z)|^2}{\partial x^2}+\frac{\partial^2|f(z)|^2}{\partial y^2}=4|f'(z)|^2$.

18．证明：$u=x^2-y^2$ 和 $v=\frac{y}{x^2+y^2}$ 都是调和函数，但是 $u+iv$ 不是解析函数.

19．由下列已知的调和函数求解析函数 $f(z)=u+\mathrm{i}v$.

(1) $u=(x-y)(x^2+4xy+y^2)$ ；

(2) $v=\dfrac{y}{x^2+y^2}$ ， $f(2)=0$ ；

(3) $u=2(x-1)y$ ， $f(2)=-\mathrm{i}$ ；

(4) $v=\arctan\dfrac{y}{x}$ ， $x>0$.

20．设 $v=\mathrm{e}^{px}\sin y$ ，求 p 的值使 v 为调和函数，并构造解析函数 $f(z)=u+\mathrm{i}v$.

第4章 级 数

级数理论是复变函数论的一个重要组成部分，是研究解析函数的一个重要工具，它在理论上和实际应用上都有着广泛的应用. 例如，级数是求解数学物理方程的理论基础，它还可以计算函数、积分的近似值等. 本章首先讨论复数项级数的概念和审敛法以及幂级数的概念和性质，然后从柯西积分公式这一解析函数的积分表示式出发，分别给出在圆域内解析的函数的级数表示：泰勒(Taylor)展开式以及在环域内解析的函数的级数表示：洛朗(Laurent)展开式，这两类展开式是下一章研究零点、奇点(特别是极点)的有力工具.

本章所讨论的级数无论是它的概念、理论，还是方法都是实数域上的无穷级数在复数域内的推广和发展，因此在学习这部分内容时，要善于通过对比，找到它们的区别所在.

4.1 复数项级数与幂级数

4.1.1 复数列的极限

定义 4.1 设 $\{z_n\}=\{x_n+\mathrm{i}y_n\}(n=1,2,\cdots)$ 为一复数列，如果存在一确定的复数 $z_0=x_0+\mathrm{i}y_0$，对于任意给定的正数ε，总存在正整数 N，使得当 $n>N$ 时，总有

$$|z_n-z_0|<\varepsilon$$

成立，那么称复数 z_0 为复数列 $\{z_n\}$ 当 $n\to\infty$ 时的**极限**，或者称复数列 $\{z_n\}$ **收敛于** z_0，记作

$$\lim_{n\to\infty}z_n=z_0 \quad 或 \quad z_n\to z_0(n\to\infty).$$

如果不存在这样的复数 z_0，那么称复数列 $\{z_n\}$ 没有极限，或称复数列 $\{z_n\}$ 发散.

定理 4.1 设 $z_0=x_0+\mathrm{i}y_0$，$z_n=x_n+\mathrm{i}y_n(n=1,2,\cdots)$，则 $\lim\limits_{n\to\infty}z_n=z_0$ 的充分必要条件是 $\lim\limits_{n\to\infty}x_n=x_0$，$\lim\limits_{n\to\infty}y_n=y_0$.

证 必要性 如果 $\lim\limits_{n\to\infty}z_n=z_0$，那么对于任意给定的正数$\varepsilon$，总存在正整数 N，当 $n>N$ 时，有

$$|z_n-z_0|=|(x_n-x_0)+\mathrm{i}(y_n-y_0)|<\varepsilon,$$

从而有

$$\left|x_n - x_0\right| \leqslant \left|z_n - z_0\right| < \varepsilon, \quad \left|y_n - y_n\right| \leqslant \left|z_n - z_0\right| < \varepsilon,$$

即

$$\lim_{n\to\infty} x_n = x_0, \quad \lim_{n\to\infty} y_n = y_0.$$

充分性　如果 $\lim\limits_{n\to\infty} x_n = x_0$，$\lim\limits_{n\to\infty} y_n = y_0$，那么对于任意给定的正数$\varepsilon$，总存在正整数 N_1、N_2，当 $n > N_1$ 时，有 $\left|x_n - x_0\right| < \dfrac{\varepsilon}{2}$；当 $n > N_2$ 时，有 $\left|y_n - y_0\right| < \dfrac{\varepsilon}{2}$，取 $N = \max\{N_1、N_2\}$，则当 $n > N$ 时，有

$$\left|z_n - z_0\right| \leqslant \left|x_n - x_0\right| + \left|y_n - y_0\right| < \frac{\varepsilon}{2} + \frac{\varepsilon}{2} = \varepsilon,$$

即

$$\lim_{n\to\infty} z_n = z_0.$$

例 4.1　判定复数列 $\{z_n\} = \left\{\left(1 + \dfrac{1}{n}\right)\mathrm{e}^{\mathrm{i}\frac{\pi}{n}}\right\}$ 是否收敛？若收敛，求出其极限.

解　因为

$$z_n = \left(1 + \frac{1}{n}\right)\mathrm{e}^{\mathrm{i}\frac{\pi}{n}} = \left(1 + \frac{1}{n}\right)\left(\cos\frac{\pi}{n} + \mathrm{i}\sin\frac{\pi}{n}\right),$$

所以

$$x_n = \left(1 + \frac{1}{n}\right)\cos\frac{\pi}{n}, \quad y_n = \left(1 + \frac{1}{n}\right)\sin\frac{\pi}{n},$$

而

$$\lim_{n\to\infty} x_n = 1, \quad \lim_{n\to\infty} y_n = 0.$$

故根据定理 4.1 知，数列 $\left\{\left(1 + \dfrac{1}{n}\right)\mathrm{e}^{\mathrm{i}\frac{\pi}{n}}\right\}$ 收敛，且 $\lim\limits_{n\to\infty} z_n = 1$.

例 4.2　证明：

$$\lim_{n\to\infty} z^n = \begin{cases} 0, & |z| < 1, \\ \infty, & |z| > 1, \\ 1, & z = 1, \\ \text{不存在}, & |z| = 1 \text{ 且 } z \neq 1. \end{cases}$$

证　设 $z = r\mathrm{e}^{\mathrm{i}\theta}$，则 $z^n = r^n(\cos n\theta + \mathrm{i}\sin n\theta)$，于是

当 $|z|=r<1$ 时，由于 $\lim\limits_{n\to\infty} r^n\cos n\theta=0$，$\lim\limits_{n\to\infty} r^n\sin n\theta=0$，所以 $\lim\limits_{n\to\infty} z^n=0$；

当 $|z|=r>1$ 时，由于 $\lim\limits_{n\to\infty}|z^n|=\lim\limits_{n\to\infty} r^n=+\infty$，所以 $\lim\limits_{n\to\infty} z^n=\infty$；

当 $z=1$ 时，$\lim\limits_{n\to\infty} z^n=\lim\limits_{n\to\infty} 1=1$；

当 $|z|=1$ 但 $z\neq 1$ 时，$z^n=\cos n\theta+\mathrm{i}\sin n\theta$，由于 $\lim\limits_{n\to\infty}\cos n\theta$ 与 $\lim\limits_{n\to\infty}\sin n\theta$ 均不存在，所以 $\lim\limits_{n\to\infty} z^n$ 不存在.

4.1.2　复数项级数的概念

定义 4.2　设 $\{z_n\}(n=1,2,\cdots)$ 为一复数列，则表达式

$$\sum_{n=1}^{\infty} z_n=z_1+z_2+\cdots+z_n+\cdots \tag{4-1}$$

称为**复数项无穷级数**，简称**级数**.

级数(4-1)的前 n 项的和

$$s_n=z_1+z_2+\cdots+z_n$$

称为级数(4-1)的**部分和**. 当 n 依次取 $1,2,3,\cdots$ 时，就得到一个部分和数列 $\{s_n\}$. 根据这个数列有没有极限，我们引进级数(4-1)的敛散性的概念.

定义 4.3　如果级数 $\sum\limits_{n=1}^{\infty} z_n$ 的部分和数列 $\{s_n\}$ 有极限 s，即 $\lim\limits_{n\to\infty} s_n=s$，则称**级数** $\sum\limits_{n=1}^{\infty} z_n$ **收敛**，并称 s 为这**级数的和**，记作

$$s=\sum_{n=1}^{\infty} z_n;$$

如果部分和数列 $\{s_n\}$ 没有极限，则称**级数** $\sum\limits_{n=1}^{\infty} z_n$ **发散**.

4.1.3　复数项级数的审敛法

定理 4.2　设 $z_n=x_n+\mathrm{i}y_n(n=1,2,\cdots)$，则级数 $\sum\limits_{n=1}^{\infty} z_n$ 收敛的充分必要条件是级数 $\sum\limits_{n=1}^{\infty} x_n$ 和 $\sum\limits_{n=1}^{\infty} y_n$ 都收敛.

证　因级数 $\sum\limits_{n=1}^{\infty} z_n$ 的部分和

$$s_n=z_1+z_2+\cdots+z_n=(x_1+x_2+\cdots+x_n)+\mathrm{i}(y_1+y_2+\cdots+y_n)=\sigma_n+\mathrm{i}\tau_n,$$

这里 $\sigma_n=\sum_{k=1}^{n}x_k$， $\tau_n=\sum_{k=1}^{n}y_k$ 分别为级数 $\sum_{n=1}^{\infty}x_n$ 和 $\sum_{n=1}^{\infty}y_n$ 的部分和. 由定理 4.1 知，级数 $\sum_{n=1}^{\infty}z_n$ 收敛，即部分和数列 $\{s_n\}$ 收敛的充分必要条件是 $\{\sigma_n\}$ 与 $\{\tau_n\}$ 都收敛，从而级数 $\sum_{n=1}^{\infty}x_n$ 和 $\sum_{n=1}^{\infty}y_n$ 都收敛.

定理 4.2 的意义在于将复数项级数的敛散性的判定问题转化为实数项级数的敛散性的判定问题.

根据定理 4.2 及实数项级数收敛的必要条件，可以得到复数项级数收敛的必要条件.

定理 4.3　如果复数项级数 $\sum_{n=1}^{\infty}z_n$ 收敛，那么 $\lim_{n\to\infty}z_n=0$.

定义 4.4　设有复数项级数 $\sum_{n=1}^{\infty}z_n$. 若正项级数 $\sum_{n=1}^{\infty}|z_n|$ 收敛，则称级数 $\sum_{n=1}^{\infty}z_n$ 为绝对收敛；若级数 $\sum_{n=1}^{\infty}z_n$ 收敛，而正项级数 $\sum_{n=1}^{\infty}|z_n|$ 发散，则称级数 $\sum_{n=1}^{\infty}z_n$ 为条件收敛.

级数绝对收敛与收敛有以下重要关系.

定理 4.4　如果级数 $\sum_{n=1}^{\infty}z_n$ 绝对收敛，那么该级数必收敛.

证　设 $z_n=x_n+\mathrm{i}y_n$，则有 $|z_n|=\sqrt{x_n^2+y_n^2}$，且 $|x_n|\leqslant|z_n|$， $|y_n|\leqslant|z_n|$.

由于级数 $\sum_{n=1}^{\infty}|z_n|$ 收敛，所以根据实数项级数的比较审敛法知，级数 $\sum_{n=1}^{\infty}x_n$ 和 $\sum_{n=1}^{\infty}y_n$ 都收敛. 再根据定理 4.2 知，级数 $\sum_{n=1}^{\infty}z_n$ 收敛.

注意　定理 4.4 的逆命题不成立. 例如交错级数 $\sum_{n=1}^{\infty}(-1)^{n-1}\frac{1}{n}$ 是收敛的，但正项级数 $\sum_{n=1}^{\infty}\left|(-1)^{n-1}\frac{1}{n}\right|=\sum_{n=1}^{\infty}\frac{1}{n}$ 却是发散的.

由于 $|z_n|=\sqrt{x_n^2+y_n^2}\leqslant|x_n|+|y_n|$，所以当级数 $\sum_{n=1}^{\infty}x_n$ 和 $\sum_{n=1}^{\infty}y_n$ 都是绝对收敛时，级数 $\sum_{n=1}^{\infty}z_n$ 也绝对收敛. 结合定理 4.4 的证明过程，可得如下重要结论.

级数 $\sum_{n=1}^{\infty}z_n$ 绝对收敛的充分必要条件是级数 $\sum_{n=1}^{\infty}x_n$ 和 $\sum_{n=1}^{\infty}y_n$ 都绝对收敛.

例 4.3 判定下列级数是否收敛？若收敛，是绝对收敛还是条件收敛？

(1) $\sum\limits_{n=1}^{\infty}\left(\dfrac{1}{\sqrt{n}}+\dfrac{\mathrm{i}}{n^2}\right)$； (2) $\sum\limits_{n=1}^{\infty}\dfrac{\mathrm{i}^n}{n}$；

(3) $\sum\limits_{n=1}^{\infty}\left[\dfrac{(-1)^{n-1}}{n}+\mathrm{i}\dfrac{n}{3^n}\right]$； (4) $\sum\limits_{n=1}^{\infty}\dfrac{(3+4\mathrm{i})^n}{8^n}$.

解 (1) 因 $\sum\limits_{n=1}^{\infty}\dfrac{1}{\sqrt{n}}$ 发散，所以由定理 4.2，可知原级数发散.

(2) 因为级数

$$\sum_{n=1}^{\infty}\frac{\mathrm{i}^n}{n}=-\left(\frac{1}{2}-\frac{1}{4}+\frac{1}{6}-\cdots\right)+\mathrm{i}\left(1-\frac{1}{3}+\frac{1}{5}-\cdots\right)$$

的实部和虚部都是收敛的交错级数，所以由定理 4.2 知，级数 $\sum\limits_{n=1}^{\infty}\dfrac{\mathrm{i}^n}{n}$ 收敛. 而级数 $\sum\limits_{n=1}^{\infty}\left|\dfrac{\mathrm{i}^n}{n}\right|=\sum\limits_{n=1}^{\infty}\dfrac{1}{n}$ 是发散的，故原级数为条件收敛.

(3) 因为 $\sum\limits_{n=1}^{\infty}\dfrac{(-1)^{n-1}}{n}$ 是收敛的交错级数，由正项级数的比值审敛法知，级数 $\sum\limits_{n=1}^{\infty}\dfrac{n}{3^n}$ 收敛，所以由定理 4.2，知 $\sum\limits_{n=1}^{\infty}\left[\dfrac{(-1)^{n-1}}{n}+\mathrm{i}\dfrac{n}{3^n}\right]$ 收敛. 而 $\sum\limits_{n=1}^{\infty}\dfrac{(-1)^{n-1}}{n}$ 为条件收敛，故原级数为条件收敛.

(4) 因为级数 $\sum\limits_{n=1}^{\infty}\left|\dfrac{(3+4\mathrm{i})^n}{8^n}\right|=\sum\limits_{n=1}^{\infty}\left(\dfrac{5}{8}\right)^n$ 是收敛的等比级数，所以由定理 4.4 知，原级数收敛，且为绝对收敛.

4.1.4 复变函数项级数的概念

定义 4.5 设 $\{f_n(z)\}(n=1,2,\cdots)$ 是一每项均定义在区域 D 内的复变函数序列，则表达式

$$\sum_{n=1}^{\infty}f_n(z)=f_1(z)+f_2(z)+\cdots+f_n(z)+\cdots \tag{4-2}$$

称为定义在区域 D 内的**复变函数项无穷级数**，简称**级数**.

级数 (4-2) 的前 n 项的和

$$s_n(z)=f_1(z)+f_2(z)+\cdots+f_n(z)$$

称为级数 (4-2) 的**部分和**.

设 z_0 为区域 D 内的一点，则复变函数项级数 (4-2) 成为复数项级数

$$\sum_{n=1}^{\infty} f_n(z_0) = f_1(z_0) + f_2(z_0) + \cdots + f_n(z_0) + \cdots. \tag{4-3}$$

如果级数(4-3)收敛，即 $\lim\limits_{n\to\infty} s_n(z_0) = s(z_0)$ 存在，则称**级数(4-2)在点 z_0 收敛**，点 z_0 称为**级数的收敛点**；如果级数(4-3)发散，则称**级数(4-2)在点 z_0 发散**，点 z_0 称为**级数的发散点**.

如果级数(4-2)在区域 D 内的每一点都收敛，则在区域 D 内得到一个关于 z 的函数

$$s(z) = \lim_{n\to\infty} s_n(z), \quad z \in D,$$

称 $s(z)$ 为**级数(4-2)的和函数**，记作

$$s(z) = f_1(z) + f_2(z) + \cdots + f_n(z) + \cdots, \quad z \in D.$$

例 4.4　求级数

$$\sum_{n=0}^{\infty} z^n = 1 + z + z^2 + \cdots + z^n + \cdots$$

的收敛范围与和函数.

解　当 $z \neq 1$ 时，部分和

$$s_n(z) = 1 + z + z^2 + \cdots + z^{n-1} = \frac{1-z^n}{1-z}.$$

当 $|z|<1$ 时，由例 4.2 知，$\lim\limits_{n\to\infty} z^n = 0$，所以有

$$\lim_{n\to\infty} s_n(z) = \frac{1}{1-z},$$

即当 $|z|<1$ 时，级数 $\sum\limits_{n=0}^{\infty} z^n$ 收敛，其和函数为 $\dfrac{1}{1-z}$；

当 $|z|>1$ 时，由例 4.2 知，$\lim\limits_{n\to\infty} z^n = \infty$，所以级数 $\sum\limits_{n=0}^{\infty} z^n$ 发散；

当 $z=1$ 时，由于 $\lim\limits_{n\to\infty} z^n = \lim\limits_{n\to\infty} 1 = 1 \neq 0$，所以级数 $\sum\limits_{n=0}^{\infty} z^n$ 发散；

当 $|z|=1$，但 $z \neq 1$ 时，由例 4.2 知，$\lim\limits_{n\to\infty} z^n$ 不存在，所以级数 $\sum\limits_{n=0}^{\infty} z^n$ 发散. 故级数 $\sum\limits_{n=0}^{\infty} z^n$ 的收敛范围为 $|z|<1$，其和函数为 $\dfrac{1}{1-z}$，即

$$\frac{1}{1-z} = 1 + z + z^2 + \cdots + z^n + \cdots, \quad |z|<1.$$

4.1.5　幂级数及其收敛圆

如果在复变函数项级数 $\sum_{n=1}^{\infty} f_n(z)$ 中，取 $f_n(z)=c_{n-1}(z-z_0)^{n-1}$ 或 $f_n(z)=c_{n-1}z^{n-1}$，其中 z_0，$c_n(n=0,1,2,\cdots)$ 均为复常数，则得到如下两种形式的复变函数项级数

$$\sum_{n=0}^{\infty} c_n(z-z_0)^n = c_0 + c_1(z-z_0) + c_2(z-z_0)^2 + \cdots + c_n(z-z_0)^n + \cdots \tag{4-4}$$

与

$$\sum_{n=0}^{\infty} c_n z^n = c_0 + c_1 z + c_2 z^2 + \cdots + c_n z^n + \cdots \tag{4-5}$$

统称为**幂级数**.

如果令 $z-z_0=\zeta$，则式(4-4)化为 $\sum_{n=0}^{\infty} c_n \zeta^n$，这是式(4-5)的形式. 为了方便，今后取(4-5)式来讨论.

对于一个给定的幂级数(4-5)，显然在 $z=0$ 处收敛，那么除 $z=0$ 外，其他点的收敛性如何呢？由例 4.4 可以看到，幂级数

$$\sum_{n=0}^{\infty} z^n = 1 + z + z^2 + \cdots + z^n + \cdots$$

的收敛范围是圆域：$|z|<1$. 事实上，这个结论对于一般的幂级数也是成立的. 我们有如下的**阿贝尔(Abel)定理**.

定理 4.5　如果幂级数 $\sum_{n=0}^{\infty} c_n z^n$ 在 $z=z_0(\neq 0)$ 处收敛，则当 $|z|<|z_0|$ 时，这幂级数绝对收敛；如果幂级数 $\sum_{n=0}^{\infty} c_n z^n$ 在 $z=z_1$ 处发散，则当 $|z|>|z_1|$ 时，这幂级数发散.

证　若级数 $\sum_{n=0}^{\infty} c_n z^n$ 在 $z=z_0(\neq 0)$ 处收敛，即级数 $\sum_{n=0}^{\infty} c_n z_0^n$ 收敛，则根据定理 4.3，知 $\lim\limits_{n\to\infty} c_n z_0^n = 0$. 于是复数列 $\{c_n z_0^n\}$ 有界，即存在正数 M，对于所有的 n，都有

$$|c_n z_0^n| \leqslant M .$$

当 $|z|<|z_0|$ 时，$\left|\dfrac{z}{z_0}\right| = q < 1$，又 $|c_n z^n| = |c_n z_0^n| \cdot \left|\dfrac{z}{z_0}\right|^n < Mq^n$，且 $\sum_{n=0}^{\infty} Mq^n$ 是收敛的等比级数，所以根据正实数项级数的比较审敛法，知级数 $\sum_{n=0}^{\infty} |c_n z^n|$ 收敛，从而级数 $\sum_{n=0}^{\infty} c_n z^n$ 绝对收敛.

若级数 $\sum_{n=0}^{\infty} c_n z^n$ 在 $z = z_1$ 处发散，可用反证法证明结论成立. 事实上，假设在 $|z| > |z_1|$ 内存在某一点 $z_2(|z_2| > |z_1|)$ 处收敛，则由上面所证结论，知该级数在 z_1 处也收敛，从而这与幂级数在 $z = z_1$ 处发散矛盾，故当 $|z| > |z_1|$ 时，这幂级数发散.

定理 4.5 表明，如果级数 $\sum_{n=0}^{\infty} c_n z^n$ 在 $z = z_0(\neq 0)$ 处收敛，则这幂级数在圆：$|z| = |z_0|$ 内任意点 z 处都收敛；如果级数 $\sum_{n=0}^{\infty} c_n z^n$ 在 $z = z_1$ 处发散，则这幂级数在圆：$|z| = |z_1|$ 外任意点 z 处都发散. 因此，幂级数(4-5)的收敛性有以下三种情形.

(1) 对于所有的正实数都是发散的. 这时，根据定理 4.5，可知幂级数(4-5)在复平面内除原点外处处发散.

(2) 对于所有的正实数都是收敛的. 这时，根据定理 4.5，可知幂级数(4-5)在复平面内处处绝对收敛.

(3) 既存在使幂级数(4-5)收敛的正实数，也存在使幂级数(4-5)发散的正实数. 设 $z = R_1(>0)$ 时，级数(4-5)收敛，$z = R_2(>0)$ 时，级数(4-5)发散. 根据定理 4.5，可知幂级数(4-5)在圆周 $C_{R_1}: |z| = R_1$ 内绝对收敛；在圆周 $C_{R_2}: |z| = R_2$ 外发散. 显然，$R_1 < R_2$. 否则级数(4-5)在 $z = R_1$ 处发散，这与假设相矛盾. 因此，当点 z 沿正实轴方向从点 $z = R_1$ 开始行走时，最初只遇到收敛点，然后就只遇到发散点. 从而必存在一个确定的正实数 $R(0 < R_1 \leqslant R \leqslant R_2 < +\infty)$，使级数(4-5)在圆周 $C_R: |z| = R$ 内绝对收敛；在圆周 $C_R: |z| = R$ 外发散，如图 4-1 所示. 此时，圆周 C_R 称为幂级数(4-5)的**收敛圆**，收敛圆的半径 R 称为**收敛半径**. 至于在收敛圆上幂级数(4-5)是否收敛不确定，要具体问题具体分析.

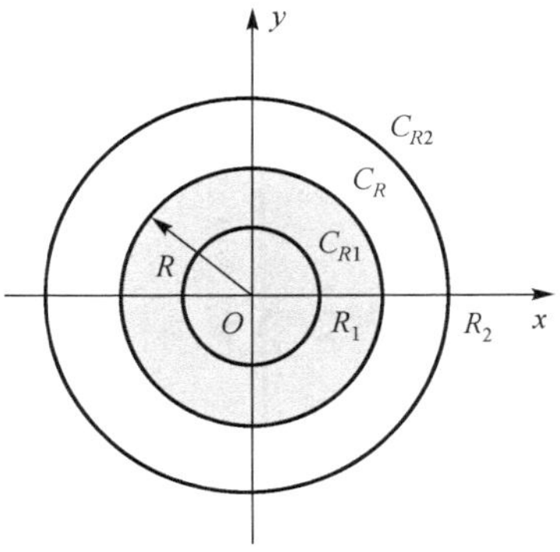

图 4-1

为了方便起见，规定幂级数(4-5)在情形(1)中的收敛半径 $R = 0$；在情形(2)中的收敛半径 $R = +\infty$.

根据前面的讨论可知，要求幂级数的收敛圆关键要确定其收敛半径. 那么如何求幂级数的收敛半径？

定理 4.6（比值法）　对于幂级数 $\sum_{n=0}^{\infty} c_n z^n$，其中 $c_n \neq 0 (n=0,1,2,\cdots)$，如果 $\lim_{n\to\infty}\left|\frac{c_{n+1}}{c_n}\right| = \rho$，则这幂级数的收敛半径

$$R = \begin{cases} \dfrac{1}{\rho}, & 0<\rho<+\infty, \\ 0, & \rho=+\infty, \\ +\infty, & \rho=0. \end{cases}$$

证　(1) 当 $0<\rho<+\infty$ 时，由于

$$\lim_{n\to\infty}\left|\frac{c_{n+1}z^{n+1}}{c_n z^n}\right| = \lim_{n\to\infty}\left|\frac{c_{n+1}}{c_n}\right||z| = \rho|z|,$$

所以由正项级数的比值审敛法，知当 $|z|<\dfrac{1}{\rho}$ 时，级数 $\sum_{n=0}^{\infty}|c_n z^n|$ 收敛. 根据定理 4.4，知幂级数 $\sum_{n=0}^{\infty} c_n z^n$ 在圆：$|z|=\dfrac{1}{\rho}$ 内收敛.

再证当 $|z|>\dfrac{1}{\rho}$ 时，级数 $\sum_{n=0}^{\infty} c_n z^n$ 发散. 假设在 $|z|>\dfrac{1}{\rho}$ 内有一点 z_1，使级数 $\sum_{n=0}^{\infty}|c_n z_1^n|$ 收敛. 在 $|z|>\dfrac{1}{\rho}$ 内再取一点 z_2，使 $|z_2|<|z_1|$，根据定理 4.5，知级数 $\sum_{n=0}^{\infty}|c_n z_2^n|$ 收敛. 由 $|z_2|>\dfrac{1}{\rho}$，有

$$\lim_{n\to\infty}\left|\frac{c_{n+1}z_2^{n+1}}{c_n z_2^n}\right| = \lim_{n\to\infty}\left|\frac{c_{n+1}}{c_n}\right||z_2| = \rho|z_2|>1.$$

于是，由正项级数的比值审敛法，知级数 $\sum_{n=0}^{\infty}|c_n z_2^n|$ 发散，这与它收敛相矛盾. 因而当 $|z|>\dfrac{1}{\rho}$ 时，级数 $\sum_{n=0}^{\infty} c_n z^n$ 发散. 故幂级数 $\sum_{n=0}^{\infty} c_n z^n$ 的收敛半径 $R=\dfrac{1}{\rho}$.

(2) 当 $\rho=0$ 时，由于对任意的复数 z，

$$\lim_{n\to\infty}\left|\frac{c_{n+1}z^{n+1}}{c_n z^n}\right| = \lim_{n\to\infty}\left|\frac{c_{n+1}}{c_n}\right||z| = \rho|z| = 0,$$

所以由正项级数的比值审敛法，知级数 $\sum_{n=0}^{\infty}\left|c_n z^n\right|$ 收敛，从而级数 $\sum_{n=0}^{\infty} c_n z^n$ 在复平面内处处收敛，故收敛半径 $R=+\infty$.

(3) 当 $\rho=+\infty$ 时，对于任何复数 $z\neq 0$ ，由于

$$\lim_{n\to\infty}\left|\frac{c_{n+1}z^{n+1}}{c_n z^n}\right|=\lim_{n\to\infty}\left|\frac{c_{n+1}}{c_n}\right||z|=+\infty,$$

所以有 $\lim\limits_{n\to\infty} c_n z^n\neq 0$. 根据定理 4.3，知级数 $\sum_{n=0}^{\infty} c_n z^n$ 发散，故收敛半径 $R=0$.

定理 4.7（根值法）　对于幂级数 $\sum_{n=0}^{\infty} c_n z^n$ ，其中 $c_n\neq 0(n=0,1,2,\cdots)$ ，如果 $\lim\limits_{n\to\infty}\sqrt[n]{|c_n|}=\rho$ ，则这幂级数的收敛半径

$$R=\begin{cases}\dfrac{1}{\rho}, & 0<\rho<+\infty,\\ 0, & \rho=+\infty,\\ +\infty, & \rho=0.\end{cases}$$

例 4.5　求下列幂级数的收敛半径及其收敛圆：

(1) $\sum_{n=0}^{\infty}(\cos\mathrm{i}\,n)z^n$ ；　　(2) $\sum_{n=1}^{\infty}\frac{3^n}{n^2}z^n$ ；

(3) $\sum_{n=0}^{\infty}\frac{(-1)^n}{n!}z^n$ ；　　(4) $\sum_{n=0}^{\infty}(3+4\mathrm{i})^n(z-1)^n$.

解　(1) 因为 $c_n=\cos\mathrm{i}n=\frac{1}{2}(\mathrm{e}^n+\mathrm{e}^{-n})$ ，所以

$$\rho=\lim_{n\to\infty}\left|\frac{c_{n+1}}{c_n}\right|=\lim_{n\to\infty}\frac{\mathrm{e}^{n+1}+\mathrm{e}^{-(n+1)}}{\mathrm{e}^n+\mathrm{e}^{-n}}=\mathrm{e},$$

于是根据定理 4.6，知收敛半径 $R=\frac{1}{\mathrm{e}}$ ，其收敛圆为 $|z|=\frac{1}{\mathrm{e}}$.

(2) 因为 $\rho=\lim\limits_{n\to\infty}\left|\frac{c_{n+1}}{c_n}\right|=\lim\limits_{n\to\infty}\frac{3n^2}{(n+1)^2}=3$，所以根据定理 4.6，知收敛半径 $R=\frac{1}{3}$ ，其收敛圆为 $|z|=\frac{1}{3}$.

(3) 因为 $\rho=\lim\limits_{n\to\infty}\left|\frac{c_{n+1}}{c_n}\right|=\lim\limits_{n\to\infty}\frac{1}{n+1}=0$ ，所以根据定理 4.6，知收敛半径 $R=+\infty$ ，故幂级数在复平面内处处收敛.

(4) 令 $\zeta = z-1$，则原级数化为 $\sum\limits_{n=0}^{\infty}(3+4\mathrm{i})^n\zeta^n$.

因为 $\rho = \lim\limits_{n\to\infty}\sqrt[n]{|c_n|} = \lim\limits_{n\to\infty}|3+4\mathrm{i}| = 5$，所以根据定理 4.7，知收敛半径 $R=\dfrac{1}{5}$，其收敛圆为 $|z-1| = \dfrac{1}{5}$.

4.1.6　幂级数的运算和性质

1. 幂级数的运算

设幂级数 $\sum\limits_{n=0}^{\infty}a_nz^n$ 及 $\sum\limits_{n=0}^{\infty}b_nz^n$ 的收敛半径分别为正实数 R_1 及 R_2， $R=\min\{R_1,R_2\}$，则当 $|z|<R$ 时，对这两个幂级数可以进行下列运算：

加减法　$\sum\limits_{n=0}^{\infty}a_nz^n \pm \sum\limits_{n=0}^{\infty}b_nz^n = \sum\limits_{n=0}^{\infty}(a_n \pm b_n)z^n$ ；

乘法　$\left(\sum\limits_{n=0}^{\infty}a_nz^n\right)\cdot\left(\sum\limits_{n=0}^{\infty}b_nz^n\right) = \sum\limits_{n=0}^{\infty}(a_0b_n + a_1b_{n-1} + \cdots + a_nb_0)z^n$.

另外，还有一种在将函数展开成幂级数时，有着广泛运用的运算：

代换(复合)运算　　如果当 $|z|<r$ 时，$f(z) = \sum\limits_{n=0}^{\infty}a_nz^n$. 又设在 $|z|<R$ 内，$g(z)$ 解析且满足 $|g(z)|<r$，那么当 $|z|<R$ 时，$f[g(z)] = \sum\limits_{n=0}^{\infty}a_n[g(z)]^n$.

例 4.6　把函数 $\dfrac{1}{z-b}$ 表成形如 $\sum\limits_{n=0}^{\infty}c_n(z-a)^n$ 的幂级数，其中 a 与 b 是不相等的复常数.

解　因为

$$\frac{1}{z-b} = \frac{1}{(z-a)-(b-a)} = -\frac{1}{b-a}\cdot\frac{1}{1-\dfrac{z-a}{b-a}},$$

又由例 4.4 知，当 $|z|<1$ 时，

$$\frac{1}{1-z} = 1 + z + z^2 + \cdots + z^n + \cdots,$$

所以当 $\left|\dfrac{z-a}{b-a}\right|<1$ 时，有

$$\frac{1}{1-\frac{z-a}{b-a}}=1+\frac{z-a}{b-a}+\left(\frac{z-a}{b-a}\right)^2+\cdots+\left(\frac{z-a}{b-a}\right)^n+\cdots,$$

故当$|z-a|<|b-a|$时，

$$\begin{aligned}\frac{1}{z-b}&=-\frac{1}{b-a}-\frac{1}{(b-a)^2}(z-a)-\cdots-\frac{1}{(b-a)^{n+1}}(z-a)^n+\cdots\\&=-\sum_{n=0}^{\infty}\frac{1}{(b-a)^{n+1}}(z-a)^n.\end{aligned}$$

当$z=b$时，上式右端的级数发散，于是由定理 4.5 知，当$|z-a|>|b-a|$时，级数发散. 故上式右端级数的收敛半径$R=|b-a|$.

注意　在解类似于例 4.6 的问题时，可先把函数作代数的恒等变形，使其分母中出现$z-a$；然后把函数写成$\frac{1}{1-g(z)}$的形式，其中$g(z)=\frac{z-a}{b-a}$；最后利用$\frac{1}{1-z}$的展开式，把展开式中的z代换成$g(z)$即可.

2. 幂级数的性质

定理 4.8　设幂级数$\sum_{n=0}^{\infty}c_n(z-z_0)^n$的收敛半径为正实数$R$，则

(1) 它的和函数$f(z)$，即

$$f(z)=\sum_{n=0}^{\infty}c_n(z-z_0)^n,$$

在收敛圆域：$|z-z_0|<R$内解析，且有逐项求导公式

$$f'(z)=\sum_{n=1}^{\infty}nc_n(z-z_0)^{n-1}.$$

(2) 设C为收敛圆域：$|z-z_0|<R$内连接点z_0和点z的任一条光滑曲线，则和函数$f(z)$在C上可积，且有逐项积分公式

$$\int_C f(z)\mathrm{d}z=\sum_{n=0}^{\infty}c_n\int_C(z-z_0)^n\mathrm{d}z$$

或

$$\int_{z_0}^{z}f(z)\mathrm{d}z=\sum_{n=0}^{\infty}\frac{c_n}{n+1}(z-z_0)^{n+1}.$$

幂级数的和函数在其收敛圆内可以逐项求导及逐项积分任意次.

4.2 泰勒级数

在 4.1 节中，我们知道一个幂级数的和函数在其收敛圆内是一个解析函数. 本节来研究与此相反的问题：任何一个解析函数能否用幂级数来表达？回答是肯定的.

4.2.1 泰勒展开定理

定理 4.9 设函数 $f(z)$ 在区域 D 内解析，z_0 为 D 内的一点，R 为 z_0 到 D 的边界上各点的最短距离，则当 $|z-z_0|<R$ 时，必有

$$f(z)=f(z_0)+f'(z_0)(z-z_0)+\frac{f''(z_0)}{2!}(z-z_0)^2+\cdots+\frac{f^{(n)}(z_0)}{n!}(z-z_0)^n+\cdots, \quad (4\text{-}6)$$

且展开式(4-6)是唯一的.

证 以 z_0 为中心，$r(r<R)$ 为半径作正向圆周 $C:|\zeta-z_0|=r$. 显然 C 及其内部包含于 D 内. 设 z 为 C 内任意一点(图 4-2)，由柯西积分公式，有

$$f(z)=\frac{1}{2\pi i}\oint_C\frac{f(\zeta)}{\zeta-z}d\zeta. \quad (4\text{-}7)$$

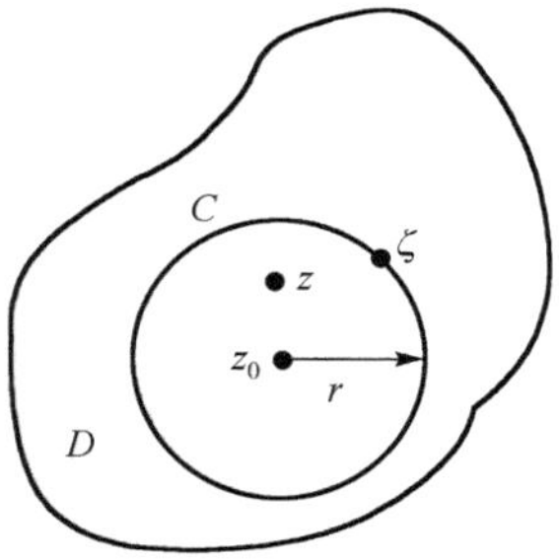

图 4-2

因为 $|\zeta-z_0|=r$，$|z-z_0|<r$，所以 $\left|\dfrac{z-z_0}{\zeta-z_0}\right|<1$. 于是根据例 4.6，有

$$\frac{1}{\zeta-z}=\frac{1}{(\zeta-z_0)-(z-z_0)}=\frac{1}{\zeta-z_0}\cdot\frac{1}{1-\dfrac{z-z_0}{\zeta-z_0}}$$

$$=\frac{1}{\zeta-z_0}\sum_{n=0}^{\infty}\left(\frac{z-z_0}{\zeta-z_0}\right)^n=\sum_{n=0}^{\infty}\frac{1}{(\zeta-z_0)^{n+1}}(z-z_0)^n.$$

将上式代入式(4-7)，并根据幂级数在收敛圆内可逐项积分的性质，把它写成

$$f(z)=\sum_{n=0}^{N-1}\left[\frac{1}{2\pi i}\oint_C\frac{f(\zeta)}{(\zeta-z_0)^{n+1}}d\zeta\right](z-z_0)^n+\frac{1}{2\pi i}\oint_C\left[\sum_{n=N}^{\infty}\frac{f(\zeta)}{(\zeta-z_0)^{n+1}}(z-z_0)^n\right]d\zeta.$$

再根据解析函数的高阶导数公式，上式又可写成

$$f(z)=\sum_{n=0}^{N-1}\frac{f^{(n)}(z_0)}{n!}(z-z_0)^n+R_N(z),\tag{4-8}$$

其中

$$R_N(z)=\frac{1}{2\pi\mathrm{i}}\oint_C\left[\sum_{n=N}^{\infty}\frac{f(\zeta)}{(\zeta-z_0)^{n+1}}(z-z_0)^n\right]\mathrm{d}\zeta\ .\tag{4-9}$$

下面证明 $\lim\limits_{N\to\infty}R_N(z)=0$ 在 C 内成立. 由于 $f(z)$ 在区域 D 内解析，所以 $f(\zeta)$ 在 C 上连续. 于是 $f(\zeta)$ 在 C 上有界，即存在一个正数 M，使在 C 上，$|f(\zeta)|\leqslant M$. 又由于

$$\left|\frac{z-z_0}{\zeta-z_0}\right|=\frac{|z-z_0|}{r}=q<1\,,$$

所以由(4-9)式，有

$$\begin{aligned}|R_N(z)|&\leqslant\frac{1}{2\pi}\oint_C\left|\sum_{n=N}^{\infty}\frac{f(\zeta)}{(\zeta-z_0)^{n+1}}(z-z_0)^n\right|\mathrm{d}s\\&\leqslant\frac{1}{2\pi}\oint_C\left[\sum_{n=N}^{\infty}\frac{|f(\zeta)|}{|\zeta-z_0|}\left|\frac{z-z_0}{\zeta-z_0}\right|^n\right]\mathrm{d}s\\&\leqslant\frac{1}{2\pi}\cdot\sum_{n=N}^{\infty}\frac{M}{r}q^n\cdot 2\pi r=\frac{Mq^N}{1-q}\,.\end{aligned}$$

因为 $\lim\limits_{N\to\infty}q^N=0$，所以 $\lim\limits_{N\to\infty}R_N(z)=0$ 在 C 内成立. 因此由式(4-8)就有

$$f(z)=\sum_{n=0}^{\infty}\frac{f^{(n)}(z_0)}{n!}(z-z_0)^n$$

在 $|z-z_0|<R$ 内成立.

再证展开式(4-6)是唯一的. 假设函数 $f(z)$ 在 z_0 处有另一展开式

$$f(z)=a_0+a_1(z-z_0)+a_2(z-z_0)^2+\cdots+a_n(z-z_0)^n+\cdots,$$

由定理 4.8 中的(1)，得

$$f'(z)=a_1+2a_2(z-z_0)+3a_3(z-z_0)^2+\cdots,$$

令 $z=z_0$ ，得

$$f'(z_0)=a_1\,,$$

同理可得

$$a_n = \frac{f^{(n)}(z_0)}{n!} \quad (n = 0,1,2,\cdots),$$

故展开式(4-6)是唯一的.

定理 4.9 称为**泰勒展开定理**，公式(4-6)称为 $f(z)$ 在 z_0 处的**泰勒展开式**，它右端的级数称为 $f(z)$ 在 z_0 处的**泰勒级数**.

关于定理 4.9，我们作如下几点说明.

(1)如果 $f(z)$ 在区域 D 内有奇点，则使 $f(z)$ 在解析点 z_0 的泰勒展开式成立的圆域的半径 R 等于从 z_0 到 $f(z)$ 的最近一个奇点 α 之间的距离，即 $R = |\alpha - z_0|$（或半径 R 是 z_0 到 D 的边界上各点的最短距离）. 这给我们提供了一个求幂级数收敛半径的方法.

例如，由于函数 $\frac{1}{1+x^2}$ 对任何实数 x 都是成立的，所以在实数域内很难理解 $\frac{1}{1+x^2}$ 的幂级数展开式

$$\frac{1}{1+x^2} = 1 - x^2 + x^4 - x^6 + \cdots$$

在 $|x| < 1$ 内成立. 但从复数域来理解就很清楚，这是因为函数 $\frac{1}{1+z^2}$ 在复平面内有两个奇点 $z = \pm\mathrm{i}$，所以其收敛半径 $R = |\pm\mathrm{i} - 0| = 1$，于是它只能在 $|z| < 1$ 内展开成 z 的幂级数. 因此，即使我们关心的仅是 z 的实数值，但是在复平面内的这两个奇点却给级数 $1 - x^2 + x^4 - x^6 + \cdots$ 在 x 轴上的收敛区间设置了无法逾越的极限范围.

(2)由于函数展开成幂级数的形式是唯一的，所以以任何方式将解析函数展开成幂级数的结果就是该函数的泰勒展开式.

(3)将定理 4.8 和定理 4.9 结合起来，可以得到一个重要结论：**函数在一点解析的充分必要条件是它在这点的邻域内可以展开成幂级数**.

4.2.2 函数展开成泰勒级数的方法

将一个在圆域内解析的函数展开成泰勒级数通常有直接展开法和间接展开法两种. 但要注意的是：无论用什么方法，首先都要判断 $f(z)$ 在 z_0 的解析性，并找出 $f(z)$ 的距离 z_0 最近的一个奇点，用来确定所得泰勒级数的收敛半径.

直接展开法就是先计算 $f(z)$ 在解析点 z_0 处的各阶导数值 $f^{(n)}(z_0)$，$n = 0,1,2,\cdots$；然后计算出系数：$c_n = \frac{f^{(n)}(z_0)}{n!}, n = 0,1,2,\cdots$，代入式(4-6)，便可得到函数 $f(z)$ 在 z_0 处的泰勒展开式.

例 4.7　求函数 $f(z) = \mathrm{e}^z$ 在 $z_0 = 0$ 处的泰勒展开式.

解　因为 e^z 在复平面内处处解析，所以其收敛半径 $R = +\infty$，故 e^z 在复平面内可展开成泰勒级数.

由于 $f^{(n)}(z)=(\mathrm{e}^z)^{(n)}=\mathrm{e}^z$， $n=1,2,\cdots$， 所以

$$f^{(n)}(z_0)=(\mathrm{e}^z)^{(n)}\Big|_{z=0}=1,\quad n=0,1,2,\cdots.$$

从而

$$c_n=\frac{f^{(n)}(z_0)}{n!}=\frac{f^{(n)}(0)}{n!}=\frac{1}{n!},\quad n=0,1,2,\cdots.$$

于是函数 $f(z)=\mathrm{e}^z$ 在 $z_0=0$ 处的泰勒展开式为

$$\mathrm{e}^z=1+\frac{z}{1!}+\frac{z^2}{2!}+\cdots+\frac{z^n}{n!}+\cdots,\quad |z|<+\infty.$$

例 4.8　将函数 $\sin z$ 展开成 z 的幂级数.

解　因为 $\sin z$ 在复平面内处处解析，所以其收敛半径 $R=+\infty$，故 $\sin z$ 在复平面内可展开成 z 的幂级数.

由于

$$(\sin z)^{(n)}=\sin\left(z+\frac{n\pi}{2}\right),\quad n=1,2,\cdots,$$

所以

$$(\sin z)^{(n)}\Big|_{z=0}=\begin{cases}0, & n=2m,\\(-1)^m, & n=2m+1.\end{cases}$$

于是 $\sin z$ 的幂级数展开式为

$$\sin z=z-\frac{z^3}{3!}+\frac{z^5}{5!}-\cdots+(-1)^m\frac{z^{2m+1}}{(2m+1)!}+\cdots,\quad |z|<+\infty.$$

例 4.9　将函数 $f(z)=\mathrm{e}^{\frac{1}{1-z}}$ 展开成 z 的幂级数.

解　因为函数 $f(z)=\mathrm{e}^{\frac{1}{1-z}}$ 只有一个奇点 $z=1$，所以其收敛半径 $R=|1-0|=1$，故它在 $|z|<1$ 内可以展开成 z 的幂级数.

对 $f(z)=\mathrm{e}^{\frac{1}{1-z}}$ 求导，得 $f'(z)=\mathrm{e}^{\frac{1}{1-z}}\dfrac{1}{(1-z)^2}$，即

$$(1-z)^2f'(z)-f(z)=0.$$

将上式逐次求导，得

$$(1-z)^2f''(z)+(2z-3)f'(z)=0,$$

$$(1-z)^2f'''(z)+(4z-5)f''(z)+2f'(z)=0,$$

$$\cdots\cdots$$

在上述方程中，令 $z=0$，同时由 $f(0)=\mathrm{e}$，得

$$f'(0)=\mathrm{e},\quad f''(0)=3\mathrm{e},\quad f'''(0)=13\mathrm{e},\quad \cdots,$$

从而有

$$f(z)=\mathrm{e}^{\frac{1}{1-z}}=\mathrm{e}\left(1+z+\frac{3}{2!}z^2+\frac{13}{3!}z^3+\cdots\right),\quad |z|<1.$$

间接展开法就是借助于一些已知函数的展开式，利用幂级数的运算和性质等将所给函数展开成幂级数.

前面已经求得的幂级数展开式有

$$\frac{1}{1-z}=\sum_{n=0}^{\infty}z^n,\quad |z|<1, \tag{4-10}$$

$$\mathrm{e}^z=\sum_{n=0}^{\infty}\frac{z^n}{n!},\quad |z|<+\infty, \tag{4-11}$$

$$\sin z=\sum_{n=0}^{\infty}\frac{(-1)^n}{(2n+1)!}z^{2n+1},\quad |z|<+\infty, \tag{4-12}$$

利用这三个展开式，可以求得许多函数的幂级数展开式. 例如，

把式(4-10)中的 z 换成$-z$，可得

$$\frac{1}{1+z}=\sum_{n=0}^{\infty}(-1)^n z^n,\quad |z|<1. \tag{4-13}$$

对式(4-12)两边求导，可得

$$\cos z=\sum_{n=0}^{\infty}\frac{(-1)^n}{(2n)!}z^{2n},\quad |z|<+\infty. \tag{4-14}$$

例 4.10　求对数函数 $\ln(1+z)$ 在 $z_0=0$ 处的泰勒展开式.

解　由于 $\ln(1+z)$ 在从-1 向左沿负实轴剪开的平面内是解析的，而离 $z=0$ 最近的一个奇点是-1，所以其收敛半径 $R=|-1-0|=1$，从而它在 $|z|<1$ 内可以展开成 z 的幂级数.

因为　$[\ln(1+z)]'=\dfrac{1}{1+z}$，所以将式(4-13)两端从 0 到 z 积分，得

$$\int_0^z\frac{1}{1+z}\mathrm{d}z=\sum_{n=0}^{\infty}\int_0^z(-1)^n z^n\mathrm{d}z,$$

即 $\ln(1+z)$ 在 $z_0=0$ 处的泰勒展开式为

$$\ln(1+z)=z-\frac{z^2}{2}+\frac{z^3}{3}-\cdots+(-1)^{n-1}\frac{z^n}{n}+\cdots,\quad |z|<1. \tag{4-15}$$

(4-10)～(4-15) 是最常用的幂级数展开式，记住了前三个，后三个也就掌握了.

例 4.11　将双曲余弦函数 ch$z$ 展开成 z 的幂级数.

解　由于双曲余弦函数 ch$z$ 在复平面内处处解析，所以其收敛半径 $R=+\infty$，故 ch$z$ 在复平面内可展开成 z 的幂级数.

因为 $\mathrm{ch}z=\dfrac{1}{2}(\mathrm{e}^z+\mathrm{e}^{-z})$，又 $\mathrm{e}^z=\sum\limits_{n=0}^{\infty}\dfrac{z^n}{n!}$，$\mathrm{e}^{-z}=\sum\limits_{n=0}^{\infty}\dfrac{(-1)^n}{n!}z^n$，从而有

$$\mathrm{ch}z=\frac{1}{2}\left(\sum_{n=0}^{\infty}\frac{z^n}{n!}+\sum_{n=0}^{\infty}\frac{(-1)^n}{n!}z^n\right)=\sum_{n=0}^{\infty}\frac{1}{(2n)!}z^{2n},\quad |z|<+\infty.$$

例 4.12　求函数 $\dfrac{1}{z-1}$ 在 $z_0=-1$ 处的泰勒展开式.

解　由于函数 $\dfrac{1}{z-1}$ 只有一个奇点 $z=1$，所以其收敛半径 $R=|1-(-1)|=2$，故它在 $|z+1|<2$ 内可以展开成 $(z+1)$ 的泰勒级数.

因为

$$\frac{1}{z-1}=\frac{1}{(z+1)-2}=-\frac{1}{2}\frac{1}{1-\dfrac{z+1}{2}},$$

又

$$\frac{1}{1-z}=\sum_{n=0}^{\infty}z^n,\quad |z|<1,$$

所以有

$$\frac{1}{z-1}=-\frac{1}{2}\sum_{n=0}^{\infty}\left(\frac{z+1}{2}\right)^n=-\sum_{n=0}^{\infty}\frac{1}{2^{n+1}}(z+1)^n,\quad |z+1|<2.$$

4.3　洛 朗 级 数

由 4.2 节的讨论我们知道，若函数 $f(z)$ 在点 z_0 解析，则 $f(z)$ 在以 z_0 为中心的某个圆域内可以展开成 $z-z_0$ 的幂级数. 然而在实际问题中，我们还会遇到函数 $f(z)$ 虽然在点 z_0 不解析，但在以 z_0 为中心的某个圆环域内解析的情形. 对于此种情形，显然 $f(z)$ 不能仅用 $z-z_0$ 的幂级数表示，即只含有 $z-z_0$ 的正幂项的级数表示. 因此，在本节中将讨论在圆环域内解析的函数的级数表示法就是洛朗展开式，它是研究解析函数的重要工具，尤其在研究解析函数的局部性质方面扮演了重要角色.

4.3.1　双边幂级数的概念与性质

定义 4.6　形如

$$\sum_{n=-\infty}^{\infty} c_n(z-z_0)^n = \cdots + c_{-n}(z-z_0)^{-n} + \cdots + c_{-1}(z-z_0)^{-1} + c_0 + c_1(z-z_0) + \cdots + c_n(z-z_0)^n + \cdots \tag{4-16}$$

的级数称为**双边幂级数**，其中 z_0 及 $c_n(n=0,\pm1,\pm2,\cdots)$ 都是复常数.

把级数(4-16)分成两部分，即正幂项(包括常数项)部分：

$$\sum_{n=0}^{\infty} c_n(z-z_0)^n = c_0 + c_1(z-z_0) + \cdots + c_n(z-z_0)^n + \cdots, \tag{4-17}$$

与负幂项部分：

$$\sum_{n=1}^{\infty} c_{-n}(z-z_0)^{-n} = c_{-1}(z-z_0)^{-1} + \cdots + c_{-n}(z-z_0)^{-n} + \cdots. \tag{4-18}$$

显然级数(4-17)就是一个通常的幂级数，而级数(4-18)是一个新型的级数，所以就不能象幂级数一样定义级数(4-16)的敛散性.

定义 4.7　如果级数(4-17)与级数(4-18)同时在点 z 收敛，则称**级数(4-16)在点 z 收敛**. 否则，称**级数(4-16)在点 z 发散**.

下面对级数(4-16)在复平面内的敛散性进行讨论.

由于级数(4-17)是一个通常的幂级数，所以它的收敛范围是一个圆域. 设它的收敛半径为正实数 R_2，则当 $|z-z_0|<R_2$ 时，级数收敛；当 $|z-z_0|>R_2$ 时，级数发散.

对于级数(4-18)，若令 $\zeta=(z-z_0)^{-1}$，则级数(4-18)化为幂级数

$$\sum_{n=1}^{\infty} c_{-n}\zeta^n = c_{-1}\zeta + \cdots + c_{-n}\zeta^n + \cdots. \tag{4-19}$$

设幂级数(4-19)的收敛半径为正实数 r，则当 $|\zeta|<r$ 时，级数(4-19)收敛；当 $|\zeta|>r$ 时，级数(4-19)发散. 因此，若令 $R_1=\dfrac{1}{r}$，则当 $\left|(z-z_0)^{-1}\right|<r$，即 $|z-z_0|>\dfrac{1}{r}=R_1$ 时，级数(4-18)收敛；当 $\left|(z-z_0)^{-1}\right|>r$，即 $|(z-z_0)|<\dfrac{1}{r}=R_1$ 时，级数(4-18)发散.

根据定义 4.7，可知当 $R_1>R_2$ 时，级数(4-17)与级数(4-18)没有公共的收敛范围，所以级数(4-16)发散；当 $R_1<R_2$ 时，级数(4-17)与级数(4-18)同时在圆环域：$R_1<|z-z_0|<R_2$ 内收敛，所以级数(4-16)在这圆环域内收敛，在这圆环域外发散. 至于在圆环域的边界 $|z-z_0|=R_1$ 和 $|z-z_0|=R_2$ 上，级数(4-16)的收敛性不确定，要具体问

题具体分析. 因此，级数(4-16)在圆环域：$R_1 < |z-z_0| < R_2$ 内一定是收敛的. **注意**：在特殊情况下，圆环域的内圆周的半径 R_1 可能等于零，外圆周的半径 R_2 可能等于 $+\infty$.

与幂级数在收敛圆内所具有的性质类似，级数(4-16)在收敛的圆环域内也具有. 例如，级数(4-16)的和函数在其收敛的圆环域内解析，并且可以逐项求导，逐项可积.

我们已经知道一个双边幂级数的和函数在其收敛的圆环域内是解析的. 现在我们来研究与此相反的问题：任何一个在圆环域内解析的函数能否用双边幂级数来表达？回答是肯定的.

4.3.2 洛朗展开定理

定理 4.10　设函数 $f(z)$ 在圆环域：$R_1 < |z-z_0| < R_2$ 内解析，则在这圆环域内，必有

$$f(z)=\sum_{n=-\infty}^{\infty} c_n(z-z_0)^n, \tag{4-20}$$

其中

$$c_n=\frac{1}{2\pi i}\oint_C \frac{f(\zeta)}{(\zeta-z_0)^{n+1}}d\zeta \quad (n=0,\pm1,\pm2,\cdots), \tag{4-21}$$

而 C 为圆环域内绕 z_0 的任何一条正向简单闭曲线，并且展开式(4-20)是唯一的.

证　在圆环域内作以 z_0 为中心的正向圆周 $C_R:|\zeta-z_0|=R$ 与 $C_r:|\zeta-z_0|=r$，其中 $R_1<r<R<R_2$. 设 z 是圆环域：$r<|\zeta-z_0|<R$ 内的任一点(图 4-3)，则根据柯西积分公式及复合闭路定理，有

$$f(z)=\frac{1}{2\pi i}\oint_{C_R}\frac{f(\zeta)}{\zeta-z}d\zeta-\frac{1}{2\pi i}\oint_{C_r}\frac{f(\zeta)}{\zeta-z}d\zeta,$$

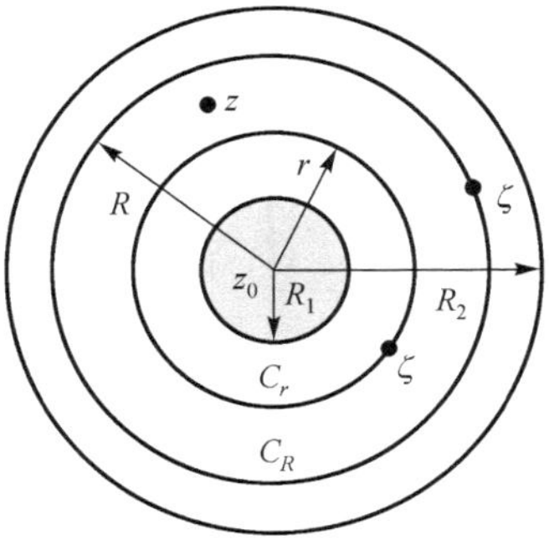

图 4-3

在上式右端第一个积分 $\frac{1}{2\pi i}\oint_{C_R}\frac{f(\zeta)}{\zeta-z}d\zeta$ 中，由于 ζ 在圆周 C_R 上，点 z 在 C_R 的内部，

所以有$\left|\dfrac{z-z_0}{\zeta-z_0}\right|<1$．与 4.2 节中泰勒展开式的证明一样，同时要注意到，由于函数$f(z)$在C_R的内部不是处处解析的，所以不能使用解析函数的高价导数公式，因而只能推得

$$\frac{1}{2\pi\mathrm{i}}\oint_{C_R}\frac{f(\zeta)}{\zeta-z}\mathrm{d}\zeta=\sum_{n=0}^{\infty}\left[\frac{1}{2\pi\mathrm{i}}\oint_{C_R}\frac{f(\zeta)}{(\zeta-z_0)^{n+1}}\mathrm{d}\zeta\right](z-z_0)^n .$$

再计算第二个积分$-\dfrac{1}{2\pi\mathrm{i}}\oint_{C_r}\dfrac{f(\zeta)}{\zeta-z}\mathrm{d}\zeta$．由于$\zeta$在圆周$C_r$上，点$z$在$C_r$的外部，所以有$\left|\dfrac{\zeta-z_0}{z-z_0}\right|<1$．于是有

$$\begin{aligned}\frac{1}{\zeta-z}&=-\frac{1}{z-z_0}\cdot\frac{1}{1-\dfrac{\zeta-z_0}{z-z_0}}=-\frac{1}{z-z_0}\sum_{n=0}^{\infty}\left(\frac{\zeta-z_0}{z-z_0}\right)^n\\&=-\sum_{n=1}^{\infty}\frac{(\zeta-z_0)^{n-1}}{(z-z_0)^n}=-\sum_{n=1}^{\infty}\frac{1}{(\zeta-z_0)^{-n+1}}(z-z_0)^{-n}.\end{aligned}$$

因此

$$-\frac{1}{2\pi\mathrm{i}}\oint_{C_r}\frac{f(\zeta)}{\zeta-z}\mathrm{d}\zeta=\sum_{n=1}^{N-1}\left[\frac{1}{2\pi\mathrm{i}}\oint_{C_r}\frac{f(\zeta)}{(\zeta-z_0)^{-n+1}}\mathrm{d}\zeta\right](z-z_0)^{-n}+R_N(z),$$

其中

$$R_N(z)=\frac{1}{2\pi\mathrm{i}}\oint_{C_r}\left[\sum_{n=N}^{\infty}\frac{(\zeta-z_0)^{n-1}}{(z-z_0)^n}f(\zeta)\right]\mathrm{d}\zeta .$$

下面证明$\lim\limits_{N\to\infty}R_N(z)=0$在$C_r$的外部成立．令$\left|\dfrac{\zeta-z_0}{z-z_0}\right|=\dfrac{r}{|z-z_0|}=q$，显然$0<q<1$．由于$f(z)$在圆环域：$R_1<|z-z_0|<R_2$内解析，所以$f(\zeta)$在$C_r$上连续．于是$f(\zeta)$在$C_r$上有界，即存在一个正常数$M_1$，使在$C_r$上，$|f(\zeta)|\leqslant M_1$．因而有

$$\begin{aligned}|R_N(z)|&\leqslant\frac{1}{2\pi}\oint_{C_r}\left[\sum_{n=N}^{\infty}\frac{|f(\zeta)|}{|\zeta-z_0|}\left|\frac{\zeta-z_0}{z-z_0}\right|^n\right]\mathrm{d}s\\&\leqslant\frac{1}{2\pi}\sum_{n=N}^{\infty}\frac{M_1}{r}q^n\cdot 2\pi r=\frac{M_1q^N}{1-q}.\end{aligned}$$

因为$\lim\limits_{N\to\infty}q^N=0$，所以$\lim\limits_{N\to\infty}R_N(z)=0$在$C_r$的外部成立．于是有

$$-\frac{1}{2\pi i}\oint_{C_r}\frac{f(\zeta)}{\zeta - z}d\zeta = \sum_{n=1}^{\infty}\left[\frac{1}{2\pi i}\oint_{C_r}\frac{f(\zeta)}{(\zeta - z_0)^{-n+1}}d\zeta\right](z - z_0)^{-n}.$$

综上所述，我们有

$$f(z) = \sum_{n=0}^{\infty}c_n(z - z_0)^n + \sum_{n=1}^{\infty}c_{-n}(z - z_0)^{-n} = \sum_{n=-\infty}^{\infty}c_n(z - z_0)^n,$$

其中

$$c_n = \frac{1}{2\pi i}\oint_{C_R}\frac{f(\zeta)}{(\zeta - z_0)^{n+1}}d\zeta \quad (n = 0,1,2,\cdots), \tag{4-22}$$

$$c_{-n} = \frac{1}{2\pi i}\oint_{C_r}\frac{f(\zeta)}{(\zeta - z_0)^{-n+1}}d\zeta \quad (n = 1,2,\cdots). \tag{4-23}$$

如果在圆环域内任取一条绕 z_0 的正向简单闭曲线 C，则根据闭路变形原理，式(4-22)与(4-23)可用一个式子

$$c_n = \frac{1}{2\pi i}\oint_{C}\frac{f(\zeta)}{(\zeta - z_0)^{n+1}}d\zeta \quad (n = 0,\pm 1,\pm 2,\cdots)$$

来表达，于是(4-20)式在圆环域内成立.

再证展开式(4-20)是唯一的. 假设 $f(z)$ 在圆环域：$R_1 < |z - z_0| < R_2$ 内有另一展开式：

$$f(z) = \sum_{n=-\infty}^{\infty}a_n(z - z_0)^n,$$

令 $z = \zeta$，有

$$f(\zeta) = \sum_{n=-\infty}^{\infty}a_n(\zeta - z_0)^n,$$

以 $\dfrac{1}{(\zeta - z_0)^{m+1}}(m = 0,\pm 1,\pm 2,\cdots)$ 去乘上式两端，并沿简单闭曲线 C 积分，由柯西积分公式和高阶导数公式，可得

$$\oint_{C}\frac{f(\zeta)}{(\zeta - z_0)^{m+1}}d\zeta = \sum_{n=-\infty}^{\infty}a_n\oint_{C}(\zeta - z_0)^{n-m-1}d\zeta = 2\pi i a_m,$$

于是

$$a_m = \frac{1}{2\pi i}\oint_{C}\frac{f(\zeta)}{(\zeta - z_0)^{m+1}}d\zeta \quad (m = 0,\pm 1,\pm 2,\cdots),$$

因此展开式(4-20)是唯一的.

定理 4.10 称为**洛朗展开定理**，公式(4-20)称为函数 $f(z)$ 在以 z_0 为中心的圆环域：$R_1<|z-z_0|<R_2$ 内的**洛朗展开式**，它右端的级数称为 $f(z)$ 在此圆环域内的**洛朗级数**. 级数中非负整次幂部分和负整次幂部分分别称为洛朗级数的**解析部分**和**主要部分**.

关于定理 4.10，我们作如下几点说明.

(1) 只要函数在两个同心圆所围成的圆环域内处处解析，那么它在这圆环域内就可以用洛朗级数表示. 应该注意的是：函数既可以在大圆外有奇点，也可以在小圆内有奇点. 例如，函数 $f(z)=\dfrac{1}{(z-1)(z-2)(z-3)(z-4)}$ 有四个奇点 $z=1,2,3,4$，而该函数在圆：$|z|=2$ 和圆：$|z|=3$ 所围成的圆环域：$2<|z|<3$ 内处处解析，所以函数在该圆环域内可以展开成洛朗级数，此时，奇点 $z=1$ 在小圆：$|z|=2$ 内，奇点 $z=4$ 在大圆：$|z|=3$ 外. 此外，两同心圆的共同圆心不一定是函数的奇点. 如上例中，$z=0$ 是圆：$|z|=2$ 和圆：$|z|=3$ 的共同圆心，但函数在该点却是解析的.

(2) 由于在某一圆环域内解析的函数展开成洛朗级数的形式是唯一的，所以以任何方式得到的含有非负正幂项和负幂项的级数就是这函数在该圆环域内的洛朗级数.

(3) 在洛朗展开式的系数公式(4-21)中，如果假设函数 $f(z)$ 在圆域：$|z-z_0|<R_2$ 内解析，则其系数

$$c_n=\frac{1}{2\pi \mathrm{i}}\oint_C\frac{f(\zeta)}{(\zeta-z_0)^{n+1}}\mathrm{d}\zeta=\frac{1}{n!}f^{(n)}(z_0)\quad(n=0,1,2,\cdots),$$

$$c_{-n}=\frac{1}{2\pi \mathrm{i}}\oint_C\frac{f(\zeta)}{(\zeta-z_0)^{-n+1}}\mathrm{d}\zeta=\frac{1}{2\pi \mathrm{i}}\oint_C(\zeta-z_0)^{n-1}f(\zeta)\mathrm{d}\zeta=0\quad(n=1,2,\cdots)$$

就是泰勒展开式的系数，这时洛朗级数就成为了泰勒级数，因此洛朗级数是泰勒级数的推广. 显然如果函数在小圆内有奇点，则其洛朗级数中一定出现负幂项.

4.3.3 函数展开成洛朗级数的方法

将一个在圆环域内解析的函数展开成洛朗级数通常也有直接展开法和间接展开法两种.

直接展开法就是先根据公式(4-21)计算出系数 $c_n(n=0,\pm1,\pm2,\cdots)$；然后将系数 c_n 代入式(4-20)，便可得到函数 $f(z)$ 在以 z_0 为中心的圆环域：$R_1<|z-z_0|<R_2$ 内的洛朗展开式.

例 4.13　把函数 $f(z)=\dfrac{\mathrm{e}^z}{z^2}$ 在圆环域：$0<|z|<+\infty$ 内展开成洛朗级数.

解　由于

$$c_n=\frac{1}{2\pi \mathrm{i}}\oint_C\frac{f(\zeta)}{(\zeta-z_0)^{n+1}}\mathrm{d}\zeta=\frac{1}{2\pi \mathrm{i}}\oint_C\frac{\mathrm{e}^\zeta}{\zeta^{n+3}}\mathrm{d}\zeta\quad(n=0,\pm1,\pm2,\cdots),$$

所以当 $n+3\leqslant 0$，即 $n\leqslant -3$ 时，由于 $e^{\zeta}\zeta^{-n-3}$ 在复平面内解析，于是由柯西-古萨基本定理可知，$c_n=0$，$n=-3,-4,\cdots$. 当 $n\geqslant -2$ 时，由高阶导数公式可知

$$c_n=\frac{1}{2\pi i}\oint_C \frac{e^{\zeta}}{\zeta^{n+3}}d\zeta=\frac{(e^{\zeta})^{(n+2)}\big|_{\zeta=0}}{(n+2)!}=\frac{1}{(n+2)!}\quad (n=-2,-1,0,\cdots),$$

故有

$$\frac{e^z}{z^2}=\sum_{n=-2}^{\infty}\frac{z^n}{(n+2)!}=\frac{1}{z^2}+\frac{1}{z}+\frac{1}{2!}+\frac{z}{3!}+\cdots+\frac{z^n}{(n+2)!}+\cdots.$$

从例 4.13 可以看出，用公式(4-21)计算系数 c_n 时，往往是很麻烦的，所以很少采用直接展开法将函数展开成洛朗级数.

间接展开法就是从一些基本初等函数的泰勒展开式出发，利用复合运算、级数的四则运算、级数的逐项求导和逐项积分性质等求出所给函数在圆环域内的洛朗展开式.

注意　如果是在以 $z_0=0$ 为中心的圆环域内把函数 $f(z)$ 展开成洛朗级数，那么就要把它展开成 $f(z)=\sum\limits_{n=-\infty}^{\infty}c_nz^n$ 的形式. 另外，如果 $f(z)$ 是 $z^kg(z)$ 的形式，即 $f(z)=z^kg(z)$，其中整数 k 可以是正的，也可以是负的，那么只需对 $g(z)$ 进行展开就行了. 如果是在以 $z_0\neq 0$ 为中心的圆环域内把函数 $f(z)$ 展开成洛朗级数，那么就要把它展开成 $f(z)=\sum\limits_{n=-\infty}^{\infty}c_n(z-z_0)^n$ 的形式.

例 4.14　把函数 $f(z)=\dfrac{\sin z}{z^2}$ 在 $0<|z|<+\infty$ 内展开成洛朗级数.

解　函数 $f(z)=\dfrac{\sin z}{z^2}$ 在 $0<|z|<+\infty$ 内处处解析. 而

$$\sin z=z-\frac{z^3}{3!}+\frac{z^5}{5!}-\cdots+(-1)^n\frac{z^{2n+1}}{(2n+1)!}+\cdots,\quad |z|<+\infty,$$

故有

$$\begin{aligned}\frac{\sin z}{z^2}&=\frac{1}{z^2}\left(z-\frac{z^3}{3!}+\frac{z^5}{5!}-\cdots+(-1)^n\frac{z^{2n+1}}{(2n+1)!}+\cdots\right)\\&=\frac{1}{z}-\frac{z}{3!}+\frac{z^3}{5!}-\cdots+(-1)^n\frac{z^{2n-1}}{(2n+1)!}+\cdots,\quad 0<|z|<+\infty.\end{aligned}$$

例 4.15　把函数 $f(z)=\dfrac{1}{(z-1)(z-2)}$ 分别在下列圆环域内展开成洛朗级数.

(1) $0<|z|<1$；　　(2) $1<|z|<2$；　　(3) $2<|z|<+\infty$；

(4) $0<|z-1|<1$；　(5) $1<|z-1|<+\infty$；　(6) $0<|z-2|<1$；

(7) $1<|z-2|<+\infty$.

解　把函数 $f(z)$ 分解成部分分式

$$f(z)=\frac{1}{z-2}-\frac{1}{z-1}.$$

(1) $f(z)$ 在 $0<|z|<1$ 内处处解析，且 $|z|<1$，$\left|\frac{z}{2}\right|<1$，于是有

$$f(z)=\frac{1}{z-2}-\frac{1}{z-1}=\frac{1}{1-z}-\frac{1}{2}\frac{1}{1-\frac{z}{2}}$$
$$=\sum_{n=0}^{\infty}z^n-\frac{1}{2}\sum_{n=0}^{\infty}\left(\frac{z}{2}\right)^n=\sum_{n=0}^{\infty}\left(1-\frac{1}{2^{n+1}}\right)z^n.$$

上述结果中不含有的 z 负幂项，原因在于 $f(z)$ 在 $z=0$ 处解析. 此时的洛朗级数实际上就是泰勒级数.

(2) $f(z)$ 在 $1<|z|<2$ 内处处解析，且 $\left|\frac{1}{z}\right|<1$，$\left|\frac{z}{2}\right|<1$，于是有

$$f(z)=\frac{1}{z-2}-\frac{1}{z-1}=-\frac{1}{z}\frac{1}{1-\frac{1}{z}}-\frac{1}{2}\frac{1}{1-\frac{z}{2}}$$
$$=-\frac{1}{z}\sum_{n=0}^{\infty}\left(\frac{1}{z}\right)^n-\frac{1}{2}\sum_{n=0}^{\infty}\left(\frac{z}{2}\right)^n=-\sum_{n=0}^{\infty}\frac{1}{z^{n+1}}-\sum_{n=0}^{\infty}\frac{1}{2^{n+1}}z^n.$$

(3) $f(z)$ 在 $2<|z|<+\infty$ 内处处解析，且 $\left|\frac{1}{z}\right|<1$，$\left|\frac{2}{z}\right|<1$，于是有

$$f(z)=\frac{1}{z-2}-\frac{1}{z-1}=\frac{1}{z}\frac{1}{1-\frac{2}{z}}-\frac{1}{z}\frac{1}{1-\frac{1}{z}}$$
$$=\frac{1}{z}\sum_{n=0}^{\infty}\left(\frac{2}{z}\right)^n-\frac{1}{z}\sum_{n=0}^{\infty}\left(\frac{1}{z}\right)^n=\sum_{n=1}^{\infty}\frac{2^n-1}{z^{n+1}}.$$

(4) $f(z)$ 在 $0<|z-1|<1$ 内处处解析，且 $|z-1|<1$，于是有

$$f(z)=\frac{1}{z-2}-\frac{1}{z-1}=-\frac{1}{1-(z-1)}-\frac{1}{z-1}$$
$$=-\frac{1}{z-1}-\sum_{n=0}^{\infty}(z-1)^n=-\sum_{n=-1}^{\infty}(z-1)^n.$$

(5) $f(z)$ 在 $1<|z-1|<+\infty$ 内处处解析，且 $\left|\dfrac{1}{z-1}\right|<1$，于是有

$$f(z)=\frac{1}{z-2}-\frac{1}{z-1}=\frac{1}{z-1}\frac{1}{1-\dfrac{1}{z-1}}-\frac{1}{z-1}$$

$$=-\frac{1}{z-1}+\frac{1}{z-1}\sum_{n=0}^{\infty}\left(\frac{1}{z-1}\right)^n=\sum_{n=1}^{\infty}\frac{1}{(z-1)^{n+1}}.$$

(6) $f(z)$ 在 $0<|z-2|<1$ 内处处解析，且 $|z-2|<1$，于是有

$$f(z)=\frac{1}{z-2}-\frac{1}{z-1}=\frac{1}{z-2}-\frac{1}{1+(z-2)}$$

$$=\frac{1}{z-2}-\sum_{n=0}^{\infty}(-1)^n(z-2)^n=\sum_{n=-1}^{\infty}(-1)^{n+1}(z-2)^n.$$

(7) $f(z)$ 在 $1<|z-2|<+\infty$ 内处处解析，且 $\left|\dfrac{1}{z-2}\right|<1$，于是有

$$f(z)=\frac{1}{z-2}-\frac{1}{z-1}=\frac{1}{z-2}-\frac{1}{z-2}\frac{1}{1+\dfrac{1}{z-2}}$$

$$=\frac{1}{z-2}-\frac{1}{z-2}\sum_{n=0}^{\infty}(-1)^n\left(\frac{1}{z-2}\right)^n=\sum_{n=1}^{\infty}\frac{(-1)^{n-1}}{(z-2)^{n+1}}.$$

注意 由例 4.15 可以看出，同一个函数可能在若干个圆环域内解析，并且在不同的圆环域内分别有各自不同的洛朗展开式，但这与洛朗展开式的唯一性并不矛盾. 因为洛朗展开式的唯一性是指函数在某一个给定的圆环域内的洛朗展开式是唯一的.

例 4.16 把函数 $f(z)=\dfrac{1}{z^2}$ 在圆环域：$1<|z-1|<+\infty$ 内展开成洛朗级数.

解 $f(z)$ 在 $1<|z-1|<+\infty$ 内处处解析，且 $\left|\dfrac{1}{z-1}\right|<1$，

$$f(z)=\frac{1}{[1+(z-1)]^2}=\frac{1}{(z-1)^2}\frac{1}{\left(1+\dfrac{1}{z-1}\right)^2},$$

而

$$\frac{1}{(1+z)^2}=-\left(\frac{1}{1+z}\right)'=-\left[\sum_{n=0}^{\infty}(-1)^n z^n\right]'=\sum_{n=1}^{\infty}(-1)^{n-1}nz^{n-1},$$

于是有

$$f(z)=\frac{1}{(z-1)^2}\sum_{n=1}^{\infty}(-1)^{n-1}n\left(\frac{1}{z-1}\right)^{n-1}=\sum_{n=1}^{\infty}\frac{(-1)^{n-1}n}{(z-1)^{n+1}}.$$

最后说明一下公式(4-21)在计算函数沿封闭路线积分中的应用.

在公式(4-21)中，令$n=-1$，得

$$c_{-1}=\frac{1}{2\pi \mathrm{i}}\oint_C f(z)\mathrm{d}z \quad 或 \quad \oint_C f(z)\mathrm{d}z=2\pi \mathrm{i}\, c_{-1}, \tag{4-24}$$

其中C为圆环域$R_1<|z-z_0|<R_2$内绕z_0的任何一条正向简单闭曲线，函数$f(z)$在此圆环域内解析. 由式(4-24)看出，计算函数$f(z)$沿封闭路线积分可转化为求$f(z)$在圆环域$R_1<|z-z_0|<R_2$内洛朗展开式中$(z-z_0)$的负一次幂项的系数c_{-1}.

例 4.17　计算积分$\oint_C \frac{1}{(z-1)(z-2)}\mathrm{d}z$，其中$C$为正向圆周：$|z|=\frac{3}{2}$.

解　由于函数$f(z)=\frac{1}{(z-1)(z-2)}$在$1<|z|<2$内处处解析，且$|z|=\frac{3}{2}$在此圆环域内，所以$f(z)$在此圆环域内洛朗展开式的系数$c_{-1}$与$2\pi \mathrm{i}$的乘积就是所求积分值.

由例 4 .15 中(2)知，在$1<|z|<2$内，

$$f(z)=-\sum_{n=0}^{\infty}\frac{1}{z^{n+1}}-\sum_{n=0}^{\infty}\frac{1}{2^{n+1}}z^n .$$

由此可见，$c_{-1}=-1$，从而

$$\oint_C \frac{1}{(z-1)(z-2)}\mathrm{d}z=-2\pi \mathrm{i}.$$

本 章 小 结

1. 复数列与复数项级数

设$z_0=x_0+\mathrm{i}y_0$，$z_n=x_n+\mathrm{i}y_n(n=1,2,\cdots)$，则

$\lim\limits_{n\to\infty} z_n=z_0$的充分必要条件是$\lim\limits_{n\to\infty} x_n=x_0$，$\lim\limits_{n\to\infty} y_n=y_0$.

级数$\sum\limits_{n=1}^{\infty} z_n$收敛的充分必要条件是级数$\sum\limits_{n=1}^{\infty} x_n$与$\sum\limits_{n=1}^{\infty} y_n$都收敛.

级数$\sum\limits_{n=1}^{\infty} z_n$收敛的必要条件是$\lim\limits_{n\to\infty} z_n=0$.

若正项级数$\sum\limits_{n=1}^{\infty} |z_n|$收敛，则称级数$\sum\limits_{n=1}^{\infty} z_n$为绝对收敛；若级数$\sum\limits_{n=1}^{\infty} z_n$收敛，而正项

级数 $\sum_{n=1}^{\infty}|z_n|$ 发散，则称级数 $\sum_{n=1}^{\infty}z_n$ 为条件收敛.

如果级数 $\sum_{n=1}^{\infty}|z_n|$ 收敛，则级数 $\sum_{n=1}^{\infty}z_n$ 必收敛.

级数 $\sum_{n=1}^{\infty}z_n$ 绝对收敛的充分必要条件是级数 $\sum_{n=1}^{\infty}x_n$ 与 $\sum_{n=1}^{\infty}y_n$ 都绝对收敛.

2. 幂级数及其收敛圆

形如

$$\sum_{n=0}^{\infty}c_n(z-z_0)^n=c_0+c_1(z-z_0)+c_2(z-z_0)^2+\cdots+c_n(z-z_0)^n+\cdots$$

或

$$\sum_{n=0}^{\infty}c_nz^n=c_0+c_1z+c_2z^2+\cdots+c_nz^n+\cdots$$

的复变函数项级数称为幂级数.

阿贝尔定理　如果幂级数 $\sum_{n=0}^{\infty}c_nz^n$ 在 $z=z_0(\neq 0)$ 处收敛，则当 $|z|<|z_0|$ 时，这幂级数绝对收敛；如果幂级数 $\sum_{n=0}^{\infty}c_nz^n$ 在 $z=z_1$ 处发散，则当 $|z|>|z_1|$ 时，这幂级数发散.

由阿贝尔定理知，幂级数的收敛范围是一圆域，其圆周称为收敛圆. 在收敛圆的内部，级数绝对收敛；在收敛圆的外部，级数发散；在收敛圆周上，级数可能处处收敛，也可能处处发散，或在某些点处收敛，在另外一些点处发散.

收敛圆的半径称为幂级数的收敛半径. 收敛半径的求法：

比值法　对于幂级数 $\sum_{n=0}^{\infty}c_nz^n$，其中 $c_n\neq 0(n=0,1,2,\cdots)$，如果 $\lim\limits_{n\to\infty}\left|\dfrac{c_{n+1}}{c_n}\right|=\rho$，则这幂级数的收敛半径

$$R=\begin{cases}\dfrac{1}{\rho}, & 0<\rho<+\infty,\\ 0, & \rho=+\infty,\\ +\infty, & \rho=0.\end{cases}$$

根值法　对于幂级数 $\sum_{n=0}^{\infty}c_nz^n$，其中 $c_n\neq 0(n=0,1,2,\cdots)$，如果 $\lim\limits_{n\to\infty}\sqrt[n]{|c_n|}=\rho$，则这幂级数的收敛半径

$$R=\begin{cases}\dfrac{1}{\rho}, & 0<\rho<+\infty,\\ 0, & \rho=+\infty,\\ +\infty, & \rho=0.\end{cases}$$

3. 幂级数的运算与性质

幂级数的运算

(1) 设幂级数 $\sum_{n=0}^{\infty}a_nz^n$ 及 $\sum_{n=0}^{\infty}b_nz^n$ 的收敛半径分别为正实数 R_1 及 R_2，$R=\min\{R_1,R_2\}$，则当 $|z|<R$ 时，有

$$\sum_{n=0}^{\infty}a_nz^n\pm\sum_{n=0}^{\infty}b_nz^n=\sum_{n=0}^{\infty}(a_n\pm b_n)z^n,$$

$$\left(\sum_{n=0}^{\infty}a_nz^n\right)\cdot\left(\sum_{n=0}^{\infty}b_nz^n\right)=\sum_{n=0}^{\infty}(a_0b_n+a_1b_{n-1}+\cdots+a_nb_0)z^n.$$

(2) 如果当 $|z|<r$ 时，$f(z)=\sum_{n=0}^{\infty}a_nz^n$. 又设在 $|z|<R$ 内，$g(z)$ 解析且满足 $|g(z)|<r$，那么当 $|z|<R$ 时，$f[g(z)]=\sum_{n=0}^{\infty}a_n[g(z)]^n$.

幂级数的性质

设幂级数 $\sum_{n=0}^{\infty}c_n(z-z_0)^n$ 的收敛半径为正实数 R，则

(1) 它的和函数 $f(z)$，即

$$f(z)=\sum_{n=0}^{\infty}c_n(z-z_0)^n,$$

在收敛圆：$|z-z_0|<R$ 内解析，且有逐项求导公式

$$f'(z)=\sum_{n=1}^{\infty}nc_n(z-z_0)^{n-1}.$$

(2) 设 C 为收敛圆：$|z-z_0|<R$ 内连接点 z_0 和点 z 的任一条光滑曲线，则和函数 $f(z)$ 在 C 上可积，且有逐项积分公式

$$\int_C f(z)\mathrm{d}z=\sum_{n=0}^{\infty}c_n\int_C(z-z_0)^n\mathrm{d}z$$

或

$$\int_{z_0}^{z} f(z)\mathrm{d}z = \sum_{n=0}^{\infty} \frac{c_n}{n+1}(z-z_0)^{n+1} .$$

4. 泰勒级数

泰勒展开定理　如果函数 $f(z)$ 在圆域：$|z-z_0|<R$ 内解析，则在此圆域内可以展开成泰勒级数

$$f(z) = \sum_{n=0}^{\infty} \frac{f^{(n)}(z_0)}{n!}(z-z_0)^n ,$$

且此展开式是唯一的.

值得注意的是：函数 $f(z)$ 在点 z_0 的泰勒级数的收敛半径 R 等于从 z_0 到 $f(z)$ 的最近一个奇点 α 之间的距离，即 $R=|\alpha-z_0|$. 由此可见，在收敛圆的圆周上至少有一个奇点.

函数展开成泰勒级数的方法

直接展开法就是先计算泰勒级数的系数 $c_n = \dfrac{f^{(n)}(z_0)}{n!}, n=0,1,2,\cdots$；然后代入公式 $f(z) = \sum\limits_{n=0}^{\infty} \dfrac{f^{(n)}(z_0)}{n!}(z-z_0)^n$，便得到函数 $f(z)$ 在点 z_0 的泰勒展开式.

间接展开法就是借助于一些已知函数，如 $\dfrac{1}{1-z}$，$\sin z$，$\cos z$，e^z，$\ln(1+z)$ 等的展开式，利用幂级数的运算和性质，将所给函数展开成幂级数.

由于解析函数在其解析点的邻域内能展开成幂级数，所以幂级数是我们研究解析函数在解析点的某邻域内性质时必不可少的有力工具. 在实际计算中，把函数展开成幂级数，应用起来也比较方便，因此幂级数在复变函数论中有着特别重要的意义.

5. 洛朗级数

洛朗展开定理　设函数 $f(z)$ 在圆环域：$R_1<|z-z_0|<R_2$ 内解析，则在这圆环域内，必有

$$f(z) = \sum_{n=-\infty}^{\infty} c_n(z-z_0)^n ,$$

其中

$$c_n = \frac{1}{2\pi \mathrm{i}} \oint_C \frac{f(\zeta)}{(\zeta-z_0)^{n+1}}\mathrm{d}\zeta \quad (n=0,\pm1,\pm2,\cdots) ,$$

而 C 为圆环域内绕 z_0 的任何一条正向简单闭曲线，且展开式是唯一的.

值得注意的是：函数 $f(z)$ 在以 z_0 为中心的圆环域内展开成洛朗级数时，确定圆环

域的方法就是使 $f(z)$ 解析，即 $f(z)$ 在圆环域内没有奇点. 因此应选取 z_0 到奇点的距离为圆环域的半径.

圆环域的一种蜕化情形是一点的去心邻域，而当函数在一点的去心邻域内解析，但在该点不解析时，这一点就是函数的孤立奇点. 因此在下一章将看到洛朗级数是研究解析函数的孤立奇点的有力工具.

函数展开成洛朗级数的方法

直接展开法就是先计算洛朗级数的系数 $c_n=\dfrac{1}{2\pi i}\oint\limits_C\dfrac{f(\zeta)}{(\zeta-z_0)^{n+1}}d\zeta, n=0,\pm1,\cdots$； 然后代入公式 $f(z)=\sum\limits_{n=-\infty}^{\infty}c_n(z-z_0)^n$，便得到函数 $f(z)$ 在以 z_0 为中心的洛朗展开式. 由于计算系数 c_n 往往是很麻烦的，所以我们很少采用直接展开法将函数展开成洛朗级数.

间接展开法就是从一些基本初等函数的泰勒展开式出发，利用复合运算、级数的四则运算、级数的逐项求导和逐项积分性质等求出所给函数在圆环域内的洛朗展开式.

注意　一个函数可能在几个圆环域内解析，在不同的圆环域内的洛朗展开式是不同的，但在同一个圆环域内，不论用何种方法去展开，所得的洛朗展开式是唯一的.

洛朗级数是幂级数的进一步推广形式，它实际上是由一个只含非负整次幂项的级数，即通常的幂级数和一个只含负整次幂项的级数组合而成的. 洛朗级数的性质可以由幂级数的性质推导出来. 洛朗级数的和函数是圆环域内的解析函数，且可以逐项求导，逐项积分.

习题 4

1．判定下列数列 $\{z_n\}$ 是否收敛？如果收敛，求出它们的极限.

(1) $z_n=i^n+\dfrac{1}{n}$；　　(2) $z_n=\dfrac{1}{n^n}i^n$；

(3) $z_n=\left(\dfrac{z}{\bar{z}}\right)^n$；　　(4) $z_n=\dfrac{n+i}{n-i}$；

(5) $z_n=\dfrac{1}{n}e^{-\frac{n\pi}{2}i}$；　　(6) $z_n=(1+i)^{-n}$；

(7) $z_n=n\cos(in)$；　　(8) $z_n=n\sin\dfrac{1}{n}+\dfrac{i}{n+1}$.

2．判定下列级数是否收敛？若收敛，是绝对收敛还是条件收敛？

(1) $\sum\limits_{n=1}^{\infty}\dfrac{i^n}{n^2}$；　　(2) $\sum\limits_{n=1}^{\infty}\dfrac{(1+i)^2}{n}$；

(3) $\sum\limits_{n=1}^{\infty}\left[\dfrac{2}{3^n}+i\dfrac{(-1)^n}{\sqrt{n}}\right]$；　　(4) $\sum\limits_{n=1}^{\infty}\dfrac{(4+3i)^n}{n!}$；

(5) $\sum_{n=1}^{\infty}\frac{\cos(\mathrm{i}n)}{2^n}$；　　(6) $\sum_{n=2}^{\infty}\frac{\mathrm{i}^n}{\ln n}$.

3．求下列幂级数的收敛半径.

(1) $\sum_{n=1}^{\infty}\frac{n}{2^n}z^n$；　　(2) $\sum_{n=1}^{\infty}\frac{n!}{n^n}z^n$；

(3) $\sum_{n=0}^{\infty}n!z^n$；　　(4) $\sum_{n=1}^{\infty}\mathrm{e}^{\frac{\pi\mathrm{i}}{n}}z^n$；

(5) $\sum_{n=0}^{\infty}(1+\mathrm{i})^n z^n$；　　(6) $\sum_{n=1}^{\infty}\sin(\mathrm{i}n)z^n$；

(7) $\sum_{n=1}^{\infty}\frac{z^n}{n(n+1)}$；　　(8) $\sum_{n=1}^{\infty}\frac{(z-2)^n}{n}$.

4．将下列函数展开成 z 的幂级数，并指出它们的收敛半径.

(1) $\frac{1}{3-2z}$；　　(2) $\frac{1}{1+z^3}$；

(3) $\frac{1}{2+z^2}$；　　(4) $\frac{1}{(1+z)^2}$；

(5) $z\cos z^2$；　　(6) $\mathrm{e}^{\mathrm{i}z^2}$；

(7) $\mathrm{sh}z$；　　(8) $\frac{1}{(z+1)(z-2)}$.

5．求下列各函数在指定点 z_0 处的泰勒展开式，并指出它们的收敛圆.

(1) $\frac{z-1}{z+2}$，$z_0=1$；　　(2) $\frac{z}{(z+1)(z+2)}$，$z_0=2$；

(3) $\frac{1}{z^2}$，$z_0=-\mathrm{i}$；　　(4) e^z，$z_0=2$；

(5) $\sin z$，$z_0=1$；　　(6) $\ln z$，$z_0=\mathrm{i}$.

6．把下列各函数在指定的圆环域内展开成洛朗级数.

(1) $\frac{1}{(z^2+1)(z-2)}$，$1<|z|<2$；

(2) $\frac{1}{z(z+2)}$，$2<|z|<+\infty$；$0<|z+2|<2$；

(3) $\frac{z+2}{z(z+1)}$，$1<|z|<+\infty$；$0<|z+1|<1$；

(4) $\frac{1}{z(z+1)^2}$，$1<|z|<+\infty$；$0<|z+1|<1$；

(5) $\frac{1}{1+z^2}$，$0<|z-\mathrm{i}|<2$；$2<|z-\mathrm{i}|<+\infty$；

(6) $\frac{\mathrm{sh}\,z}{z^3}$，$0<|z|<+\infty$；

(7) $\cos\dfrac{1}{1-z}$， $0<|z-1|<+\infty$ ；

(8) $z\mathrm{e}^{\frac{1}{z-2}}$， $0<|z-2|<+\infty$ ；

(9) $z^2\mathrm{e}^{\frac{1}{z}}$， $0<|z|<+\infty$.

7．如果 $\sum\limits_{n=0}^{\infty}c_nz^n$ 的收敛半径为 R，证明级数 $\sum\limits_{n=0}^{\infty}\mathrm{Re}(c_n)z^n$ 的收敛半径 $\geqslant R$.

8．设级数 $\sum\limits_{n=0}^{\infty}c_n$ 收敛，而 $\sum\limits_{n=0}^{\infty}|c_n|$ 发散，证明 $\sum\limits_{n=0}^{\infty}c_nz^n$ 的收敛半径为 1.

9．证明对于任意的 z，有 $|\mathrm{e}^z-1|\leqslant \mathrm{e}^{|z|}-1\leqslant |z|\mathrm{e}^{|z|}$.

第5章 留　　数

留数理论在复变函数中占有重要的地位，留数定理是留数理论的基础，在理论研究与实际应用中都有着重要的意义. 本章将以洛朗级数为工具对解析函数的孤立奇点进行分类并讨论其性质，而后引入留数的概念，介绍留数的计算方法和留数定理，最后介绍留数理论的一些应用. 将会看到柯西-古萨基本定理、柯西积分公式及高阶导数公式都是留数定理的特殊情形. 应用留数定理可以把计算沿闭曲线的积分转化为计算在孤立奇点处的留数，还可以计算一些在高等数学中难以计算的定积分和广义积分.

5.1 孤 立 奇 点

已经知道，若函数 $f(z)$ 在 z_0 点不解析，则称 z_0 为 $f(z)$ 的奇点.

定义 5.1 如果函数 $f(z)$ 在 z_0 点不解析，但在 z_0 点的某个去心邻域 $0<|z-z_0|<\delta$ 内处处解析，则称点 z_0 为 $f(z)$ 的**孤立奇点**.

例如，$z=0$ 是函数 $e^{\frac{1}{z}}$，$\dfrac{\sin z}{z}$ 的孤立奇点，$z=-1$ 是函数 $\dfrac{1}{z+1}$ 的孤立奇点.

注意 孤立奇点一定是奇点，但奇点不一定是孤立奇点. 例如，$f(z)=\dfrac{1}{\sin\dfrac{1}{z}}$，$z=0$ 是它的一个奇点，除此之外，由 $\sin\dfrac{1}{z}=0$，得 $\dfrac{1}{z}=n\pi$，即 $z=\dfrac{1}{n\pi}$ $(n=\pm1,\pm2,\cdots)$ 也都是 $f(z)$ 的奇点，当 $n\to\infty$ 时，$\dfrac{1}{n\pi}\to 0$，即在 $z=0$ 无论多么小的去心邻域内总有 $f(z)$ 的奇点存在，所以 $z=0$ 不是 $f(z)$ 的孤立奇点.

若 z_0 为 $f(z)$ 的孤立奇点，此时 $f(z)$ 在 z_0 点的某个去心邻域 $0<|z-z_0|<\delta$ $(0<\delta\leqslant+\infty)$ 内解析，则在该邻域内 $f(z)$ 可展开为洛朗级数

$$f(z)=\cdots+c_{-m}(z-z_0)^{-m}+\cdots+c_{-1}(z-z_0)^{-1}+c_0+c_1(z-z_0)+\cdots+c_n(z-z_0)^n+\cdots \quad (5\text{-}1)$$

根据展开式的不同情况将孤立奇点作如下分类.

5.1.1 可去奇点

定义 5.2 如果在式(5-1)中不含 $z-z_0$ 的负幂项，则孤立奇点 z_0 称为 $f(z)$ 的**可去奇点**.

此时，$f(z)$ 的洛朗级数实际上就是一个普通的幂级数(泰勒级数)，即

$$f(z)=c_0+c_1(z-z_0)+\cdots+c_n(z-z_0)^n+\cdots \quad (0<|z-z_0|<\delta). \tag{5-2}$$

若记式(5-2)右端的幂级数的和函数为 $F(z)$，则 $F(z)$ 是在 z_0 处解析的函数，且在 $0<|z-z_0|<\delta$，$F(z)=f(z)$；当 $z=z_0$ 时，$F(z_0)=c_0$. 但是，因为

$$\lim_{z\to z_0} f(z)=\lim_{z\to z_0} F(z)=F(z_0)=c_0,$$

所以无论 $f(z)$ 在 z_0 点是否有定义，如果令 $f(z_0)=c_0$，那么在 $|z-z_0|<\delta$ 内就有

$$f(z)=F(z)=c_0+c_1(z-z_0)+\cdots+c_n(z-z_0)^n+\cdots,$$

从而函数 $f(z)$ 在 z_0 处就成为解析的了. 正是由于这个原因，所以 z_0 被称为可去奇点.

例如，$z=0$ 是 $\dfrac{\sin z}{z}$ 的可去奇点，因为这个函数在 $0<|z|<+\infty$ 内的洛朗级数

$$\frac{\sin z}{z}=\frac{1}{z}\left(z-\frac{1}{3!}z^3+\frac{1}{5!}z^5-\cdots\right)=1-\frac{1}{3!}z^2+\frac{1}{5!}z^4-\cdots$$

中不含 z 的负幂项，如果令 $\dfrac{\sin z}{z}$ 在 $z=0$ 的值为 1(即 c_0)，那么 $\dfrac{\sin z}{z}$ 在 $z=0$ 就成为解析的了.

由以上讨论可知，若 z_0 是 $f(z)$ 的可去奇点，则 $\lim\limits_{z\to z_0} f(z)=c_0$.

反之，设 $f(z)$ 在 $0<|z-z_0|<\delta$ 内解析，且 $\lim\limits_{z\to z_0} f(z)$ 存在，则 $f(z)$ 在 z_0 的某去心邻域内有界，即存在正数 M 及 $\rho_0<\delta$，使得在 $0<|z-z_0|<\rho_0$ 内，有 $|f(z)|\leqslant M$. 又因为 $f(z)$ 在 $0<|z-z_0|<\delta$ 内解析，所以式(5-1)成立. 由洛朗级数系数的积分表达式可知

$$\begin{aligned}|c_n|&=\left|\frac{1}{2\pi i}\oint_C\frac{f(\zeta)}{(\zeta-z_0)^{n+1}}d\zeta\right|\leqslant\frac{1}{2\pi}\oint_C\frac{|f(\zeta)|}{\rho^{n+1}}ds\\&\leqslant\frac{1}{2\pi\rho^{n+1}}\oint_C M ds=\frac{M}{2\pi\rho^{n+1}}2\pi\rho=\frac{M}{\rho^n}\quad(n=0,\pm1,\pm2,\cdots),\end{aligned}$$

其中 $C:|z-z_0|=\rho\ (0<\rho<\rho_0)$. 由于 ρ 可以任意小，因此，当 $n=-1,-2,\cdots$ 时，得 $c_n=0$，即式(5-1)中负幂项系数全为零，于是 z_0 是 $f(z)$ 的可去奇点.

这样，我们就得到了 $f(z)$ 在可去奇点处的特性.

定理 5.1　设 $f(z)$ 在 $0<|z-z_0|<\delta$ 内解析，则 z_0 是 $f(z)$ 的可去奇点的充要条件是 $\lim\limits_{z\to z_0} f(z)$ 存在且有限.

5.1.2　极点

定义 5.3　如果在式(5-1)中只有有限多个 $z-z_0$ 的负幂项，且其中关于 $(z-z_0)^{-1}$ 的最高幂为 $(z-z_0)^{-m}$，即

$$f(z)=c_{-m}(z-z_0)^{-m}+\cdots+c_{-2}(z-z_0)^{-2}+c_{-1}(z-z_0)^{-1}$$
$$+c_0+c_1(z-z_0)+\cdots \quad (m\geqslant 1,\quad c_{-m}\neq 0) \tag{5-3}$$

则孤立奇点 z_0 称为 $f(z)$ 的 **m 级极点**. 上式也可写成

$$f(z)=\frac{1}{(z-z_0)^m}g(z), \tag{5-4}$$

其中

$$g(z)=c_{-m}+c_{-m+1}(z-z_0)+c_{-m+2}(z-z_0)^2+\cdots$$

在 $|z-z_0|<\delta$ 内是解析的函数，且 $g(z_0)\neq 0$. 反过来，当任何一个函数 $f(z)$ 能表示为(5-4)形式，将 $g(z)$ 在 z_0 展开成幂级数，代入式(5-4)中，显然 $f(z)$ 有形如(5-3)的展开式，故 z_0 为 $f(z)$ 的 m 级极点. 因此有下面的结论.

定理 5.2 设函数 $f(z)$ 在 $0<|z-z_0|<\delta$ 内解析，则 z_0 是 $f(z)$ 的 m 级极点的充要条件为 $f(z)$ 在 $0<|z-z_0|<\delta$ 内可表示为

$$f(z)=\frac{1}{(z-z_0)^m}g(z),$$

其中函数 $g(z)$ 在 $|z-z_0|<\delta$ 内解析，且 $g(z_0)\neq 0$.

定理 5.2 对于判别函数的极点是十分有用的，它在极点理论研究中也有很重要的作用，由该定理和定理 5.1 还可以得出极点的另一个特性，即定理 5.3，然而其缺点是不能指出极点的级数.

定理 5.3 设函数 $f(z)$ 在 $0<|z-z_0|<\delta$ 内解析，则 z_0 是 $f(z)$ 的极点的充要条件是 $\lim\limits_{z\to z_0}f(z)=\infty$.

例 5.1 求下列函数的极点，并指出它是几级极点.

(1) $\dfrac{e^z-1}{z^3}$； (2) $\dfrac{z-1}{(z^2+1)(z-2)^3}$.

解 (1) $z=0$ 是 $\dfrac{e^z-1}{z^3}$ 的孤立奇点，由于在 $0<|z|<+\infty$ 内

$$\frac{e^z-1}{z^3}=\frac{1}{z^3}\left(\sum_{n=0}^{\infty}\frac{z^n}{n!}-1\right)=\frac{1}{z^2}+\frac{1}{2!z}+\frac{1}{3!}+\frac{1}{4!}z+\cdots.$$

所以由定义 5.3 知，$z=0$ 是 $\dfrac{e^z-1}{z^3}$ 的二级极点.

(2) $z=2$，$z=\pm i$ 都是 $f(z)=\dfrac{z-1}{(z^2+1)(z-2)^3}$ 的孤立奇点，$f(z)=\dfrac{\frac{z-1}{z^2+1}}{(z-2)^3}$，利用

定理 5.2，由于 $g(z)=\dfrac{z-1}{z^2+1}$ 在 $z=2$ 解析，且 $g(2)\neq 0$，故 $z=2$ 是 $f(z)$ 的三级极点. 同理可得 $z=\pm\mathrm{i}$ 为 $f(z)$ 的一级极点.

5.1.3 本性奇点

定义 5.4 如果在式(5-1)中含有无穷多个 $z-z_0$ 的负幂项，则孤立奇点 z_0 称为 $f(z)$ 的**本性奇点**.

例如，$z=0$ 是 $\sin\dfrac{1}{z}$ 的本性奇点，因为

$$\sin\frac{1}{z}=z^{-1}-\frac{z^{-3}}{3!}+\frac{z^{-5}}{5!}-\cdots+\frac{(-1)^{n-1}z^{-(2n-1)}}{(2n-1)!}+\cdots \quad (0<|z|<+\infty).$$

由定义可知，不是可去奇点与极点的孤立奇点一定是本性奇点，因此，综合定理 5.1 和定理 5.3，便可得到 $f(z)$ 在本性奇点处的特性.

定理 5.4 设函数 $f(z)$ 在 $0<|z-z_0|<\delta$ 内解析，则 z_0 是 $f(z)$ 的本性奇点的充要条件是 $\lim\limits_{z\to z_0}f(z)$ 不存在且不为 ∞.

定理 5.1、定理 5.3 和定理 5.4 表明可利用极限来判断孤立奇点的类型. 为了方便读者判断可去奇点与极点，这里给出一个与实函数中的洛必达法则类似的结论.

若 $f(z)$ 和 $g(z)$ 是以 z_0 为零点的两个不恒等于零的解析函数，则

$$\lim_{z\to z_0}\frac{f(z)}{g(z)}=\lim_{z\to z_0}\frac{f'(z)}{g'(z)} \quad (\text{或两端均为}\ \infty).$$

证明留给读者.

例如，$\lim\limits_{z\to 0}\dfrac{\sin\pi z}{\mathrm{e}^z-1}=\lim\limits_{z\to 0}\dfrac{\pi\cos\pi z}{\mathrm{e}^z}=\pi$，由定理 5.1 知，$z=0$ 是 $\dfrac{\sin\pi z}{\mathrm{e}^z-1}$ 的可去奇点.

5.1.4 解析函数的零点与极点的关系

定义 5.5 不恒等于零的解析函数 $f(z)$ 如果能表示为

$$f(z)=(z-z_0)^m\varphi(z),$$

其中 $\varphi(z)$ 在 z_0 解析，且 $\varphi(z_0)\neq 0$，m 是一正整数，则称 z_0 为 $f(z)$ 的 $\boldsymbol{m}$ **级零点**.

例如，$z=0$ 和 $z=-\mathrm{i}$ 分别为函数 $f(z)=z^3(z+\mathrm{i})$ 的三级和一级零点. 根据零点的定义，可以得到下列结论.

定理 5.5 如果 $f(z)$ 在 z_0 解析，则 z_0 为 $f(z)$ 的 m 级零点的充要条件是

$$f^{(n)}(z_0)=0 \quad (n=0,1,2,\cdots,m-1), \quad f^{(m)}(z_0)\neq 0. \tag{5-5}$$

证 必要性. 若 z_0 为 $f(z)$ 的 m 级零点，则 $f(z)$ 可表成

$$f(z)=(z-z_0)^m\varphi(z),$$

其中 $\varphi(z)$ 在 z_0 解析，且 $\varphi(z_0)\neq 0$. 设 $\varphi(z)$ 在 z_0 的泰勒展开式为

$$\varphi(z)=c_0+c_1(z-z_0)+c_2(z-z_0)^2+\cdots,$$

其中 $c_0=\varphi(z_0)\neq 0$，从而 $f(z)$ 在 z_0 的泰勒展开式为

$$f(z)=c_0(z-z_0)^m+c_1(z-z_0)^{m+1}+c_2(z-z_0)^{m+2}+\cdots,$$

该式表明，$f(z)$ 在 z_0 的泰勒展开式的前 m 项系数都为零，即

$$f^{(n)}(z_0)=0\quad(n=0,1,2,\cdots,m-1),$$

而 $\dfrac{f^{(m)}(z_0)}{m!}=c_0\neq 0$，即 $f^{(m)}(z_0)\neq 0$.

充分性由读者自己证明.

例如，$z=0$ 是 $f(z)=z-\sin z$ 的零点，因为 $f'(0)=(1-\cos z)\big|_{z=0}=0$，$f''(0)=\sin z\big|_{z=0}=0$，$f'''(0)=\cos z\big|_{z=0}=1\neq 0$，所以 $z=0$ 是 $f(z)=z-\sin z$ 的三级零点.

函数的零点与极点有下述关系.

定理 5.6　z_0 是 $\dfrac{1}{f(z)}$ 的 m 级极点的充要条件是 z_0 是 $f(z)$ 的 m 级零点.

证　充分性. 设 z_0 是 $f(z)$ 的 m 级零点，则有 $f(z)=(z-z_0)^m\varphi(z)$，其中 $\varphi(z)$ 在 z_0 解析，且 $\varphi(z_0)\neq 0$，由此，当 $z\neq z_0$ 时，得

$$\frac{1}{f(z)}=\frac{1}{(z-z_0)^m}\cdot\frac{1}{\varphi(z)}=\frac{1}{(z-z_0)^m}g(z),$$

而 $g(z)=\dfrac{1}{\varphi(z)}$ 在 z_0 解析，且 $g(z_0)=\dfrac{1}{\varphi(z_0)}\neq 0$. 因此，由定理 5.2 知，$z_0$ 是 $\dfrac{1}{f(z)}$ 的 m 级极点.

对于必要性的证明只要将上述步骤反推回去即可.

下面的定理是很有用的，给出用函数零点判别极点的常用方法，留给读者自己证明.

定理 5.7　设函数 $f(z)$ 与 $g(z)$ 都在 z_0 解析.

(Ⅰ)若 z_0 分别为 $f(z)$ 与 $g(z)$ 的 m 级零点和 n 级零点，则

(1) z_0 为 $f(z)g(z)$ 的 $m+n$ 级零点；

(2) 当 $m<n$ 时，z_0 为 $\dfrac{f(z)}{g(z)}$ 的 $n-m$ 级极点；

(3) 当 $n\leqslant m$ 时，z_0 为 $\dfrac{f(z)}{g(z)}$ 的可去奇点.

(Ⅱ)若 $f(z_0)\neq 0$，且 z_0 为 $g(z)$ 的 n 级零点，则 z_0 为 $\dfrac{f(z)}{g(z)}$ 的 n 级极点.

例 5.2　下列函数有些什么奇点？如果是极点，指出它的级.

(1) $f(z)=\dfrac{1}{\cos z}$；　　(2) $f(z)=\dfrac{\mathrm{e}^z-1}{z^4(z-1)^2}$.

解　(1) $f(z)$ 的奇点显然是满足 $\cos z=0$ 的点，这些点是 $z=k\pi+\dfrac{\pi}{2}(k=0,\pm1,\pm2,\cdots)$，它们都是孤立奇点. 由于

$$(\cos z)'\Big|_{z=k\pi+\frac{\pi}{2}}=-\sin z\Big|_{z=k\pi+\frac{\pi}{2}}=(-1)^{k+1}\neq 0,$$

所以 $z=k\pi+\dfrac{\pi}{2}\ (k=0,\pm1,\pm2,\cdots)$ 都是 $\cos z$ 的一级零点，也就是 $\dfrac{1}{\cos z}$ 的一级极点.

(2) 易见，$z=0$，$z=1$ 是 $f(z)$ 的奇点. 因 $z=0$ 是 $z^4(z-1)^2$ 的四级零点，又因 $\mathrm{e}^z-1\big|_{z=0}=0$，$(\mathrm{e}^z-1)'\big|_{z=0}=\mathrm{e}^z\big|_{z=0}=1\neq0$，故 $z=0$ 是 e^z-1 的一级零点，于是由定理 5.7 知，$z=0$ 是 $f(z)$ 的三级极点.

因 $z=1$ 是 $z^4(z-1)^2$ 的二级零点，而 $z=1$ 不是 e^z-1 的零点，故由定理 5.7 知，$z=1$ 是 $f(z)$ 的二级极点.

5.1.5　函数在无穷远点的性态

前面讨论函数的奇点都是在有限复平面上考虑的，但有时在考虑孤立奇点时，把函数放入扩充复平面，也就是把无穷远点 ∞ 放进去，会带来许多便利，由定义，$z=\infty$ 总是复变函数的奇点. 称区域 $|z|>R\ (R\geqslant 0)$ 为 $z=\infty$ 的一个邻域，称 $R<|z|<+\infty$ 为 $z=\infty$ 的去心邻域.

定义 5.6　如果 $f(z)$ 在无穷远点 $z=\infty$ 的去心邻域 $R<|z|<+\infty$ 内解析，则称点 ∞ 为 $f(z)$ 的**孤立奇点**.

例如，由于 $\dfrac{z}{z+2}$ 在有限复平面上除去 $z=-2$ 外解析，所以它在 ∞ 的去心邻域 $2<|z|<+\infty$ 内解析，故 $z=\infty$ 是 $\dfrac{z}{z+2}$ 的孤立奇点.

设 $f(z)$ 在无穷远点 $z=\infty$ 的去心邻域 $R<|z|<+\infty$ 内解析，即 $z=\infty$ 为 $f(z)$ 的孤立奇点. 为了研究 $f(z)$ 在 $z=\infty$ 去心邻域内的性态，作变换 $t=\dfrac{1}{z}$，并且规定这个变换把扩充 z 平面的无穷远点 $z=\infty$ 映射成扩充 t 平面上的点 $t=0$. 同时，把扩充 z 平面的 $z=\infty$ 的去心邻域 $R<|z|<+\infty$ 映射成扩充 t 平面上的 $t=0$ 的去心邻域 $0<|t|<\dfrac{1}{R}$（若 $R=0$，则规定 $\dfrac{1}{R}=+\infty$），令 $\varphi(t)=f\left(\dfrac{1}{t}\right)=f(z)$，显然 $\varphi(t)$ 在 $0<|t|<\dfrac{1}{R}$ 内解析，即 $t=0$

是$\varphi(t)$的一个孤立奇点. 这样，在$R<|z|<+\infty$内对$f(z)$的研究，就转化为在$0<|t|<\frac{1}{R}$内对$\varphi(t)$的研究.

定义 5.7　如果$t=0$是$\varphi(t)$的可去奇点、m级极点或本性奇点，则称$z=\infty$是$f(z)$的**可去奇点**、**m级极点**或**本性奇点**.

由于$f(z)$在圆环域$R<|z|<+\infty$内解析，所以在该圆环域内它可以展开成洛朗级数，根据定理4.10，有

$$f(z)=\sum_{n=1}^{\infty}c_{-n}z^{-n}+c_0+\sum_{n=1}^{\infty}c_nz^n\ ,\tag{5-6}$$

其中$c_n=\frac{1}{2\pi \mathrm{i}}\oint\limits_C\frac{f(\zeta)}{\zeta^{n+1}}\mathrm{d}\zeta\ (n=0,\pm1,\pm2,\cdots)$，$C$为$R<|z|<+\infty$内绕原点的任何一条正向简单闭曲线. 因此$\varphi(t)$在圆环域$0<|t|<\frac{1}{R}$内的洛朗级数可由式(5-6)得到，即

$$\varphi(t)=\sum_{n=1}^{\infty}c_{-n}t^n+c_0+\sum_{n=1}^{\infty}c_nt^{-n}\ .\tag{5-7}$$

如果在级数(5-7)中，不含负幂项、含有有限多的负幂项并且t^{-m}为最高负幂、含有无穷多的负幂项，那么$t=0$是$\varphi(t)$的可去奇点、m级极点、本性奇点. 因此，根据定义5.7可得以下结论.

定理 5.8　设$f(z)$在$z=\infty$的去心邻域$R<|z|<+\infty$内的洛朗展开式(5-6)中不含正幂项、含有有限多的正幂项且z^m为最高正幂、含有无穷多的正幂项，则$z=\infty$分别为$f(z)$的可去奇点、m级极点、本性奇点.

可见，无穷远点作为函数的孤立奇点，它的分类与有限远的孤立奇点相反，是以函数在无穷远点的去心邻域的洛朗展开式中正幂项的多少作为依据的.

注意到$\lim\limits_{z\to\infty}f(z)=\lim\limits_{t\to0}\varphi(t)$，这样，定理5.1、定理5.3、定理5.4都可以平移到无穷远点的情形.

定理 5.9　设$z=\infty$是函数$f(z)$的孤立奇点，则$z=\infty$是$f(z)$的可去奇点、极点或本性奇点的充要条件是极限$\lim\limits_{z\to\infty}f(z)$存在且有限、为无穷大或不存在也不为无穷大.

当$z=\infty$为函数$f(z)$的可去奇点，我们定义$f(\infty)=\lim\limits_{z\to\infty}f(z)$，则认为$f(z)$在$z=\infty$解析.

例 5.3　确定下列函数在$z=\infty$奇点的类型. 若是极点，指出它的级.

(1) $\frac{z}{z+2}$；　(2) $\cos z$；　(3) $\frac{z^5+2}{z(z+1)^2}$；　(4) $\frac{1}{\sin z}$.

解　(1) 方法一　因为 $\lim\limits_{z\to\infty}\dfrac{z}{z+2}=\lim\limits_{z\to\infty}\dfrac{1}{1+\dfrac{2}{z}}=1$，所以 $z=\infty$ 是 $f(z)=\dfrac{z}{z+2}$ 的可去奇点. 如果令 $f(\infty)=1$，那么 $f(z)=\dfrac{z}{z+2}$ 就在 $z=\infty$ 解析.

方法二　$f(z)=\dfrac{z}{z+2}$ 在 ∞ 的去心邻域 $2<|z|<+\infty$ 内可以展开成

$$f(z)=\frac{z}{z+2}=\frac{1}{1+\dfrac{2}{z}}=1-\frac{2}{z}+\frac{4}{z^2}-\frac{8}{z^3}+\cdots+(-1)^n\frac{2^n}{z^n}+\cdots,$$

它不含正幂项，所以 $z=\infty$ 是 $f(z)=\dfrac{z}{z+2}$ 的可去奇点.

(2) 函数 $\cos z$ 的展开式

$$\cos z=1-\frac{z^2}{2!}+\frac{z^4}{4!}-\cdots+(-1)^n\frac{z^{2n}}{(2n)!}+\cdots,\quad |z|<+\infty$$

含有无穷多的正幂项，所以 ∞ 是 $\cos z$ 的本性奇点.

(3) $\dfrac{z^5+2}{z(z+1)^2}$ 在 ∞ 的去心邻域 $1<|z|<+\infty$ 内解析，

设 $f(z)=\dfrac{z^5+2}{z(z+1)^2}$，令 $t=\dfrac{1}{z}$，则

$$\varphi(t)=f\left(\frac{1}{t}\right)=\frac{1+2t^5}{t^2(1+t)^2}.$$

显然，$t=0$ 是 $\varphi(t)$ 的二级极点，因此 $z=\infty$ 是 $f(z)$ 的二级极点.

(4) 使分母 $\sin z$ 为零的点 $z=k\pi\ (k=0,\pm1,\pm2,\cdots)$，它们都是 $\dfrac{1}{\sin z}$ 有限远的奇点，且当 $k\to\infty$ 时，$z=k\pi\to\infty$，所以在 ∞ 的任何去心邻域 $R<|z|<+\infty$ 内，都有 $\dfrac{1}{\sin z}$ 的奇点，因此 $z=\infty$ 不是 $\dfrac{1}{\sin z}$ 的孤立奇点.

5.2　留　数

5.2.1　留数概念及留数定理

若函数 $f(z)$ 在 z_0 的某邻域内解析，对于该邻域内任意一条简单闭曲线 C，则根据柯西-古萨基本定理

$$\oint_C f(z)\,\mathrm{d}z = 0 .$$

但是，若 z_0 为 $f(z)$ 的一个孤立奇点，即 $f(z)$ 在 z_0 的某去心邻域 $0<|z-z_0|<R$ 解析，对于该去心邻域内任一条包含 z_0 的正向简单闭曲线 C，则 $\oint_C f(z)\,\mathrm{d}z$ 就不一定等于零. 我们来计算一下它的值.

将 $f(z)$ 在 $0<|z-z_0|<R$ 内展开成洛朗级数

$$f(z)=\cdots+c_{-n}(z-z_0)^{-n}+\cdots+c_{-1}(z-z_0)^{-1}+c_0+c_1(z-z_0)+\cdots+c_n(z-z_0)^n+\cdots,$$

对展开式的两端沿 C 逐项积分，由于

$$\oint_C (z-z_0)^n\,\mathrm{d}z=\begin{cases}0, & n\neq -1,\\ 2\pi\mathrm{i}, & n=-1,\end{cases}$$

则有

$$\oint_C f(z)\,\mathrm{d}z=\oint_C c_{-1}(z-z_0)^{-1}\,\mathrm{d}z=2\pi\mathrm{i}\,c_{-1}.$$

我们把唯一留下的这个积分值除以 $2\pi\mathrm{i}$ 后所得的数称为 $f(z)$ 在孤立奇点 z_0 的留数.

定义 5.8 设 z_0 是 $f(z)$ 的孤立奇点，则 $f(z)$ 在 z_0 的去心邻域 $0<|z-z_0|<R$ 内的洛朗级数中 $(z-z_0)^{-1}$ 的系数 $c_{-1}=\dfrac{1}{2\pi\mathrm{i}}\oint_C f(z)\,\mathrm{d}z$ 称为 $f(z)$ 在点 z_0 的**留数**，记作 $\mathrm{Res}[f(z),z_0]$，即

$$\mathrm{Res}[f(z),z_0]=c_{-1}=\frac{1}{2\pi\mathrm{i}}\oint_C f(z)\,\mathrm{d}z, \tag{5-8}$$

其中 C 为 $0<|z-z_0|<R$ 内包含 z_0 的任意一条正向简单闭曲线.

例 5.4 求 $f(z)=\dfrac{\mathrm{e}^z-1}{z}$ 在 $z=0$ 处的留数.

解 在 $0<|z|<+\infty$ 内

$$f(z)=\frac{\mathrm{e}^z-1}{z}=1+\frac{z}{2!}+\frac{z^2}{3!}+\cdots+\frac{z^{n-1}}{n!}+\cdots,$$

故 $\mathrm{Res}[f(z),0]=c_{-1}=0$. 实际上这是不言而喻的，由于 $\lim\limits_{z\to 0}\dfrac{\mathrm{e}^z-1}{z}=1$，易知 $z=0$ 是 $f(z)$ 的可去奇点，所以 $f(z)$ 在 $z=0$ 洛朗展开式中不含有负幂项，即 c_{-1} 必为 0. 显然有：在可去奇点处，函数的留数总等于零.

例 5.5 求 $f(z)=\dfrac{1}{z(z-1)^2}$ 在 $z=1$ 处的留数.

解　在 $z=1$ 的去心邻域 $0<|z-1|<1$ 内，$f(z)$ 的洛朗展开式

$$\begin{aligned}f(z)&=\frac{1}{z(z-1)^2}=\frac{1}{(z-1)^2}\cdot\frac{1}{1+(z-1)}\\&=\frac{1}{(z-1)^2}\cdot[1-(z-1)+(z-1)^2-(z-1)^3+\cdots]\\&=\frac{1}{(z-1)^2}-\frac{1}{z-1}+1-(z-1)+(z-1)^2-\cdots,\end{aligned}$$

故 $\mathrm{Res}[f(z),1]=c_{-1}=-1$.

关于留数，有下面的基本定理.

定理 5.10（留数定理）　设函数 $f(z)$ 在区域 D 内除有限个孤立奇点 $z_1,z_2,\cdots,z_n$ 外处处解析，C 是 D 内包围诸奇点的一条正向简单闭曲线，则

$$\oint_C f(z)\mathrm{d}z=2\pi\mathrm{i}\sum_{k=1}^{n}\mathrm{Res}[f(z),z_k].\tag{5-9}$$

证　在 C 内以 $z_k(k=1,2,\cdots,n)$ 为圆心作互不相交又互不包含小圆周 C_k（图 5-1），根据复合闭路定理，有

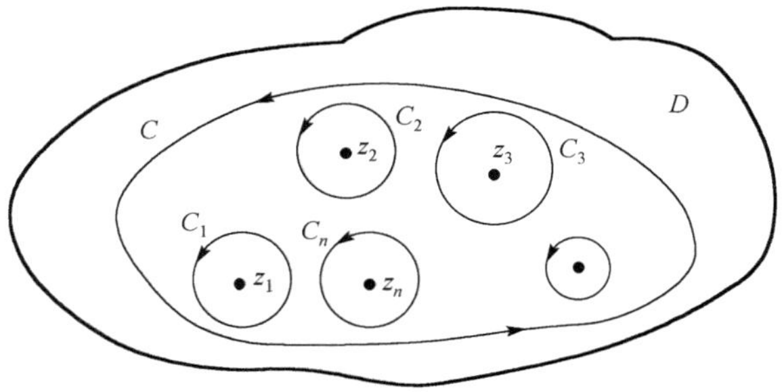

图 5-1

$$\oint_C f(z)\mathrm{d}z=\oint_{C_1} f(z)\mathrm{d}z+\oint_{C_2} f(z)\mathrm{d}z+\cdots+\oint_{C_n} f(z)\mathrm{d}z,$$

等式两边除以 $2\pi\mathrm{i}$，再由留数定义得

$$\frac{1}{2\pi\mathrm{i}}\oint_C f(z)\mathrm{d}z=\mathrm{Res}[f(z),z_1]+\mathrm{Res}[f(z),z_2]+\cdots+\mathrm{Res}[f(z),z_n],$$

即

$$\oint_C f(z)\mathrm{d}z=2\pi\mathrm{i}\sum_{k=1}^{n}\mathrm{Res}[f(z),z_k].$$

该定理为计算沿闭曲线的积分提供了新的方法——留数法，即求沿闭曲线 C 的积

分，可转化为求被积函数在 C 内的各孤立奇点处的留数. 现在的问题是：如何有效地求出 $f(z)$ 在孤立奇点的留数. 一般说来，求函数在其孤立奇点 z_0 处的留数只需求出在 z_0 的去心邻域 $0<|z-z_0|<R$ 内的洛朗级数中 $(z-z_0)^{-1}$ 的系数 c_{-1} 即可. 但是如果能预先知道孤立奇点的类型，留数的计算有时会变得更简单.

(1) 若 z_0 是 $f(z)$ 的可去奇点，则 $\mathrm{Res}[f(z),z_0]=0$；

(2) 若 z_0 是 $f(z)$ 的本性奇点，则往往只能通过将 $f(z)$ 在 z_0 展开成洛朗级数的方法来求 c_{-1}；

(3) 若 z_0 是 $f(z)$ 的极点，多数情况下用下列规则计算更为简便.

5.2.2　留数的计算规则

规则 I　若 z_0 为 $f(z)$ 的一级极点，则

$$\mathrm{Res}[f(z),z_0]=\lim_{z\to z_0}(z-z_0)f(z). \tag{5-10}$$

规则 II　若 z_0 为 $f(z)$ 的 m 级极点，则

$$\mathrm{Res}[f(z),z_0]=\frac{1}{(m-1)!}\lim_{z\to z_0}\frac{\mathrm{d}^{m-1}}{\mathrm{d}z^{m-1}}[(z-z_0)^m f(z)]. \tag{5-11}$$

证　由于

$$f(z)=c_{-m}(z-z_0)^{-m}+\cdots+c_{-2}(z-z_0)^{-2}+c_{-1}(z-z_0)^{-1}+c_0+c_1(z-z_0)+\cdots,$$

用 $(z-z_0)^m$ 乘以上式两端，得

$$\begin{aligned}(z-z_0)^m f(z)=&\,c_{-m}+c_{-m+1}(z-z_0)+\cdots+c_{-1}(z-z_0)^{m-1}\\&+c_0(z-z_0)^m+c_1(z-z_0)^{m+1}+\cdots,\end{aligned}$$

两边求 $m-1$ 阶导数，得

$$\begin{aligned}\frac{\mathrm{d}^{m-1}}{\mathrm{d}z^{m-1}}[(z-z_0)^m f(z)]=&\,(m-1)!c_{-1}+m(m-1)\cdots 2c_0(z-z_0)\\&+(m+1)m\cdots 3c_1(z-z_0)^2+\cdots\end{aligned}$$

令 $z\to z_0$，两端求极限，右端的极限为 $(m-1)!c_{-1}$，再除以 $(m-1)!$ 就是 $\mathrm{Res}[f(z),z_0]$，因此得到式(5-11)；当 $m=1$ 时就是式(5-10).

注　与上述推导过程相同，设 z_0 为 $f(z)$ 的 n 级极点，而 $m>n$，这时系数 $c_{-m},c_{-m+1},\cdots,c_{-n-1}$ 都等于零，则同样有

$$\mathrm{Res}[f(z),z_0]=\frac{1}{(m-1)!}\lim_{z\to z_0}\frac{\mathrm{d}^{m-1}}{\mathrm{d}z^{m-1}}[(z-z_0)^m f(z)]. \tag{5-12}$$

就是说，如果函数 $f(z)$ 的极点 z_0 的实际级数 n 比 m 低，公式仍然有效.

规则Ⅲ　设 $f(z)=\dfrac{P(z)}{Q(z)}$，$P(z)$ 及 $Q(z)$ 均在 z_0 解析，若 $P(z_0)\neq 0, Q(z_0)=0, Q'(z_0)\neq 0$，则 z_0 为 $f(z)$ 的一级极点，且

$$\operatorname{Res}[f(z),z_0]=\frac{P(z_0)}{Q'(z_0)}. \tag{5-13}$$

证　因为 $Q(z_0)=0, Q'(z_0)\neq 0$，所以 z_0 为 $Q(z)$ 的一级零点，而 $P(z_0)\neq 0$. 因此由定理 5.7 知，z_0 为 $f(z)$ 的一级极点.

由于 $Q(z_0)=0, Q'(z_0)\neq 0$，故根据规则Ⅰ，得

$$\operatorname{Res}[f(z),z_0]=\lim_{z\to z_0}(z-z_0)f(z)=\lim_{z\to z_0}\frac{P(z)}{\dfrac{Q(z)-Q(z_0)}{z-z_0}}=\frac{P(z_0)}{Q'(z_0)}.$$

例 5.6　计算积分 $\oint_C \dfrac{e^z}{(z-1)(z-2)^2}dz$，$C$ 为正向圆周：$|z|=3$.

解　由于 $f(z)=\dfrac{e^z}{(z-1)(z-2)^2}$ 有一级极点 $z=1$ 和二级极点 $z=2$，而这两个极点都在圆周 $|z|=3$ 内，所以

$$\oint_C \frac{e^z}{(z-1)(z-2)^2}dz=2\pi i\{\operatorname{Res}[f(z),1]+\operatorname{Res}[f(z),2]\},$$

由规则Ⅰ和规则Ⅱ，得

$$\operatorname{Res}[f(z),1]=\lim_{z\to 1}\left[(z-1)\cdot\frac{e^z}{(z-1)(z-2)^2}\right]=\lim_{z\to 1}\frac{e^z}{(z-2)^2}=e,$$

$$\operatorname{Res}[f(z),2]=\frac{1}{(2-1)!}\lim_{z\to 2}\frac{d}{dz}\left[(z-2)^2\frac{e^z}{(z-1)(z-2)^2}\right]$$

$$=\lim_{z\to 2}\frac{d}{dz}\left(\frac{e^z}{z-1}\right)=\lim_{z\to 2}\frac{e^z(z-1)-e^z}{(z-1)^2}=0.$$

因此

$$\oint_C \frac{e^z}{(z-1)(z-2)^2}dz=2\pi i(e+0)=2\pi e i.$$

例 5.7　计算积分 $\oint_C \dfrac{z}{z^4-1}dz$，$C$ 为正向圆周：$|z|=2$.

解　$f(z)=\dfrac{z}{z^4-1}$ 有四个一级极点 $\pm 1, \pm i$ 都在圆周 $|z|=2$ 内，故

$$\oint_C \frac{z}{z^4-1}\mathrm{d}z = 2\pi\mathrm{i}\{\mathrm{Res}[f(z),1]+\mathrm{Res}[f(z),-1] + \mathrm{Res}[f(z),\mathrm{i}]+\mathrm{Res}[f(z),-\mathrm{i}]\}.$$

由规则III，$\dfrac{P(z)}{Q'(z)}=\dfrac{z}{4z^3}=\dfrac{1}{4z^2}$，分别取 $z=\pm 1,\pm\mathrm{i}$，可得

$$\oint_C \frac{z}{z^4-1}\mathrm{d}z = 2\pi\mathrm{i}\left(\frac{1}{4}+\frac{1}{4}-\frac{1}{4}-\frac{1}{4}\right)=0.$$

例 5.8　求 $f(z)=\dfrac{P(z)}{Q(z)}=\dfrac{z-\sin z}{z^6}$ 在 $z=0$ 处的留数.

解　由于 $P(0)=0$，$P'(0)=(1-\cos z)\big|_{z=0}=0$，$P''(0)=\sin z\big|_{z=0}=0$，$P'''(0)=\cos z\big|_{z=0}=1\neq 0$．所以 $z=0$ 是 $z-\sin z$ 的三级零点，从而 $z=0$ 是 $f(z)$ 的三级极点．由规则 II，得

$$\mathrm{Res}[f(z),0]=\frac{1}{(3-1)!}\lim_{z\to 0}\frac{\mathrm{d}^2}{\mathrm{d}z^2}\left[z^3\cdot\frac{z-\sin z}{z^6}\right].$$

显然往下的运算比较麻烦．如果利用洛朗展开式求 c_{-1} 就较为方便．因为

$$\frac{z-\sin z}{z^6}=\frac{1}{z^6}\left[z-\left(z-\frac{z^3}{3!}+\frac{z^5}{5!}-\cdots\right)\right]=\frac{1}{3!z^3}-\frac{1}{5!z}+\frac{1}{7!}z-\cdots,\quad 0<|z|<+\infty,$$

所以

$$\mathrm{Res}\left[\frac{z-\sin z}{z^6},0\right]=c_{-1}=-\frac{1}{5!}.$$

由此可见，在求留数时应根据具体的问题灵活选择方法，不要拘泥于套用公式．如 z_0 为 $f(z)$ 的 m 级极点，当 m 较大而导数又难以计算时，可直接展开成洛朗级数求 c_{-1} 来计算留数．再有在应用规则 II 时，为了计算方便一般不要将 m 取得比实际的级数高，但有时把 m 取得比实际的级数高反而使计算方便．如上例取 $m=6$，由式(5-12)有

$$\mathrm{Res}[f(z),0]=\frac{1}{(6-1)!}\lim_{z\to 0}\frac{\mathrm{d}^5}{\mathrm{d}z^5}\left[z^6\cdot\frac{z-\sin z}{z^6}\right] =\frac{1}{5!}\lim_{z\to 0}(-\cos z)=-\frac{1}{5!}.$$

5.2.3　在无穷远点的留数

定义 5.9　设函数 $f(z)$ 在圆环域 $R<|z|<+\infty$ 内解析，C 为这圆环域内绕原点的任何一条正向简单闭曲线，则称积分

$$\frac{1}{2\pi i}\oint_{C^-} f(z)dz$$

为 $f(z)$ 在 ∞ 点的留数，记作

$$\mathrm{Res}[f(z),\infty]=\frac{1}{2\pi i}\oint_{C^-} f(z)dz, \tag{5-14}$$

这里积分路线 C^- 表示 C 的反向，即取顺时针方向(这个方向可以看作是绕无穷远点的正向).

设 $f(z)$ 在 $R<|z|<+\infty$ 内洛朗展开式为

$$f(z)=\sum_{n=1}^{\infty} c_{-n}z^{-n}+c_0+\sum_{n=1}^{\infty} c_n z^n,$$

其中 $c_n=\frac{1}{2\pi i}\oint_C \frac{f(\zeta)}{\zeta^{n+1}}d\zeta\ (n=0,\pm1,\pm2,\cdots)$，则有

$$\mathrm{Res}[f(z),\infty]=-\frac{1}{2\pi i}\oint_C f(z)dz=-c_{-1},$$

即 $f(z)$ 在 ∞ 点的留数等于它在 ∞ 点的去心邻域 $R<|z|<+\infty$ 内洛朗展开式中 z^{-1} 的系数变号.

需要指出，即使 $z=\infty$ 是 $f(z)$ 的可去奇点，$f(z)$ 在 ∞ 点的留数也未必是 0. 这是同有限可去奇点的留数不一致的地方. 例如函数 $f(z)=\frac{1}{z}$，$z=\infty$ 是它的可去奇点，但 $\mathrm{Res}[f(z),\infty]=-1$.

结合有限孤立奇点处的留数，有下面的定理，它在计算留数时非常有用.

定理 5.11　设函数 $f(z)$ 在扩充复平面内除去有限个孤立奇点 $z_1,z_2,\cdots,z_n$ 和 $z=\infty$ 处处解析，则 $f(z)$ 在所有各孤立奇点处的留数之和为零. 即

$$\mathrm{Res}[f(z),\infty]+\sum_{k=1}^{n}\mathrm{Res}[f(z),z_k]=0.$$

证　以原点为圆心，作半径为 R 的充分大的圆周 C: $|z|=R$，使得 C 的内部包含 $z_1,z_2,\cdots,z_n$，则由留数定理和在无穷远点的留数定义，有

$$\mathrm{Res}[f(z),\infty]+\sum_{k=1}^{n}\mathrm{Res}[f(z),z_k]=\frac{1}{2\pi i}\oint_{C^-} f(z)dz+\frac{1}{2\pi i}\oint_C f(z)dz=0.$$

关于在无穷远点的留数计算，有以下的规则.

规则Ⅳ　设函数 $f(z)$ 在 $R<|z|<+\infty$ 内解析，则

$$\mathrm{Res}[f(z),\infty]=-\mathrm{Res}\left[f\left(\frac{1}{z}\right)\cdot\frac{1}{z^2},0\right]. \tag{5-15}$$

证　设 $f(z)$ 在 $R<|z|<+\infty$ 内的洛朗展开式为

$$f(z)=\cdots+c_{-m}z^{-m}+\cdots+c_{-1}z^{-1}+c_0+c_1z+\cdots+c_nz^n+\cdots,$$

则有

$$\operatorname{Res}[f(z),\infty]=-c_{-1}.$$

作变换 $z=\dfrac{1}{t}$，则 $f\left(\dfrac{1}{t}\right)$ 在 $0<|t|<\dfrac{1}{R}$ 内解析，且在该邻域内的洛朗展开式为

$$f\left(\frac{1}{t}\right)=\cdots+c_{-m}t^m+\cdots+c_{-1}t+c_0+c_1t^{-1}+\cdots+c_nt^{-n}+\cdots,$$

两端同除以 t^2，得

$$f\left(\frac{1}{t}\right)\cdot\frac{1}{t^2}=\cdots+c_{-m}t^{m-2}+\cdots+c_{-1}t^{-1}+c_0t^{-2}+c_1t^{-3}+\cdots+c_nt^{-n-2}+\cdots,$$

则有

$$\operatorname{Res}\left[f\left(\frac{1}{t}\right)\cdot\frac{1}{t^2},0\right]=c_{-1},$$

因此

$$\operatorname{Res}[f(z),\infty]=-\operatorname{Res}\left[f\left(\frac{1}{t}\right)\cdot\frac{1}{t^2},0\right],$$

即式(5-15)成立.

例 5.9　计算积分 $\oint_C\dfrac{z}{z^4-1}\mathrm{d}z$，$C$ 为正向圆周：$|z|=2$.（即例 5.7）

解　$f(z)=\dfrac{z}{z^4-1}$ 有四个一级极点 $\pm1,\pm\mathrm{i}$ 都在圆周 $|z|=2$ 内，则由留数定理、定理 5.11 及规则Ⅳ得

$$\begin{aligned}\oint_C\frac{z}{z^4-1}\mathrm{d}z&=2\pi\mathrm{i}\{\operatorname{Res}[f(z),1]+\operatorname{Res}[f(z),-1]+\operatorname{Res}[f(z),\mathrm{i}]+\operatorname{Res}[f(z),-\mathrm{i}]\}\\&=-2\pi\mathrm{i}\operatorname{Res}[f(z),\infty]\\&=2\pi\mathrm{i}\operatorname{Res}\left[f\left(\frac{1}{z}\right)\cdot\frac{1}{z^2},0\right].\end{aligned}$$

又 $f\left(\dfrac{1}{z}\right)\cdot\dfrac{1}{z^2}=\dfrac{z}{1-z^4}$，而 $\lim\limits_{z\to0}\dfrac{z}{1-z^4}=0$，故 $z=0$ 为其可去奇点，所以

$$\operatorname{Res}\left[f\left(\frac{1}{z}\right)\cdot\frac{1}{z^2},0\right]=0,$$

从而

$$\oint_C \frac{z}{z^4-1}\mathrm{d}z = 0 .$$

例 5.10　计算积分 $\oint_C \frac{\mathrm{d}z}{z(z-\mathrm{i})^{10}(z+4)}$，$C$ 为正向圆周：$|z|=3$.

解　除 ∞ 点外，被积函数的奇点是-4，0 和 i，根据定理 5.11，有

$$\mathrm{Res}[f(z),-4]+\mathrm{Res}[f(z),0]+\mathrm{Res}[f(z),\mathrm{i}]+\mathrm{Res}[f(z),\infty]=0,$$

其中

$$f(z)=\frac{1}{z(z-\mathrm{i})^{10}(z+4)} .$$

由于 0 和 i 在 C 的内部，所以由上式和留数定理得

$$\begin{aligned}\oint_C \frac{\mathrm{d}z}{z(z-\mathrm{i})^{10}(z+4)} &= 2\pi\mathrm{i}\{\mathrm{Res}[f(z),0]+\mathrm{Res}[f(z),\mathrm{i}]\}\\ &=-2\pi\mathrm{i}\{\mathrm{Res}[f(z),-4]+\mathrm{Res}[f(z),\infty]\},\end{aligned}$$

而

$$\mathrm{Res}[f(z),-4]=\lim_{z\to -4}(z+4)\frac{1}{z(z-\mathrm{i})^{10}(z+4)}=-\frac{1}{4(4+\mathrm{i})^{10}},$$

$$\begin{aligned}\mathrm{Res}[f(z),\infty]&=-\mathrm{Res}\left[f\left(\frac{1}{z}\right)\cdot\frac{1}{z^2},0\right]\\ &=-\mathrm{Res}\left[\frac{z^{10}}{(1-\mathrm{i}z)^{10}(1+4z)},0\right]=0,\end{aligned}$$

从而

$$\oint_C \frac{\mathrm{d}z}{z(z-\mathrm{i})^{10}(z+4)}=-2\pi\mathrm{i}\left\{-\frac{1}{4(4+\mathrm{i})^{10}}+0\right\}=\frac{\pi\mathrm{i}}{2(4+\mathrm{i})^{10}} .$$

如果直接用规则 II 来计算 $\mathrm{Res}[f(z),\mathrm{i}]$，由于 i 是 $f(z)$ 的 10 级极点，那么计算必然是相当繁琐的. 可见在应用留数定理计算沿闭曲线积分 $\oint_C f(z)\mathrm{d}z$ 时，如果函数 $f(z)$ 只有有限个孤立奇点，而在 C 内的孤立奇点比较多，或者某些奇点处的留数很难求得，或者有些极点的级数比较高时，可以用定理 5.11，将计算 C 内各奇点处的留数转化为计算 $f(z)$ 在 C 外的孤立奇点和 ∞ 处的留数，从而可简化某些积分的计算.

5.3　留数在定积分计算中的应用

高等数学中的牛顿-莱布尼茨公式对定积分的计算起着十分重要的作用. 但在实际问题中出现的一些定积分或广义积分，或者被积函数的原函数不能用初等函数来表示，或者即使可求出原函数，计算也相当复杂.

留数定理为许多这类实积分的计算提供了一种有效的方法，其基本思想，就是把实积分化为复变函数沿着某一简单闭曲线的积分，然后利用留数定理，把它归结为留数的计算问题. 要使用留数计算，需要两个条件：一是被积函数与某个解析函数有关；二是定积分可化为某个沿闭曲线的复积分. 但要说明的是，利用留数计算定积分或广义积分没有普遍适用的方法. 我们仅考虑几种特殊类型的积分.

5.3.1　形如 $\int_0^{2\pi} R(\cos\theta,\sin\theta)\mathrm{d}\theta$ 积分

形如 $\int_0^{2\pi} R(\cos\theta,\sin\theta)\mathrm{d}\theta$ 积分中的 $R(\cos\theta,\sin\theta)$ 是 $\cos\theta$ ，$\sin\theta$ 的有理函数，且在 $[0,2\pi]$ 上连续. 令 $z=\mathrm{e}^{\mathrm{i}\theta}$ ，则 $\mathrm{d}z=\mathrm{i}\mathrm{e}^{\mathrm{i}\theta}\mathrm{d}\theta$，$\mathrm{d}\theta=\dfrac{\mathrm{d}z}{\mathrm{i}z}$ ，

$$\sin\theta=\frac{1}{2\mathrm{i}}(\mathrm{e}^{\mathrm{i}\theta}-\mathrm{e}^{-\mathrm{i}\theta})=\frac{z^2-1}{2\mathrm{i}z},$$

$$\cos\theta=\frac{1}{2}(\mathrm{e}^{\mathrm{i}\theta}+\mathrm{e}^{-\mathrm{i}\theta})=\frac{z^2+1}{2z}.$$

当 θ 从 0 变到 2π 时，z 沿单位圆周 $|z|=1$ 变化一周，因此所设积分化为沿正向单位圆周的复积分：

$$\int_0^{2\pi} R(\cos\theta,\sin\theta)\mathrm{d}\theta=\oint_{|z|=1} R\left[\frac{z^2+1}{2z},\frac{z^2-1}{2\mathrm{i}z}\right]\frac{\mathrm{d}z}{\mathrm{i}z}=\oint_{|z|=1} f(z)\mathrm{d}z,$$

其中 $f(z)$ 为 z 的有理函数，且在 $|z|=1$ 上分母不为零，所以满足留数定理的条件. 由留数定理，得所求的积分值：

$$\int_0^{2\pi} R(\cos\theta,\sin\theta)\mathrm{d}\theta=\oint_{|z|=1} f(z)\mathrm{d}z=2\pi\mathrm{i}\sum_{k=1}^{n}\mathrm{Res}\left[f(z),z_k\right], \tag{5-16}$$

其中 $z_k\ (k=1,2,\cdots,n)$ 为包含在 $|z|=1$ 内的 $f(z)$ 的极点.

例 5.11　计算 $I=\int_0^{2\pi}\dfrac{\mathrm{d}\theta}{(2+\sqrt{3}\cos\theta)^2}$ 的值.

解　令 $z=\mathrm{e}^{\mathrm{i}\theta}$ ，则 $\cos\theta=\dfrac{z^2+1}{2z}$ ，$\mathrm{d}\theta=\dfrac{\mathrm{d}z}{\mathrm{i}z}$ ，积分 I 化为

$$I=-\frac{4\mathrm{i}}{3}\oint_{|z|=1}\frac{z\mathrm{d}z}{(z+\sqrt{3})^2\left(z+\frac{1}{\sqrt{3}}\right)^2}=-\frac{4\mathrm{i}}{3}\oint_{|z|=1}f(z)\mathrm{d}z.$$

由于被积函数 $f(z)$ 在 $|z|=1$ 内只有二级极点 $z=-\frac{1}{\sqrt{3}}$，且在圆周 $|z|=1$ 上无奇点. 所以利用留数定理，得

$$I=-\frac{4\mathrm{i}}{3}\cdot 2\pi\mathrm{i}\,\mathrm{Res}\left[f(z),-\frac{1}{\sqrt{3}}\right]$$

$$=\frac{8\pi}{3}\left[\frac{z}{(z+\sqrt{3})^2}\right]'\Bigg|_{z=-\frac{1}{\sqrt{3}}}=\frac{8\pi}{3}\frac{\sqrt{3}-z}{(z+\sqrt{3})^3}\Bigg|_{z=-\frac{1}{\sqrt{3}}}=4\pi.$$

5.3.2　形如 $\int_{-\infty}^{+\infty}R(x)\mathrm{d}x$ 的积分

当被积函数 $R(x)$ 是 x 的有理函数，而分母的次数至少比分子的次数高二次，并且 $R(z)$ 在实轴上没有孤立奇点时，积分是存在的. 若设 $R(z)$ 在上半平面 $\mathrm{Im}\,z>0$ 内的极点为 $z_k\ (k=1,2,\cdots,p)$，则

$$\int_{-\infty}^{+\infty}R(x)\mathrm{d}x=2\pi\mathrm{i}\sum_{k=1}^{p}\mathrm{Res}[R(z),z_k].\tag{5-17}$$

事实上，不失一般性，设

$$R(z)=\frac{z^n+a_1z^{n-1}+\cdots+a_n}{z^m+b_1z^{m-1}+\cdots+b_m},\quad m-n\geqslant 2$$

为一已约分式.

我们取积分路线如图 5-2 所示，其中 C_R 是以原点为中心，R 为半径的在上半平面的半圆周. 取 R 适当大，使 $R(z)$ 所有的在上半平面的极点 $z_k\ (k=1,2,\cdots,p)$ 都包含在这积分路线之内. 根据留数定理，得

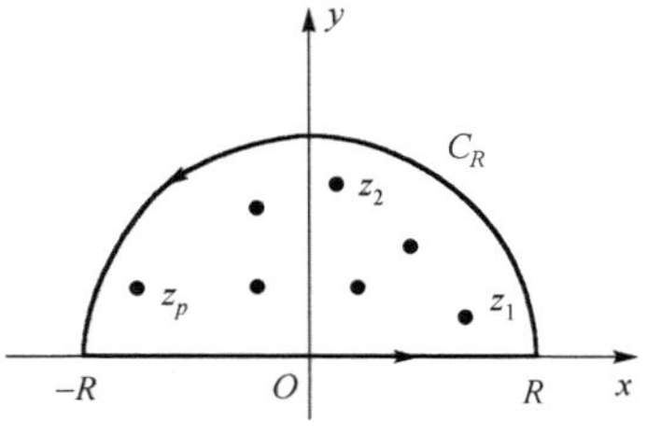

图 5-2

$$\int_{-R}^{R}R(x)\mathrm{d}x+\int_{C_R}R(z)\mathrm{d}z=2\pi\mathrm{i}\sum_{k=1}^{p}\mathrm{Res}[R(z),z_k],\tag{5-18}$$

这个等式，不因 C_R 半径 R 不断增大而有所改变. 又因为

$$|R(z)|=\frac{1}{|z|^{m-n}}\frac{|1+a_1z^{-1}+\cdots+a_nz^{-n}|}{|1+b_1z^{-1}+\cdots+b_mz^{-m}|}\leqslant\frac{1}{|z|^{m-n}}\cdot\frac{1+|a_1z^{-1}+\cdots+a_nz^{-n}|}{1-|b_1z^{-1}+\cdots+b_mz^{-m}|},$$

而当 $|z|$ 充分大时，总可使

$$|a_1z^{-1}+\cdots+a_nz^{-n}|<\frac{1}{2},\quad |b_1z^{-1}+\cdots+b_mz^{-m}|<\frac{1}{2},$$

由于 $m-n\geqslant 2$，故有

$$|R(z)|<\frac{1}{|z|^{m-n}}\cdot\frac{1+\frac{1}{2}}{1-\frac{1}{2}}<\frac{3}{|z|^2}.$$

因此，在半径 R 充分大的 C_R 上，有

$$\left|\int_{C_R}R(z)\mathrm{d}z\right|\leqslant\int_{C_R}|R(z)|\mathrm{d}s\leqslant\frac{3}{R^2}\pi R=\frac{3\pi}{R}.$$

所以，当 $R\to+\infty$ 时，$\int_{C_R}R(z)\mathrm{d}z\to 0$，从而在式(5-18)中令 $R\to+\infty$，得到式(5-17).

例 5.12　计算积分 $I=\int_{-\infty}^{+\infty}\frac{x^2-x+2}{(x^2+9)(x^2+1)}\mathrm{d}x$.

解　这里 $m=4,n=2,m-n=2$，且 $R(z)=\frac{z^2-z+2}{(z^2+9)(z^2+1)}$ 在实轴上无孤立奇点，因此积分是存在的. $R(z)$ 在上半平面内只有两个一级极点 $z=\mathrm{i}$，$z=3\mathrm{i}$，由于

$$\mathrm{Res}[R(z),\mathrm{i}]=\lim_{z\to\mathrm{i}}\left[(z-\mathrm{i})\frac{z^2-z+2}{(z^2+9)(z^2+1)}\right]=\frac{1-\mathrm{i}}{16\mathrm{i}},$$

$$\mathrm{Res}[R(z),3\mathrm{i}]=\lim_{z\to 3\mathrm{i}}\left[(z-3\mathrm{i})\frac{z^2-z+2}{(z^2+9)(z^2+1)}\right]=\frac{7+3\mathrm{i}}{48\mathrm{i}}.$$

故根据式(5-17)，得

$$I=2\pi\mathrm{i}\left(\frac{1-\mathrm{i}}{16\mathrm{i}}+\frac{7+3\mathrm{i}}{48\mathrm{i}}\right)=\frac{5\pi}{12}.$$

5.3.3　形如 $\int_{-\infty}^{+\infty}R(x)\mathrm{e}^{\mathrm{i}ax}\mathrm{d}x(a>0)$ 的积分

当 $R(x)$ 是 x 的有理函数，而分母的次数至少比分子的次数高一次，并且 $R(z)$ 在实

轴上没有孤立奇点时，积分是存在的. 若设 $R(z)$ 在上半平面 $\mathrm{Im}\,z>0$ 内的极点为 $z_k(k=1,2,\cdots,p)$，则

$$\int_{-\infty}^{+\infty} R(x)\mathrm{e}^{\mathrm{i}ax}\,\mathrm{d}x = 2\pi\mathrm{i}\sum_{k=1}^{p}\mathrm{Res}[R(z)\mathrm{e}^{\mathrm{i}az},z_k]. \tag{5-19}$$

事实上，同前一型一样取积分线路如图 5-2 所示，包含 $R(z)$ 在上半平面的一切奇点 $z_k\,(k=1,2,\cdots,p)$，由留数定理，得

$$\int_{-R}^{R} R(x)\mathrm{e}^{\mathrm{i}ax}\mathrm{d}x + \int_{C_R} R(z)\mathrm{e}^{\mathrm{i}az}\,\mathrm{d}z = 2\pi\mathrm{i}\sum_{k=1}^{p}\mathrm{Res}[R(z)\mathrm{e}^{\mathrm{i}az},z_k], \tag{5-20}$$

同前一型对 $R(z)$ 的处理也一样，由于 $m-n\geqslant 1$，故对于充分大的 $|z|$，有

$$|R(z)| < \frac{3}{|z|}.$$

因此

$$\left|\int_{C_R} R(z)\mathrm{e}^{\mathrm{i}az}\,\mathrm{d}z\right| \leqslant \int_{C_R}|R(z)||\mathrm{e}^{\mathrm{i}az}|\mathrm{d}s < \frac{3}{R}\int_{C_R}|\mathrm{e}^{\mathrm{i}a(x+\mathrm{i}y)}|\mathrm{d}s = \frac{3}{R}\int_{C_R}\mathrm{e}^{-ay}\,\mathrm{d}s,$$

由 C_R： $x=R\cos\theta, y=R\sin\theta\ (0\leqslant\theta\leqslant\pi)$，有

$$\frac{3}{R}\int_{C_R}\mathrm{e}^{-ay}\,\mathrm{d}s = 3\int_0^{\pi}\mathrm{e}^{-aR\sin\theta}\mathrm{d}\theta = 6\int_0^{\frac{\pi}{2}}\mathrm{e}^{-aR\sin\theta}\mathrm{d}\theta,$$

由图 5-3 可见，当 $0\leqslant\theta\leqslant\dfrac{\pi}{2}$ 时， $\sin\theta\geqslant\dfrac{2\theta}{\pi}\geqslant 0$，所以

$$\left|\int_{C_R} R(z)\mathrm{e}^{\mathrm{i}az}\,\mathrm{d}z\right| < 6\int_0^{\frac{\pi}{2}}\mathrm{e}^{-aR\left(\frac{2\theta}{\pi}\right)}\mathrm{d}\theta = \frac{3\pi}{aR}(1-\mathrm{e}^{-aR})\to 0\quad (R\to+\infty).$$

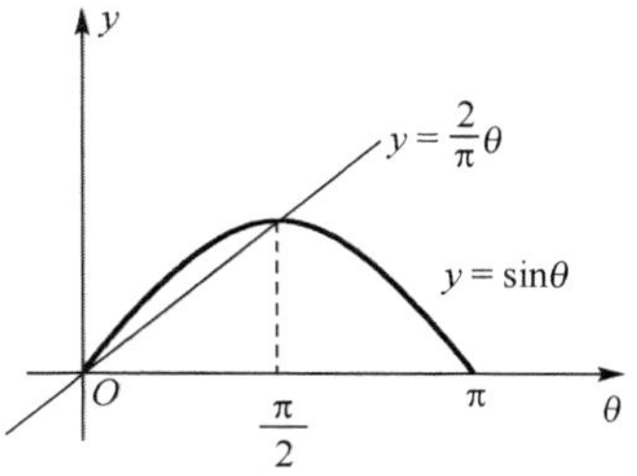

图 5-3

于是，在式(5-20)中，令 $R\to+\infty$，得到式(5-19).

或

$$\int_{-\infty}^{+\infty} R(x)\cos ax\mathrm{d}x + \mathrm{i}\int_{-\infty}^{+\infty} R(x)\sin ax\mathrm{d}x = 2\pi\mathrm{i}\sum_{k=1}^{p}\mathrm{Res}[R(z)\mathrm{e}^{\mathrm{i}az}, z_k].$$

例 5.13　计算积分 $I=\int_0^{+\infty}\frac{\cos ax}{1+x^2}\mathrm{d}x \quad (a>0)$.

解　这里 $m=2,n=0,m-n=2$，且 $R(z)=\frac{1}{1+z^2}$ 在实轴上无孤立奇点，因此所求的积分是存在的. $R(z)$ 在上半平面内有唯一的一级极点 $z=\mathrm{i}$，根据式(5-19)，得

$$\int_{-\infty}^{+\infty}\frac{1}{1+x^2}\mathrm{e}^{\mathrm{i}ax}\,\mathrm{d}x = 2\pi\mathrm{i}\mathrm{Res}[R(z)\mathrm{e}^{\mathrm{i}az},\mathrm{i}] = 2\pi\mathrm{i}\left.\frac{\mathrm{e}^{\mathrm{i}az}}{2z}\right|_{z=\mathrm{i}} = \pi\mathrm{e}^{-a}.$$

因此

$$\begin{aligned}\int_0^{+\infty}\frac{\cos ax}{1+x^2}\mathrm{d}x &= \frac{1}{2}\int_{-\infty}^{+\infty}\frac{\cos ax}{1+x^2}\mathrm{d}x\\ &= \frac{1}{2}\mathrm{Re}\left(\int_{-\infty}^{+\infty}\frac{1}{1+x^2}\mathrm{e}^{\mathrm{i}ax}\,\mathrm{d}x\right) = \frac{1}{2}\pi\mathrm{e}^{-a}.\end{aligned}$$

应当注意，上面所提到的 5.3.2 节、5.3.3 节两种类型的积分中，都要求被积函数中的 $R(z)$ 在实轴上无孤立奇点.

假如 $R(z)$ 在实轴上有有限个一级极点 $x_j\ (j=1,2,\cdots,l)$，$R(x)$ 是 x 的有理函数，而分母的次数至少比分子的次数高一次，且 $R(z)$ 在上半平面 $\mathrm{Im}\,z>0$ 内的极点为 $z_k\ (k=1,2,\cdots,p)$，则

$$\int_{-\infty}^{+\infty}R(x)\mathrm{e}^{\mathrm{i}ax}\,\mathrm{d}x = 2\pi\mathrm{i}\sum_{k=1}^{p}\mathrm{Res}[R(z)\mathrm{e}^{\mathrm{i}az},z_k] + \pi\mathrm{i}\sum_{j=1}^{l}\mathrm{Res}[R(z)\mathrm{e}^{\mathrm{i}az},x_j], \tag{5-21}$$

其中 $a>0$ 为常数. 这里仅给出结论，对于证明感兴趣的读者可以参考文献[3].

例 5.14　计算狄里克雷(Dirichlet)积分 $\int_0^{+\infty}\frac{\sin x}{x}\mathrm{d}x$.

解　因为

$$\int_0^{+\infty}\frac{\sin x}{x}\mathrm{d}x = \frac{1}{2}\int_{-\infty}^{+\infty}\frac{\sin x}{x}\mathrm{d}x = \frac{1}{2}\mathrm{Im}\left(\int_{-\infty}^{+\infty}\frac{\mathrm{e}^{\mathrm{i}x}}{x}\mathrm{d}x\right),$$

这里 $m=1,n=0,m-n=1$，且 $R(z)=\frac{1}{z}$ 只在实轴上有一个一级极点 $z=0$，根据式(5-21)，得

$$\int_{-\infty}^{+\infty}\frac{e^{ix}}{x}dx = 2\pi i\cdot 0+\pi i\operatorname{Res}\left[\frac{e^{iz}}{z},0\right]$$
$$=\pi i\lim_{z\to 0}z\frac{e^{iz}}{z}=\pi i,$$

所以

$$\int_{0}^{+\infty}\frac{\sin x}{x}dx=\frac{\pi}{2}.$$

本 章 小 结

1. 解析函数的孤立奇点分类及其在孤立奇点邻域内的性质

设 z_0 为解析函数 $f(z)$ 的孤立奇点，如果 $f(z)$ 在 z_0 的某去心邻域内的洛朗展开式

$$f(z)=\sum_{n=1}^{\infty}c_{-n}(z-z_0)^{-n}+\sum_{n=0}^{\infty}c_n(z-z_0)^n$$

中不含、只含有限个、含无穷多个 $z-z_0$ 的负幂项，则称 z_0 分别为 $f(z)$ 的可去奇点、极点、本性奇点.

z_0 为 $f(z)$ 的可去奇点、极点、本性奇点的充要条件分别是 $\lim\limits_{z\to z_0}f(z)$ 为有限数、无穷大、不存在也不为无穷大.

如果 $f(z)$ 在无穷远点 $z=\infty$ 的去心邻域 $R<|z|<+\infty$ 内解析，则称点 ∞ 为 $f(z)$ 的孤立奇点.

规定：$f(z)$ 在 $z=\infty$ 处的性态就是 $f\left(\frac{1}{t}\right)$ 在 $t=0$ 的性态. 因此，如果 $t=0$ 是 $f\left(\frac{1}{t}\right)$ 的可去奇点、m 级极点、本性奇点，则 $z=\infty$ 分别是 $f(z)$ 的可去奇点、m 级极点、本性奇点.

$z=\infty$ 为 $f(z)$ 的可去奇点、极点、本性奇点的充要条件分别是 $f(z)$ 在 $R<|z|<+\infty$ 内的洛朗展开式

$$f(z)=\sum_{n=1}^{\infty}c_{-n}z^{-n}+c_0+\sum_{n=1}^{\infty}c_nz^n$$

中不含、只含有限个、含无穷多个 z 的正幂项；也分别等价于极限 $\lim\limits_{z\to\infty}f(z)$ 为有限数、无穷大、不存在也不为无穷大.

2. 零点与极点的关系

如果不恒为零的解析函数 $f(z)$ 能表示为

$$f(z)=(z-z_0)^m\varphi(z),$$

其中$\varphi(z)$在z_0解析，且$\varphi(z_0)\neq 0$，m为正整数，则称z_0为$f(z)$的m级零点.

z_0为$f(z)$的m级零点的充要条件是

$$f^{(n)}(z_0)=0,(n=0,1,2,\cdots,m-1),\quad f^{(m)}(z_0)\neq 0.$$

z_0是$\dfrac{1}{f(z)}$的m级极点的充要条件是z_0是$f(z)$的m级零点.

定理 设函数$f(z)$与$g(z)$都在z_0解析.

若z_0分别为$f(z)$与$g(z)$的m级零点和n级零点，则

(1) 当$m<n$时，z_0为$\dfrac{f(z)}{g(z)}$的$n-m$级极点；

(2) 当$n\leqslant m$时，z_0为$\dfrac{f(z)}{g(z)}$的可去奇点.

3. 留数

1) 留数定义

设z_0是$f(z)$的孤立奇点，则$f(z)$在点z_0的留数

$$\mathrm{Res}[f(z),z_0]=c_{-1}=\frac{1}{2\pi \mathrm{i}}\oint_C f(z)\mathrm{d}z,$$

其中C为去心邻域$0<|z-z_0|<R$内围绕z_0的任意一条正向简单闭曲线.

设$z=\infty$为$f(z)$的孤立奇点，则$f(z)$在∞点的留数

$$\mathrm{Res}[f(z),\infty]=\frac{1}{2\pi \mathrm{i}}\oint_{C^-} f(z)\mathrm{d}z=-c_{-1},$$

其中C为去心邻域$R<|z|<+\infty$内绕原点的任意一条正向简单闭曲线.

2) 留数定理

设函数$f(z)$在区域D内除有限个孤立奇点$z_1,z_2,\cdots,z_n$外处处解析，C是D内包围诸奇点的一条正向简单闭曲线，则

$$\oint_C f(z)\mathrm{d}z=2\pi \mathrm{i}\sum_{k=1}^{n}\mathrm{Res}[f(z),z_k].$$

这个定理把求沿闭曲线C的积分，转化为求被积函数在C内的各孤立奇点处的留数.

留数定理的证明应用了复合闭路定理. 从这个意义上说，留数定理是柯西-古萨基本定理的推广. 由留数定理再结合留数计算规则Ⅰ和Ⅱ，很容易地就能推出柯西积分公式和高阶导数公式，即柯西积分公式及高阶导数公式都是留数定理的特例. 一般地，

凡是用柯西积分公式和高阶导数公式可解的题，均可用留数定理来解，但是有些题却只能用留数定理来求，例如积分 $\oint\limits_{|z|=1}\frac{z\sin z}{(1-e^z)^3}dz$.

3) 留数计算

计算留数最基本的方法就是求洛朗展开式中负幂项 $c_{-1}(z-z_0)^{-1}$ 的系数 c_{-1}，这个方法往往因为洛朗展开式不容易求出或太繁琐显得不太实用，但是如果知道孤立奇点的类型，那么留数计算有时会简单得多. 例如当 z_0 是 $f(z)$ 的可去奇点，则 $\mathrm{Res}[f(z),z_0]=0$；当 z_0 是 $f(z)$ 的本性奇点，一般只能通过将 $f(z)$ 在 z_0 展开成洛朗级数的方法得到 c_{-1}；对于极点处留数的计算，还有如下规则可利用.

规则 I 若 z_0 为 $f(z)$ 的一级极点，则

$$\mathrm{Res}[f(z),z_0]=\lim_{z\to z_0}(z-z_0)f(z).$$

规则 II 若 z_0 为 $f(z)$ 的 m 级极点，则

$$\mathrm{Res}[f(z),z_0]=\frac{1}{(m-1)!}\lim_{z\to z_0}\frac{d^{m-1}}{dz^{m-1}}[(z-z_0)^m f(z)].$$

注意 如果极点 z_0 的实际级数比 m 低时，上述规则 II 仍然有效.

规则 III 设 $f(z)=\frac{P(z)}{Q(z)}$，$P(z)$ 及 $Q(z)$ 均在 z_0 解析，若 $P(z_0)\neq 0, Q(z_0)=0, Q'(z_0)\neq 0$，则 z_0 为 $f(z)$ 的一级极点，且

$$\mathrm{Res}[f(z),z_0]=\frac{P(z_0)}{Q'(z_0)}.$$

规则 IV 设函数 $f(z)$ 在 $R<|z|<+\infty$ 内解析，则

$$\mathrm{Res}[f(z),\infty]=-\mathrm{Res}\left[f\left(\frac{1}{z}\right)\cdot\frac{1}{z^2},0\right].$$

下面的定理，它在计算留数时也非常有用.

定理 设函数 $f(z)$ 在扩充复平面内除去有限个孤立奇点 $z_1,z_2,\cdots,z_n$ 和 $z=\infty$ 外处处解析，则 $f(z)$ 在所有各孤立奇点处的留数之和为零. 即

$$\mathrm{Res}[f(z),\infty]+\sum_{k=1}^{n}\mathrm{Res}[f(z),z_k]=0.$$

利用这个定理，当 $f(z)$ 的有限奇点较少且有限奇点的留数容易计算时，通过计算有限奇点的留数可以得到 ∞ 点处的留数. 反过来，若 $f(z)$ 在 ∞ 点处的留数能够求得时，在利用留数定理来计算有些沿闭曲线的积分时，显得非常有效. 例如积分

$$I=\oint_{|z|=3}\frac{z^{13}}{(z^2+2)^3(z^2-1)^4}\mathrm{d}z$$

在 $|z|=3$ 内的孤立奇点有 ±1 与 $\pm\sqrt{2}\,\mathrm{i}$，分别为四级极点与三级极点，其留数计算比较复杂. 注意到 $f(z)$ 在 $|z|=3$ 外部只有孤立奇点 ∞，而且

$$\begin{aligned}\operatorname{Res}[f(z),\infty]&=-\operatorname{Res}\left[f\left(\frac{1}{z}\right)\cdot\frac{1}{z^2},0\right]\\&=-\operatorname{Res}\left[\frac{1}{z(1+2z^2)^3(1-z^2)^4},0\right]\\&=-\lim_{z\to0}z\frac{1}{z(1+2z^2)^3(1-z^2)^4}=-1.\end{aligned}$$

所以由留数定理和定理 5.11，有

$$I=-2\pi\mathrm{i}\operatorname{Res}[f(z),\infty]=2\pi\mathrm{i}.$$

4. *留数在定积分计算中的应用*

三种不同类型的积分的计算：

(1) $\int_0^{2\pi}R(\cos\theta,\sin\theta)\mathrm{d}\theta$；(2) $\int_{-\infty}^{+\infty}f(x)\mathrm{d}x$；(3) $\int_{-\infty}^{+\infty}R(x)\mathrm{e}^{\mathrm{i}ax}\,\mathrm{d}x\ (a>0)$.

对于第一类积分，只需令 $z=\mathrm{e}^{\mathrm{i}\theta}$，则所设积分被转化为沿正向单位圆周的复积分，然后应用留数定理，使沿单位圆周的复积分计算，归结为计算留数. 对于第二类和第三类积分需要找一个与所求积分的被积函数 $f(x)$ 密切相关的复变函数 $F(z)$，使得当 z 在实轴上的区间内变动时，$F(z)$ 就是 $f(x)$，或 $F(z)$ 的实部与虚部中的一个是 $f(x)$，然后找一条连接区间 $[a,b]$ 两端的按段光滑曲线 $C_{a,b}$，使与区间 $[a,b]$ 一起构成一条简单闭曲线，其围成区域 D，并使 $F(z)$ 在 D 的边界上和在 D 内除去有限个孤立奇点外处处解析. 根据留数定理，有

$$\int_a^bF(x)\mathrm{d}x+\int_{C_{a,b}}F(z)\mathrm{d}z=2\pi\mathrm{i}\sum_k\operatorname{Res}[F(z),z_k].$$

如果能求得极限 $\lim\limits_{\substack{a\to-\infty\\b\to+\infty}}\int_{C_{a,b}}F(z)\mathrm{d}z$，那么就能求出积分 $\int_{-\infty}^{+\infty}f(x)\mathrm{d}x$. 这种方法通常称为围道积分法. 它的难度在于找出合适的函数 $F(z)$ 和找出适当的曲线来连接区间的两端，从而构成一条封闭的积分路径，因此，围道积分法有较大的局限性.

习题 5

1. 下列函数有些什么奇点？如果是极点，指出它的级.

(1) $\dfrac{1}{(z-2)(z^2+1)^2}$；　(2) $\dfrac{\sin z}{z^3}$；　(3) $\dfrac{\ln(1+z)}{z}$；

(4) $\cos\dfrac{1}{z-1}$；　(5) $\dfrac{z}{(1+z^2)(1+e^{\pi z})}$；　(6) $\dfrac{z\sin z}{(1-e^z)^3}$.

2. 设 $f(z)$ 和 $g(z)$ 是以 z_0 为零点的两个不恒等于零的解析函数，证明：

$$\lim_{z\to z_0}\frac{f(z)}{g(z)}=\lim_{z\to z_0}\frac{f'(z)}{g'(z)}\quad（或两端均为 \infty）.$$

3. 判定下列函数在 $z=\infty$ 处奇点的类型. 若是极点，指出它的级.

(1) $\dfrac{1}{1-z}$；　(2) $\dfrac{1-e^z}{z^2}$；　(3) $z^4\sin\dfrac{1}{z}$；　(4) $\cos z-\sin z$.

4. 函数 $f(z)=\dfrac{1}{z(z-1)^3}$ 在 $z=1$ 处有一个三级极点，这个函数又有下列洛朗展开式：

$$\frac{1}{z(z-1)^3}=\cdots+\frac{1}{(z-1)^6}-\frac{1}{(z-1)^5}+\frac{1}{(z-1)^4},\quad |z-1|>1,$$

所以“ $z=1$ 又是 $f(z)$ 的本性奇点”；又其中不含 $(z-1)^{-1}$ 幂，因此 $\mathrm{Res}[f(z),1]=0$. 这些说法对吗？

5. 求下列各函数 $f(z)$ 在有限奇点处的留数.

(1) $\dfrac{\sin z}{z}$；　(2) $\dfrac{z+1}{z^2-2z}$；　(3) $\dfrac{z^2}{(1+z^2)^2}$；　(4) $\dfrac{1-e^{2z}}{z^4}$；

(5) $\dfrac{1}{1-e^z}$；　(6) $\tan z$；　(7) $\dfrac{1}{z\sin z}$.

6. 利用留数定理计算下列积分(圆周均取正向).

(1) $\displaystyle\oint_{|z|=1}\frac{\sin z}{z}\mathrm{d}z$；　(2) $\displaystyle\oint_{|z|=2}\frac{e^{2z}}{(z-1)^2}\mathrm{d}z$；

(3) $\displaystyle\oint_{|z-2|=\frac{1}{2}}\frac{z\,\mathrm{d}z}{(z-1)(z-2)^2}$；　(4) $\displaystyle\oint_{|z|=2}\frac{z^2}{(z-1)(z^2+1)}\mathrm{d}z$；

(5) $\displaystyle\oint_{|z|=3}\tan\pi z\,\mathrm{d}z$；　(6) $\displaystyle\oint_{|z|=1}\frac{z\sin z}{(1-e^z)^3}\mathrm{d}z$.

7. 求下列函数在无穷远点的留数.

(1) $e^{\frac{1}{z}}$；　(2) $\dfrac{2z}{3+z^2}$；　(3) $\dfrac{1}{z(z-1)(z+1)^2}$；　(4) $\dfrac{e^z}{z^2-1}$.

8. 计算下列各积分(C 为正向圆周).

(1) $\displaystyle\oint_C\frac{\mathrm{d}z}{(z^5-1)(z-3)}$，$C$：$|z|=2$；　(2) $\displaystyle\oint_C\frac{z^{15}}{(z^2+1)^2(z^4+2)^3}\mathrm{d}z$，$C$：$|z|=3$；

(3) $\oint_C \frac{z^3}{z+1} e^{\frac{1}{z}} dz$，$C$：$|z| = 2$.

9．利用留数计算下列积分.

(1) $\int_0^{2\pi} \frac{d\theta}{5+3\cos\theta}$；

(2) $\int_{-\infty}^{+\infty} \frac{1}{x^2+2x+2} dx$；

(3) $\int_{-\infty}^{+\infty} \frac{x^2}{(x^2+a^2)^2} dx (a>0)$；

(4) $\int_{-\infty}^{+\infty} \frac{\cos x}{x^2+4x+5} dx$；

(5) $\int_0^{+\infty} \frac{x \sin x}{1+x^2} dx$.

第 6 章　Fourier 变换

在自然科学和工程技术中，对于比较复杂的运算常常采取某种手段，将其转化为较简单的运算，这就是所谓的变换. 但变换不同于化简，它必须是可逆的. 例如，在初等数学中，数量的乘法或除法运算就可以通过对数变换化为较简单的对数的加法或减法运算，然后再取反对数，即得到原来数量的乘积或商. 在工程数学中，积分变换能够将分析运算(如微分、积分)转化为代数运算. 从而我们就可以像利用对数变换计算数量的乘法或除法一样，用积分变换求解一些复杂的微分方程或其他的方程. 积分变换的理论与方法不仅在数学的诸多分支中有着广泛的应用，而且在许多科学技术领域中，如光学、振动、热传导、无线电技术以及信号处理等方面，作为一种研究工具发挥着十分重要的作用.

Fourier 变换就是一种积分变换. 本章首先由 Fourier 级数的复指数形式引出了非周期函数的 Fourier 积分，然后讨论 Fourier 变换的概念、性质，以及具有脉冲性质的δ函数及其 Fourier 变换，从而引入了广义 Fourier 变换的概念，最后介绍 Fourier 变换的某些应用.

6.1　Fourier 积分

6.1.1　Fourier 级数

在高等数学中，我们已经讨论过周期为 T 的周期函数的 Fourier 级数. 从而知道，一个以 T 为周期的函数 $f_T(t)$，如果在$\left[-\frac{T}{2},\frac{T}{2}\right]$上满足狄利克雷(Dirichlet)条件，即函数 $f_T(t)$ 在$\left[-\frac{T}{2},\frac{T}{2}\right]$上满足：

(1) 连续或只有有限个第一类间断点；

(2) 只有有限个极值点，那么函数 $f_T(t)$ 可以展开成 Fourier 级数，并且

在 $f_T(t)$ 的连续点 t 处，有

$$f_T(t)=\frac{a_0}{2}+\sum_{n=1}^{\infty}(a_n\cos n\omega t+b_n\sin n\omega t)\,,\tag{6-1}$$

其中

$$\omega=\frac{2\pi}{T},$$

$$a_n=\frac{2}{T}\int_{-\frac{T}{2}}^{\frac{T}{2}}f_T(t)\cos n\omega t\mathrm{d}t \quad (n=0,1,2,\cdots),$$

$$b_n=\frac{2}{T}\int_{-\frac{T}{2}}^{\frac{T}{2}}f_T(t)\sin n\omega t\mathrm{d}t \quad (n=1,2,\cdots).$$

在 $f_T(t)$ 的间断点 t 处，式(6-1)的左端为 $\frac{1}{2}[f(t+0)+f(t-0)]$.

式(6-1)为 **Fourier 级数的三角形式**. 在电子技术中，Fourier 级数还经常用复指数形式表示. 下面把 Fourier 级数的三角形式转化为复指数形式.

将欧拉公式

$$\cos\theta=\frac{\mathrm{e}^{\mathrm{i}\theta}+\mathrm{e}^{-\mathrm{i}\theta}}{2}, \quad \sin\theta=\frac{\mathrm{e}^{\mathrm{i}\theta}-\mathrm{e}^{-\mathrm{i}\theta}}{2\mathrm{i}}=-\mathrm{i}\frac{\mathrm{e}^{\mathrm{i}\theta}-\mathrm{e}^{-\mathrm{i}\theta}}{2},$$

代入式(6-1)，有

$$\begin{aligned}f_T(t)&=\frac{a_0}{2}+\sum_{n=1}^{\infty}\left(a_n\frac{\mathrm{e}^{\mathrm{i}n\omega t}+\mathrm{e}^{-\mathrm{i}n\omega t}}{2}+b_n\frac{\mathrm{e}^{\mathrm{i}n\omega t}-\mathrm{e}^{-\mathrm{i}n\omega t}}{2\mathrm{i}}\right)\\&=\frac{a_0}{2}+\sum_{n=1}^{\infty}\left(\frac{a_n-\mathrm{i}b_n}{2}\mathrm{e}^{\mathrm{i}n\omega t}+\frac{a_n+\mathrm{i}b_n}{2}\mathrm{e}^{-\mathrm{i}n\omega t}\right).\end{aligned}$$

若记

$$c_0=\frac{a_0}{2}=\frac{1}{T}\int_{-\frac{T}{2}}^{\frac{T}{2}}f_T(t)\mathrm{d}t,$$

$$\begin{aligned}c_n&=\frac{a_n-\mathrm{i}b_n}{2}=\frac{1}{T}\left[\int_{-\frac{T}{2}}^{\frac{T}{2}}f_T(t)\cos n\omega t\mathrm{d}t-\mathrm{i}\int_{-\frac{T}{2}}^{\frac{T}{2}}f_T(t)\sin n\omega t\mathrm{d}t\right]\\&=\frac{1}{T}\int_{-\frac{T}{2}}^{\frac{T}{2}}f_T(t)(\cos n\omega t-\mathrm{i}\sin n\omega t)\mathrm{d}t\\&=\frac{1}{T}\int_{-\frac{T}{2}}^{\frac{T}{2}}f_T(t)\mathrm{e}^{-\mathrm{i}n\omega t}\mathrm{d}t \quad (n=1,2,\cdots),\end{aligned}$$

$$c_{-n}=\frac{a_n+\mathrm{i}b_n}{2}=\frac{1}{T}\int_{-\frac{T}{2}}^{\frac{T}{2}}f_T(t)\mathrm{e}^{\mathrm{i}n\omega t}\mathrm{d}t \quad (n=1,2,\cdots),$$

则式(6-1)可写成

$$f_T(t)=c_0+\sum_{n=1}^{\infty}(c_n\mathrm{e}^{\mathrm{i}n\omega t}+c_{-n}\mathrm{e}^{-\mathrm{i}n\omega t})$$
$$=\sum_{n=-\infty}^{\infty}c_n\mathrm{e}^{\mathrm{i}n\omega t},\tag{6-2}$$

其中

$$c_n=\frac{1}{T}\int_{-\frac{T}{2}}^{\frac{T}{2}}f_T(t)\mathrm{e}^{-\mathrm{i}n\omega t}\,\mathrm{d}t\qquad(n=0,\pm1,\pm2,\cdots).$$

式(6-2)为 Fourier **级数的复指数形式**.

6.1.2　Fourier 积分定理

在实际问题中，我们遇到的函数往往不是周期函数，所以下面来讨论非周期函数的展开问题. 对于任意一个非周期函数 $f(t)$，作周期为 T 的函数 $f_T(t)$，使其在 $\left[-\frac{T}{2},\frac{T}{2}\right)$ 上与 $f(t)$ 相等，而在 $\left[-\frac{T}{2},\frac{T}{2}\right)$ 之外按周期 T 延拓到整个实轴上. 显然，T 越大，$f_T(t)$ 与 $f(t)$ 相等的范围也越大，从而当 $T\to+\infty$ 时，以 T 为周期的函数 $f_T(t)$ 就收敛于 $f(t)$，即

$$\lim_{T\to+\infty}f_T(t)=f(t).$$

若令 $\omega_n=n\omega(n=0,\pm1,\pm2,\cdots)$，$\Delta\omega_n=\omega_n-\omega_{n-1}=\omega=\frac{2\pi}{T}$，则 $T=\frac{2\pi}{\Delta\omega_n}$，且当 $T\to+\infty$ 时，有 $\Delta\omega_n\to0$. 于是由式(6-2)有

$$f(t)=\lim_{T\to+\infty}f_T(t)$$
$$=\lim_{T\to+\infty}\sum_{n=-\infty}^{+\infty}\left[\frac{1}{T}\int_{-\frac{T}{2}}^{\frac{T}{2}}f_T(\tau)\mathrm{e}^{-\mathrm{i}n\omega\tau}\mathrm{d}\tau\right]\mathrm{e}^{\mathrm{i}n\omega t}$$
$$=\frac{1}{2\pi}\lim_{\Delta\omega_n\to0}\sum_{n=-\infty}^{+\infty}\left[\int_{-\frac{\pi}{\Delta\omega_n}}^{\frac{\pi}{\Delta\omega_n}}f_T(\tau)\mathrm{e}^{-\mathrm{i}\omega_n\tau}\mathrm{d}\tau\right]\mathrm{e}^{\mathrm{i}\omega_n t}\Delta\omega_n,$$

这是一个和式的极限，按照积分定义，在一定的条件下，上式可写为

$$f(t)=\frac{1}{2\pi}\int_{-\infty}^{+\infty}\left[\int_{-\infty}^{+\infty}f(\tau)\mathrm{e}^{-\mathrm{i}\omega\tau}\mathrm{d}\tau\right]\mathrm{e}^{\mathrm{i}\omega t}\mathrm{d}\omega.$$

那么究竟在什么条件下上式成立？我们有下面的定理.

定理 6.1　若函数 $f(t)$ 在 $(-\infty,+\infty)$ 上满足下列条件：

(1)在任一有限区间上满足 Dirichlet 条件；

(2) 在无限区间 $(-\infty,+\infty)$ 上绝对可积，即积分 $\int_{-\infty}^{+\infty}|f(t)|\mathrm{d}t$ 收敛，则在 $f(t)$ 的连续点 t 处，有

$$f(t)=\frac{1}{2\pi}\int_{-\infty}^{+\infty}\left[\int_{-\infty}^{+\infty}f(\tau)\mathrm{e}^{-\mathrm{i}\omega\tau}\mathrm{d}\tau\right]\mathrm{e}^{\mathrm{i}\omega t}\,\mathrm{d}\omega, \tag{6-3}$$

在 $f(t)$ 的间断点 t 处，上式的左端应以 $\frac{1}{2}[f(t+0)+f(t-0)]$ 代替.

定理 6.1 称为 **Fourier 积分定理**，它的条件是充分而非必要的. 由于定理 6.1 的证明要用到较多的基础理论知识，所以这里证明从略. 需要指出的是：式 (6-3) 以及今后所遇到的广义积分，如无特别地说明，都是指柯西主值意义下的广义积分，即

$$\int_{-\infty}^{+\infty}f(x)\mathrm{d}x=\lim_{N\to+\infty}\int_{-N}^{N}f(x)\mathrm{d}x .$$

式 (6-3) 称为 $f(t)$ 的 Fourier 积分公式，它是 $f(t)$ 的 **Fourier 积分公式的复指数形式**. 利用欧拉公式，可将它转化为三角形式. 因为

$$\begin{aligned}
f(t)&=\frac{1}{2\pi}\int_{-\infty}^{+\infty}\left[\int_{-\infty}^{+\infty}f(\tau)\mathrm{e}^{-\mathrm{i}\omega\tau}\mathrm{d}\tau\right]\mathrm{e}^{\mathrm{i}\omega t}\mathrm{d}\omega\\
&=\frac{1}{2\pi}\int_{-\infty}^{+\infty}\left[\int_{-\infty}^{+\infty}f(\tau)\mathrm{e}^{\mathrm{i}\omega(t-\tau)}\mathrm{d}\tau\right]\mathrm{d}\omega\\
&=\frac{1}{2\pi}\int_{-\infty}^{+\infty}\left[\int_{-\infty}^{+\infty}f(\tau)\cos\omega(t-\tau)\mathrm{d}\tau+\mathrm{i}\int_{-\infty}^{+\infty}f(\tau)\sin\omega(t-\tau)\mathrm{d}\tau\right]\mathrm{d}\omega\\
&=\frac{1}{2\pi}\left\{\int_{-\infty}^{+\infty}\left[\int_{-\infty}^{+\infty}f(\tau)\cos\omega(t-\tau)\mathrm{d}\tau\right]\mathrm{d}\omega+\mathrm{i}\int_{-\infty}^{+\infty}\left[\int_{-\infty}^{+\infty}f(\tau)\sin\omega(t-\tau)\mathrm{d}\tau\right]\mathrm{d}\omega\right\}
\end{aligned}$$

而积分 $\int_{-\infty}^{+\infty}f(\tau)\sin\omega(t-\tau)\mathrm{d}\tau$ 是 ω 的奇函数，所以有

$$\int_{-\infty}^{+\infty}\left[\int_{-\infty}^{+\infty}f(\tau)\sin\omega(t-\tau)\mathrm{d}\tau\right]\mathrm{d}\omega=0,$$

又积分 $\int_{-\infty}^{+\infty}f(\tau)\cos\omega(t-\tau)\mathrm{d}\tau$ 是 ω 的偶函数，所以有

$$\int_{-\infty}^{+\infty}\left[\int_{-\infty}^{+\infty}f(\tau)\cos\omega(t-\tau)\mathrm{d}\tau\right]\mathrm{d}\omega=2\int_{0}^{+\infty}\left[\int_{-\infty}^{+\infty}f(\tau)\cos\omega(t-\tau)\mathrm{d}\tau\right]\mathrm{d}\omega,$$

于是

$$f(t)=\frac{1}{\pi}\int_{0}^{+\infty}\left[\int_{-\infty}^{+\infty}f(\tau)\cos\omega(t-\tau)\mathrm{d}\tau\right]\mathrm{d}\omega. \tag{6-4}$$

式 (6-4) 为 $f(t)$ 的 **Fourier 积分公式的三角形式**. 利用三角公式，式 (6-4) 是又可写成

$$f(t)=\frac{1}{\pi}\int_0^{+\infty}\left[\int_{-\infty}^{+\infty}f(\tau)(\cos\omega t\cos\omega\tau+\sin\omega t\sin\omega\tau)\mathrm{d}\tau\right]\mathrm{d}\omega$$

$$=\int_0^{+\infty}\left\{\left[\frac{1}{\pi}\int_{-\infty}^{+\infty}f(\tau)\cos\omega\tau\mathrm{d}\tau\right]\cos\omega t+\left[\frac{1}{\pi}\int_{-\infty}^{+\infty}f(\tau)\sin\omega\tau\mathrm{d}\tau\right]\sin\omega t\right\}\mathrm{d}\omega,\qquad(6\text{-}5)$$

$$=\int_0^{+\infty}[a(\omega)\cos\omega t+b(\omega)\sin\omega t]\mathrm{d}\omega,$$

这里

$$a(\omega)=\frac{1}{\pi}\int_{-\infty}^{+\infty}f(\tau)\cos\omega\tau\mathrm{d}\tau,\quad b(\omega)=\frac{1}{\pi}\int_{-\infty}^{+\infty}f(\tau)\sin\omega\tau\mathrm{d}\tau.$$

式(6-5)就是类似于 Fourier 级数形式的 Fourier 积分展开式，所不同的是，这里的累加已不再是离散的，而是连续的，即是用积分形式表示的.

特别地，如果 $f(t)$ 仅在 $(0,+\infty)$ 内有定义，且满足 Fourier 积分定理的条件，我们可以采用类似于 Fourier 级数中奇延拓或偶延拓的方法，得到相应的 Fourier 积分展开式，再限制 $t>0$ 即可.

Fourier 积分定理不仅解决了非周期函数的 Fourier 展开问题，而且为后面的 Fourier 变换奠定了理论基础，同时它本身也给出了含参变量的广义积分的计算和证明的一种方法.

例 6.1　求指数衰减函数 $f(t)=\begin{cases}0, & t<0\\ \mathrm{e}^{-\beta t}, & t\geqslant 0\end{cases}$ $(\beta>0)$ 的 Fourier 积分.

解　根据式(6-3)，有

$$f(t)=\frac{1}{2\pi}\int_{-\infty}^{+\infty}\left[\int_{-\infty}^{+\infty}f(\tau)\mathrm{e}^{-\mathrm{i}\omega\tau}\,\mathrm{d}\tau\right]\mathrm{e}^{\mathrm{i}\omega t}\,\mathrm{d}\omega$$

$$=\frac{1}{2\pi}\int_{-\infty}^{+\infty}\left[\int_0^{+\infty}\mathrm{e}^{-\beta\tau}\mathrm{e}^{-\mathrm{i}\omega\tau}\,\mathrm{d}\tau\right]\mathrm{e}^{\mathrm{i}\omega t}\,\mathrm{d}\omega$$

$$=\frac{1}{2\pi}\int_{-\infty}^{+\infty}\left[\int_0^{+\infty}\mathrm{e}^{-(\beta+\mathrm{i}\omega)\tau}\,\mathrm{d}\tau\right]\mathrm{e}^{\mathrm{i}\omega t}\,\mathrm{d}\omega$$

$$=\frac{1}{2\pi}\int_{-\infty}^{+\infty}\frac{1}{\beta+\mathrm{i}\omega}\mathrm{e}^{\mathrm{i}\omega t}\,\mathrm{d}\omega$$

$$=\frac{1}{2\pi}\int_{-\infty}^{+\infty}\frac{\beta-\mathrm{i}\omega}{\beta^2+\omega^2}(\cos\omega t+\mathrm{i}\sin\omega t)\mathrm{d}\omega$$

$$=\frac{1}{2\pi}\left(\int_{-\infty}^{+\infty}\frac{\beta\cos\omega t+\omega\sin\omega t}{\beta^2+\omega^2}\mathrm{d}\omega+\mathrm{i}\int_{-\infty}^{+\infty}\frac{\beta\sin\omega t-\omega\cos\omega t}{\beta^2+\omega^2}\mathrm{d}\omega\right)$$

$$=\frac{1}{2\pi}\int_{-\infty}^{+\infty}\frac{\beta\cos\omega t+\omega\sin\omega t}{\beta^2+\omega^2}\,\mathrm{d}\omega=\frac{1}{\pi}\int_0^{+\infty}\frac{\beta\cos\omega t+\omega\sin\omega t}{\beta^2+\omega^2}\mathrm{d}\omega\quad(t\neq 0),$$

当 $t=0$ 时，$f(t)$ 应为 $\dfrac{1}{2}[f(0+0)+f(0-0)]=\dfrac{1}{2}(1+0)=\dfrac{1}{2}$.

例 6.1 也可根据式(6-4)或式(6-5)进行计算，读者自行完成.

例 6.2　求函数 $f(t)=\begin{cases}1, & |t|\leqslant 1\\ 0, & |t|>1\end{cases}$ 的 Fourier 积分，并证明

$$\int_0^{+\infty}\frac{\sin\omega\cos\omega t}{\omega}\mathrm{d}\omega=\begin{cases}\dfrac{\pi}{2}, & |t|<1,\\ \dfrac{\pi}{4}, & |t|=1,\\ 0, & |t|>1.\end{cases}$$

证　根据式(6-3)，有

$$\begin{aligned}f(t)&=\frac{1}{2\pi}\int_{-\infty}^{+\infty}\left[\int_{-\infty}^{+\infty}f(\tau)\mathrm{e}^{-\mathrm{i}\omega\tau}\,\mathrm{d}\tau\right]\mathrm{e}^{\mathrm{i}\omega t}\,\mathrm{d}\omega\\
&=\frac{1}{2\pi}\int_{-\infty}^{+\infty}\left[\int_{-1}^{1}\mathrm{e}^{-\mathrm{i}\omega\tau}\,\mathrm{d}\tau\right]\mathrm{e}^{\mathrm{i}\omega t}\,\mathrm{d}\omega\\
&=\frac{1}{2\pi}\int_{-\infty}^{+\infty}\left[\int_{-1}^{1}(\cos\omega\tau-\mathrm{i}\sin\omega\tau)\mathrm{d}\tau\right]\mathrm{e}^{\mathrm{i}\omega t}\,\mathrm{d}\omega\\
&=\frac{1}{\pi}\int_{-\infty}^{+\infty}\left(\int_0^1\cos\omega\tau\mathrm{d}\tau\right)\mathrm{e}^{\mathrm{i}\omega t}\,\mathrm{d}\omega\\
&=\frac{1}{\pi}\int_{-\infty}^{+\infty}\frac{\sin\omega}{\omega}\mathrm{e}^{\mathrm{i}\omega t}\,\mathrm{d}\omega\\
&=\frac{1}{\pi}\int_{-\infty}^{+\infty}\frac{\sin\omega}{\omega}(\cos\omega t+\mathrm{i}\sin\omega t)\mathrm{d}\omega\\
&=\frac{2}{\pi}\int_0^{+\infty}\frac{\sin\omega\cos\omega t}{\omega}\mathrm{d}\omega\qquad(|t|\neq 1).\end{aligned}$$

当 $t=\pm1$ 时，$f(t)$ 应为

$$\frac{1}{2}[f(\pm1+0)+f(\pm1-0)]=\frac{1}{2}(1+0)=\frac{1}{2}.$$

即

$$\frac{2}{\pi}\int_0^{+\infty}\frac{\sin\omega\cos\omega t}{\omega}\mathrm{d}\omega=\begin{cases}f(t), & |t|\neq 1,\\ \dfrac{1}{2}, & |t|=1,\end{cases}$$

亦即

$$\frac{2}{\pi}\int_0^{+\infty}\frac{\sin\omega\cos\omega t}{\omega}\mathrm{d}\omega=\begin{cases}1, & |t|<1,\\ \frac{1}{2}, & |t|=1,,\\ 0, & |t|>1,\end{cases}$$

故

$$\int_0^{+\infty}\frac{\sin\omega\cos\omega t}{\omega}\mathrm{d}\omega=\begin{cases}\frac{\pi}{2}, & |t|<1,\\ \frac{\pi}{4}, & |t|=1,\\ 0, & |t|>1.\end{cases}$$

在上式中，令 $t=0$ ，有

$$\int_0^{+\infty}\frac{\sin\omega}{\omega}\mathrm{d}\omega=\frac{\pi}{2},$$

这就是著名的 **Dirichlet 积分**.

6.2　Fourier 变换

6.2.1　Fourier 变换与 Fourier 逆变换的概念

由定理 6.1 知道，若函数 $f(t)$ 在 $(-\infty,+\infty)$ 上满足 Fourier 积分定理的条件，则在 $f(t)$ 的连续点 t 处，有

$$f(t)=\frac{1}{2\pi}\int_{-\infty}^{+\infty}\left[\int_{-\infty}^{+\infty}f(\tau)\mathrm{e}^{-\mathrm{i}\omega\tau}\,\mathrm{d}\tau\right]\mathrm{e}^{\mathrm{i}\omega t}\mathrm{d}\omega.$$

若令

$$F(\omega)=\int_{-\infty}^{+\infty}f(t)\mathrm{e}^{-\mathrm{i}\omega t}\,\mathrm{d}t, \tag{6-6}$$

则

$$f(t)=\frac{1}{2\pi}\int_{-\infty}^{+\infty}F(\omega)\mathrm{e}^{\mathrm{i}\omega t}\,\mathrm{d}\omega. \tag{6-7}$$

由此可以看出，式(6-6)和式(6-7)定义了一个变换对，即对于任一已知函数 $f(t)$，通过指定的积分运算，可以得到一个与之对应的函数 $F(\omega)$，而 $F(\omega)$ 也可通过类似的积分运算，还原到 $f(t)$.

定义 6.1　若函数 $f(t)$ 在 $(-\infty,+\infty)$ 上满足 Fourier 积分定理的条件，则称式(6-6)为 $f(t)$ 的 **Fourier 变换式**，记作 $F(\omega)=\mathscr{F}[f(t)]$，其中，函数 $F(\omega)$ 称为 $f(t)$ 的 **Fourier 变换**，有时也称 $F(\omega)$ 为 $f(t)$ 的**象函数**. 称式(6-7)为 $F(\omega)$ 的 **Fourier 逆变换式**，记作

$f(t)=\mathscr{F}^{-1}[F(\omega)]$，其中，函数 $f(t)$ 称为 $F(\omega)$ 的 **Fourier 逆变换**，有时也称 $f(t)$ 为 $F(\omega)$ 的**象原函数**.

$f(t)$ 与 $F(\omega)$ 就构成了一个 Fourier 变换对，并且它们具有相同的奇偶性.

例 6.3　求指数衰减函数 $f(t)=\begin{cases}0, & t<0\\ e^{-\beta t}, & t\geqslant 0\end{cases}(\beta>0)$ 的 Fourier 变换.

解　根据式(6-6)，有

$$F(\omega)=\mathscr{F}[f(t)]=\int_{-\infty}^{+\infty}f(t)e^{-i\omega t}\,dt$$
$$=\int_0^{+\infty}e^{-\beta t}e^{-i\omega t}\,dt=\int_0^{+\infty}e^{-(\beta+i\omega)t}\,dt$$
$$=\frac{1}{\beta+i\omega}=\frac{\beta-i\omega}{\beta^2+\omega^2}$$

例 6.4　已知某函数的 Fourier 变换为 $F(\omega)=\begin{cases}1, & |\omega|<\omega_0\\ 0, & |\omega|\geqslant\omega_0\end{cases}(\omega_0>0)$，求该函数 $f(t)$.

解　根据式(6-7)，有

$$f(t)=\mathscr{F}^{-1}[F(\omega)]=\frac{1}{2\pi}\int_{-\infty}^{+\infty}F(\omega)e^{i\omega t}\,d\omega$$
$$=\frac{1}{2\pi}\int_{-\omega_0}^{\omega_0}e^{i\omega t}d\omega=\frac{1}{\pi}\int_0^{\omega_0}\cos\omega t d\omega=\frac{\sin\omega_0 t}{\pi t}$$

例 6.5　求函数 $f(t)=\begin{cases}\cos t, & |t|\leqslant\pi\\ 0, & |t|>\pi\end{cases}$ 的 Fourier 变换，并证明

$$\int_0^{+\infty}\frac{\omega\sin\omega\pi\cos\omega t}{1-\omega^2}d\omega=\begin{cases}\dfrac{\pi}{2}\cos t, & |t|<\pi,\\ -\dfrac{\pi}{4}, & |t|=\pi,\\ 0, & |t|>\pi.\end{cases}$$

解　根据式(6-6)，并利用奇偶函数的积分性质，有

$$F(\omega)=\mathscr{F}[f(t)]=\int_{-\infty}^{+\infty}f(t)e^{-i\omega t}dt$$
$$=\int_{-\pi}^{\pi}\cos t\,e^{-i\omega t}\,dt=2\int_0^{\pi}\cos t\cos\omega t dt$$
$$=\int_0^{\pi}[\cos(1+\omega)t+\cos(1-\omega)t]dt$$
$$=-\frac{\sin\omega\pi}{1+\omega}+\frac{\sin\omega\pi}{1-\omega}=\frac{2\omega\sin\omega\pi}{1-\omega^2}$$

根据式(6-7)，可得

$$
\begin{aligned}
f(t)&=\mathscr{F}^{-1}[F(\omega)]=\frac{1}{2\pi}\int_{-\infty}^{+\infty}F(\omega)\mathrm{e}^{\mathrm{i}\omega t}\,\mathrm{d}\omega\\
&=\frac{1}{2\pi}\int_{-\infty}^{+\infty}\frac{2\omega\sin\omega\pi}{1-\omega^2}(\cos\omega t+\mathrm{i}\sin\omega t)\mathrm{d}\omega\\
&=\frac{2}{\pi}\int_0^{+\infty}\frac{\omega\sin\omega\pi\cos\omega t}{1-\omega^2}\mathrm{d}\omega\quad(|t|\neq\pi),
\end{aligned}
$$

当 $|t|=\pi$ 时，$f(t)$ 应以 $-\frac{1}{2}$ 代替. 即

$$
\frac{2}{\pi}\int_0^{+\infty}\frac{\omega\sin\omega\pi\cos\omega t}{1-\omega^2}\mathrm{d}\omega=\begin{cases}f(t), & |t|\neq\pi,\\ -\dfrac{1}{2}, & |t|=\pi.\end{cases}
$$

于是，有

$$
\int_0^{+\infty}\frac{\omega\sin\omega\pi\cos\omega t}{1-\omega^2}\mathrm{d}\omega=\begin{cases}\dfrac{\pi}{2}\cos t, & |t|<\pi,\\ -\dfrac{\pi}{4}, & |t|=\pi,\\ 0, & |t|>\pi.\end{cases}
$$

Fourier 变换也有明确的物理含义. 式(6-7)说明，$f(t)$ 是由从零到无穷大的所有不同频率 ω 的正弦和余弦分量合成的，而 $F(\omega)$ 是 $f(t)$ 中各频率分量的分布密度. 因此，在频谱分析中，$f(t)$ 的 Fourier 变换 $F(\omega)$ 又称为 $f(t)$ 的**频谱密度函数**，它的模 $|F(\omega)|$ 称为 $f(t)$ 的**振幅频谱**，简称**频谱**，它的辐角主值 $\arg F(\omega)$ 称为 $f(t)$ 的**相位频谱**. 由于 ω 是连续变化的，所以频谱图，即频谱 $|F(\omega)|$ 与角频率 ω 的关系图是连续的. 此外，振幅频谱 $|F(\omega)|$ 是频率 ω 的偶函数，即 $|F(\omega)|=|F(-\omega)|$.

例 6.6　求指数衰减函数 $f(t)=\begin{cases}0, & t<0\\ \mathrm{e}^{-\beta t}, & t\geqslant 0\end{cases}(\beta>0)$ 的振幅频谱，并作出其频谱图.

解　根据例 6.3 结果，知

$$
F(\omega)=\mathscr{F}[f(t)]=\frac{\beta-\mathrm{i}\omega}{\beta^2+\omega^2},
$$

所以振幅频谱为

$$
|F(\omega)|=\frac{1}{\sqrt{\beta^2+\omega^2}}.
$$

频谱图如图 6-1 所示.

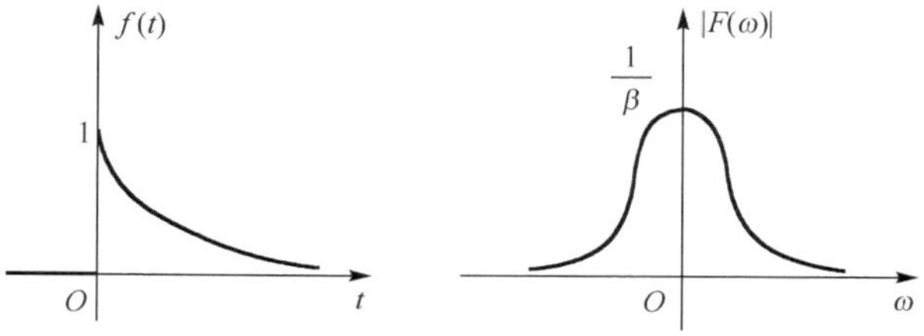

图 6-1

6.2.2　单位脉冲函数的概念与性质

在物理和工程技术中，有许多物理现象具有脉冲特征，即它们仅在某一瞬间或某一点出现，如在电学中，要研究线性电路受到具有脉冲性质的电势作用后所产生的电流；在力学中，要研究机械系统受冲击力作用后的运动情况；在物理学中，要研究物质的质量集中分布在某一点后所产生的线密度等等，这些物理量都不能用通常的函数形式去描述.

例 6.7　在原来电流为零的电路中，在时刻 $t=0$ 时有单位电量通过导线，求电路上的电流强度 $i(t)$.

解　以 $q(t)$ 表示电路中的电量，则

$$q(t)=\begin{cases}0, & t\neq 0,\\ 1, & t=0.\end{cases}$$

于是，当 $t\neq 0$ 时，电路的电流强度为

$$i(t)=\frac{\mathrm{d}q(t)}{\mathrm{d}t}=0;$$

当 $t=0$ 时，电路的电流强度为

$$i(0)=\lim_{\Delta t\to 0}\frac{q(0+\Delta t)-q(0)}{\Delta t}=\lim_{\Delta t\to 0}\frac{-1}{\Delta t}=\infty.$$

显然，在通常意义下的函数类中找不到一个函数能够反映出上述电路中的电流强度. 因此为了确定这种电路上的电流强度， 必须引进一个新的函数，这个函数称为**单位脉冲函数**，又称为 **Dirac 函数**，或 δ **函数**.

δ 函数是一个广义的函数，它没有普通意义下的“函数值”，所以它不能用通常意义下的“值对应关系”来定义，因此在工程技术上，通常将 δ 函数定义为一个函数序列的弱极限.

定义 6.2　设有函数序列

$$\delta_{\varepsilon}(t)=\begin{cases}0, & t<0\\ \dfrac{1}{\varepsilon}, & 0\leqslant t\leqslant\varepsilon\quad(\varepsilon>0).\\ 0, & t>\varepsilon\end{cases}$$

如果对于任何一个连续函数 $f(t)$，恒有

$$\int_{-\infty}^{+\infty}\delta(t)f(t)\mathrm{d}t=\lim_{\varepsilon\to 0}\int_{-\infty}^{+\infty}\delta_{\varepsilon}(t)f(t)\mathrm{d}t, \tag{6-8}$$

则函数序列 $\delta_{\varepsilon}(t)$ 当 $\varepsilon\to 0$ 时的弱极限 $\delta(t)$ 称为 δ **函数，即单位脉冲函数**. 记为

$$\delta_{\varepsilon}(t)\overset{\text{弱}}{\underset{\varepsilon\to 0}{\Rightarrow}}\delta(t)$$

或

$$\lim_{\varepsilon\to 0}\delta_{\varepsilon}(t)\overset{\text{弱}}{=}\delta(t).$$

$\delta_{\varepsilon}(t)$ 是宽度为 ε，高度为 $\dfrac{1}{\varepsilon}$ 的矩形脉冲函数(图 6-2). 对任何 $\varepsilon>0$，显然有

$$\int_{-\infty}^{+\infty}\delta_{\varepsilon}(t)\mathrm{d}t=\int_{0}^{\varepsilon}\frac{1}{\varepsilon}\mathrm{d}t=1.$$

在式(6-8)中，取 $f(t)=1$，有

$$\int_{-\infty}^{+\infty}\delta(t)\mathrm{d}t=1.$$

工程技术中，常用一个长度等于 1 的有向线段表示 δ 函数(图 6-3)，这个线段的长度表示 δ 函数的积分值，称为 δ 函数的**脉冲强度**.

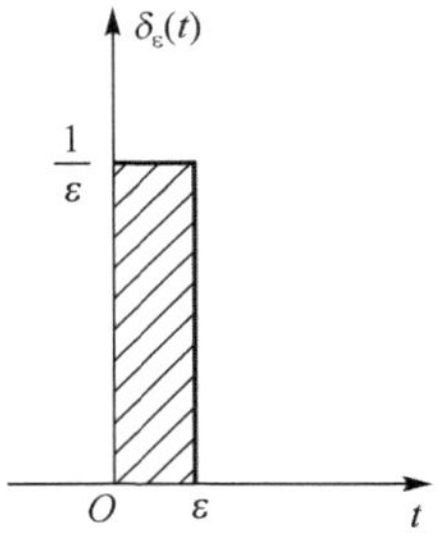

图 6-2

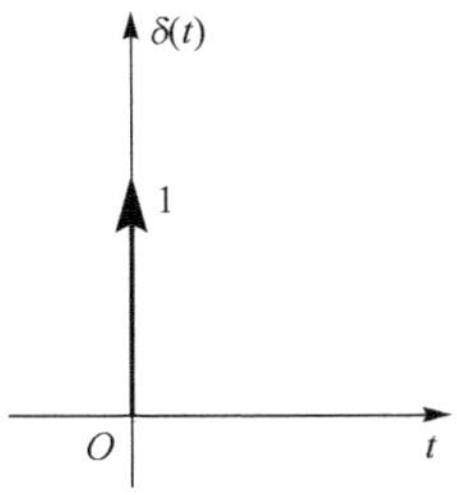

图 6-3

δ 函数具有下列**性质**.

(1) **筛选性质**　设 $f(t)$ 是任意的连续函数，则有

$$\int_{-\infty}^{+\infty}\delta(t)f(t)\mathrm{d}t=f(0). \tag{6-9}$$

证　根据式(6-8)，有

$$\begin{aligned}\int_{-\infty}^{+\infty}\delta(t)f(t)\mathrm{d}t&=\lim_{\varepsilon\to 0}\int_{-\infty}^{+\infty}\delta_{\varepsilon}(t)f(t)\mathrm{d}t\\&=\lim_{\varepsilon\to 0}\int_{0}^{\varepsilon}\frac{1}{\varepsilon}f(t)\mathrm{d}t=\lim_{\varepsilon\to 0}\frac{1}{\varepsilon}\int_{0}^{\varepsilon}f(t)\mathrm{d}t.\end{aligned}$$

由于 $f(t)$ 是连续函数，所以根据积分中值定理，有

$$\int_{-\infty}^{+\infty} \delta(t) f(t) \mathrm{d}t = \lim_{\varepsilon \to 0} \int_0^{\varepsilon} \frac{1}{\varepsilon} f(t) \mathrm{d}t = \lim_{\varepsilon \to 0} f(\theta\varepsilon) = f(0).$$

一般地，有

$$\int_{-\infty}^{+\infty} \delta(t - t_0) f(t) \mathrm{d}t = f(t_0). \tag{6-10}$$

这个性质表明，尽管 δ 函数本身没有普通意义下的函数值，但它与任何一个连续函数的乘积在 $(-\infty, +\infty)$ 上的积分却有确定的值. 因此式(6-9)和(6-10)常被人们用来定义 δ 函数，即采用检验的方式来考察某个函数是否为 δ 函数.

(2) δ 函数是偶函数，即 $\delta(t) = \delta(-t)$.

证　设 $t = -\tau$，则根据式(6-9)，有

$$\int_{-\infty}^{+\infty} \delta(-t) f(t) \mathrm{d}t = \int_{-\infty}^{+\infty} \delta(t) f(-t) \mathrm{d}t = f(0) = \int_{-\infty}^{+\infty} \delta(t) f(t) \mathrm{d}t,$$

所以 $\delta(t) = \delta(-t)$.

(3) **相似性质**　设 a 为非零实常数，则 $\delta(at) = \frac{1}{|a|}\delta(t)$.

证　设 $at = \tau$，则根据式(6-9)，当 $a > 0$ 时，有

$$\int_{-\infty}^{+\infty} \delta(at) f(t) \mathrm{d}t = \int_{-\infty}^{+\infty} \frac{1}{a} \delta(\tau) f\left(\frac{\tau}{a}\right) \mathrm{d}\tau = \frac{1}{a} f(0),$$

当 $a < 0$ 时，有

$$\int_{-\infty}^{+\infty} \delta(at) f(t) \mathrm{d}t = -\int_{-\infty}^{+\infty} \frac{1}{a} \delta(\tau) f\left(\frac{\tau}{a}\right) \mathrm{d}\tau = -\frac{1}{a} f(0),$$

故

$$\int_{-\infty}^{+\infty} \delta(at) f(t) \mathrm{d}t = \frac{1}{|a|} f(0).$$

又

$$\int_{-\infty}^{+\infty} \frac{1}{|a|} \delta(t) f(t) \mathrm{d}t = \frac{1}{|a|} f(0),$$

从而

$$\delta(at) = \frac{1}{|a|} \delta(t).$$

(4) 设 $u(t) = \begin{cases} 1, & t > 0, \\ 0, & t < 0 \end{cases}$ 为**单位阶跃函数**，则有

$$\int_{-\infty}^{t} \delta(\tau) \mathrm{d}\tau = u(t), \quad \frac{\mathrm{d}u(t)}{\mathrm{d}t} = \delta(t),$$

即 δ **函数是单位阶跃函数的导数.**

证　由 δ 函数的定义知，当 $t<0$ 时，有

$$\int_{-\infty}^{t}\delta(\tau)\mathrm{d}\tau=0,$$

当 $t>0$ 时，有

$$\int_{-\infty}^{t}\delta(\tau)\mathrm{d}\tau=\int_{-\infty}^{+\infty}\delta(\tau)\mathrm{d}\tau=1,$$

所以

$$\int_{-\infty}^{t}\delta(\tau)\mathrm{d}\tau=\begin{cases}1, & t>0\\ 0, & t<0\end{cases}$$
$$=u(t).$$

于是

$$\frac{\mathrm{d}u(t)}{\mathrm{d}t}=\delta(t).$$

(5) 设函数 $f(t)$ 具有任意阶的导数，则有

$$\int_{-\infty}^{+\infty}\delta'(t)f(t)\mathrm{d}t=-f'(0).$$

证　利用分部积分及根据式(6-8)，有

$$\int_{-\infty}^{+\infty}\delta'(t)f(t)\mathrm{d}t=-\int_{-\infty}^{+\infty}\delta(t)f'(t)\mathrm{d}t=-f'(0).$$

一般地，有

$$\int_{-\infty}^{+\infty}\delta^{(n)}(t)f(t)\mathrm{d}t=(-1)^n f^{(n)}(0),$$

$$\int_{-\infty}^{+\infty}\delta^{(n)}(t-t_0)f(t)\mathrm{d}t=(-1)^n f^{(n)}(t_0).$$

例 6.8　计算下列积分：

(1) $\int_{-\infty}^{+\infty}\delta(2t-1)\sin\frac{\pi}{2}t\mathrm{d}t$；　　　(2) $\int_{-\infty}^{+\infty}\delta'(t-2)(t^2+3)\mathrm{d}t$.

解　(1) 根据 δ 函数的性质(1)、(3)，可得

$$\int_{-\infty}^{+\infty}\delta(2t-1)\sin\frac{\pi}{2}t\mathrm{d}t=\int_{-\infty}^{+\infty}\frac{1}{2}\delta\left(t-\frac{1}{2}\right)\sin\frac{\pi}{2}t\mathrm{d}t$$
$$=\frac{1}{2}\int_{-\infty}^{+\infty}\delta\left(t-\frac{1}{2}\right)\sin\frac{\pi}{2}t\mathrm{d}t=\frac{1}{2}\left(\sin\frac{\pi}{2}t\right)\bigg|_{t=\frac{1}{2}}=\frac{\sqrt{2}}{4}.$$

(2) 根据 δ 函数的性质(5)，可得

$$\int_{-\infty}^{+\infty}\delta'(t-2)(t^2+3)\mathrm{d}t=-(t^2+3)'\big|_{t=2}=-4.$$

6.2.3 单位脉冲函数的 Fourier 变换

在定义 6.1 中，我们给出的 Fourier 变换定义，要求函数 $f(t)$ 满足 Fourier 积分定理的条件. 然而在物理学和工程技术中，有许多简单、常用的函数却不能满足 Fourier 积分定理中的绝对可积条件

$$\int_{-\infty}^{+\infty}|f(t)|\mathrm{d}t<+\infty,$$

如常数、单位阶跃函数、符号函数以及正、余弦函数等，这无疑就限制了 Fourier 变换的应用. 那么就要引入广义 Fourier 变换的概念.

根据式(6-6)和(6-9)，可以求出 δ 函数的 Fourier 变换：

$$F(\omega)=\mathscr{F}[\delta(t)]=\int_{-\infty}^{+\infty}\delta(t)\mathrm{e}^{-\mathrm{i}\omega t}\,\mathrm{d}t=\mathrm{e}^{-\mathrm{i}\omega t}\big|_{t=0}=1.$$

可见，单位脉冲函数 $\delta(t)$ 与常数 1 构成了一个 Fourier 变换对. 同理，$\delta(t-t_0)$ 与 $\mathrm{e}^{-\mathrm{i}\omega t_0}$ 也构成了一个 Fourier 变换对.

根据式(6-7)，有

$$\mathscr{F}^{-1}[1]=\frac{1}{2\pi}\int_{-\infty}^{+\infty}\mathrm{e}^{\mathrm{i}\omega t}\,\mathrm{d}\omega=\delta(t),$$

即

$$\int_{-\infty}^{+\infty}\mathrm{e}^{\mathrm{i}\omega t}\,\mathrm{d}\omega=2\pi\delta(t), \tag{6-11}$$

这是一个关于 δ 函数的重要公式.

需要注意的是，这里 $\delta(t)$ 的 Fourier 变换仍旧采用 Fourier 变换古典定义的形式，但此时的广义积分已经不是普通意义下的积分值，而是根据 δ 函数的定义和性质直接给出的，所以称 δ 函数的 Fourier 变换为**广义 Fourier 变换**. 由于广义 Fourier 变换的理论较为复杂，所以不予讨论. 但广义 Fourier 变换的定义与古典意义下的 Fourier 变换的定义在形式上完全相同. 因此运用这一概念，就可以很方便的得到工程技术上许多重要函数的 Fourier 变换.

例 6.9 求下列函数的 Fourier 变换：

(1) 1； (2) $\mathrm{e}^{\mathrm{i}\omega_0 t}$； (3) $\cos\omega_0 t$.

解 根据式(6-6)、(6-11)及 δ 函数的性质(2)，有

(1) $\mathscr{F}[1]=\int_{-\infty}^{+\infty}\mathrm{e}^{-\mathrm{i}\omega t}\,\mathrm{d}t=2\pi\delta(-\omega)=2\pi\delta(\omega)$.

(2) $\mathscr{F}[e^{i\omega_0 t}] = \int_{-\infty}^{+\infty} e^{i\omega_0 t} e^{-i\omega t}\,dt = \int_{-\infty}^{+\infty} e^{i(\omega_0-\omega)t}\,dt$

$= 2\pi\delta(\omega_0-\omega) = 2\pi\delta(\omega-\omega_0).$

(3)利用欧拉公式，有

$$\begin{aligned}\mathscr{F}[\cos\omega_0 t] &= \int_{-\infty}^{+\infty} e^{-i\omega t}\cos\omega_0 t\,dt \\ &= \int_{-\infty}^{+\infty} \frac{1}{2}(e^{i\omega_0 t}+e^{-i\omega_0 t})e^{-i\omega t}\,dt \\ &= \frac{1}{2}\int_{-\infty}^{+\infty}(e^{-i(\omega-\omega_0)t}+e^{-i(\omega+\omega_0)t})dt \\ &= \pi[\delta(\omega-\omega_0)+\delta(\omega+\omega_0)].\end{aligned}$$

同理可得

$$\mathscr{F}[\sin\omega_0 t] = i\pi[\delta(\omega+\omega_0)-\delta(\omega-\omega_0)].$$

例 6.10　证明单位阶跃函数$u(t)=\begin{cases}1, & t>0\\ 0, & t<0\end{cases}$的 Fourier 变换为$\frac{1}{i\omega}+\pi\delta(\omega)$.

证　若$F(\omega)=\mathscr{F}[f(t)]=\frac{1}{i\omega}+\pi\delta(\omega)$，则根据式(6-7)，有

$$\begin{aligned}f(t)=\mathscr{F}^{-1}[F(\omega)] &= \frac{1}{2\pi}\int_{-\infty}^{+\infty}\left[\frac{1}{i\omega}+\pi\delta(\omega)\right]e^{i\omega t}d\omega \\ &= \frac{1}{2\pi i}\int_{-\infty}^{+\infty}\frac{1}{\omega}e^{i\omega t}d\omega+\frac{1}{2}\int_{-\infty}^{+\infty}\delta(\omega)e^{i\omega t}d\omega \\ &= \frac{1}{\pi}\int_0^{+\infty}\frac{\sin\omega t}{\omega}d\omega+\frac{1}{2},\end{aligned}$$

由$\int_0^{+\infty}\frac{\sin\omega}{\omega}d\omega=\frac{\pi}{2}$，得

$$\int_0^{+\infty}\frac{\sin\omega t}{\omega}d\omega=\begin{cases}\frac{\pi}{2}, & t>0,\\ 0, & t=0,\\ -\frac{\pi}{2}, & t<0,\end{cases}$$

于是当$t\neq 0$时，得

$$\begin{aligned}f(t)=\mathscr{F}^{-1}[F(\omega)] &= \frac{1}{\pi}\int_0^{+\infty}\frac{\sin\omega t}{\omega}d\omega+\frac{1}{2}=\begin{cases}1, & t>0\\ 0, & t<0\end{cases} \\ &= u(t).\end{aligned}$$

在上面的讨论中，我们得到了几对**常用的 Fourier 变换对**：$\delta(t)$ 与 1；1 与 $2\pi\delta(\omega)$；

$e^{i\omega_0 t}$ 与 $2\pi\delta(\omega-\omega_0)$；$u(t)$ 与 $\dfrac{1}{i\omega}+\pi\delta(\omega)$；$\cos\omega_0 t$ 与 $\pi[\delta(\omega-\omega_0)+\delta(\omega+\omega_0)]$；$\sin\omega_0 t$ 与 $i\pi[\delta(\omega+\omega_0)-\delta(\omega-\omega_0)]$ 等，这些变换对在今后的做题中经常用到，需要熟练掌握.

6.3 Fourier 变换的性质

本节将介绍 Fourier 变换的几个重要性质. 为了叙述方便，假设在以下性质中所涉及的函数都满足 Fourier 积分定理的条件. 这里还需要指出，广义 Fourier 变换的性质(除象函数的积分性质外)与古典 Fourier 变换的性质在形式上都相同.

6.3.1 线性性质

设 $F_1(\omega)=\mathscr{F}[f_1(t)]$，$F_2(\omega)=\mathscr{F}[f_2(t)]$，$\alpha,\beta$ 都是常数，则

$$\mathscr{F}[\alpha f_1(t)+\beta f_2(t)]=\alpha F_1(\omega)+\beta F_2(\omega), \tag{6-12}$$

$$\mathscr{F}^{-1}[\alpha F_1(\omega)+\beta F_2(\omega)]=\alpha f_1(t)+\beta f_2(t). \tag{6-13}$$

这个性质的证明可由 Fourier 变换和 Fourier 逆变换的定义及积分性质直接推出. 式(6-12)表明，两个函数线性组合的 Fourier 变换等于这两个函数的 Fourier 变换的线性组合. 这一结论对 Fourier 逆变换同样成立. 这一性质使得 Fourier 变换在线性系统的分析中起着非常重要的作用. 线性性质可以推广到有限个函数的情形.

例 6.11　求符号函数 $\operatorname{sgn} t=\begin{cases}1, & t>0,\\ -1, & t<0\end{cases}$ 的 Fourier 变换.

解　由于 $\operatorname{sgn} t=2u(t)-1$，又 $\mathscr{F}[u(t)]=\dfrac{1}{i\omega}+\pi\delta(\omega)$，$\mathscr{F}[1]=2\pi\delta(\omega)$，所以根据式(6-12)，有

$$\begin{aligned}\mathscr{F}[\operatorname{sgn} t]&=2\mathscr{F}[u(t)]-\mathscr{F}[1]\\&=2\left[\frac{1}{i\omega}+\pi\delta(\omega)\right]-2\pi\delta(\omega)=\frac{2}{i\omega}.\end{aligned}$$

例 6.12　求函数 $\sin^2 t$ 的 Fourier 变换.

解　由于 $\sin^2 t=\dfrac{1}{2}(1-\cos 2t)$，又 $\mathscr{F}[\cos 2t]=\pi[\delta(\omega-2)+\delta(\omega+2)]$，$\mathscr{F}[1]=2\pi\delta(\omega)$，所以根据式(6-12)，有

$$\begin{aligned}\mathscr{F}[\sin^2 t]&=\frac{1}{2}(\mathscr{F}[1]-\mathscr{F}[\cos 2t])\\&=\frac{1}{2}\{2\pi\delta(\omega)-\pi[\delta(\omega-2)+\delta(\omega+2)]\}\\&=\frac{\pi}{2}[2\delta(\omega)-\delta(\omega-2)-\delta(\omega+2)].\end{aligned}$$

6.3.2　位移性质

1. 象原函数的位移

$$\mathscr{F}[f(t\pm t_0)]=\mathrm{e}^{\pm\mathrm{i}\omega t_0}\mathscr{F}[f(t)].\tag{6-14}$$

证　根据 Fourier 变换的定义，令 $t\pm t_0=\tau$，则

$$\begin{aligned}\mathscr{F}[f(t\pm t_0)]&=\int_{-\infty}^{+\infty}f(t\pm t_0)\mathrm{e}^{-\mathrm{i}\omega t}\,\mathrm{d}t\\&=\int_{-\infty}^{+\infty}f(\tau)\mathrm{e}^{-\mathrm{i}\omega(\tau\mp t_0)}\,\mathrm{d}\tau\\&=\mathrm{e}^{\pm\mathrm{i}\omega t_0}\int_{-\infty}^{+\infty}f(\tau)\mathrm{e}^{-\mathrm{i}\omega\tau}\,\mathrm{d}\tau=\mathrm{e}^{\pm\mathrm{i}\omega t_0}\mathscr{F}[f(t)].\end{aligned}$$

式(6-14)表明，时间函数 $f(t)$ 沿 t 轴向左或向右位移 t_0 单位的 Fourier 变换等于 $f(t)$ 的 Fourier 变换乘以因子 $\mathrm{e}^{\mathrm{i}\omega t_0}$ 或 $\mathrm{e}^{-\mathrm{i}\omega t_0}$. 它的物理意义是：当一个函数(信号)沿时间轴移动后，它的振幅频谱不发生变化，但相位频谱发生变化.

2. 象函数的位移

设 $F(\omega)=\mathscr{F}[f(t)]$，则

$$\mathscr{F}^{-1}[F(\omega\mp\omega_0)]=f(t)\mathrm{e}^{\pm\mathrm{i}\omega_0 t}.\tag{6-15}$$

式(6-15)的证明与式(6-14)类似. 这个性质表明，频谱函数 $F(\omega)$ 沿 ω 轴向右或向左位移 ω_0 的 Fourier 逆变换等于原来的函数 Fourier 逆变换乘以因子 $\mathrm{e}^{\mathrm{i}\omega_0 t}$ 或 $\mathrm{e}^{-\mathrm{i}\omega_0 t}$. 此性质在通信技术中被用来进行频谱移动.

注意　我们常常用式(6-15)计算 $\mathscr{F}[f(t)\mathrm{e}^{\pm\mathrm{i}\omega_0 t}]$，即

$$\mathscr{F}[f(t)\mathrm{e}^{\pm\mathrm{i}\omega_0 t}]=F(\omega\mp\omega_0).$$

例 6.13　求函数 $f(t)=\dfrac{1}{2}[\delta(t+1)+\delta(t-1)]$ 的 Fourier 变换.

解　由于 $\mathscr{F}[\delta(t)]=1$，所以根据式(6-12)和(6-14)，有

$$\begin{aligned}\mathscr{F}[f(t)]&=\frac{1}{2}\{\mathscr{F}[\delta(t+1)]+\mathscr{F}[\delta(t-1)]\}\\&=\frac{1}{2}\{\mathrm{e}^{\mathrm{i}\omega}\mathscr{F}[\delta(t)]+\mathrm{e}^{-\mathrm{i}\omega}\mathscr{F}[\delta(t)]\}\\&=\frac{1}{2}[\mathrm{e}^{\mathrm{i}\omega}+\mathrm{e}^{-\mathrm{i}\omega}]=\cos\omega.\end{aligned}$$

例 6.14　设 $F(\omega)=\mathscr{F}[f(t)]$，求 $\mathscr{F}[f(t)\sin\omega_0 t]$.

解　利用欧拉公式和(6-15)式，有

$$\begin{aligned}\mathscr{F}[f(t)\sin\omega_0 t] &= \frac{1}{2\mathrm{i}}\mathscr{F}[f(t)(\mathrm{e}^{\mathrm{i}\omega_0 t}-\mathrm{e}^{-\mathrm{i}\omega_0 t})]\\ &= \frac{1}{2\mathrm{i}}\{\mathscr{F}[f(t)\mathrm{e}^{\mathrm{i}\omega_0 t}]-\mathscr{F}[f(t)\mathrm{e}^{-\mathrm{i}\omega_0 t}]\}\\ &= \frac{1}{2\mathrm{i}}[F(\omega-\omega_0)-F(\omega+\omega_0)]\\ &= \frac{\mathrm{i}}{2}[F(\omega+\omega_0)-F(\omega-\omega_0)].\end{aligned}$$

同理可得

$$\mathscr{F}[f(t)\cos\omega_0 t] = \frac{1}{2}[F(\omega-\omega_0)+F(\omega+\omega_0)].$$

6.3.3 相似性质

设 $F(\omega)=\mathscr{F}[f(t)]$，$a$ 为非零实常数，则

$$\mathscr{F}[f(at)] = \frac{1}{|a|}F\left(\frac{\omega}{a}\right). \tag{6-16}$$

特别地，若取 $a=-1$，则可得**翻转性质**

$$\mathscr{F}[f(-t)] = F(-\omega). \tag{6-17}$$

证 当 $a>0$ 时，令 $u=at$，则有

$$\mathscr{F}[f(at)] = \int_{-\infty}^{+\infty} f(at)\mathrm{e}^{-\mathrm{i}\omega t}\,\mathrm{d}t = \frac{1}{a}\int_{-\infty}^{+\infty} f(u)\mathrm{e}^{-\mathrm{i}\frac{\omega}{a}u}\,\mathrm{d}u = \frac{1}{a}F\left(\frac{\omega}{a}\right).$$

当 $a<0$ 时，令 $u=at$，则有

$$\mathscr{F}[f(at)] = \int_{-\infty}^{+\infty} f(at)\mathrm{e}^{-\mathrm{i}\omega t}\,\mathrm{d}t = -\frac{1}{a}\int_{-\infty}^{+\infty} f(u)\mathrm{e}^{-\mathrm{i}\frac{\omega}{a}u}\,\mathrm{d}u = -\frac{1}{a}F\left(\frac{\omega}{a}\right).$$

故得出式(6-16).

此性质表明，当一个函数的图像变窄或变宽时，频谱函数 $F(\omega)$ 的图像将相应地变宽变矮或变窄变高.

例 6.15 设 $F(\omega)=\mathscr{F}[f(t)]$，求 $\mathscr{F}[f(2t-1)]$.

解 由于 $f(2t-1)=f\left[2\left(t-\frac{1}{2}\right)\right]$，根据式(6-16)，有

$$\mathscr{F}[f(2t)] = \frac{1}{2}F\left(\frac{\omega}{2}\right),$$

于是再根据式(6-14)，有

$$\mathscr{F}[f(2t-1)] = \frac{1}{2}\mathrm{e}^{-\frac{1}{2}\omega\mathrm{i}}F\left(\frac{\omega}{2}\right).$$

6.3.4 对称性质

设 $F(\omega)=\mathscr{F}[f(t)]$，$a$ 为非零常数，则

$$\mathscr{F}[F(t)]=2\pi f(-\omega). \tag{6-18}$$

证　根据 Fourier 逆变换的定义，有

$$f(t)=\frac{1}{2\pi}\int_{-\infty}^{+\infty}F(\omega)\mathrm{e}^{\mathrm{i}\omega t}\,\mathrm{d}\omega,$$

于是

$$f(-t)=\frac{1}{2\pi}\int_{-\infty}^{+\infty}F(\omega)\mathrm{e}^{-\mathrm{i}\omega t}\,\mathrm{d}\omega,$$

将 t 与 ω 互换，可得

$$f(-\omega)=\frac{1}{2\pi}\int_{-\infty}^{+\infty}F(t)\mathrm{e}^{-\mathrm{i}\omega t}\,\mathrm{d}t=\frac{1}{2\pi}\mathscr{F}[F(t)],$$

故式(6-18)得证.

该性质表明，Fourier 变换与 Fourier 逆变换的对称关系.

例 6.16　设 $f(t)=\begin{cases}1, & |t|<1,\\ 0, & |t|>1,\end{cases}$ 且 $\mathscr{F}[f(t)]=\dfrac{2\sin\omega}{\omega}$. 求 $\mathscr{F}\left[\dfrac{2\sin t}{t}\right]$.

解　由式(6-18)，得

$$\mathscr{F}\left[\frac{2\sin t}{t}\right]=2\pi f(-\omega)=\begin{cases}2\pi, & |\omega|<1,\\ 0, & |\omega|>1.\end{cases}$$

6.3.5 微分性质

1. 导数的象函数

设 $f'(t)$ 在 $(-\infty,+\infty)$ 上连续或只有有限个可去间断点，且 $\lim\limits_{|t|\to+\infty}f(t)=0$，则

$$\mathscr{F}[f'(t)]=\mathrm{i}\omega\mathscr{F}[f(t)]. \tag{6-19}$$

证　根据 Fourier 变换的定义，并利用分部积分，有

$$\begin{aligned}\mathscr{F}[f'(t)]&=\int_{-\infty}^{+\infty}f'(t)\mathrm{e}^{-\mathrm{i}\omega t}\,\mathrm{d}t\\&=f(t)\mathrm{e}^{-\mathrm{i}\omega t}\Big|_{-\infty}^{+\infty}+\mathrm{i}\omega\int_{-\infty}^{+\infty}f(t)\mathrm{e}^{-\mathrm{i}\omega t}\,\mathrm{d}t\\&=\mathrm{i}\omega\mathscr{F}[f(t)].\end{aligned}$$

式(6-19)表明，一个函数的导数的 Fourier 变换等于这个函数的 Fourier 变换乘以因子 $\mathrm{i}\omega$.

推论　设 $f^{(k)}(t)(k=1,2,\cdots,n)$ 在 $(-\infty,+\infty)$ 上连续或只有有限个可去间断点，且 $\lim\limits_{|t|\to+\infty} f^{(k)}(t)=0\ (k=1,2,\cdots,n-1)$，则

$$\mathscr{F}[f^{(n)}(t)]=(\mathrm{i}\,\omega)^n\mathscr{F}[f(t)]. \tag{6-20}$$

显然，利用 Fourier 变换的微分性质能将函数的微分运算转化为象函数的代数运算，后面我们将看到 Fourier 变换在微分方程求解中起着重要的作用.

2. 象函数的导数

设 $F(\omega)=\mathscr{F}[f(t)]$，则

$$\frac{\mathrm{d}}{\mathrm{d}\omega}F(\omega)=\mathscr{F}[-\mathrm{i}t\, f(t)]. \tag{6-21}$$

证

$$\begin{aligned}\frac{\mathrm{d}}{\mathrm{d}\omega}F(\omega)&=\frac{\mathrm{d}}{\mathrm{d}\omega}\int_{-\infty}^{+\infty}f(t)\mathrm{e}^{-\mathrm{i}\omega t}\,\mathrm{d}t=\int_{-\infty}^{+\infty}f(t)\frac{\mathrm{d}}{\mathrm{d}\omega}(\mathrm{e}^{-\mathrm{i}\omega t})\mathrm{d}t\\&=-\mathrm{i}\int_{-\infty}^{+\infty}tf(t)\mathrm{e}^{-\mathrm{i}\omega t}\mathrm{d}t=\mathscr{F}[-\mathrm{i}t\, f(t)]\end{aligned}$$

一般地，有

$$\frac{\mathrm{d}^n}{\mathrm{d}\omega^n}F(\omega)=(-\mathrm{i})^n\mathscr{F}[t^n f(t)]. \tag{6-22}$$

注意　常常用象函数的导数公式来计算 $\mathscr{F}[t^n\ f(t)]$.

例 6.17　求 $\mathscr{F}[|t|]$ 及 $\mathscr{F}[1+3\delta''(t)]$.

解　由于 $|t|=t\operatorname{sgn}t$，而由例 6.11 可知，$\mathscr{F}[\operatorname{sgn}t]=\dfrac{2}{\mathrm{i}\omega}$，所以根据式(6-21)，有

$$\mathscr{F}[|t|]=\mathscr{F}[t\operatorname{sgn}t]=\mathrm{i}\left(\frac{2}{\mathrm{i}\omega}\right)'=-\frac{2}{\omega^2}.$$

由于 $\mathscr{F}[1]=2\pi\delta(\omega)$，$\mathscr{F}[\delta(t)]=1$，所以根据式(6-12)、(6-20)，有

$$\begin{aligned}\mathscr{F}[1+3\delta''(t)]&=\mathscr{F}[1]+3\mathscr{F}[\delta''(t)]\\&=2\pi\delta(\omega)+3(\mathrm{i}\,\omega)^2\mathscr{F}[\delta(t)]\\&=2\pi\delta(\omega)-3\omega^2.\end{aligned}$$

6.3.6　积分性质

设 $\mathrm{g}(t)=\int_{-\infty}^{t}f(t)\mathrm{d}t$，若 $\lim\limits_{t\to+\infty}g(t)=0$，则

$$\mathscr{F}\left[\int_{-\infty}^{t}f(t)\mathrm{d}t\right]=\frac{1}{\mathrm{i}\omega}\mathscr{F}[f(t)]. \tag{6-23}$$

证　由于 $g'(t)=f(t)$，所以根据式(6-19)，有

$$\mathscr{F}[f(t)]=\mathscr{F}[g'(t)]=\mathrm{i}\,\omega\mathscr{F}[g(t)]=\mathrm{i}\,\omega\mathscr{F}\left[\int_{-\infty}^{t}f(t)\mathrm{d}t\right],$$

故

$$\mathscr{F}\left[\int_{-\infty}^{t}f(t)\mathrm{d}t\right]=\frac{1}{\mathrm{i}\,\omega}\mathscr{F}[f(t)].$$

此性质表明，一个函数积分后的Fourier变换等于该函数的Fourier变换除以因子 $\mathrm{i}\omega$.

设 $F(\omega)=\mathscr{F}[f(t)]$. 如果

$$\lim_{t\to+\infty}g(t)=\int_{-\infty}^{+\infty}f(t)\mathrm{d}t=\int_{-\infty}^{+\infty}f(t)\mathrm{e}^{-\mathrm{i}\omega t}\,\mathrm{d}t\Big|_{\omega=0}=F(0)\neq 0,$$

则对 $g(t)$ 不能应用微分性质，从而式(6-23)不成立. 此时，积分性质(6-23)要修改为

$$\mathscr{F}\left[\int_{-\infty}^{t}f(t)\mathrm{d}t\right]=\frac{1}{\mathrm{i}\,\omega}F(\omega)+\pi F(0)\delta(\omega). \tag{6-24}$$

证　取 $\varphi(t)=g(t)-F(0)u(t)$，则有

$$\lim_{t\to-\infty}\varphi(t)=\lim_{t\to-\infty}g(t)=0,$$

$$\lim_{t\to+\infty}\varphi(t)=\lim_{t\to+\infty}g(t)-F(0)=0.$$

因此，可对 $\varphi(t)$ 应用微分性质. 又 $u'(t)=\delta(t)$，所以 $\varphi'(t)=g'(t)-F(0)\delta(t)$. 而 $\mathscr{F}[u(t)]=\dfrac{1}{\mathrm{i}\,\omega}+\pi\,\delta(\omega)$，$\mathscr{F}[\delta(t)]=1$，根据式(6-19)，得

$$\begin{aligned}F(\omega)-F(0)&=\mathscr{F}[f(t)-F(0)\delta(t)]=\mathscr{F}[\varphi'(t)]=\mathrm{i}\omega\mathscr{F}[\varphi(t)]\\&=\mathrm{i}\omega\mathscr{F}[g(t)]-\mathrm{i}\omega F(0)\left[\frac{1}{\mathrm{i}\omega}+\pi\delta(\omega)\right],\\&=\mathrm{i}\omega\mathscr{F}[g(t)]-F(0)-\mathrm{i}\omega\pi F(0)\delta(\omega),\end{aligned}$$

移项，得

$$\mathrm{i}\,\omega\mathscr{F}[g(t)]=F(\omega)+\mathrm{i}\omega\pi F(0)\delta(\omega),$$

故由上式可推出式(6-24)成立.

显然，当 $\lim\limits_{t\to+\infty}g(t)=0$，即 $F(0)=0$ 时，由式(6-24)得到式(6-23). 式(6-24)是广义Fourier变换的积分性质，这是广义Fourier变换的性质与古典意义下的Fourier变换的性质在形式上唯一不相同之处.

例 6.18　已知 $F(\omega)=\mathscr{F}[f(t)]$，$\mathrm{g}(t)=\int_{-\infty}^{t}tf(t)\mathrm{d}t$，且 $\lim\limits_{t\to+\infty}g(t)=0$，求 $\mathscr{F}[g(t)]$.

解　根据式(6-23)和式(6-21)，有

$$\mathscr{F}[g(t)]=\frac{1}{\mathrm{i}\,\omega}[\mathrm{i}\,F'(\omega)]=\frac{1}{\omega}F'(\omega).$$

6.3.7 Parserval 等式

设 $F(\omega)=\mathscr{F}[f(t)]$，则

$$\int_{-\infty}^{+\infty} f^2(t)\mathrm{d}t=\frac{1}{2\pi}\int_{-\infty}^{+\infty}|F(\omega)|^2\mathrm{d}\omega .$$

证　由 $F(\omega)=\mathscr{F}[f(t)]=\int_{-\infty}^{+\infty} f(t)\mathrm{e}^{-\mathrm{i}\omega t}\mathrm{d}t$，有

$$\overline{F(\omega)}=\int_{-\infty}^{+\infty} f(t)\mathrm{e}^{\mathrm{i}\omega t}\mathrm{d}t,$$

所以

$$\begin{aligned}\frac{1}{2\pi}\int_{-\infty}^{+\infty}|F(\omega)|^2\mathrm{d}\omega&=\frac{1}{2\pi}\int_{-\infty}^{+\infty}F(\omega)\overline{F(\omega)}\mathrm{d}\omega\\&=\frac{1}{2\pi}\int_{-\infty}^{+\infty}F(\omega)\left[\int_{-\infty}^{+\infty}f(t)\mathrm{e}^{\mathrm{i}\omega t}\mathrm{d}t\right]\mathrm{d}\omega\\&=\int_{-\infty}^{+\infty}f(t)\left[\frac{1}{2\pi}\int_{-\infty}^{+\infty}F(\omega)\mathrm{e}^{\mathrm{i}\omega t}\mathrm{d}\omega\right]\mathrm{d}t\\&=\int_{-\infty}^{+\infty}f^2(t)\mathrm{d}t.\end{aligned}$$

$|F(\omega)|^2$ 称为**能量密度函数**，它决定函数 $f(t)$ 的能量分布规律. 将 $|F(\omega)|^2$ 对所有频率积分就得到 $f(t)$ 的总能量 $\int_{-\infty}^{+\infty} f^2(t)\mathrm{d}t$，故 Parserval 等式又称为**能量积分**.

例 6.19　计算积分 $\int_{-\infty}^{+\infty}\frac{\sin^2 t}{t^2}\mathrm{d}t$.

解　由例 6.16 知，$\mathscr{F}\left[\frac{\sin t}{t}\right]=\begin{cases}\pi, & |\omega|<1,\\ 0, & |\omega|>1,\end{cases}$ 所以根据 Parserval 等式

$$\int_{-\infty}^{+\infty} f^2(t)\mathrm{d}t=\frac{1}{2\pi}\int_{-\infty}^{+\infty}|F(\omega)|^2\mathrm{d}\omega$$

有

$$\int_{-\infty}^{+\infty}\frac{\sin^2 t}{t^2}\mathrm{d}t=\frac{1}{2\pi}\int_{-\infty}^{+\infty}|F(\omega)|^2\mathrm{d}\omega=\frac{1}{2\pi}\int_{-1}^{1}\pi^2\mathrm{d}\omega=\pi .$$

6.4　卷积与卷积定理

卷积是由参变量的广义积分定义的函数，与 Fourier 变换有着密切的联系，它在线性系统的分析中起着重要的作用.

6.4.1 卷积的概念

定义 6.3 设 $f_1(t)$ 和 $f_2(t)$ 在 $(-\infty,+\infty)$ 内有定义，若广义积分

$$\int_{-\infty}^{+\infty} f_1(\tau)f_2(t-\tau)\mathrm{d}\tau$$

对任何实数 t 都收敛，则称它所确定的关于自变量 t 的函数为 $f_1(t)$ 和 $f_2(t)$ 的**卷积**，记作 $f_1(t)*f_2(t)$，即

$$f_1(t)*f_2(t)=\int_{-\infty}^{+\infty} f_1(\tau)f_2(t-\tau)\mathrm{d}\tau. \tag{6-25}$$

卷积满足下列运算规则：

(1) **交换律** $f_1(t)*f_2(t)=f_2(t)*f_1(t)$；

(2) **结合律** $[f_1(t)*f_2(t)]*f_3(t)=f_1(t)*[f_2(t)*f_3(t)]$；

(3) **分配律** $f_1(t)*[f_2(t)+f_3(t)]=f_1(t)*f_2(t)+f_1(t)*f_3(t)$；

(4) **数乘结合律** $a[f_1(t)*f_2(t)]=[a\ f_1(t)]*f_2(t)=f_1(t)*[a\ f_2(t)]$，其中 a 为常数.

证 (1) 根据卷积的定义，令 $t-\tau=u$，则 $\mathrm{d}\tau=-\mathrm{d}u$，于是

$$\begin{aligned}f_1(t)*f_2(t)&=\int_{-\infty}^{+\infty} f_1(\tau)f_2(t-\tau)\mathrm{d}\tau\\&=\int_{-\infty}^{+\infty} f_1(t-u)f_2(u)\mathrm{d}u\\&=f_2(t)*f_1(t).\end{aligned}$$

(2) 由交换律以及交换积分次序，可得

$$\begin{aligned}[f_1(t)*f_2(t)]*f_3(t)&=\left[\int_{-\infty}^{+\infty} f_1(\tau)f_2(t-\tau)\mathrm{d}\tau\right]*f_3(t)\\&=\int_{-\infty}^{+\infty}\left[\int_{-\infty}^{+\infty} f_1(\tau)f_2(t-u-\tau)\mathrm{d}\tau\right]f_3(u)\mathrm{d}u\\&=\int_{-\infty}^{+\infty} f_1(\tau)\left[\int_{-\infty}^{+\infty} f_3(u)f_2(t-u-\tau)\mathrm{d}u\right]\mathrm{d}\tau\\&=f_1(t)*\int_{-\infty}^{+\infty} f_3(u)f_2(t-u)\mathrm{d}u\\&=f_1(t)*[f_2(t)*f_3(t)].\end{aligned}$$

(3) 根据卷积的定义，有

$$\begin{aligned}f_1(t)*[f_2(t)+f_3(t)]&=\int_{-\infty}^{+\infty} f_1(\tau)[f_2(t-\tau)+f_3(t-\tau)]\mathrm{d}\tau\\&=\int_{-\infty}^{+\infty} f_1(\tau)f_2(t-\tau)\mathrm{d}\tau+\int_{-\infty}^{+\infty} f_1(\tau)f_3(t-\tau)\mathrm{d}\tau\\&=f_1(t)*f_2(t)+f_1(t)*f_3(t).\end{aligned}$$

数乘结合律是显然的.

例 6.20　设 $f_1(t)=\begin{cases}0, & t<0,\\ 1, & t\geqslant 0,\end{cases}$ $f_2(t)=\begin{cases}0, & t<0,\\ e^{-t}, & t\geqslant 0,\end{cases}$ 求 $f_1(t)*f_2(t)$.

解法一　图 6-4(*a*)和(*b*)分别表示 $f_1(\tau)$ 和 $f_2(t-\tau)$ 的图形.

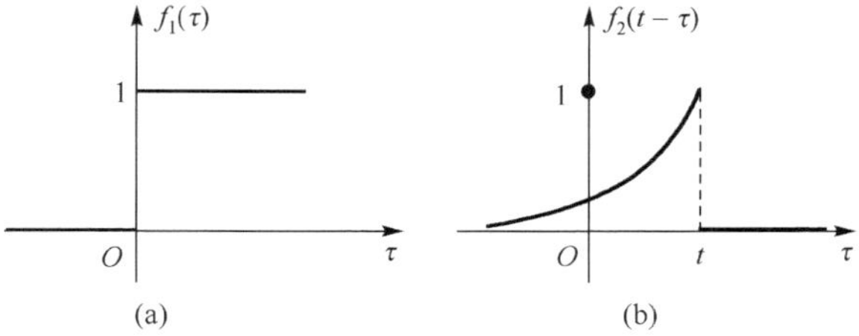

图 6-4

由图 6-4 可以看出，当 $t<0$ 时，$f_1(\tau)f_2(t-\tau)=0$，所以根据式(6-25)，有

$$f_1(t)*f_2(t)=\int_{-\infty}^{+\infty}f_1(\tau)f_2(t-\tau)\mathrm{d}\tau=0.$$

当 $t\geqslant 0$ 时，$f_1(\tau)f_2(t-\tau)\neq 0$ 的区间为 $[0,t]$，所以根据式(6-25)，有

$$\begin{aligned}f_1(t)*f_2(t)&=\int_{-\infty}^{+\infty}f_1(\tau)f_2(t-\tau)\mathrm{d}\tau=\int_0^t 1\cdot e^{-(t-\tau)}\,\mathrm{d}\tau\\&=e^{-t}\int_0^t e^{\tau}\,\mathrm{d}\tau=e^{-t}(e^t-1)=1-e^{-t}.\end{aligned}$$

故

$$f_1(t)*f_2(t)=\begin{cases}0, & t<0,\\ 1-e^{-t}, & t\geqslant 0.\end{cases}$$

由此解法可以看出，求 $f_1(t)*f_2(t)$ 的关键是画出函数 $f_2(t-\tau)$ 图形，这样就很容易确定积分限. 而函数 $f_2(t-\tau)$ 图形的画法就是在函数 $f_2(t)$ 中，把 t 换为变量 $-\tau$，同时将 $f_2(-\tau)$ 的图形关于纵轴向左或向右平行移动一个 $|t|$ 的距离，即得 $f_2(t-\tau)$ 图形.

解法二　根据卷积的定义，有

$$\begin{aligned}f_1(t)*f_2(t)&=\int_{-\infty}^{+\infty}f_1(\tau)f_2(t-\tau)\mathrm{d}\tau=\int_0^{+\infty}f_2(t-\tau)\mathrm{d}\tau\\&\xlongequal{t-\tau=u}\int_{-\infty}^{t}f_2(u)\mathrm{d}u,\end{aligned}$$

当 $t<0$ 时，有

$$f_1(t)*f_2(t)=\int_{-\infty}^{t}0\mathrm{d}u=0,$$

当 $t\geqslant 0$ 时，有

$$f_1(t)*f_2(t)=\int_{-\infty}^{0}0\mathrm{d}u+\int_0^t \mathrm{e}^{-u}\,\mathrm{d}u=1-\mathrm{e}^{-t},$$

故

$$f_1(t)*f_2(t)=\begin{cases}0, & t<0,\\ 1-\mathrm{e}^{-t}, & t\geqslant 0.\end{cases}$$

例 6.21 设 $f_1(t)=\begin{cases}1, & |t|\leqslant 1,\\ 0, & |t|>1,\end{cases}$ $f_2(t)=\begin{cases}0, & t<0,\\ t^2, & t\geqslant 0,\end{cases}$ 求 $f_1(t)*f_2(t)$.

解法一 图 6-5(a)和(b)分别表示 $f_1(\tau)$ 和 $f_2(t-\tau)$ 的图形.

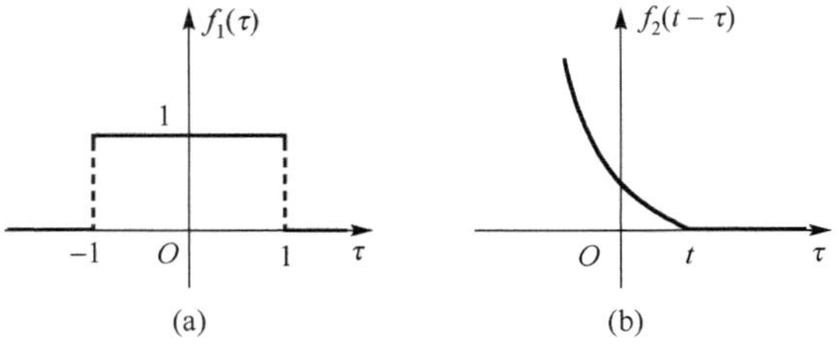

图 6-5

由图 6-5 可以看出，当 $t<-1$ 时，$f_1(\tau)f_2(t-\tau)=0$，所以根据式(6-25)，有

$$f_1(t)*f_2(t)=\int_{-\infty}^{+\infty}f_1(\tau)f_2(t-\tau)\mathrm{d}\tau=0.$$

当 $-1\leqslant t<1$ 时，根据式(6-25)，有

$$f_1(t)*f_2(t)=\int_{-\infty}^{+\infty}f_1(\tau)f_2(t-\tau)\mathrm{d}\tau=\int_{-1}^{t}1\cdot(t-\tau)^2\mathrm{d}\tau=\frac{1}{3}(t+1)^3.$$

当 $t\geqslant 1$ 时，根据式(6-25)，有

$$f_1(t)*f_2(t)=\int_{-\infty}^{+\infty}f_1(\tau)f_2(t-\tau)\mathrm{d}\tau=\int_{-1}^{1}1\cdot(t-\tau)^2\mathrm{d}\tau=\frac{2}{3}(3t^2+1).$$

故

$$f_1(t)*f_2(t)=\begin{cases}0, & t<-1,\\ \dfrac{1}{3}(t+1)^3, & 1\leqslant t<1,\\ \dfrac{2}{3}(3t^2+1), & t\geqslant 1.\end{cases}$$

解法二 根据卷积的定义，有

$$f_1(t)*f_2(t)=\int_{-\infty}^{+\infty}f_1(\tau)f_2(t-\tau)\mathrm{d}\tau=\int_{-1}^{1}f_2(t-\tau)\mathrm{d}\tau$$

$$\xlongequal{t-\tau=u}\int_{t-1}^{t+1}f_2(u)\mathrm{d}u,$$

当 $t+1<0$，即 $t<-1$ 时，有

$$f_1(t)*f_2(t)=\int_{t-1}^{t+1}0\mathrm{d}u=0,$$

当 $0\leqslant t+1<2$，即 $-1\leqslant t<1$ 时，有

$$f_1(t)*f_2(t)=\int_{0}^{t+1}u^2\mathrm{d}u=\frac{1}{3}(t+1)^3,$$

当 $t+1\geqslant 2$，即 $t\geqslant 1$ 时，有

$$f_1(t)*f_2(t)=\int_{t-1}^{t+1}u^2\mathrm{d}u=\frac{2}{3}(3t^2+1),$$

故

$$f_1(t)*f_2(t)=\begin{cases}0, & t<-1,\\ \dfrac{1}{3}(t+1)^3, & -1\leqslant t<1,\\ \dfrac{2}{3}(3t^2+1), & t\geqslant 1.\end{cases}$$

例 6.22　证明 $f(t)*\delta(t-t_0)=f(t-t_0)$.

证　根据卷积的定义，利用卷积的交换律及 δ 函数的筛选性质，有

$$\begin{aligned}f(t)*\delta(t-t_0)&=\delta(t-t_0)*f(t)=\int_{-\infty}^{+\infty}\delta(\tau-t_0)f(t-\tau)\mathrm{d}\tau\\&=f(t-\tau)\big|_{\tau=t_0}=f(t-t_0).\end{aligned}$$

此例表明，函数 $f(t)$ 与 $\delta(t-t_0)$ 的卷积相当于把函数 $f(t)$ 本身延迟 t_0 单位. 特别地，当 $t_0=0$ 时，有

$$f(t)*\delta(t)=f(t).$$

6.4.2　卷积定理

定理 6.2　设 $f_1(t)$ 和 $f_2(t)$ 都满足 Fourier 积分定理中的条件，且 $F_1(\omega)=\mathscr{F}[f_1(t)]$，$F_2(\omega)=\mathscr{F}[f_2(t)]$，则

$$\mathscr{F}[f_1(t)*f_2(t)]=F_1(\omega)\cdot F_2(\omega), \tag{6-26}$$

$$\mathscr{F}[f_1(t)\cdot f_2(t)]=\frac{1}{2\pi}F_1(\omega)*F_2(\omega). \tag{6-27}$$

证　根据 Fourier 变换的定义，有

$$\mathscr{F}[f_1(t)*f_2(t)]=\int_{-\infty}^{+\infty}[f_1(t)*f_2(t)]\mathrm{e}^{-\mathrm{i}\omega t}\,\mathrm{d}t$$

$$= \int_{-\infty}^{+\infty} \left[\int_{-\infty}^{+\infty} f_1(\tau) f_2(t-\tau) \mathrm{d}\tau \right] \mathrm{e}^{-\mathrm{i}\omega t} \mathrm{d}t$$

$$= \int_{-\infty}^{+\infty} \left[\int_{-\infty}^{+\infty} f_1(\tau) \mathrm{e}^{-\mathrm{i}\omega\tau} f_2(t-\tau) \mathrm{e}^{\mathrm{i}\omega\tau} \mathrm{d}\tau \right] \mathrm{e}^{-\mathrm{i}\omega t} \mathrm{d}t$$

$$= \int_{-\infty}^{+\infty} f_1(\tau) \mathrm{e}^{-\mathrm{i}\omega\tau} \left[\int_{-\infty}^{+\infty} f_2(t-\tau) \mathrm{e}^{-\mathrm{i}\omega(t-\tau)} \mathrm{d}t \right] \mathrm{d}\tau$$

$$\xlongequal{t-\tau=u} \int_{-\infty}^{+\infty} f_1(\tau) \mathrm{e}^{-\mathrm{i}\omega\tau} \left[\int_{-\infty}^{+\infty} f_2(u) \mathrm{e}^{-\mathrm{i}\omega u} \mathrm{d}u \right] \mathrm{d}\tau$$

$$= \int_{-\infty}^{+\infty} f_1(\tau) \mathrm{e}^{-\mathrm{i}\omega\tau} F_2(\omega) \mathrm{d}t$$

$$= F_1(\omega) \cdot F_2(\omega) .$$

同理可证式(6-27)成立.

式(6-26)表明，两个函数卷积的 Fourier 变换等于这两个函数的 Fourier 变换的乘积. 式(6-27)表明，两个函数乘积的 Fourier 变换等于这两个函数的 Fourier 变换的卷积除以 2π .

由例 6.20 可以看到，利用定义计算卷积并不是很容易的. 利用卷积定理不仅可以简化卷积的计算，即化卷积运算为乘积运算，还可以较容易地计算某些函数的 Fourier 变换.

例 6.23　设 $f(t) = \mathrm{e}^{-\beta t} u(t) \cos \omega_0 t (\beta > 0)$，求 $\mathscr{F}[f(t)]$.

解　根据式(6-27)，有

$$\mathscr{F}[f(t)] = \frac{1}{2\pi} \mathscr{F}[\mathrm{e}^{-\beta t} u(t)] * \mathscr{F}[\cos \omega_0 t] .$$

由例 6.3 与例 6.14，可知

$$\mathscr{F}[\mathrm{e}^{-\beta t} u(t)] = \frac{1}{\beta + \mathrm{i}\omega}, \quad \mathscr{F}[\cos \omega_0 t] = \pi[\delta(\omega - \omega_0) + \delta(\omega + \omega_0)] .$$

于是根据卷积的定义及δ函数的筛选性质，有

$$\mathscr{F}[f(t)] = \frac{1}{2\pi} \int_{-\infty}^{+\infty} \frac{\pi}{\beta + \mathrm{i}\tau} [\delta(\omega - \omega_0 - \tau) + \delta(\omega + \omega_0 - \tau) \mathrm{d}\tau$$

$$= \frac{1}{2} \left[\frac{1}{\beta + \mathrm{i}(\omega - \omega_0)} + \frac{1}{\beta + \mathrm{i}(\omega + \omega_0)} \right]$$

$$= \frac{\beta + \mathrm{i}\omega}{(\beta + \mathrm{i}\omega)^2 + \omega_0^2} .$$

例 6.24　求单位阶跃函数 $f_1(t)=u(t)$ 与指数衰减函数

$$f_2(t)=\begin{cases}0, & t<0\\ e^{-\beta t}, & t\geqslant 0\end{cases}\quad(\beta>0)$$

的 Fourier 变换的卷积 $F_1(\omega)*F_2(\omega)$.

解　由例 6.3 知，$\mathscr{F}[f_2(t)]=\dfrac{1}{\beta+\mathrm{i}\omega}$，于是根据卷积定理，有

$$\begin{aligned}F_1(\omega)*F_2(\omega)&=2\pi\mathscr{F}[f_1(t)\cdot f_2(t)]=2\pi\mathscr{F}[u(t)\cdot f_2(t)]\\&=2\pi\mathscr{F}[f_2(t)]=\frac{2\pi}{\beta+\mathrm{i}\omega}.\end{aligned}$$

6.5　Fourier 变换的应用

Fourier 变换作为数学工具已被广泛地运用到振动力学、电工学、无线电技术和自动控制理论等其他学科以及工程技术领域中. 如在无线电技术中，线性系统输出函数的 Fourier 变换是系统传输函数与信号 Fourier 变换的积；在数理方程中，可以通过 Fourier 变换把偏微分方程的定解问题转化为常微分方程的定解问题. 下面通过一些例子来说明 Fourier 变换的应用.

例 6.25　求解二阶常系数非齐次线性微分方程

$$y''(t)-y(t)=-f(t),$$

其中 $f(t)$ 为已知函数，$\mathscr{F}[e^{-a|t|}]=\dfrac{2a}{\omega^2+a^2}(a>0)$.

解　设 $\mathscr{F}[y(t)]=Y(\omega)$，$\mathscr{F}[f(t)]=F(\omega)$. 利用 Fourier 变换的线性性质和微分性质，对微分方程两端取 Fourier 变换，可得

$$(\mathrm{i}\omega)^2Y(\omega)-Y(\omega)=-F(\omega),$$

所以

$$Y(\omega)=\frac{1}{\omega^2+1}F(\omega).$$

又由 $\mathscr{F}[e^{-a|t|}]=\dfrac{2a}{\omega^2+a^2}(a>0)$，可知

$$\mathscr{F}^{-1}\left[\frac{1}{\omega^2+1}\right]=\frac{1}{2}e^{-|t|}.$$

于是由 Fourier 逆变换和卷积定理，可求得微分方程的解

$$y(t)=\left(\frac{1}{2}e^{-|t|}\right)*f(t)=\frac{1}{2}\int_{-\infty}^{+\infty}f(\tau)e^{-|t-\tau|}\mathrm{d}\tau.$$

例 6.26　求解积分方程

$$3y(t)=h(t)+2\int_{-\infty}^{+\infty} f(\tau)y(t-\tau)\mathrm{d}\tau\,,$$

其中 $h(t), f(t)$ 为已知函数，且 $y(t), h(t)$ 和 $f(t)$ 的 Fourier 变换都存在.

解　设 $\mathscr{F}[y(t)]=Y(\omega)$，$\mathscr{F}[h(t)]=H(\omega)$，$\mathscr{F}[f(t)]=F(\omega)$. 根据卷积的定义，知

$$\int_{-\infty}^{+\infty} f(\tau)\,y(t-\tau)\mathrm{d}\tau=f(t)*y(t)\,,$$

利用 Fourier 变换的线性性质和卷积定理，对积分方程两端取 Fourier 变换，可得

$$3Y(\omega)=H(\omega)+2F(\omega)\cdot Y(\omega)\,,$$

所以

$$Y(\omega)=\frac{H(\omega)}{3-2F(\omega)}\,.$$

于是由 Fourier 逆变换，可求得积分方程的解

$$y(t)=\frac{1}{2\pi}\int_{-\infty}^{+\infty} Y(\omega)\mathrm{e}^{\mathrm{i}\omega t}\mathrm{d}\omega=\frac{1}{2\pi}\int_{-\infty}^{+\infty}\frac{H(\omega)}{3-2F(\omega)}\mathrm{e}^{\mathrm{i}\omega t}\mathrm{d}\omega\,.$$

例 6.27　求解微分积分方程

$$y'(t)-a^2\int_{-\infty}^{t} y(\tau)\mathrm{d}\tau=\mathrm{e}^{-a|t|}\quad(a>0)\,,$$

其中 $\mathscr{F}[\mathrm{e}^{-a|t|}]=\dfrac{2a}{\omega^2+a^2}$.

解　设 $\mathscr{F}[y(t)]=Y(\omega)$. 利用 Fourier 变换的线性性质、微分性质和积分性质，对微分积分方程两端取 Fourier 变换，可得

$$\mathrm{i}\omega Y(\omega)-\frac{a^2}{\mathrm{i}\omega}Y(\omega)=\frac{2a}{\omega^2+a^2}\,,$$

所以

$$Y(\omega)=-\frac{2a\omega\mathrm{i}}{(\omega^2+a^2)^2}=\frac{\mathrm{i}}{2}\frac{\mathrm{d}}{\mathrm{d}\omega}\left(\frac{2a}{\omega^2+a^2}\right)=\frac{\mathrm{i}}{2}\mathscr{F}[-\mathrm{i}t\mathrm{e}^{-a|t|}]=\frac{1}{2}\mathscr{F}[t\mathrm{e}^{-a|t|}]\,.$$

于是由 Fourier 逆变换，可求得微分积分方程的解

$$y(t)=\frac{1}{2}t\mathrm{e}^{-a|t|}\,.$$

由上面三个例子的求解过程可以看出，用 Fourier 变换求解微分、积分方程的步骤是：先利用 Fourier 变换的线性性质、微分或积分性质对方程两端取 Fourier 变换，将其转化为关于象函数的代数方程，然后由这个代数方程解出象函数，最后对象函数取 Fourier 逆变换，便得到原方程的解.

例 6.28　求解一维热传导方程的初值问题：

$$\begin{cases}\dfrac{\partial u}{\partial t}=a^2\dfrac{\partial^2 u}{\partial x^2}+f(x,t) \quad (-\infty<x<-\infty,t>0),\\ u(x,0)=\varphi(x).\end{cases}$$

解　由于未知函数$u(x,t)$中的自变量 x 的变化范围是$(-\infty,+\infty)$，所以对方程及初值条件关于 x 取 Fourier 变换，记$\mathscr{F}[u(x,t)]=U(\omega,t)$，$\mathscr{F}[f(x,t)]=F(\omega,t)$，$\mathscr{F}[\varphi(x)]=\Phi(\omega)$，又

$$\mathscr{F}\left[\frac{\partial^2 u}{\partial x^2}\right]=-\omega^2U(\omega,t),\quad \mathscr{F}\left[\frac{\partial u}{\partial t}\right]=\frac{\mathrm{d}}{\mathrm{d}t}U(\omega,t),$$

于是求解原定解问题就转化为求解含参数 ω 的常微分方程的初值问题：

$$\begin{cases}\dfrac{\mathrm{d}U}{\mathrm{d}t}=-a^2\omega^2U+F(\omega,t),\\ U(\omega,0)=\varPhi(\omega).\end{cases}$$

由一阶非齐次线性微分方程的求解公式，可得其通解为

$$U(\omega,t)=\varPhi(\omega)\mathrm{e}^{-a^2\omega^2t}+\int_0^t F(\omega,\tau)\mathrm{e}^{-a^2\omega^2(t-\tau)}\mathrm{d}\tau .$$

对上式两端取 Fourier 逆变换，且借助于附录 I 中的公式(6)，可知

$$\mathscr{F}^{-1}[\mathrm{e}^{-a^2\omega^2t}]=\frac{1}{2a\sqrt{\pi t}}\mathrm{e}^{-\frac{x^2}{4a^2t}} .$$

再根据卷积定义和卷积定理，可得原定解问题的解

$$\begin{aligned}u(x,t)&=\mathscr{F}^{-1}[U(\omega,t)]\\&=\varphi(x)*\frac{1}{2a\sqrt{\pi t}}\mathrm{e}^{-\frac{x^2}{4a^2t}}+\int_0^t f(x,\tau)*\frac{1}{2a\sqrt{\pi(t-\tau)}}\mathrm{e}^{-\frac{x^2}{4a^2(t-\tau)}}\mathrm{d}\tau\\&=\frac{1}{2a\sqrt{\pi t}}\int_{-\infty}^{+\infty}\varphi(\zeta)\mathrm{e}^{-\frac{(x-\zeta)^2}{4a^2t}}\mathrm{d}\zeta+\frac{1}{2a\sqrt{\pi}}\int_0^t\int_{-\infty}^{+\infty}\frac{f(\zeta,t)}{\sqrt{t-\tau}}\mathrm{e}^{-\frac{(x-\zeta)^2}{4a^2(t-\tau)}}\mathrm{d}\zeta\mathrm{d}\tau.\end{aligned}$$

由例 6.27 的求解过程可以看出，利用 Fourier 变换求解偏微分方程的步骤是：先将定解问题中的未知函数看作某一个自变量的函数，对方程及定解条件关于该自变量取 Fourier 变换，把偏微分方程和定解条件化为关于象函数的常微分方程的定解问题，然后根据这个常微分方程和相应的定解条件求出象函数，最后对象函数取 Fourier 逆变换，便得到原定解问题的解.

本 章 小 结

1. Fourier 积分定理、Fourier 变换的概念

Fourier 积分定理 若函数 $f(t)$ 在 $(-\infty,+\infty)$ 上满足下列条件：

(1) 在任一有限区间上满足 Dirichlet 条件；

(2) 在无限区间 $(-\infty,+\infty)$ 上绝对可积，即积分 $\int_{-\infty}^{+\infty}|f(t)|\mathrm{d}t$ 收敛，则在 $f(t)$ 的连续点 t 处，有

$$f(t)=\frac{1}{2\pi}\int_{-\infty}^{+\infty}\left[\int_{-\infty}^{+\infty}f(\tau)\mathrm{e}^{-\mathrm{i}\omega\tau}\,\mathrm{d}\tau\right]\mathrm{e}^{\mathrm{i}\omega t}\,\mathrm{d}\omega,$$

在 $f(t)$ 的间断点 t 处，上式的左端应以 $\frac{1}{2}[f(t+0)+f(t-0)]$ 代替.

Fourier 积分公式的常见形式有：

(1) 复指数形式

$$f(t)=\frac{1}{2\pi}\int_{-\infty}^{+\infty}\left[\int_{-\infty}^{+\infty}f(\tau)\mathrm{e}^{-\mathrm{i}\omega\tau}\,\mathrm{d}\tau\right]\mathrm{e}^{\mathrm{i}\omega t}\,\mathrm{d}\omega,$$

(2) 三角形式

$$f(t)=\frac{1}{\pi}\int_{0}^{+\infty}\left[\int_{-\infty}^{+\infty}f(\tau)\cos\omega(t-\tau)\mathrm{d}\tau\right]\mathrm{d}\omega.$$

令

$$F(\omega)=\int_{-\infty}^{+\infty}f(t)\mathrm{e}^{-\mathrm{i}\omega t}\,\mathrm{d}t,$$

则

$$f(t)=\frac{1}{2\pi}\int_{-\infty}^{+\infty}F(\omega)\,\mathrm{e}^{\mathrm{i}\omega t}\mathrm{d}\omega.$$

函数 $F(\omega)$ 称为 $f(t)$ 的 Fourier 变换，记作 $F(\omega)=\mathscr{F}[f(t)]$，而函数 $f(t)$ 称为 $F(\omega)$ 的 Fourier 逆变换，记作 $f(t)=\mathscr{F}^{-1}[F(\omega)]$. $f(t)$ 与 $F(\omega)$ 构成了一个 Fourier 变换对. 在频谱分析中，$F(\omega)$ 又称为 $f(t)$ 的**频谱密度函数**，它的模 $|F(\omega)|$ 称为 $f(t)$ 的**振幅频谱**，简称**频谱**.

常见函数的 Fourier 变换有

$$\mathscr{F}[\delta(t)]=1,\quad \mathscr{F}[\delta(t-t_0)]=\mathrm{e}^{-\mathrm{i}\omega t_0},$$

$$\mathscr{F}[1]=2\pi\delta(\omega),\quad \mathscr{F}[\mathrm{e}^{\mathrm{i}\omega_0 t}]=2\pi\delta(\omega-\omega_0),$$

$$\mathscr{F}[\cos\omega_0 t]=\pi[\delta(\omega-\omega_0)+\delta(\omega+\omega_0)],$$

$$\mathscr{F}[\sin\omega_0 t]=\mathrm{i}\pi[\delta(\omega+\omega_0)-\delta(\omega-\omega_0)],$$

$$\mathscr{F}[\mathrm{e}^{-\beta t}u(t)]=\frac{1}{\beta+\mathrm{i}\omega},\quad \mathscr{F}[u(t)]=\frac{1}{\mathrm{i}\omega}+\pi\delta(\omega).$$

2. 单位脉冲函数

设有函数序列

$$\delta_\varepsilon(t)=\begin{cases}0, & t<0\\ \dfrac{1}{\varepsilon}, & 0\leqslant t\leqslant\varepsilon\\ 0, & t>\varepsilon\end{cases}\quad(\varepsilon>0).$$

如果对于任何一个连续函数 $f(t)$，恒有

$$\int_{-\infty}^{+\infty}\delta(t)f(t)\mathrm{d}t=\lim_{\varepsilon\to 0}\int_{-\infty}^{+\infty}\delta_\varepsilon(t)f(t)\mathrm{d}t,$$

则当 $\varepsilon\to 0$ 时 $\delta_\varepsilon(t)$ 的弱极限 $\delta(t)$ 称为 δ 函数，即单位脉冲函数.

δ 函数具有下列性质:

(1) **筛选性质**　设 $f(t)$ 是任意的连续函数，则有

$$\int_{-\infty}^{+\infty}\delta(t)f(t)\mathrm{d}t=f(0),$$

$$\int_{-\infty}^{+\infty}\delta(t-t_0)f(t)\mathrm{d}t=f(t_0).$$

(2) δ 函数是偶函数，即 $\delta(t)=\delta(-t)$.

(3) **相似性质**　设 a 为非零实常数，则 $\delta(at)=\dfrac{1}{|a|}\delta(t)$.

(4) 设 $u(t)=\begin{cases}1, & t>0\\ 0, & t<0\end{cases}$ 为单位阶跃函数，则有

$$\int_{-\infty}^{t}\delta(\tau)\mathrm{d}\tau=u(t),\quad \frac{\mathrm{d}u(t)}{\mathrm{d}t}=\delta(t).$$

即 δ 函数是单位阶跃函数的导数.

(5) 设 $f(t)$ 是具有任意阶导数的函数，则有

$$\int_{-\infty}^{+\infty}\delta^{(n)}(t)f(t)\mathrm{d}t=(-1)^n f^{(n)}(0),$$

$$\int_{-\infty}^{+\infty}\delta^{(n)}(t-t_0)f(t)\mathrm{d}t=(-1)^n f^{(n)}(t_0).$$

关于 δ 函数的两个重要公式：

$$\int_{-\infty}^{+\infty} \mathrm{e}^{-\mathrm{i}\omega t}\,\mathrm{d}t = 2\pi\delta(\omega),$$

$$\int_{-\infty}^{+\infty} \mathrm{e}^{-\mathrm{i}(\omega-\omega_0)t}\,\mathrm{d}t = 2\pi\delta(\omega-\omega_0).$$

3. Fourier 变换的性质

(1) **线性性质**　设 $F_1(\omega)=\mathscr{F}[f_1(t)]$，$F_2(\omega)=\mathscr{F}[f_2(t)]$，$\alpha,\beta$ 都是常数，则

$$\mathscr{F}[\alpha f_1(t)+\beta f_2(t)]=\alpha F_1(\omega)+\beta F_2(\omega),$$

$$\mathscr{F}^{-1}[\alpha F_1(\omega)+\beta F_2(\omega)]=\alpha f_1(t)+\beta f_2(t).$$

(2) **位移性质**　设 $F(\omega)=\mathscr{F}[f(t)]$，则

$$\mathscr{F}[f(t\pm t_0)]=\mathrm{e}^{\pm\mathrm{i}\omega t_0}\mathscr{F}[f(t)],$$

$$\mathscr{F}^{-1}[F(\omega\mp\omega_0)]=f(t)\mathrm{e}^{\pm\mathrm{i}\omega_0 t}.$$

(3) **相似性质**　设 $F(\omega)=\mathscr{F}[f(t)]$，$a$ 为非零常数，则

$$\mathscr{F}[f(at)]=\frac{1}{|a|}F\left(\frac{\omega}{a}\right).$$

特别地，若取 $a=-1$，则可得翻转性质

$$\mathscr{F}[f(-t)]=F(-\omega).$$

(4) **对称性质**　设 $F(\omega)=\mathscr{F}[f(t)]$，$a$ 为非零常数，则

$$\mathscr{F}[F(t)]=2\pi f(-\omega).$$

(5) **微分性质**　设 $F(\omega)=\mathscr{F}[f(t)]$，则

$$\mathscr{F}[f^{(n)}(t)]=(\mathrm{i}\omega)^n\mathscr{F}[f(t)],$$

$$\frac{\mathrm{d}^n}{\mathrm{d}\omega^n}F(\omega)=(-\mathrm{i})^n\mathscr{F}[t^n f(t)].$$

(6) **积分性质**　设 $\mathrm{g}(t)=\int_{-\infty}^{t} f(t)\mathrm{d}t$，若 $\lim\limits_{t\to+\infty} g(t)=0$，则

$$\mathscr{F}\left[\int_{-\infty}^{t} f(t)\mathrm{d}t\right]=\frac{1}{\mathrm{i}\omega}\mathscr{F}[f(t)].$$

(7) **Parseval 等式**　设 $F(\omega)=\mathscr{F}[f(t)]$，则有

$$\int_{-\infty}^{+\infty} f^2(t)\mathrm{d}t=\frac{1}{2\pi}\int_{-\infty}^{+\infty}|F(\omega)|^2\,\mathrm{d}\omega.$$

4. 卷积与卷积定理

设 $f_1(t)$ 和 $f_2(t)$ 在 $(-\infty,+\infty)$ 内有定义，则 $f_1(t)$ 和 $f_2(t)$ 的卷积为

$$f_1(t)*f_2(t)=\int_{-\infty}^{+\infty}f_1(\tau)f_2(t-\tau)\mathrm{d}\tau.$$

卷积具有下列运算规则：

(1) **交换律** $f_1(t)*f_2(t)=f_2(t)*f_1(t)$；

(2) **结合律** $[f_1(t)*f_2(t)]*f_3(t)=f_1(t)*[f_2(t)*f_3(t)]$；

(3) **分配律** $f_1(t)*[f_2(t)+f_3(t)]=f_1(t)*f_2(t)+f_1(t)*f_3(t)$；

(4) **数乘结合律** $a[f_1(t)*f_2(t)]=[af_1(t)]*f_2(t)=f_1(t)*[af_2(t)]$.

卷积定理 设 $f_1(t)$ 和 $f_2(t)$ 都满足 Fourier 积分定理中的条件，且 $F_1(\omega)=\mathscr{F}[f_1(t)]$，$F_2(\omega)=\mathscr{F}[f_2(t)]$，则

$$\mathscr{F}[f_1(t)*f_2(t)]=F_1(\omega)\cdot F_2(\omega),$$

$$\mathscr{F}[f_1(t)\cdot f_2(t)]=\frac{1}{2\pi}F_1(\omega)*F_2(\omega).$$

习题 6

1．证明：若 $f(t)$ 满足 Fourier 积分定理的条件，则

(1) 当 $f(t)$ 为偶函数时，有

$$f(t)=\frac{2}{\pi}\int_0^{+\infty}\left[\int_0^{+\infty}f(\tau)\cos\omega\tau\mathrm{d}\tau\right]\cos\omega t\,\mathrm{d}\omega.$$

(2) 当 $f(t)$ 为奇函数时，有

$$f(t)=\frac{2}{\pi}\int_0^{+\infty}\left[\int_0^{+\infty}f(\tau)\sin\omega\tau\,\mathrm{d}\tau\right]\sin\omega t\,\mathrm{d}\omega.$$

2．求下列函数的 Fourier 积分，并计算所给出的积分：

(1) $f(t)=\begin{cases}1-t^2, & |t|\leqslant 1,\\ 0, & |t|>1,\end{cases}$ 计算 $\displaystyle\int_0^{+\infty}\frac{t\cos t-\sin t}{t^3}\cos\frac{t}{2}\mathrm{d}t$；

(2) $f(t)=\begin{cases}-1, & -1<t<0,\\ 1, & 0<t<1,\\ 0, & \text{其他},\end{cases}$ 计算 $\displaystyle\int_0^{+\infty}\frac{(1-\cos t)\sin 2t}{t}\mathrm{d}t$；

(3) $f(t)=\begin{cases}\mathrm{e}^t, & t\leqslant 0,\\ 0, & t>0,\end{cases}$ 计算 $\displaystyle\int_0^{+\infty}\frac{\cos\frac{t}{2}+t\sin\frac{t}{2}}{1+t^2}\mathrm{d}t$.

3．求下列函数的 Fourier 变换：

(1) $f(t)=\begin{cases}E, & 0\leqslant t\leqslant \tau \\ 0, & \text{其他}\end{cases}\ (E,\tau>0)$；

(2) $f(t)=\begin{cases}\mathrm{e}^{-t}\sin t, & t\geqslant 0, \\ 0, & t<0;\end{cases}$

(3) $f(t)=\mathrm{e}^{-|t|}$；

(4) $f(t)=\begin{cases}1-|t|, & |t|\leqslant 1, \\ 0, & |t|>1.\end{cases}$

4．求下列函数的 Fourier 变换，并证明下列积分结果.

(1) $f(t)=\begin{cases}\sin t, & |t|\leqslant \pi, \\ 0, & |t|>\pi.\end{cases}$ 证明

$$\int_0^{+\infty}\frac{\sin\omega\pi\sin\omega t}{1-\omega^2}\mathrm{d}\omega=\begin{cases}\dfrac{\pi}{2}\sin t, & |t|\leqslant\pi, \\ 0, & |t|>\pi.\end{cases}$$

(2) $f(t)=\mathrm{e}^{-|t|}\cos t$，证明

$$\int_0^{+\infty}\frac{\omega^2+2}{\omega^4+4}\cos\omega t\,\mathrm{d}\omega=\frac{\pi}{2}\mathrm{e}^{-|t|}\cos t.$$

5．已知某函数的 Fourier 变换为 $F(\omega)=\dfrac{\sin\omega}{\omega}$，求该函数 $f(t)$.

6．已知某函数的 Fourier 变换为 $F(\omega)=\delta(\omega+1)-\delta(\omega-1)$，求该函数 $f(t)$.

7．求三角脉冲函数 $f(t)=\begin{cases}\dfrac{2E}{\tau}\left(t+\dfrac{\tau}{2}\right), & -\dfrac{\tau}{2}<t<0 \\ -\dfrac{2E}{\tau}\left(t-\dfrac{\tau}{2}\right), & 0\leqslant t<\dfrac{\tau}{2} \\ 0, & |t|\geqslant\dfrac{\tau}{2}\end{cases}$ $(\tau>0)$ 的频谱函数.

8．求 $f(t)=\mathrm{e}^{-\beta|t|}(\beta>0)$ 的频谱函数，并作出它的频谱图.

9．计算下列积分：

(1) $\int_{-\infty}^{+\infty}\delta(t-3)(t^2+1)\mathrm{d}t$；

(2) $\int_{-\infty}^{+\infty}\delta''\left(t-\dfrac{\pi}{6}\right)\sin t\,\mathrm{d}t$，

(3) $\int_{-\infty}^{+\infty}\mathrm{e}^t\delta(2t-1)\mathrm{d}t$；

(4) $\int_{-\infty}^{+\infty}\cos\omega t\,\mathrm{d}t$.

10．求下列函数的 Fourier 变换：

(1) $f(t)=\dfrac{1}{2}\left[\delta\left(t+\dfrac{a}{2}\right)+\delta\left(t-\dfrac{a}{2}\right)\right]$；

(2) $f(t)=\sin t\cos t$；

(3) $f(t)=\cos^2 t$；

(4) $f(t)=\sin\left(2t+\dfrac{\pi}{3}\right)$；

(5) $f(t)=\mathrm{e}^{\mathrm{i}\omega_0 t}u(t)$；

(6) $f(t)=\sin\omega_0 t\cdot u(t)$；

(7) $f(t)=\cos\omega_0 t\cdot u(t)$；　　(8) $f(t)=e^{i\omega_0 t}u(t-t_0)$；

(9) $f(t)=t$；　　(10) $f(t)=tu(t)$；

(11) $f(t)=\delta'(t)$；　　(12) $f(t)=1-\delta(t-1)+\delta''(t+1)$.

11．已知 $\mathscr{F}\left[\dfrac{1}{\beta^2+t^2}\right]=\dfrac{\pi}{\beta}e^{-\beta|\omega|}(\beta>0)$，求下列函数的 Fourier 变换.

(1) $f(t)=\dfrac{e^{iat}}{\beta^2+t^2}$；　　(2) $f(t)=\dfrac{t}{(\beta^2+t^2)^2}$.

12．若 $F(\omega)=\mathscr{F}[f(t)]$，利用 Fourier 变换的性质，求下列函数 $g(t)$ 的 Fourier 变换 $G(\omega)$：

(1) $g(t)=tf(2t)$；　　(2) $g(t)=(t+2)f(t)$；

(3) $g(t)=tf'(t)$；　　(4) $g(t)=f(1-t)$；

(5) $g(t)=t^2f(t)$；　　(6) $g(t)=f(3t-2)$.

13．设 $f_1(t)=\begin{cases}0, & t<0,\\ e^{-3t}, & t\geqslant 0,\end{cases}$　$f_2(t)=\begin{cases}0, & t<0,\\ e^{-t}, & t\geqslant 0,\end{cases}$ 求 $f_1(t)*f_2(t)$.

14．设 $f_1(t)=\begin{cases}1-t, & 0\leqslant t\leqslant 1,\\ 0, & \text{其他},\end{cases}$　$f_2(t)=\begin{cases}1, & 0\leqslant t\leqslant 2,\\ 0, & \text{其他},\end{cases}$ 求 $f_1(t)*f_2(t)$.

15．设 $f_1(t)=f_2(t)=\begin{cases}1, & |t|\leqslant 1,\\ 0, & |t|>1,\end{cases}$ 求 $f_1(t)*f_2(t)$.

16．求解二阶常系数非齐次线性微分方程

$$y''(t)+4y'(t)+13y(t)=f(t),$$

其中 $f(t)$ 为已知函数，$\mathscr{F}[e^{-\beta t}u(t)\sin at]=\dfrac{a}{(\beta+i\omega)^2+a^2}$.

17．求解积分方程

$$\int_{-\infty}^{+\infty}\frac{y(\tau)}{(t-\tau)^2+a^2}d\tau=\frac{1}{t^2+b^2}\qquad(0<a<b),$$

其中 $\mathscr{F}\left[\dfrac{1}{\beta^2+t^2}\right]=\dfrac{\pi}{\beta}e^{-\beta\omega}(\beta>0)$.

18．求解微分积分方程

$$y'(t)-a^2\int_{-\infty}^{t}y(\tau)d\tau=f'(t)\qquad(a>0),$$

其中 $f(t)$ 为已知函数，$\mathscr{F}[e^{-a|t|}]=\dfrac{2a}{\omega^2+a^2}$.

第 7 章　Laplace 变换

拉普拉斯变换理论是在 19 世纪末发展起来的. 首先是英国工程师 Heaviside(赫维赛德)发明了“运算法”解决当时电工计算中出现的一些问题，但是缺乏严密的数学论证，后来由法国数学家拉普拉斯(Laplace)给出该算法严格的数学定义和证明，称之为 Laplace 变换方法.

与 Fourier 变换一样，Laplace 变换也是一种常用的积分变换，在电学、力学等众多的工程技术与科学研究领域中有着广泛的应用. 它放宽了对象原函数 $f(t)$ 的限制并使之更适合工程实际，并且仍保留 Fourier 变换许多好的性质，而且某些性质(如微分性质、卷积等)比 Fourier 变换更实用、更方便，因此 Laplace 变换是较 Fourier 变换应用更为广泛的一种积分变换. 本章首先介绍 Laplace 变换的定义，并研究它的一些基本性质，然后给出其逆变换的积分表达式，并讨论逆变换的求法，最后介绍 Laplace 变换的应用.

7.1　Laplace 变换的概念

7.1.1　Laplace 变换的定义

第 6 章已经指出，一个函数除了满足 Dirichlet 条件外，还要在 $(-\infty,+\infty)$ 上绝对可积，才存在古典意义下的 Fourier 变换. 但绝对可积的条件是比较强的，许多函数即使是很简单的函数，如单位阶跃函数、正弦函数、余弦函数以及线性函数等，都不满足这个条件. 另外，可以进行 Fourier 变换的函数必须在整个数轴上有定义，但在物理、无线电技术等实际应用中，许多以时间 t 作为自变量的函数，往往在 $t<0$ 时无意义，或者根本不需要考虑的，像这样的函数都不能取 Fourier 变换. 因而 Fourier 变换的应用范围受到极大的限制.

对于任意一个函数 $\varphi(t)$，为了能克服上述两个缺点进行古典意义下的 Fourier 变换，我们经过适当地改造使其为

$$\varphi(t)u(t)\mathrm{e}^{-\beta t}\quad(\beta>0),$$

其中，$u(t)$ 为单位阶跃函数，$t\to+\infty$ 时，$\mathrm{e}^{-\beta t}$ $(\beta>0)$ 是衰减速度很快的函数，称它为指数衰减函数. 用 $u(t)$ 乘 $\varphi(t)$ 可以使积分区间由 $(-\infty,+\infty)$ 换成 $[0,+\infty)$，这样当 $t<0$ 时，$\varphi(t)$ 在没有意义或根本不需要考虑的情况下问题就解决了. 用 $\mathrm{e}^{-\beta t}$ $(\beta>0)$ 乘 $\varphi(t)$ 就有

可能使其变成绝对可积，一般说来，只要 β 选得适当，$\varphi(t)u(t)\mathrm{e}^{-\beta t}$ 的 Fourier 变换总是存在的.

对 $\varphi(t)u(t)\mathrm{e}^{-\beta t}(\beta>0)$ 取 Fourier 变换，可得

$$\begin{aligned}\mathscr{F}[\varphi(t)u(t)\mathrm{e}^{-\beta t}]&=\int_{-\infty}^{+\infty}\varphi(t)u(t)\mathrm{e}^{-\beta t}\mathrm{e}^{-\mathrm{i}\omega t}\mathrm{d}t\\&=\int_{0}^{+\infty}f(t)\mathrm{e}^{-(\beta+\mathrm{i}\omega)t}\mathrm{d}t=\int_{0}^{+\infty}f(t)\mathrm{e}^{-st}\mathrm{d}t,\end{aligned}$$

其中，$s=\beta+\mathrm{i}\omega$，$f(t)=\varphi(t)u(t)$.

对函数 $\varphi(t)$ 进行先乘以 $u(t)\mathrm{e}^{-\beta t}(\beta>0)$，再取 Fourier 变换的运算，就产生了新的积分变换，用函数 $F(s)$ 表示，即

$$F(s)=\int_{0}^{+\infty}f(t)\mathrm{e}^{-st}\mathrm{d}t.$$

这是由实函数 $f(t)$ 通过一种新的变换得到的复变函数，这种变换称为 Laplace 变换.

定义 7.1　设函数 $f(t)$ 当 $t\geqslant 0$ 时有定义，并且积分

$$\int_{0}^{+\infty}f(t)\mathrm{e}^{-st}\mathrm{d}t\quad(s\text{ 是一个复参量})$$

在复平面 s 的某一区域内收敛，则由此积分所确定的函数

$$F(s)=\int_{0}^{+\infty}f(t)\mathrm{e}^{-st}\mathrm{d}t \tag{7-1}$$

称为函数 $f(t)$ 的 **Laplace 变换**. 记为

$$F(s)=\mathscr{L}[f(t)].$$

相应地，称 $f(t)$ 为 $F(s)$ 的 **Laplace 逆变换**，记为

$$f(t)=\mathscr{L}^{-1}[F(s)].$$

也称 $F(s)$ 为 $f(t)$ 的**象函数**，$f(t)$ 为 $F(s)$ 的**象原函数**.

由式(7-1)可以看出，$f(t)(t\geqslant 0)$ 的 Laplace 变换，实际上就是 $f(t)u(t)\mathrm{e}^{-\beta t}(\beta>0)$ 的 Fourier 变换.

例 7.1　求单位阶跃函数 $u(t)=\begin{cases}0, & t<0,\\ 1, & t>0\end{cases}$ 的 Laplace 变换.

解　根据 Laplace 变换的定义，有

$$\mathscr{L}[u(t)]=\int_{0}^{+\infty}\mathrm{e}^{-st}\mathrm{d}t=-\frac{1}{s}\mathrm{e}^{-st}\bigg|_{0}^{+\infty}=\frac{1}{s}-\frac{1}{s}\lim_{t\to+\infty}\mathrm{e}^{-st},$$

设 $s=\beta+\mathrm{i}\omega$，由于 $\left|\mathrm{e}^{-st}\right|=\left|\mathrm{e}^{-(\beta+\mathrm{i}\omega)t}\right|=\mathrm{e}^{-\beta t}$，所以当且仅当 $\mathrm{Re}(s)=\beta>0$ 时，$\lim\limits_{t\to+\infty}\mathrm{e}^{-st}=0$，

即积分 $\int_{0}^{+\infty}\mathrm{e}^{-st}\mathrm{d}t$ 在 $\mathrm{Re}(s)>0$ 时收敛，从而

$$\mathscr{L}[u(t)] = \frac{1}{s} \quad (\mathrm{Re}(s) > 0).$$

因为在 Laplace 变换中不必考虑 $t<0$ 时的情况，所以经常记为 $\mathscr{L}[1] = \dfrac{1}{s}$.

例 7.2　求函数 $f(t) = \mathrm{e}^{kt}$ 的 Laplace 变换(k 为实数).

解　根据式(7-1)，有

$$\mathscr{L}[f(t)] = \int_0^{+\infty} \mathrm{e}^{kt}\mathrm{e}^{-st}\mathrm{d}t = \int_0^{+\infty} \mathrm{e}^{-(s-k)t}\mathrm{d}t,$$

当 $\mathrm{Re}(s) > k$ 时，此积分收敛，且有

$$\int_0^{+\infty} \mathrm{e}^{-(s-k)t}\mathrm{d}t = \frac{1}{s-k},$$

所以

$$\mathscr{L}[\mathrm{e}^{kt}] = \frac{1}{s-k} \quad (\mathrm{Re}(s) > k).$$

7.1.2　Laplace 变换的存在定理

从上面的例题可知，Laplace 变换存在的条件要比 Fourier 变换存在的条件弱得多，但是对一个函数做 Laplace 变换也还是要具备一定条件的，这些条件就如以下定理所述.

定理 7.1(Laplace 变换的存在定理)　若函数 $f(t)$ 满足下列条件：

(1) 在 $t \geqslant 0$ 的任一有限区间上连续或分段连续；

(2) 当 $t \to +\infty$ 时，$f(t)$ 的增长速度不超过某一指数函数，亦即存在常数 $M > 0$ 及 $c \geqslant 0$，使得

$$|f(t)| \leqslant M\mathrm{e}^{ct}, \quad 0 \leqslant t < +\infty$$

成立(满足此条件的函数，称它的增大是不超过指数级的，c 为它的增长指数). 则 $f(t)$ 的 Laplace 变换

$$F(s) = \int_0^{+\infty} f(t)\mathrm{e}^{-st}\mathrm{d}t$$

在半平面 $\mathrm{Re}(s) > c$ 上一定存在，右端的积分在 $\mathrm{Re}(s) \geqslant c_1 > c$ 上绝对收敛且一致收敛，并且在 $\mathrm{Re}(s) > c$ 的半平面内，$F(s)$ 为解析函数.

证*　设 $s = \beta + \mathrm{i}\omega$，则 $\left|\mathrm{e}^{-st}\right| = \mathrm{e}^{-\beta t}$，由条件(2)可知，对任何 t 值($0 \leqslant t < +\infty$)，有

$$\left|f(t)\mathrm{e}^{-st}\right| = |f(t)|\mathrm{e}^{-\beta t} \leqslant M\mathrm{e}^{-(\beta-c)t}, \quad \mathrm{Re}(s) = \beta,$$

若令 $\beta - c \geqslant \varepsilon > 0$ (即 $\beta \geqslant c + \varepsilon = c_1 > c$)，则

$$\left|f(t)\mathrm{e}^{-st}\right| \leqslant M\mathrm{e}^{-\varepsilon t}.$$

所以

$$\int_0^{+\infty}\left|f(t)\mathrm{e}^{-st}\right|\mathrm{d}t\leqslant\int_0^{+\infty}M\,\mathrm{e}^{-\varepsilon t}\mathrm{d}\,t=\frac{M}{\varepsilon}.$$

根据含参变量广义积分的性质可知，在 $\mathrm{Re}(s)\geqslant c_1>c$ 上，式(7-1)右端的积分不仅绝对收敛而且一致收敛，即 $F(s)$ 存在.

若在式(7-1)的积分号内对 s 求导，则

$$\int_0^{+\infty}\frac{\mathrm{d}}{\mathrm{d}s}[f(t)\mathrm{e}^{-st}]\mathrm{d}t=\int_0^{+\infty}-tf(t)\mathrm{e}^{-st}\mathrm{d}t,$$

而

$$\left|-tf(t)\mathrm{e}^{-st}\right|\leqslant Mt\,\mathrm{e}^{-(\beta-c)t}\leqslant Mt\,\mathrm{e}^{-\varepsilon t},$$

所以

$$\int_0^{+\infty}\left|\frac{\mathrm{d}}{\mathrm{d}\,s}[f(t)\mathrm{e}^{-st}]\right|\mathrm{d}\,t\leqslant\int_0^{+\infty}Mt\,\mathrm{e}^{-\varepsilon t}\mathrm{d}\,t=\frac{M}{\varepsilon^2}.$$

由此可见，$\int_0^{+\infty}\frac{\mathrm{d}}{\mathrm{d}s}[f(t)\mathrm{e}^{-st}]\mathrm{d}t$ 在半平面 $\mathrm{Re}(s)\geqslant c_1>c$ 上也是绝对收敛而且一致收敛，从而求导和积分的次序可以交换，即

$$\begin{aligned}\frac{\mathrm{d}}{\mathrm{d}s}F(s)&=\frac{\mathrm{d}}{\mathrm{d}s}\int_0^{+\infty}f(t)\mathrm{e}^{-st}\mathrm{d}t=\int_0^{+\infty}\frac{\mathrm{d}}{\mathrm{d}s}[f(t)\mathrm{e}^{-st}]\mathrm{d}t\\&=\int_0^{+\infty}-tf(t)\mathrm{e}^{-st}\mathrm{d}t=\mathscr{L}[-tf(t)].\end{aligned}$$

这就表明，$F(s)$ 在 $\mathrm{Re}(s)>c$ 内是可微的. 由复变函数的解析函数理论可知，$F(s)$ 在 $\mathrm{Re}(s)>c$ 内是解析的.

物理学和工程技术中常见的函数大都能满足上述两个条件. 一个函数的增大不超过指数级函数与函数要绝对可积这两个条件相比，前者的条件弱得多. 如 $u(t)$，$\sin kt$，t^m 等函数都不满足 Fourier 积分定理中绝对可积的条件，但它们都能满足 Laplace 变换存在定理中的条件(2)：

$$|u(t)|\leqslant 1\cdot\mathrm{e}^{0\cdot t}，\text{此处 } M=1,c=0,$$

$$|\sin kt|\leqslant 1\cdot\mathrm{e}^{0\cdot t}，\text{此处 } M=1,c=0,$$

$$|t^m|\leqslant 1\cdot\mathrm{e}^{t}\ (\text{当 } t \text{ 充分大时})，\text{此处 } M=1,c=1,$$

这是由于 $\lim\limits_{t\to+\infty}\frac{t^m}{\mathrm{e}^t}=0$. 由此可见，对于某些问题(如线性系统分析中)，Laplace 变换的应用就更为广泛.

另外，Laplace 变换存在定理的条件是充分的，而不是必要的. 例如 $f(t)=\dfrac{1}{\sqrt{t}}$ 在 $t=0$ 处不满足存在定理的条件(1)，但可以推证它的 Laplace 变换是存在的.

例 7.3　求 $f(t)=\cos kt$ (k 为实数)的 Laplace 变换.

解　根据 Laplace 变换定义，有

$$\begin{aligned}\mathscr{L}[\cos kt] &= \int_0^{+\infty} \cos kt\, \mathrm{e}^{-st}\mathrm{d}t \\ &= \frac{\mathrm{e}^{-st}}{s^2+k^2}(-s\cos kt + k\sin kt)\Big|_0^{+\infty} \\ &= \frac{s}{s^2+k^2} \quad (\mathrm{Re}(s)>0).\end{aligned}$$

同理可求得

$$\mathscr{L}[\sin kt] = \frac{k}{s^2+k^2} \quad (\mathrm{Re}(s)>0).$$

这里还要指出，满足 Laplace 变换存在定理条件的函数 $f(t)$ 在 $t=0$ 处为有界时，积分

$$\mathscr{L}[f(t)] = \int_0^{+\infty} f(t)\mathrm{e}^{-st}\mathrm{d}t$$

中的下限取 0^+ 或 0^- 不会影响其结果，但当 $f(t)$ 在 $t=0$ 处包含了脉冲函数时，则 Laplace 变换的积分下限必须明确指出是 0^+ 还是 0^-，因为

$$\mathscr{L}_+[f(t)] = \int_{0^+}^{+\infty} f(t)\mathrm{e}^{-st}\mathrm{d}t$$

称为 0^+ 系统，在电路上 0^+ 表示换路后初始时刻；

$$\mathscr{L}_-[f(t)] = \int_{0^-}^{+\infty} f(t)\mathrm{e}^{-st}\mathrm{d}t$$

称为 0^- 系统，在电路上 0^- 表示换路前终止时刻.

$$\mathscr{L}_-[f(t)] = \int_{0^-}^{0^+} f(t)\mathrm{e}^{-st}\mathrm{d}t + \mathscr{L}_+[f(t)].$$

而当 $f(t)$ 在 $t=0$ 附近有界时，$\int_{0^-}^{0^+} f(t)\mathrm{e}^{-st}\mathrm{d}t = 0$，即

$$\mathscr{L}_-[f(t)] = \mathscr{L}_+[f(t)] = \mathscr{L}[f(t)].$$

当 $f(t)$ 在 $t=0$ 处包含了脉冲函数时，$\int_{0^-}^{0^+} f(t)\mathrm{e}^{-st}\,\mathrm{d}t \neq 0$，即

$$\mathscr{L}_-[f(t)] \neq \mathscr{L}_+[f(t)].$$

为了考虑这一情况，我们需要将进行 Laplace 变换的函数 $f(t)$，当 $t \geqslant 0$ 时有定义扩大为当 $t > 0$ 及 $t = 0$ 的任意一个邻域内有定义. 这样，Laplace 变换的定义

$$\mathscr{L}[f(t)] = \int_0^{+\infty} f(t)\mathrm{e}^{-st}\mathrm{d}t$$

应为

$$\mathscr{L}_-[f(t)] = \int_{0^-}^{+\infty} f(t)\mathrm{e}^{-st}\mathrm{d}t.$$

但为书写简便起见，我们仍写成原来的形式.

例 7.4　求单位脉冲函数 $\delta(t)$ 的 Laplace 变换.

解　根据上面的陈述，并利用 $\delta(t)$ 的筛选性质 $\int_{-\infty}^{+\infty} f(t)\delta(t)\mathrm{d}t = f(0)$，可得

$$\mathscr{L}[\delta(t)] = \int_0^{+\infty} \delta(t)\mathrm{e}^{-st}\mathrm{d}t = \int_{0^-}^{+\infty} \delta(t)\mathrm{e}^{-st}\mathrm{d}t$$

$$= \int_{-\infty}^{+\infty} \delta(t)\mathrm{e}^{-st}\mathrm{d}t = \mathrm{e}^{-st}\Big|_{t=0} = 1.$$

例 7.5　求函数 $f(t) = \mathrm{e}^{-\beta t}\delta(t) - \beta\mathrm{e}^{-\beta t}u(t)$（$\beta > 0$）的 Laplace 变换.

解　$$\mathscr{L}[f(t)] = \mathscr{L}_-[f(t)]$$

$$= \int_{0^-}^{+\infty} \left[\mathrm{e}^{-\beta t}\delta(t) - \beta\mathrm{e}^{-\beta t}u(t)\right]\mathrm{e}^{-st}\mathrm{d}t$$

$$= \int_{-\infty}^{+\infty} \mathrm{e}^{-(s+\beta)t}\delta(t)\mathrm{d}t - \int_0^{+\infty} \beta\mathrm{e}^{-(s+\beta)t}\mathrm{d}t$$

$$= \mathrm{e}^{-(s+\beta)t}\Big|_{t=0} + \frac{\beta\mathrm{e}^{-(s+\beta)t}}{s+\beta}\Bigg|_0^{+\infty}$$

$$= 1 - \frac{\beta}{s+\beta} = \frac{s}{s+\beta} \quad (\mathrm{Re}(s) > -\beta).$$

7.1.3　周期函数的 Laplace 变换

设 $f(t)$ 是以 T 为周期的函数，即 $f(t+T) = f(t)$（$t > 0$），且 $f(t)$ 在一个周期上是连续或分段连续的，则

$$\mathscr{L}[f(t)] = \frac{1}{1-\mathrm{e}^{-sT}}\int_0^T f(t)\mathrm{e}^{-st}\mathrm{d}t \quad (\mathrm{Re}(s) > 0). \tag{7-2}$$

事实上，由式(7-1)，有

$$\begin{aligned}\mathscr{L}[f(t)]&=\int_0^{+\infty}f(t)\mathrm{e}^{-st}\mathrm{d}t\\&=\int_0^{T}f(t)\mathrm{e}^{-st}\mathrm{d}t+\int_T^{2T}f(t)\mathrm{e}^{-st}\mathrm{d}t+\cdots+\int_{kT}^{(k+1)T}f(t)\mathrm{e}^{-st}\mathrm{d}t+\cdots\\&=\sum_{k=0}^{+\infty}\int_{kT}^{(k+1)T}f(t)\mathrm{e}^{-st}\mathrm{d}t,\end{aligned}$$

令 $t=\tau+kT$ ，则

$$\int_{kT}^{(k+1)T}f(t)\mathrm{e}^{-st}\mathrm{d}t=\int_0^{T}f(\tau+kT)\mathrm{e}^{-s(\tau+kT)}\mathrm{d}\tau=\mathrm{e}^{-skT}\int_0^{T}f(\tau)\mathrm{e}^{-s\tau}\mathrm{d}\tau,$$

又由 $\mathrm{Re}(s)>0$ 时，$\left|\mathrm{e}^{-sT}\right|<1$，所以

$$\mathscr{L}[f(t)]=\sum_{k=0}^{+\infty}\mathrm{e}^{-skT}\int_0^{T}f(t)\mathrm{e}^{-st}\mathrm{d}t=\frac{1}{1-\mathrm{e}^{-sT}}\int_0^{T}f(t)\mathrm{e}^{-st}\,\mathrm{d}t.$$

式(7-2)就是周期函数的 Laplace 变换的公式.

例 7.6　求周期性三角波 $f(t)=\begin{cases}t, & 0\leqslant t<b,\\ 2b-t, & b\leqslant t<2b\end{cases}$ 且 $f(t+2b)=f(t)$（图 7-1）的 Laplace 变换.

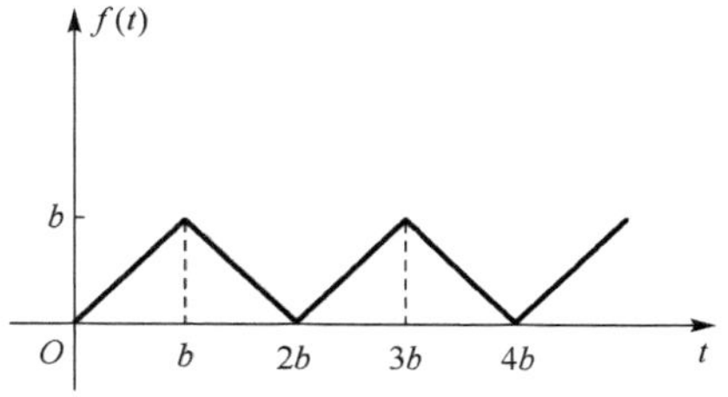

图 7-1

解　由于

$$\begin{aligned}\int_0^{2b}f(t)\mathrm{e}^{-st}\mathrm{d}t&=\int_0^{b}t\mathrm{e}^{-st}\mathrm{d}t+\int_b^{2b}(2b-t)\mathrm{e}^{-st}\mathrm{d}t\\&=\left(-\frac{t\mathrm{e}^{-st}}{s}-\frac{\mathrm{e}^{-st}}{s^2}\right)\Bigg|_0^b+\left(-\frac{2b\mathrm{e}^{-st}}{s}\right)\Bigg|_b^{2b}+\left(\frac{t\mathrm{e}^{-st}}{s}+\frac{\mathrm{e}^{-st}}{s^2}\right)\Bigg|_b^{2b}\\&=\frac{1}{s^2}(1-\mathrm{e}^{-bs})^2,\end{aligned}$$

由式(7-2)，有

$$\begin{aligned}\mathscr{L}[f(t)]&=\frac{1}{1-\mathrm{e}^{-2bs}}\frac{1}{s^2}(1-\mathrm{e}^{-bs})^2\\&=\frac{1}{s^2}\frac{1-\mathrm{e}^{-bs}}{1+\mathrm{e}^{-bs}}=\frac{1}{s^2}\mathrm{th}\frac{bs}{2}\qquad(\mathrm{Re}(s)>0).\end{aligned}$$

在今后的实际工作中，并不要求用反常积分的方法来求函数的 Laplace 变换，因为有现成的 Laplace 变换表可查，本书已将工程实际中常用的一些函数及其 Laplace 变换列于附录II中，以备读者查用.

下面再举一些通过查表求 Laplace 变换的例子.

例 7.7　求 $\frac{1}{2}(\sin t+t\cos t)$ 的 Laplace 变换.

解　根据附录II中公式(30)，当 $a=1$ 时，可以方便地得到

$$\mathscr{L}\left[\frac{1}{2}(\sin t+t\cos t)\right]=\frac{s^2}{(s^2+1^2)^2}=\frac{s^2}{(s^2+1)^2}.$$

例 7.8　求 $\frac{e^{-bt}}{\sqrt{2}}(\cos bt+\sin bt)$ 的 Laplace 变换.

解　这个函数的 Laplace 变换在附录II中找不到现成的结果，但是

$$\begin{aligned}\frac{e^{-bt}}{\sqrt{2}}(\cos bt+\sin bt)&=e^{-bt}\left(\sin\frac{\pi}{4}\cos bt+\cos\frac{\pi}{4}\sin bt\right)\\&=e^{-bt}\sin\left(bt+\frac{\pi}{4}\right).\end{aligned}$$

根据附录II中公式(17)，在 $a=b$，$c=\frac{\pi}{4}$ 时，可得

$$\begin{aligned}\mathscr{L}\left[\frac{e^{-bt}}{\sqrt{2}}(\cos bt+\sin bt)\right]&=\mathscr{L}\left[e^{-bt}\sin\left(bt+\frac{\pi}{4}\right)\right]\\&=\frac{(s+b)\sin\frac{\pi}{4}+b\cos\frac{\pi}{4}}{(s+b)^2+b^2}\\&=\frac{\sqrt{2}(s+2b)}{2(s^2+2bs+2b^2)}.\end{aligned}$$

总之，查表求函数的 Laplace 变换要比按定义去做方便得多，特别是掌握了 Laplace 变换的性质，再使用查表的方法，就能更快地找到所求函数的 Laplace 变换.

7.2　Laplace 变换的性质

本节将介绍 Laplace 变换的几个基本性质，它们对于深入理解和掌握 Laplace 变换在实际问题中的应用有着重要的作用与意义. 为了叙述方便，假定在下面的性质中，凡是要求 Laplace 变换的函数都满足 Laplace 变换存在定理中的条件，并且把这些函数的增长指数都统一地取为 c.

7.2.1 线性性质

设 α,β 为常数，且 $\mathscr{L}[f_1(t)]=F_1(s)$，$\mathscr{L}[f_2(t)]=F_2(s)$，则有

$$\mathscr{L}[\alpha f_1(t)+\beta f_2(t)]=\alpha\mathscr{L}[f_1(t)]+\beta\mathscr{L}[f_2(t)], \tag{7-3}$$

或

$$\mathscr{L}^{-1}[\alpha F_1(s)+\beta F_2(s)]=\alpha\mathscr{L}^{-1}[F_1(s)]+\beta\mathscr{L}^{-1}[F_2(s)]. \tag{7-4}$$

利用 Laplace 变换的定义和积分性质便可证出线性性质. 该性质表明函数线性组合的 Laplace 变换等于各函数 Laplace 变换的线性组合，这一结论对 Laplace 逆变换同样成立.

例 7.9　求 $f(t)=\cos^2 t$ 的 Laplace 变换.

解

$$\begin{aligned}\mathscr{L}[\cos^2 t]&=\mathscr{L}\left[\frac{1+\cos 2t}{2}\right]\\&=\frac{1}{2}\mathscr{L}[1]+\frac{1}{2}\mathscr{L}[\cos 2t]\\&=\frac{1}{2}\left(\frac{1}{s}+\frac{s}{s^2+4}\right).\end{aligned}$$

例 7.10　求 $F(s)=\dfrac{s+1}{s^2+s-6}$ 的 Laplace 逆变换.

解　因为 $F(s)=\dfrac{s+1}{s^2+s-6}=\dfrac{2}{5}\dfrac{1}{s+3}+\dfrac{3}{5}\dfrac{1}{s-2}$ 及 $\mathscr{L}[\mathrm{e}^{kt}]=\dfrac{1}{s-k}$，所以由式(7-4)有

$$\begin{aligned}\mathscr{L}^{-1}[F(s)]&=\frac{2}{5}\mathscr{L}^{-1}\left[\frac{1}{s+3}\right]+\frac{3}{5}\mathscr{L}^{-1}\left[\frac{1}{s-2}\right]\\&=\frac{2}{5}\mathrm{e}^{-3t}+\frac{3}{5}\mathrm{e}^{2t}.\end{aligned}$$

7.2.2 微分性质

1. 导数的象函数

若 $\mathscr{L}[f(t)]=F(s)$，则

$$\mathscr{L}[f'(t)]=sF(s)-f(0)\qquad(\mathrm{Re}(s)>c). \tag{7-5}$$

证　根据 Laplace 变换的定义和分部积分公式，有

$$\mathscr{L}[f'(t)]=\int_0^{+\infty}f'(t)\mathrm{e}^{-st}\,\mathrm{d}t=f(t)\mathrm{e}^{-st}\Big|_0^{+\infty}+s\int_0^{+\infty}f(t)\mathrm{e}^{-st}\,\mathrm{d}t.$$

由于 $\left|f(t)\mathrm{e}^{-st}\right| = \left|f(t)\right|\mathrm{e}^{-\beta t} \leqslant M\mathrm{e}^{-(\beta-c)t}$，$\mathrm{Re}(s)=\beta$，故当 $\mathrm{Re}(s)>c$ 时，$t\to+\infty$，$f(t)\mathrm{e}^{-st}\to 0$，因此

$$\mathscr{L}[f'(t)] = s\mathscr{L}[f(t)] - f(0) = sF(s) - f(0).$$

这个性质表明，一个函数求导后取 Laplace 变换等于这个函数的 Laplace 变换乘以参变数 s，再减去函数的初值.

若利用式(7-5)两次，则可得

$$\begin{aligned}\mathscr{L}[f''(t)] &= s\mathscr{L}[f'(t)] - f'(0) = s[sF(s) - f(0)] - f'(0) \\ &= s^2F(s) - sf(0) - f'(0).\end{aligned}$$

以此类推，可得如下推论.

推论　若 $\mathscr{L}[f(t)] = F(s)$，则

$$\mathscr{L}[f^{(n)}(t)] = s^nF(s) - s^{n-1}f(0) - s^{n-2}f'(0) - \cdots - f^{(n-1)}(0) \quad (\mathrm{Re}(s)>c). \tag{7-6}$$

特别地，当初值 $f(0)=f'(0)=\cdots=f^{(n-1)}(0)=0$ 时，有

$$\mathscr{L}[f^{(n)}(t)] = s^nF(s).$$

此性质使我们有可能通过 Laplace 变换将关于 $f(t)$ 的微分方程转化为关于其象函数 $F(s)$ 的代数方程，因此它对于微分方程(尤其是高阶微分方程)的求解和线性系统的分析有着重要的作用.

例 7.11　利用微分性质求 $f(t)=\sin kt$ (k 为实数)的 Laplace 变换.

解　由于 $f(0)=0, f'(0)=k, f''(t)=-k^2\sin kt$，则由式(7-6)有

$$\mathscr{L}[-k^2\sin kt] = \mathscr{L}[f''(t)] = s^2\mathscr{L}[f(t)] - sf(0) - f'(0),$$

即

$$-k^2\mathscr{L}[\sin kt] = s^2\mathscr{L}[\sin kt] - k,$$

移项化简得

$$\mathscr{L}[\sin kt] = \frac{k}{s^2+k^2} \quad (\mathrm{Re}(s)>0).$$

例 7.12　利用微分性质求 $f(t)=t^m$ (m 为正整数)的 Laplace 变换.

解　由于 $f(0)=f'(0)=\cdots=f^{(m-1)}(0)=0$，而 $f^{(m)}(t)=m!$，故由式(7-6)有

$$\mathscr{L}[m!] = \mathscr{L}[f^{(m)}(t)] = s^m\mathscr{L}[f(t)] = s^m\mathscr{L}[t^m],$$

又

$$\mathscr{L}[m!] = m!\mathscr{L}[1] = \frac{m!}{s},$$

于是得

$$\mathscr{L}[t^m]=\frac{m!}{s^{m+1}} \quad (\mathrm{Re}(s)>0).$$

一般地，有

$$\mathscr{L}[t^m]=\frac{\Gamma(m+1)}{s^{m+1}} \quad（\mathrm{Re}(s)>0，\ m>-1 \text{为实常数}），$$

其中$\Gamma(m+1)=\int_0^{+\infty} t^m \mathrm{e}^{-t}\,\mathrm{d}t$是$\Gamma$函数，当$m$为正整数时，$\Gamma(m+1)=m!$. 这里不予证明.

此外，由上一节 Laplace 变换存在定理的证明，便可以得到象函数的微分性质.

2. 象函数的导数

若$\mathscr{L}[f(t)]=F(s)$，则

$$F'(s)=-\mathscr{L}[tf(t)] \quad (\mathrm{Re}(s)>c). \tag{7-7}$$

一般地，有

$$F^{(n)}(s)=(-1)^n\mathscr{L}[t^n f(t)] \quad (\mathrm{Re}(s)>c). \tag{7-8}$$

重复应用式(7-7)即可得式(7-8).

注　象函数的导数公式常用来计算$\mathscr{L}[t^n f(t)]$：

$$\mathscr{L}[t^n f(t)]=(-1)^n F^{(n)}(s) \quad (n=1,2,\cdots).$$

例 7.13　求$\mathscr{L}[t\cos kt]$及$\mathscr{L}[t^2\cos kt]$，其中k为实数.

解　因为$\mathscr{L}[\cos kt]=\dfrac{s}{s^2+k^2}$，根据式(7-7)有

$$\mathscr{L}[t\cos kt]=-\frac{\mathrm{d}}{\mathrm{d}s}\left(\frac{s}{s^2+k^2}\right)=\frac{s^2-k^2}{(s^2+k^2)^2} \quad (\mathrm{Re}(s)>0).$$

根据式(7-8)有

$$\mathscr{L}[t^2\cos kt]=\frac{\mathrm{d}^2}{\mathrm{d}s^2}\left(\frac{s}{s^2+k^2}\right)=\frac{2s^3-6k^2s}{(s^2+k^2)^3} \quad (\mathrm{Re}(s)>0).$$

7.2.3　积分性质

1. 积分的象函数

若$\mathscr{L}[f(t)]=F(s)$，则

$$\mathscr{L}\left[\int_0^t f(t)\mathrm{d}t\right]=\frac{1}{s}F(s) \quad (\mathrm{Re}(s)>c). \tag{7-9}$$

证　设$h(t)=\int_0^t f(t)\mathrm{d}t$，则$h'(t)=f(t)$，$h(0)=0$. 由微分性质式(7-5)，得

$$\mathscr{L}[h'(t)] = s\mathscr{L}[h(t)] - h(0) = s\mathscr{L}[h(t)] \quad (\mathrm{Re}(s) > c)$$

即

$$\mathscr{L}\left[\int_0^t f(t)\,\mathrm{d}t\right] = \frac{1}{s}\mathscr{L}[f(t)] = \frac{1}{s}F(s).$$

这个性质表明，一个函数积分后再取 Laplace 变换等于这个函数的 Laplace 变换除以复参数 s.

重复应用式(7-9)，即可得到

$$\mathscr{L}\left[\underbrace{\int_0^t \mathrm{d}t\int_0^t \mathrm{d}t\cdots\int_0^t}_{n\text{次}} f(t)\mathrm{d}t\right] = \frac{1}{s^n}F(s). \tag{7-10}$$

2. 象函数的积分

若 $\mathscr{L}[f(t)] = F(s)$，则

$$\int_s^{\infty} F(s)\mathrm{d}s = \mathscr{L}\left[\frac{f(t)}{t}\right]. \tag{7-11}$$

一般地，有

$$\underbrace{\int_s^{\infty}\mathrm{d}s\int_s^{\infty}\mathrm{d}s\cdots\int_s^{\infty}}_{n\text{次}} F(s)\mathrm{d}s = \mathscr{L}\left[\frac{f(t)}{t^n}\right]. \tag{7-12}$$

证　根据 Laplace 变换的定义，有

$$\begin{aligned}\int_s^{\infty} F(s)\mathrm{d}s &= \int_s^{\infty}\left[\int_0^{+\infty} f(t)\mathrm{e}^{-st}\,\mathrm{d}t\right]\mathrm{d}s\\ &= \int_0^{+\infty} f(t)\left[\int_s^{\infty}\mathrm{e}^{-st}\mathrm{d}s\right]\mathrm{d}t = \int_0^{+\infty} f(t)\left[-\frac{\mathrm{e}^{-st}}{t}\right]\Bigg|_s^{\infty}\mathrm{d}t\\ &= \int_0^{+\infty}\frac{f(t)}{t}\mathrm{e}^{-st}\,\mathrm{d}t = \mathscr{L}\left[\frac{f(t)}{t}\right].\end{aligned}$$

反复利用式(7-11)即可得式(7-12). 其中积分次序的交换是有一定条件的，为了避免更深入的讨论，这里默认这些条件是满足的.

特别地，若积分 $\int_0^{+\infty}\frac{f(t)}{t}\mathrm{d}t$ 存在，并在式(7-11)中

$$\mathscr{L}\left[\frac{f(t)}{t}\right] = \int_0^{+\infty}\frac{f(t)}{t}\mathrm{e}^{-st}\,\mathrm{d}t = \int_s^{\infty}F(s)\mathrm{d}s,$$

令 $s=0$，则

$$\int_0^{+\infty}\frac{f(t)}{t}\mathrm{d}t = \int_0^{\infty}F(s)\mathrm{d}s. \tag{7-13}$$

式(7-13)常用来计算一些函数的广义积分.

例 7.14　求 $\mathscr{L}\left[\dfrac{\sin t}{t}\right]$，并求积分 $\int_0^{+\infty}\dfrac{\sin t}{t}\mathrm{d}t$.

解　已知 $\mathscr{L}[\sin t]=\dfrac{1}{s^2+1}$，故由式(7-11)有

$$\mathscr{L}\left[\frac{\sin t}{t}\right]=\int_s^{\infty}\mathscr{L}[\sin t]\mathrm{d}s=\int_s^{\infty}\frac{1}{s^2+1}\mathrm{d}s=\frac{\pi}{2}-\arctan s=\operatorname{arccot} s.$$

再根据式(7-13)得

$$\int_0^{+\infty}\frac{\sin t}{t}\mathrm{d}t=\int_0^{\infty}\mathscr{L}[\sin t]\mathrm{d}s=\int_0^{\infty}\frac{1}{s^2+1}\mathrm{d}s=\arctan s\Big|_0^{\infty}=\frac{\pi}{2}.$$

这与所熟知的 Dirichlet 积分的结果完全一致.

7.2.4　位移性质

设 $\mathscr{L}[f(t)]=F(s)$，则

$$\mathscr{L}[\mathrm{e}^{at}f(t)]=F(s-a)\quad (\mathrm{Re}(s-a)>c). \tag{7-14}$$

证　根据式(7-1)，有

$$\mathscr{L}[\mathrm{e}^{at}f(t)]=\int_0^{+\infty}\mathrm{e}^{at}f(t)\mathrm{e}^{-st}\mathrm{d}t=\int_0^{+\infty}f(t)\mathrm{e}^{-(s-a)t}\mathrm{d}t,$$

由此可见，上式右端只是在 $F(s)$ 中把 s 换成 $s-a$，所以

$$\mathscr{L}[\mathrm{e}^{at}f(t)]=F(s-a)\quad (\mathrm{Re}(s-a)>c).$$

这个性质表明，一个象原函数乘以指数函数 e^{at} 的 Laplace 变换等于其象函数作位移 a.

例 7.15　求 $\mathscr{L}[\mathrm{e}^{at}\cos kt]$，$\mathscr{L}[\mathrm{e}^{-at}t^m]$.

解　已知 $\mathscr{L}[\cos kt]=\dfrac{s}{s^2+k^2}$，$\mathscr{L}[t^m]=\dfrac{\Gamma(m+1)}{s^{m+1}}$，由位移性质得

$$\mathscr{L}[\mathrm{e}^{at}\cos kt]=\frac{s-a}{(s-a)^2+k^2},$$

$$\mathscr{L}[\mathrm{e}^{-at}t^m]=\frac{\Gamma(m+1)}{(s+a)^{m+1}}.$$

7.2.5　延迟性质

若 $\mathscr{L}[f(t)]=F(s)$，又 $t<0$ 时 $f(t)=0$，则对于任一非负实数 τ，有

$$\left.\begin{aligned}\mathscr{L}[f(t-\tau)]&=\mathrm{e}^{-s\tau}F(s),\\ \mathscr{L}^{-1}[\mathrm{e}^{-s\tau}F(s)]&=f(t-\tau).\end{aligned}\right\}\tag{7-15}$$

或

证　因为

$$\begin{aligned}\mathscr{L}[f(t-\tau)]&=\int_0^{+\infty}f(t-\tau)\mathrm{e}^{-st}\,\mathrm{d}t\\&=\int_0^{\tau}f(t-\tau)\mathrm{e}^{-st}\,\mathrm{d}t+\int_{\tau}^{+\infty}f(t-\tau)\mathrm{e}^{-st}\,\mathrm{d}t.\end{aligned}$$

由条件可知，当 $t<\tau$ 时，$f(t-\tau)=0$，所以上式右端第一个积分为零. 对于第二个积分，令 $t-\tau=u$，则

$$\begin{aligned}\mathscr{L}[f(t-\tau)]&=\int_0^{+\infty}f(u)\mathrm{e}^{-s(u+\tau)}\,\mathrm{d}u\\&=\mathrm{e}^{-s\tau}\int_0^{+\infty}f(u)\mathrm{e}^{-su}\,\mathrm{d}u=\mathrm{e}^{-s\tau}F(s)\quad(\mathrm{Re}(s)>c).\end{aligned}$$

函数 $f(t-\tau)$ 与 $f(t)$ 相比，$f(t)$ 是从 $t=0$ 开始有非零数值，而 $f(t-\tau)$ 从 $t=\tau$ 开始才有非零数值，即延迟了一个时间 τ. 如图 7-2 所示，$f(t-\tau)$ 的图像是由 $f(t)$ 的图像沿 t 轴向右平移距离 τ 而得. 这个性质表明，时间函数延迟 τ 的 Laplace 变换等于它的象函数乘以指数因子 $\mathrm{e}^{-s\tau}$.

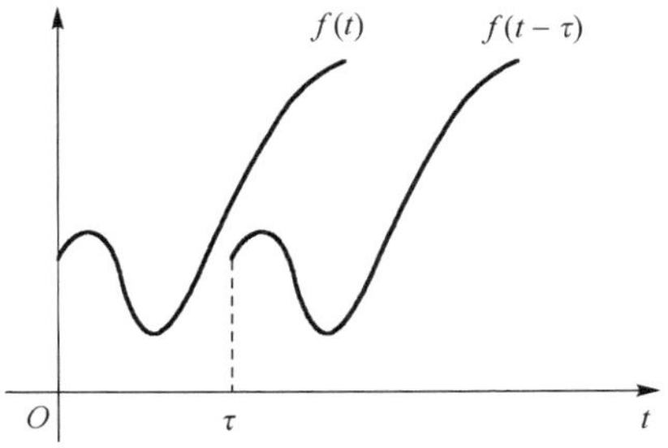

图 7-2

例 7.16　求 $u(t-\tau)=\begin{cases}0, & t<\tau,\\ 1, & t>\tau\end{cases}$ 的 Laplace 变换.

解　已知 $\mathscr{L}[u(t)]=\dfrac{1}{s}$，根据延迟性质，有

$$\mathscr{L}[u(t-\tau)]=\frac{1}{s}\mathrm{e}^{-s\tau}.$$

应当注意，延迟性质中 $t<0$ 时，$f(t)=0$ 是不可缺少的，它表明了 $f(t)u(t)$ 与 $f(t)$ 是两个不同的函数. 因此该性质也可叙述成：

若 $\mathscr{L}[f(t)u(t)]=F(s)$，则对于任一正数 τ，有

$$\mathscr{L}[f(t-\tau)u(t-\tau)] = \mathrm{e}^{-s\tau} F(s),$$

或

$$\mathscr{L}^{-1}[\mathrm{e}^{-s\tau} F(s)] = f(t-\tau)u(t-\tau).$$

例如，$\mathscr{L}[\sin(t-\tau)u(t-\tau)] = \mathrm{e}^{-s\tau}\mathscr{L}[\sin t] = \dfrac{1}{s^2+1}\mathrm{e}^{-s\tau}$，但求 $\sin(t-\tau)$ 的 Laplace 变换，不能使用延迟性质来求，这是因为当 $t<\tau$ 时 $\sin(t-\tau)\neq 0$.

例 7.17　求如图 7-3 所示的阶梯函数 $f(t)$ 的 Laplace 变换.

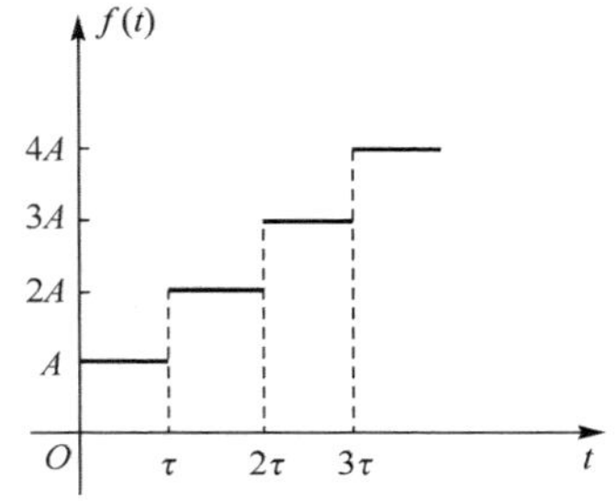

图 7-3

解　利用单位阶跃函数，可将这个阶梯函数表示为

$$f(t) = A[u(t)+u(t-\tau)+u(t-2\tau)+\cdots] = A\sum_{k=0}^{\infty} u(t-k\tau).$$

上式两端取 Laplace 变换，并假设右端可以逐项取 Laplace 变换，再由 Laplace 变换的线性性质和延迟性质，可得

$$\mathscr{L}[f(t)] = A\left(\frac{1}{s}+\frac{1}{s}\mathrm{e}^{-s\tau}+\frac{1}{s}\mathrm{e}^{-2s\tau}+\cdots\right),$$

当 $\mathrm{Re}(s)>0$ 时，有 $\left|\mathrm{e}^{-s\tau}\right|<1$，所以，上式右端圆括号中为一公比的模小于 1 的等比级数，从而

$$\mathscr{L}[f(t)] = \frac{A}{s}\frac{1}{1-\mathrm{e}^{-s\tau}} \quad (\mathrm{Re}(s)>0).$$

一般地，若 $\mathscr{L}[f(t)] = F(s)$，又 $t<0$ 时 $f(t)=0$，则对任意 $\tau>0$，有

$$\begin{aligned}\mathscr{L}\left[\sum_{k=0}^{\infty} f(t-k\tau)\right] &= \sum_{k=0}^{\infty}\mathscr{L}[f(t-k\tau)]\\ &= F(s)\cdot\frac{1}{1-\mathrm{e}^{-s\tau}} \quad (\mathrm{Re}(s)>c).\end{aligned}$$

例 7.18　求如图 7-4 所示的单个半正弦波

$$f(t)=\begin{cases}E\sin\dfrac{2\pi}{T}t, & 0\leqslant t<\dfrac{T}{2},\\ 0, & t\geqslant\dfrac{T}{2}\end{cases}$$

的 Laplace 变换.

解　设 $f_1(t)=E\sin\dfrac{2\pi}{T}t\cdot u(t)$， $f_2(t)=E\sin\dfrac{2\pi}{T}\left(t-\dfrac{T}{2}\right)\cdot u\left(t-\dfrac{T}{2}\right)$，由图 7-5 可知，$f(t)=f_1(t)+f_2(t)$，所以

$$\begin{aligned}\mathscr{L}[f(t)]&=\mathscr{L}[f_1(t)]+\mathscr{L}[f_2(t)]\\&=E\mathscr{L}\left[\sin\frac{2\pi}{T}t\cdot u(t)\right]+E\mathscr{L}\left[\sin\frac{2\pi}{T}\left(t-\frac{T}{2}\right)\cdot u\left(t-\frac{T}{2}\right)\right]\\&=\frac{E\dfrac{2\pi}{T}}{s^2+\left(\dfrac{2\pi}{T}\right)^2}(1+\mathrm{e}^{-\frac{T}{2}s})=\frac{E\omega}{s^2+\omega^2}(1+\mathrm{e}^{-\frac{T}{2}s}),\quad \omega=\frac{2\pi}{T}\end{aligned}$$

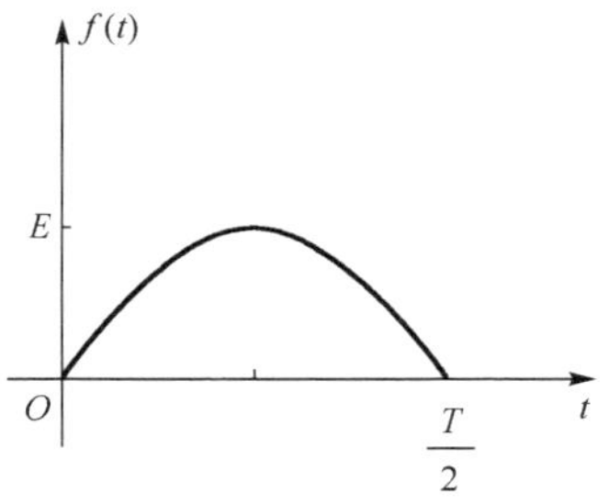

图 7-4

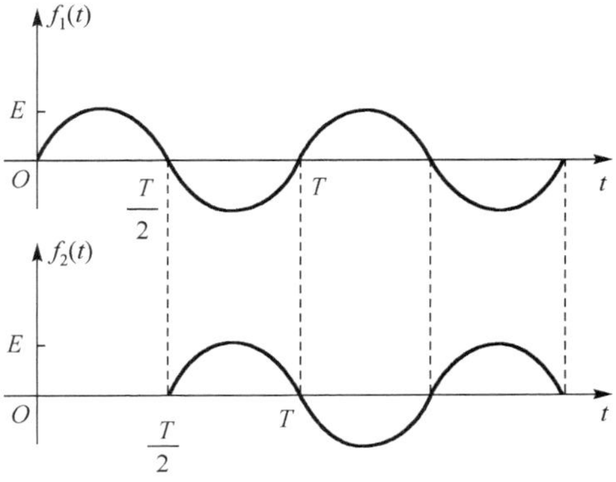

图 7-5

7.2.6　相似性质

若 $\mathscr{L}[f(t)]=F(s)$，则对 $a>0$ 有

$$\mathscr{L}[f(at)]=\frac{1}{a}F\left(\frac{s}{a}\right).\tag{7-16}$$

证　根据 Laplace 变换定义，当 $a>0$ 时，有

$$\mathscr{L}[f(at)] = \int_0^{+\infty} f(at)\mathrm{e}^{-st}\,\mathrm{d}t$$

$$\xlongequal{令u=at} \frac{1}{a}\int_0^{+\infty} f(u)\mathrm{e}^{-\left(\frac{s}{a}\right)u}\,\mathrm{d}u = \frac{1}{a}F\left(\frac{s}{a}\right).$$

例 7.19　求 $\mathscr{L}[u(3t)]$ 和 $\mathscr{L}[u(3t-2)]$.

解　由 $\mathscr{L}[u(t)] = \dfrac{1}{s}$ 及相似性质有

$$\mathscr{L}[u(3t)] = \frac{1}{3}\cdot\frac{1}{\frac{s}{3}} = \frac{1}{s}.$$

又由 $u(3t-2) = u\left[3\left(t-\dfrac{2}{3}\right)\right]$，故由延迟性质有

$$\mathscr{L}[u(3t-2)] = \mathrm{e}^{-\frac{2}{3}s}\,\mathscr{L}[u(3t)] = \frac{1}{s}\mathrm{e}^{-\frac{2}{3}s}.$$

7.2.7* 初值定理与终值定理

1. 初值定理

若 $\mathscr{L}[f(t)] = F(s)$，且 $\lim\limits_{s\to\infty} sF(s)$ 存在，则

或写成

$$\left.\begin{aligned} \lim_{t\to 0} f(t) &= \lim_{s\to\infty} sF(s), \\ f(0) &= \lim_{s\to\infty} sF(s). \end{aligned}\right\} \tag{7-17}$$

证　根据 Laplace 变换的微分性质，有

$$\mathscr{L}[f'(t)] = s\mathscr{L}[f(t)] - f(0) = sF(s) - f(0).$$

由于 $\lim\limits_{s\to\infty} sF(s)$ 存在，故 $\lim\limits_{\mathrm{Re}(s)\to+\infty} sF(s)$ 必存在，且有

$$\lim_{s\to\infty} sF(s) = \lim_{\mathrm{Re}(s)\to+\infty} sF(s).$$

在前式两端取 $\mathrm{Re}(s)\to+\infty$ 时的极限，得

$$\lim_{\mathrm{Re}(s)\to+\infty} \mathscr{L}[f'(t)] = \lim_{\mathrm{Re}(s)\to+\infty} [sF(s) - f(0)] = \lim_{\mathrm{Re}(s)\to+\infty} sF(s) - f(0),$$

但是

$$\begin{aligned} \lim_{\mathrm{Re}(s)\to+\infty} \mathscr{L}[f'(t)] &= \lim_{\mathrm{Re}(s)\to+\infty} \int_0^{+\infty} f'(t)\mathrm{e}^{-st}\,\mathrm{d}t \\ &= \int_0^{+\infty} f'(t) \lim_{\mathrm{Re}(s)\to+\infty} \mathrm{e}^{-st}\,\mathrm{d}t = 0. \end{aligned}$$

由 Laplace 变换存在定理的证明知，积分 $\int_0^{+\infty} f'(t)\mathrm{e}^{-st}\,\mathrm{d}t$ 在 $\mathrm{Re}(s) \geqslant c_1 > c$ 上也一致收敛，从而允许交换积分与极限的运算次序）所以

$$\lim_{s\to\infty} sF(s) - f(0) = 0,$$

即

$$\lim_{t\to 0} f(t) = f(0) = \lim_{s\to\infty} sF(s).$$

注　可以证明，初值 $f(0)$ 总是指当 $t \to 0^+$ 时 $f(t)$ 的极限. 只要这个极限存在，它与 Laplace 变换的积分下限是 0^+ 还是 0^- 无关.

这个性质说明函数 $f(t)$ 在 $t=0$ 时的函数值 $f(0)$ 可以通过 $f(t)$ 的 Laplace 变换 $F(s)$ 乘以 s 取 $s \to \infty$ 时的极限而得到，它建立了函数 $f(t)$ 在坐标原点的值与函数 $sF(s)$ 在无穷远点的值之间的关系.

2. 终值定理

若 $\mathscr{L}[f(t)] = F(s)$，且 $sF(s)$ 的所有奇点都在 s 平面的左半部，则

$$\left.\begin{aligned} \lim_{t\to+\infty} f(t) &= \lim_{s\to 0} sF(s), \\ f(+\infty) &= \lim_{s\to 0} sF(s). \end{aligned}\right\} \tag{7-18}$$

或写成（第二式）

证　根据微分性质，有

$$\mathscr{L}[f'(t)] = sF(s) - f(0),$$

两边取 $s \to 0$ 时的极限，得

$$\lim_{s\to 0} \mathscr{L}[f'(t)] = \lim_{s\to 0}[sF(s) - f(0)] = \lim_{s\to 0} sF(s) - f(0),$$

而

$$\begin{aligned} \lim_{s\to 0} \mathscr{L}[f'(t)] &= \lim_{s\to 0} \int_0^{+\infty} f'(t)\mathrm{e}^{-st}\,\mathrm{d}t = \int_0^{+\infty} \lim_{s\to 0} f'(t)\mathrm{e}^{-st}\,\mathrm{d}t \\ &= \int_0^{+\infty} f'(t)\mathrm{d}t = f(t)\Big|_0^{+\infty} = \lim_{t\to+\infty} f(t) - f(0), \end{aligned}$$

所以

$$\lim_{t\to+\infty} f(t) - f(0) = \lim_{s\to 0} sF(s) - f(0),$$

即

$$\lim_{t\to+\infty} f(t) = f(+\infty) = \lim_{s\to 0} sF(s).$$

这个性质说明，函数 $f(t)$ 当 $t \to +\infty$ 时的极限值（即稳定值），可以通过 $f(t)$ 的 Laplace 变换 $F(s)$ 乘以 s 取 $s \to 0$ 时的极限而得到，它建立了函数 $f(t)$ 在无穷远点的值与函数 $sF(s)$ 在原点的值之间的关系.

在 Laplace 变换的应用中，往往先得到 $F(s)$ 再去求出 $f(t)$．但是对于一个较复杂的系统，由 $F(s)$ 来计算 $f(t)$ 是很麻烦的，因此有时并不需要求得象原函数 $f(t)$ 的表达式，而只要知道 $f(t)$ 在 $t\to 0$ 或 $t\to +\infty$ 时的性态即可(它们可能是某个系统动态响应的初始状态或稳定状态)，上述两个性质为我们提供了方便，能使我们直接由 $F(s)$ 来求出 $f(t)$ 的两个特殊值 $f(0)$ 和 $f(+\infty)$．

例 7.20　已知 $\mathscr{L}[f(t)]=\dfrac{s+1}{s(s+2)}$，求 $f(0)$ 和 $f(+\infty)$．

解　根据式(7-17)及(7-18)，有

$$f(0)=\lim_{s\to\infty} sF(s)=\lim_{s\to\infty}\frac{s+1}{s+2}=1,$$

$$f(+\infty)=\lim_{s\to 0} sF(s)=\lim_{s\to 0}\frac{s+1}{s+2}=\frac{1}{2}.$$

这个结果是不难验证的．由于

$$\mathscr{L}\left[\frac{1}{2}(1+\mathrm{e}^{-2t})\right]=\frac{1}{2}\left(\frac{1}{s}+\frac{1}{s+2}\right)=\frac{s+1}{s(s+2)},$$

故 $f(t)=\dfrac{1}{2}(1+\mathrm{e}^{-2t})$．显然，上面所求结果与直接由 $f(t)$ 所计算的结果是一致的．

应当注意，在应用终值定理之前必须先判定定理中的条件是否满足．例如，设 $F(s)=\dfrac{1}{s^2+1}$，这时 $sF(s)=\dfrac{s}{s^2+1}$ 的奇点 $s=\pm\mathrm{i}$ 位于虚轴上，就不满足定理的条件，因此，对这个函数就不能用终值定理．尽管 $\lim\limits_{s\to 0} sF(s)=\lim\limits_{s\to 0}\dfrac{s}{s^2+1}=0$，但不能说 $f(+\infty)=0$．实际上，$f(t)=\mathscr{L}^{-1}\left[\dfrac{1}{s^2+1}\right]=\sin t$，而 $\lim\limits_{t\to+\infty} f(t)=\lim\limits_{t\to+\infty}\sin t$ 是不存在的．不过，初值定理对此例还是适用的．

7.3　卷　　积

本节将介绍 Laplace 变换的卷积性质，它不仅能够用来求出某些函数的 Laplace 逆变换以及一些函数的积分值，而且在线性系统的分析中起着重要的作用．

7.3.1　卷积的概念

定义 7.2　设 $f_1(t)$ 与 $f_2(t)$ 都满足当 $t<0$ 时，$f_1(t)=f_2(t)=0$，则积分 $\int_0^t f_1(\tau) f_2(t-\tau)\mathrm{d}\tau$ 称为函数 $f_1(t)$ 与 $f_2(t)$ 的卷积，记为 $f_1(t)*f_2(t)$．即

$$f_1(t)*f_2(t)=\int_0^t f_1(\tau)f_2(t-\tau)\mathrm{d}\tau .\tag{7-19}$$

实际上，Laplace 变换的卷积定义与第 6 章 Fourier 变换中的卷积定义是完全一致的. 这是因为 Fourier 变换的卷积定义是指

$$\begin{aligned}f_1(t)*f_2(t)&=\int_{-\infty}^{+\infty} f_1(\tau)f_2(t-\tau)\mathrm{d}\tau\\&=\int_{-\infty}^{0} f_1(\tau)f_2(t-\tau)\mathrm{d}\tau+\int_0^t f_1(\tau)f_2(t-\tau)\mathrm{d}\tau+\int_t^{+\infty} f_1(\tau)f_2(t-\tau)\mathrm{d}\tau.\end{aligned}$$

在上式第一个积分中，因为 $\tau<0$，故 $f_1(\tau)=0$. 在第三个积分中，因为 $\tau>t$，故 $t-\tau<0$，从而 $f_2(t-\tau)=0$，因此

$$f_1(t)*f_2(t)=\int_0^t f_1(\tau)f_2(t-\tau)\mathrm{d}\tau .$$

今后如不特别声明，都假定这些函数在 $t<0$ 时恒为零. 它们的卷积都按(7-19)式计算. 显然，由式(7-19)定义的卷积仍然满足交换律、结合律和对加法的分配律，即

(1) $f_1(t)*f_2(t)=f_2(t)*f_1(t)$；

(2) $f_1(t)*[f_2(t)*f_3(t)]=[f_1(t)*f_2(t)]*f_3(t)$；

(3) $f_1(t)*[f_2(t)+f_3(t)]=f_1(t)*f_2(t)+f_1(t)*f_3(t)$.

例 7.21　求函数 $f_1(t)=t$ 和 $f_2(t)=\cos t$ 的卷积.

解　由式(7-19)，有

$$\begin{aligned}t*\cos t&=\int_0^t \tau\cos(t-\tau)\mathrm{d}\tau\\&=-\tau\sin(t-\tau)\Big|_0^t+\int_0^t\sin(t-\tau)\mathrm{d}\tau\\&=1-\cos t.\end{aligned}$$

7.3.2　卷积定理

定理 7.2(卷积定理)　设 $f_1(t)$ 与 $f_2(t)$ 满足 Laplace 变换存在定理的条件，且 $\mathscr{L}[f_1(t)]=F_1(s)$，$\mathscr{L}[f_2(t)]=F_2(s)$，则 $f_1(t)*f_2(t)$ 的 Laplace 变换一定存在，且

$$\mathscr{L}[f_1(t)*f_2(t)]=F_1(s)F_2(s),$$

或

$$\mathscr{L}^{-1}[F_1(s)F_2(s)]=f_1(t)*f_2(t).\tag{7-20}$$

证　容易验证 $f_1(t)*f_2(t)$ 满足 Laplace 变换存在定理的条件，它的 Laplace 变换式为

$$\begin{aligned}\mathscr{L}[f_1(t)*f_2(t)] &= \int_0^{+\infty}[f_1(t)*f_2(t)]\mathrm{e}^{-st}\mathrm{d}t \\ &= \int_0^{+\infty}\left[\int_0^t f_1(\tau)f_2(t-\tau)\mathrm{d}\tau\right]\mathrm{e}^{-st}\mathrm{d}t \\ &= \iint_D f_1(\tau)f_2(t-\tau)\mathrm{e}^{-st}\mathrm{d}\tau\mathrm{d}t\end{aligned}$$

这里 D 是 $tO\tau$ 平面内 t 轴和第一象限的角平分线 $\tau=t$ 围成的角形区域，如图 7-6 所示. 由于二重积分绝对可积，可以交换积分次序，即

$$\mathscr{L}[f_1(t)*f_2(t)] = \int_0^{+\infty} f_1(\tau)\left[\int_\tau^{+\infty} f_2(t-\tau)\mathrm{e}^{-st}\mathrm{d}t\right]\mathrm{d}\tau .$$

令 $t-\tau=u$，则

$$\int_\tau^{+\infty} f_2(t-\tau)\mathrm{e}^{-st}\mathrm{d}t = \int_0^{+\infty} f_2(u)\mathrm{e}^{-s(u+\tau)}\mathrm{d}u = \mathrm{e}^{-s\tau}F_2(s) .$$

所以

$$\begin{aligned}\mathscr{L}[f_1(t)*f_2(t)] &= \int_0^{+\infty} f_1(\tau)\mathrm{e}^{-s\tau}F_2(s)\mathrm{d}\tau \\ &= F_2(s)\int_0^{+\infty} f_1(\tau)\mathrm{e}^{-s\tau}\mathrm{d}\tau \\ &= F_1(s)\cdot F_2(s).\end{aligned}$$

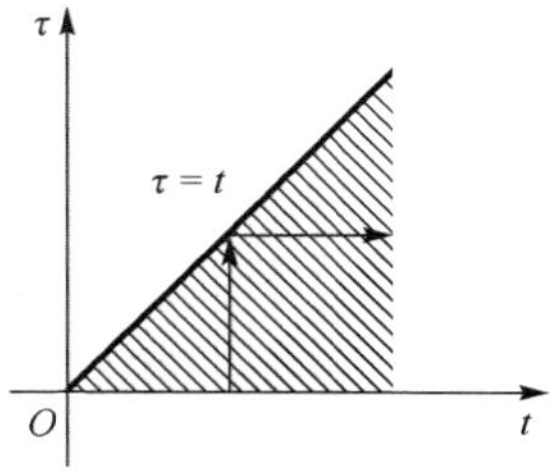

图 7-6

这个性质表明两个函数卷积的 Laplace 变换等于这两个函数 Laplace 变换的乘积.

定理 7.2 也可推广到 n 个函数的情形，即若 $f_k(t)\ (k=1,2,\cdots,n)$ 满足 Laplace 变换存在定理的条件，并且 $\mathscr{L}[f_k(t)]=F_k(s)\ (k=1,2,\cdots,n)$，则

$$\mathscr{L}[f_1(t)*f_2(t)*\cdots*f_n(t)] = F_1(s)F_2(s)\cdots F_n(s) .$$

在 Laplace 变换的应用中，卷积定理起着十分重要的作用，下面利用它来求一些函数的 Laplace 逆变换.

例 7.22　设 $F(s)=\dfrac{s}{(s^2+1)^2}$，求 $f(t)$.

解　由于 $F(s)=\dfrac{1}{(s^2+1)}\cdot\dfrac{s}{(s^2+1)}$，$\mathscr{L}^{-1}\left[\dfrac{1}{s^2+1}\right]=\sin t$，$\mathscr{L}^{-1}\left[\dfrac{s}{s^2+1}\right]=\cos t$，由卷积定理，得

$$
\begin{aligned}
f(t)&=\mathscr{L}^{-1}\left[\frac{1}{(s^2+1)}\cdot\frac{s}{(s^2+1)}\right]=\sin t*\cos t\\
&=\int_0^t\sin\tau\cos(t-\tau)\mathrm{d}\tau\\
&=\frac{1}{2}\int_0^t[\sin t+\sin(2\tau-t)]\mathrm{d}\tau\\
&=\frac{1}{2}t\sin t-\frac{1}{2}\frac{\cos(2\tau-t)}{2}\bigg|_0^t\\
&=\frac{1}{2}t\sin t.
\end{aligned}
$$

例 7.23　设 $\mathscr{L}[f(t)]=\dfrac{1}{(s^2+4s+13)^2}$，求 $f(t)$.

解　由于

$$
\begin{aligned}
\mathscr{L}[f(t)]&=\frac{1}{(s^2+4s+13)^2}=\frac{1}{\left[(s+2)^2+3^2\right]^2}\\
&=\frac{1}{9}\frac{3}{(s+2)^2+3^2}\cdot\frac{3}{(s+2)^2+3^2}.
\end{aligned}
$$

根据位移性质，有

$$
\mathscr{L}^{-1}\left[\frac{3}{(s+2)^2+3^2}\right]=\mathrm{e}^{-2t}\sin 3t,
$$

故

$$
\begin{aligned}
f(t)&=\frac{1}{9}(\mathrm{e}^{-2t}\sin 3t)*(\mathrm{e}^{-2t}\sin 3t)\\
&=\frac{1}{9}\int_0^t\mathrm{e}^{-2\tau}\sin 3\tau\,\mathrm{e}^{-2(t-\tau)}\sin 3(t-\tau)\mathrm{d}\tau\\
&=\frac{1}{9}\mathrm{e}^{-2t}\int_0^t\sin 3\tau\sin 3(t-\tau)\mathrm{d}\tau\\
&=\frac{1}{9}\mathrm{e}^{-2t}\int_0^t\frac{1}{2}\left[\cos(6\tau-3t)-\cos 3t\right]\mathrm{d}\tau\\
&=\frac{1}{54}\mathrm{e}^{-2t}(\sin 3t-3t\cos 3t)
\end{aligned}
$$

例 7.24　设 $\mathscr{L}[f(t)]=\dfrac{\mathrm{e}^{-as}}{s(s+b)}(a>0)$，求 $f(t)$.

解　利用卷积定理先求出

$$\begin{aligned}\mathscr{L}^{-1}\left[\frac{1}{s(s+b)}\right]&=\mathscr{L}^{-1}\left[\frac{1}{s}\cdot\frac{1}{s+b}\right]\\&=\mathscr{L}^{-1}\left[\frac{1}{s}\right]*\mathscr{L}^{-1}\left[\frac{1}{s+b}\right]\\&=u(t)*\mathrm{e}^{-bt}\\&=\int_0^t u(\tau)\mathrm{e}^{-b(t-\tau)}\,\mathrm{d}\tau\\&=\int_0^t \mathrm{e}^{-b(t-\tau)}\,\mathrm{d}\tau=\frac{1}{b}(1-\mathrm{e}^{-bt}).\end{aligned}$$

再由延迟性质，有

$$f(t)=\mathscr{L}^{-1}\left[\frac{\mathrm{e}^{-as}}{s(s+b)}\right]=\frac{1}{b}(1-\mathrm{e}^{-b(t-a)})u(t-a).$$

这里单位阶跃函数 $u(t-a)$ 是不可缺少的.

7.4　Laplace 逆变换

前面主要讨论了由已知函数 $f(t)$ 求它的象函数 $F(s)$ 的问题，但是在实际应用中常常会遇到与此相反的问题，即已知象函数 $F(s)$ 求它的象原函数 $f(t)$. 利用 Laplace 变换的几个性质，特别是卷积定理可以解决这类问题. 另外，查表求 Laplace 逆变换(见附录Ⅱ)也是一种简单有效的方法. 但是这些方法适用的范围还是有限的，远远不能满足实际问题的需要. 因此，有必要研究求 Laplace 逆变换的一般方法. 下面就来解决这个问题.

7.4.1　反演积分公式

由 Laplace 变换的定义可知，函数 $f(t)$ 的 Laplace 变换实际上就是 $f(t)u(t)\mathrm{e}^{-\beta t}$ 的 Fourier 变换. 因此，当 $f(t)u(t)\mathrm{e}^{-\beta t}$ 满足 Fourier 积分定理的条件时，按 Fourier 积分公式，在 $f(t)$ 的连续点处有

$$\begin{aligned}f(t)u(t)\mathrm{e}^{-\beta t}&=\frac{1}{2\pi}\int_{-\infty}^{+\infty}\left[\int_{-\infty}^{+\infty}f(\tau)u(\tau)\mathrm{e}^{-\beta\tau}\mathrm{e}^{-\mathrm{i}\omega\tau}\mathrm{d}\tau\right]\mathrm{e}^{\mathrm{i}\omega t}\mathrm{d}\omega\\&=\frac{1}{2\pi}\int_{-\infty}^{+\infty}\mathrm{e}^{\mathrm{i}\omega t}\mathrm{d}\omega\left[\int_0^{+\infty}f(\tau)\mathrm{e}^{-(\beta+\mathrm{i}\omega)\tau}\mathrm{d}\tau\right]\\&=\frac{1}{2\pi}\int_{-\infty}^{+\infty}F(\beta+\mathrm{i}\omega)\mathrm{e}^{\mathrm{i}\omega t}\mathrm{d}\omega\quad(t>0),\end{aligned}$$

等式两边同乘以 $e^{\beta t}$，并考虑到它与积分变量 ω 无关，则

$$f(t)=\frac{1}{2\pi}\int_{-\infty}^{+\infty}F(\beta+\mathrm{i}\omega)\mathrm{e}^{(\beta+\mathrm{i}\omega)t}\mathrm{d}\omega \quad (t>0),$$

令 $\beta+\mathrm{i}\omega=s$，即有

$$f(t)=\frac{1}{2\pi\mathrm{i}}\int_{\beta-\mathrm{i}\infty}^{\beta+\mathrm{i}\infty}F(s)\mathrm{e}^{st}\mathrm{d}s \quad (t>0). \tag{7-21}$$

这就是从象函数 $F(s)$ 求它的象原函数 $f(t)$ 的一般公式，称为 **Laplace 反演积分公式**，也称为 **Laplace 逆变换**，右端的积分称为 **Laplace 反演积分**. 它和公式 $F(s)=\int_0^{+\infty}f(t)\mathrm{e}^{-st}\mathrm{d}t$ 成为一对互逆的积分变换公式，也称 $f(t)$ 和 $F(s)$ 构成了一个 Laplace 变换对. 式(7-21)是一个复变函数的积分，而复积分的计算通常比较困难，但当 $F(s)$ 满足一定条件时，可以用留数方法来计算这个反演积分.

7.4.2　利用留数计算反演积分

定理 7.3　若 $s_1,s_2,\cdots,s_n$ 是函数 $F(s)$ 的所有奇点，适当选取 β 使这些奇点全在 $\mathrm{Re}(s)<\beta$ 的范围内，且当 $s\to\infty$ 时，$F(s)\to 0$，则有

$$\frac{1}{2\pi\mathrm{i}}\int_{\beta-\mathrm{i}\infty}^{\beta+\mathrm{i}\infty}F(s)\mathrm{e}^{st}\mathrm{d}s=\sum_{k=1}^{n}\mathrm{Res}[F(s)\mathrm{e}^{st},s_k],$$

即

$$f(t)=\sum_{k=1}^{n}\mathrm{Res}[F(s)\mathrm{e}^{st},s_k] \quad (t>0). \tag{7-22}$$

证　作图 7-7 所示的闭曲线 $C=L+C_R$，C_R 在 $\mathrm{Re}(s)<\beta$ 的区域内是半径为 R 的圆弧，当 R 充分大后，可以使 $F(s)$ 的所有奇点包含在闭曲线 C 围成的区域内. 同时 e^{st} 在全平面上解析，所以 $F(s)\mathrm{e}^{st}$ 的奇点就是 $F(s)$ 的奇点. 根据留数定理可得

$$\oint_C F(s)\mathrm{e}^{st}\mathrm{d}s=2\pi\mathrm{i}\sum_{k=1}^{n}\mathrm{Res}[F(s)\mathrm{e}^{st},s_k],$$

即

$$\frac{1}{2\pi\mathrm{i}}\left[\int_{\beta-\mathrm{i}R}^{\beta+\mathrm{i}R}F(s)\mathrm{e}^{st}\mathrm{d}s+\int_{C_R}F(s)\mathrm{e}^{st}\mathrm{d}s\right]=\sum_{k=1}^{n}\mathrm{Res}[F(s)\mathrm{e}^{st},s_k].$$

下面证明当 $\lim\limits_{s\to\infty}F(s)=0$ 时，有

$$\lim_{R\to+\infty}\int_{C_R}F(s)\mathrm{e}^{st}\mathrm{d}s=0.$$

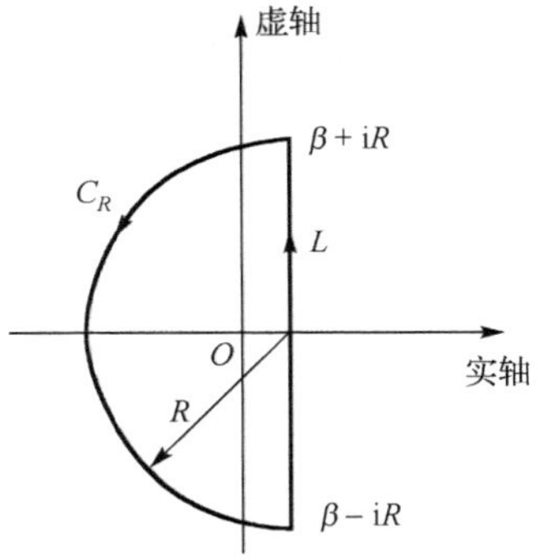

图 7-7

C_R 的参数方程可以写为 $s=\beta+R\mathrm{e}^{\mathrm{i}\theta}$，$\dfrac{\pi}{2}\leqslant\theta\leqslant\dfrac{3\pi}{2}$，于是

$$\int_{C_R}F(s)\mathrm{e}^{st}\,\mathrm{d}s=\mathrm{e}^{\beta t}\int_{\frac{\pi}{2}}^{\frac{3\pi}{2}}F(\beta+R\mathrm{e}^{\mathrm{i}\theta})\mathrm{e}^{Rt(\cos\theta+\mathrm{i}\sin\theta)}\mathrm{i}R\mathrm{e}^{\mathrm{i}\theta}\,\mathrm{d}\theta,$$

若设 $M(R)$ 是 $|F(s)|$ 在 C_R 上的最大值，则

$$\begin{aligned}\left|\int_{C_R}F(s)\mathrm{e}^{st}\,\mathrm{d}s\right|&\leqslant RM(R)\mathrm{e}^{\beta t}\int_{\frac{\pi}{2}}^{\frac{3\pi}{2}}\mathrm{e}^{Rt\cos\theta}\mathrm{d}\theta=RM(R)\mathrm{e}^{\beta t}\int_0^{\pi}\mathrm{e}^{-Rt\sin\varphi}\mathrm{d}\varphi\\&=RM(R)\mathrm{e}^{\beta t}\left(\int_0^{\frac{\pi}{2}}\mathrm{e}^{-Rt\sin\varphi}\,\mathrm{d}\varphi+\int_{\frac{\pi}{2}}^{\pi}\mathrm{e}^{-Rt\sin\varphi}\mathrm{d}\varphi\right)\\&=2RM(R)\mathrm{e}^{\beta t}\int_0^{\frac{\pi}{2}}\mathrm{e}^{-Rt\sin\varphi}\mathrm{d}\varphi,\end{aligned}$$

因为当 $0\leqslant\varphi\leqslant\dfrac{\pi}{2}$ 时，$\dfrac{2}{\pi}\varphi\leqslant\sin\varphi$ (图 5-3)，所以

$$\int_0^{\frac{\pi}{2}}\mathrm{e}^{-Rt\sin\varphi}\mathrm{d}\varphi\leqslant\int_0^{\frac{\pi}{2}}\mathrm{e}^{-\frac{2Rt}{\pi}\varphi}\mathrm{d}\varphi<\int_0^{+\infty}\mathrm{e}^{-\frac{2Rt}{\pi}\varphi}\mathrm{d}\varphi=\frac{\pi}{2Rt}\quad(t>0),$$

由上式知，当 $R\to+\infty$ 时，$\int_0^{\frac{\pi}{2}}\mathrm{e}^{-Rt\sin\varphi}\mathrm{d}\varphi\to0$. 而已知 $\lim\limits_{s\to\infty}F(s)=0$，故当 $R\to+\infty$ 时，$M(R)\to0$. 因此 $\lim\limits_{R\to+\infty}\int_{C_R}F(s)\mathrm{e}^{st}\mathrm{d}s=0$. 从而

$$\frac{1}{2\pi\mathrm{i}}\int_{\beta-\mathrm{i}\infty}^{\beta+\mathrm{i}\infty}F(s)\mathrm{e}^{st}\mathrm{d}s=\sum_{k=1}^{n}\mathrm{Res}[F(s)\mathrm{e}^{st},s_k]\quad(t>0).$$

特别地，当函数 $F(s)$ 是有理函数：$F(s)=\dfrac{A(s)}{B(s)}$，其中 $A(s)$，$B(s)$ 是不可约的多

项式，$B(s)$ 的次数是 n，而且 $A(s)$ 的次数小于 $B(s)$ 的次数，在这种情况下它满足定理对 $F(s)$ 所要求的条件，因此式(7-22)成立. 现分以下两种情形来讨论.

情形一 若 $B(s)$ 有 n 个单零点 $s_1,s_2,\cdots,s_n$，即这些点都是 $\frac{A(s)}{B(s)}$ 的单极点，则由留数的计算方法，有

$$\operatorname{Res}\left[\frac{A(s)}{B(s)}\mathrm{e}^{st},s_k\right]=\frac{A(s_k)}{B'(s_k)}\mathrm{e}^{s_k t},$$

从而根据式(7-22)，有

$$f(t)=\sum_{k=1}^{n}\frac{A(s_k)}{B'(s_k)}\mathrm{e}^{s_k t}\quad (t>0). \tag{7-23}$$

情形二 若 s_1 是 $B(s)$ 的一个 m 级零点，而其余 $s_{m+1},s_{m+2},\cdots,s_n$ 是 $B(s)$ 的单零点，即 s_1 是 $\frac{A(s)}{B(s)}$ 的 m 级极点，$s_j(j=m+1,m+2,\cdots,n)$ 是它的单极点，则由留数的计算方法，有

$$\operatorname{Res}\left[\frac{A(s)}{B(s)}\mathrm{e}^{st},s_1\right]=\frac{1}{(m-1)!}\lim_{s\to s_1}\frac{\mathrm{d}^{m-1}}{\mathrm{d}s^{m-1}}\left[(s-s_1)^m\frac{A(s)}{B(s)}\mathrm{e}^{st}\right],$$

所以有

$$f(t)=\sum_{j=m+1}^{n}\frac{A(s_j)}{B'(s_j)}\mathrm{e}^{s_j t}+\frac{1}{(m-1)!}\lim_{s\to s_1}\frac{\mathrm{d}^{m-1}}{\mathrm{d}s^{m-1}}\left[(s-s_1)^m\frac{A(s)}{B(s)}\mathrm{e}^{st}\right]\quad (t>0). \tag{7-24}$$

这两个公式都称为**赫维赛德(Heaviside)展开式**，在用 Laplace 变换解常微分方程时经常遇到.

例 7.25 利用留数方法求 $F(s)=\frac{s}{s^2+1}$ 的 Laplace 逆变换.

解 这里 $B(s)=s^2+1$，它有两个单零点 $s_1=\mathrm{i},s_2=-\mathrm{i}$，故由式(7-23)得

$$\begin{aligned}f(t)=\mathscr{L}^{-1}\left[\frac{s}{s^2+1}\right]&=\frac{s}{2s}\mathrm{e}^{st}\Big|_{s=\mathrm{i}}+\frac{s}{2s}\mathrm{e}^{st}\Big|_{s=-\mathrm{i}}\\&=\frac{1}{2}(\mathrm{e}^{\mathrm{i}t}+\mathrm{e}^{-\mathrm{i}t})=\cos t\quad (t>0).\end{aligned}$$

这和我们熟知的结果是一致的.

例 7.26 利用留数方法求 $F(s)=\frac{s-2}{s(s-1)^2}$ 的逆变换.

解 这里 $B(s)=s(s-1)^2$，$s=0$ 为单零点，$s=1$ 为二级零点，故由式(7-24)可得

$$f(t)=\left.\frac{(s-2)\mathrm{e}^{st}}{3s^2-4s+1}\right|_{s=0}+\lim_{s\to1}\frac{\mathrm{d}}{\mathrm{d}s}\left[(s-1)^2\frac{(s-2)\mathrm{e}^{st}}{s(s-1)^2}\right]$$
$$=-2+\lim_{s\to1}\frac{\mathrm{d}}{\mathrm{d}s}\left[\frac{(s-2)\mathrm{e}^{st}}{s}\right]$$
$$=-2+\lim_{s\to1}\frac{[\mathrm{e}^{st}+(s-2)t\,\mathrm{e}^{st}]s-(s-2)\mathrm{e}^{st}}{s^2}$$
$$=-2+(2-t)\mathrm{e}^{t}.$$

当 $F(s)$ 是有理函数时，还可以采用有理分式的部分分式法，把它分解为若干个简单分式之和，然后逐个求出象原函数.

例 7.27　利用部分分式的方法求 $F(s)=\dfrac{1}{s(s+1)^2}$ 的逆变换.

解　利用部分分式展开法将 $F(s)$ 化成

$$F(s)=\frac{1}{s(s+1)^2}=\frac{1}{s}-\frac{1}{s+1}-\frac{1}{(s+1)^2},$$

所以

$$f(t)=\mathscr{L}^{-1}[F(s)]=\mathscr{L}^{-1}\left[\frac{1}{s}-\frac{1}{s+1}-\frac{1}{(s+1)^2}\right]$$
$$=\mathscr{L}^{-1}\left[\frac{1}{s}\right]-\mathscr{L}^{-1}\left[\frac{1}{s+1}\right]-\mathscr{L}^{-1}\left[\frac{1}{(s+1)^2}\right]$$
$$=1-\mathrm{e}^{-t}-t\,\mathrm{e}^{-t}.$$

例 7.28　利用部分分式的方法求 $F(s)=\dfrac{s^2}{(s+2)(s^2+2s+2)}$ 的逆变换.

解　设

$$\frac{s^2}{(s+2)(s^2+2s+2)}=\frac{A}{s+2}+\frac{Bs+C}{s^2+2s+2},$$

用待定系数法可求得

$$A=2,B=-1,C=-2,$$

即

$$\frac{s^2}{(s+2)(s^2+2s+2)}=\frac{2}{s+2}-\frac{s+2}{s^2+2s+2},$$

所以

$$f(t)=\mathscr{L}^{-1}[F(s)]=\mathscr{L}^{-1}\left[\frac{2}{s+2}\right]-\mathscr{L}^{-1}\left[\frac{s+1+1}{(s+1)^2+1}\right]$$
$$=\mathscr{L}^{-1}\left[\frac{2}{s+2}\right]-\mathscr{L}^{-1}\left[\frac{s+1}{(s+1)^2+1}\right]-\mathscr{L}^{-1}\left[\frac{1}{(s+1)^2+1}\right]$$
$$=2\mathrm{e}^{-2t}-\mathrm{e}^{-t}\cos t-\mathrm{e}^{-t}\sin t$$
$$=2\mathrm{e}^{-2t}-\mathrm{e}^{-t}(\cos t+\sin t).$$

例 7.29　利用 Laplace 的性质求 $F(s)=\ln\dfrac{s+1}{s-1}$ 的逆变换.

解　这里利用象函数的微分性质：若 $\mathscr{L}[f(t)]=F(s)$，则 $\mathscr{L}^{-1}[F'(s)]=-tf(t)$. 而

$$F'(s)=\frac{-2}{s^2-1},$$

所以

$$f(t)=-\frac{1}{t}\mathscr{L}^{-1}\left[\frac{-2}{s^2-1}\right]$$
$$=\frac{1}{t}\mathscr{L}^{-1}\left[\frac{1}{s-1}-\frac{1}{s+1}\right]=\frac{1}{t}(\mathrm{e}^{t}-\mathrm{e}^{-t})=\frac{2}{t}\mathrm{sh}\,t.$$

例 7.30　求 $F(s)=\dfrac{a}{s^2(s^2+a^2)}$ 的 Laplace 逆变换.

解　可以用不同的方法求 $F(s)$ 的逆变换 $f(t)$. 例如：

方法一(利用留数方法)　这里 $B(s)=s^2(s^2+a^2)$，$s=0$ 为二级零点，$s=\pm a\mathrm{i}$ 为一级零点，故由式(7-24)可得

$$f(t)=\left.\frac{a\mathrm{e}^{st}}{4s^3+2a^2s}\right|_{s=a\mathrm{i}}+\left.\frac{a\mathrm{e}^{st}}{4s^3+2a^2s}\right|_{s=-a\mathrm{i}}+\lim_{s\to 0}\frac{\mathrm{d}}{\mathrm{d}s}\left[s^2\frac{a\mathrm{e}^{st}}{s^2(s^2+a^2)}\right]$$
$$=-\frac{\mathrm{e}^{\mathrm{i}at}}{2\mathrm{i}a^2}+\frac{\mathrm{e}^{-\mathrm{i}at}}{2\mathrm{i}a^2}+\frac{t}{a}=\frac{t}{a}-\frac{1}{a^2}\sin(at).$$

方法二(利用部分分式方法)　因为

$$F(s)=\frac{a}{s^2(s^2+a^2)}=\frac{1}{a}\left(\frac{1}{s^2}-\frac{1}{s^2+a^2}\right)=\frac{1}{a}\frac{1}{s^2}-\frac{1}{a^2}\frac{a}{s^2+a^2},$$

所以

$$f(t)=\frac{t}{a}-\frac{1}{a^2}\sin(at).$$

方法三(利用卷积定理方法)　因为

$$F(s)=\frac{a}{s^2(s^2+a^2)}=\frac{1}{s^2}\cdot\frac{a}{s^2+a^2},$$

所以

$$\begin{aligned} f(t) &= \mathscr{L}^{-1}[F(s)] = \mathscr{L}^{-1}\left[\frac{1}{s^2}\cdot\frac{a}{s^2+a^2}\right] \\ &= t * \sin at \\ &= \int_0^t \tau \sin a(t-\tau)\mathrm{d}\tau \\ &= \frac{1}{a}\tau\cos[a(t-\tau)]\Big|_0^t - \frac{1}{a}\int_0^t \cos[a(t-\tau)]\mathrm{d}\tau \\ &= \frac{t}{a} - \frac{1}{a^2}\sin(at). \end{aligned}$$

方法四(利用 Laplace 变换的性质)　这里利用积分性质：若 $\mathcal{L}[f(t)] = F(s)$，则

$$\mathscr{L}^{-1}\left[\frac{1}{s}F(s)\right] = \int_0^t f(t)\mathrm{d}t .$$

由于

$$F(s) = \frac{a}{s^2(s^2+a^2)} = \frac{1}{s}\frac{a}{s(s^2+a^2)},$$

而

$$\mathscr{L}^{-1}\left[\frac{a}{s(s^2+a^2)}\right] = \mathscr{L}^{-1}\left[\frac{1}{a}\left(\frac{1}{s} - \frac{s}{s^2+a^2}\right)\right] = \frac{1}{a}[1-\cos(at)],$$

由积分性质得

$$\begin{aligned} f(t) &= \mathscr{L}^{-1}\left[\frac{1}{s}\frac{a}{s(s^2+a^2)}\right] = \int_0^t \frac{1}{a}[1-\cos(at)]\mathrm{d}t \\ &= \frac{t}{a} - \frac{1}{a^2}\sin(at). \end{aligned}$$

方法五(利用查表方法)　根据附录 II 中公式(26)：

$$\mathscr{L}^{-1}\left[\frac{1}{s^2(s^2+a^2)}\right] = \frac{1}{a^3}(at - \sin at),$$

所以

$$\begin{aligned} f(t) &= \mathscr{L}^{-1}[F(s)] = \mathscr{L}^{-1}\left[\frac{a}{s^2(s^2+a^2)}\right] \\ &= \frac{1}{a^2}(at - \sin at). \end{aligned}$$

到目前为止，已介绍了多种求 Laplace 逆变换的方法，例如，利用卷积定理与部分分式方法，还可以利用留数的方法. 这些方法各有优缺点，使用哪种方法简便就用哪一种. 有时还可以用 Laplace 变换的基本性质. 以上方法中除留数方法之外，都需要知道一些最基本的 Laplace 变换的象函数的象原函数. 此外，还可以用查表的方法.

7.5　Laplace 变换的应用

Laplace 变换与 Fourier 变换一样，在许多工程技术和科研领域中都有着广泛的应用，尤其在电学系统、力学系统、自动控制系统、可靠性系统以及随机服务系统等领域中都起着重要作用. 人们在对一个系统进行研究时，通常将其抽象成为一个数学模型，而在许多场合，这些数学模型是线性的，可以用线性的微分方程、积分方程、微分积分方程及偏微分方程等来描述. Laplace 变换对于求解这类线性方程是十分有效的，甚至是必不可少的. 它的求解步骤和用 Fourier 变换方法求解此类线性方程的步骤完全类似(图 7-8)，下面将分别作以介绍.

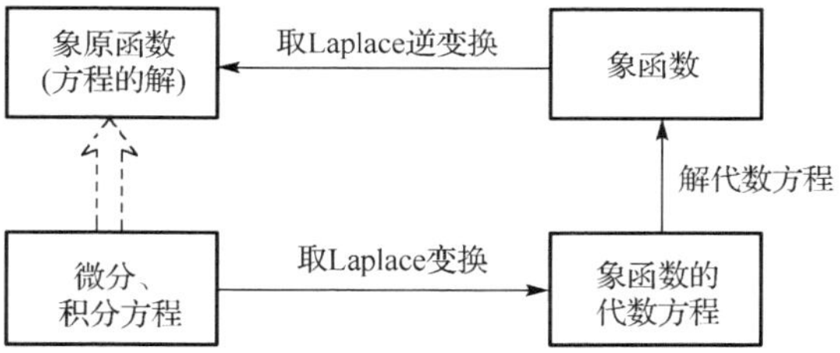

图 7-8

7.5.1　解线性常微分方程

1. *初值问题*

例 7.31　求微分方程 $y''-3y'+2y=2\mathrm{e}^{-t}$ 满足初始条件 $y(0)=2, y'(0)=-1$ 的解.

解　设 $\mathscr{L}[y(t)]=Y(s)$，对方程两边取 Laplace 变换，得

$$s^2Y(s)-sy(0)-y'(0)-3\left[sY(s)-y(0)\right]+2Y(s)=\frac{2}{s+1},$$

利用初值条件，可得

$$s^2Y(s)-2s+1-3sY(s)+6+2Y(s)=\frac{2}{s+1}.$$

这是含未知量 $Y(s)$ 的代数方程，整理后解出 $Y(s)$，得

$$Y(s)=\frac{2s^2-5s-5}{(s+1)(s-1)(s-2)},$$

为了求 $Y(s)$ 的逆变换，将它化为部分分式的形式，即

$$Y(s)=\frac{2s^2-5s-5}{(s+1)(s-1)(s-2)}=\frac{1}{3}\frac{1}{s+1}+\frac{4}{s-1}-\frac{7}{3}\frac{1}{s-2},$$

取 Laplace 逆变换，得

$$y(t)=\frac{1}{3}\mathrm{e}^{-t}+4\mathrm{e}^{t}-\frac{7}{3}\mathrm{e}^{2t}.$$

这就是所求微分方程满足所给初始条件的解.

本例是一个常系数非齐次线性常微分方程满足初始条件的求解问题，有时也简称为常系数非齐次线性微分方程的初值问题. 下面将给出一个变系数的线性微分方程的例子.

对于某些变系数的微分方程，即方程中每一项为 $t^n y^{(m)}(t)$ 形式时也可以用 Laplace 变换的方法求解. 由象函数的微分性质可知

$$\mathscr{L}[t^n y^{(m)}(t)]=(-1)^n\frac{\mathrm{d}^n}{\mathrm{d}s^n}\mathscr{L}[y^{(m)}(t)].$$

例 7.32　求微分方程 $ty''+(1-2t)y'-2y=0$ 满足初值条件 $y|_{t=0}=1, y'|_{t=0}=2$ 的解.

解　设 $\mathscr{L}[y(t)]=Y(s)$，对方程两边取 Laplace 变换可得

$$-\frac{\mathrm{d}}{\mathrm{d}s}[s^2Y(s)-sy(0)-y'(0)]+sY(s)-y(0)+2\frac{\mathrm{d}}{\mathrm{d}s}[sY(s)-y(0)]-2Y(s)=0.$$

考虑到初值条件，代入整理化简后可得

$$Y'(s)+\frac{1}{s-2}Y(s)=0.$$

这是关于 $Y(s)$ 一阶齐次线性微分方程，于是其通解为

$$Y(s)=C\mathrm{e}^{-\int\frac{1}{s-2}\mathrm{d}s}=\frac{C}{s-2},$$

取其逆变换可得

$$y(t)=C\mathrm{e}^{2t},$$

为确定常数 C，令 $t=0$ 代入，有

$$y(0)=C=1.$$

故方程满足初值条件的解为 $y(t)=\mathrm{e}^{2t}$.

例 7.33　在如图 7-9 所示的电路中，当 $t=0$ 时，开关 S 闭合，接入信号源 $e(t)=E_0\sin(\omega_0 t)$，电感起始电流等于零，求电流 $i(t)$.

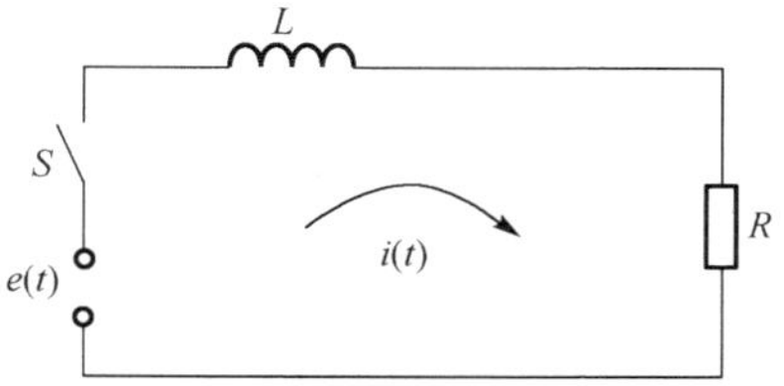

图 7-9

解 由基尔霍夫(Kirchhoff)定律，$i(t)$所满足的微分方程为

$$L\frac{\mathrm{d}i}{\mathrm{d}t}+Ri=E_0\sin(\omega_0 t),\quad i\big|_{t=0}=0.$$

设$\mathscr{L}[i(t)]=I(s)$，对方程两边取 Laplace 变换，并考虑到初值条件可得

$$LsI(s)+RI(s)=E_0\cdot\frac{\omega_0}{s^2+\omega_0^{\ 2}}.$$

所以

$$I(s)=\frac{E_0\omega_0}{(Ls+R)(s^2+\omega_0^{\ 2})}=\frac{E_0}{L}\cdot\frac{1}{s+\frac{R}{L}}\cdot\frac{\omega_0}{s^2+\omega_0^{\ 2}}.$$

取 Laplace 逆变换，并根据卷积定理可得

$$\begin{aligned}i(t)&=\mathscr{L}^{-1}[I(s)]=\frac{E_0}{L}[\mathrm{e}^{-\frac{R}{L}t}*\sin(\omega_0 t)]\\&=\frac{E_0}{L}\int_0^t\sin(\omega_0\tau)\cdot\mathrm{e}^{-\frac{R}{L}(t-\tau)}\,\mathrm{d}\tau\\&=\frac{E_0}{R^2+L^2\omega_0^{\ 2}}[R\sin(\omega_0 t)-\omega_0 L\cos(\omega_0 t)]+\frac{E_0\omega_0 L}{R^2+L^2\omega_0^{\ 2}}\mathrm{e}^{-\frac{R}{L}t}.\end{aligned}$$

所得结果的第一部分代表一个稳定的振荡(幅度不变的)，第二部分则随时间而衰减.

例 7.34 质量为 m 的物体连接在弹性系数为 k 的弹簧一端(图 7-10)，最初是静止的，在外力 $f(t)$ 的作用下开始运动，不计阻力，求该物体的运动规律 $x(t)$.

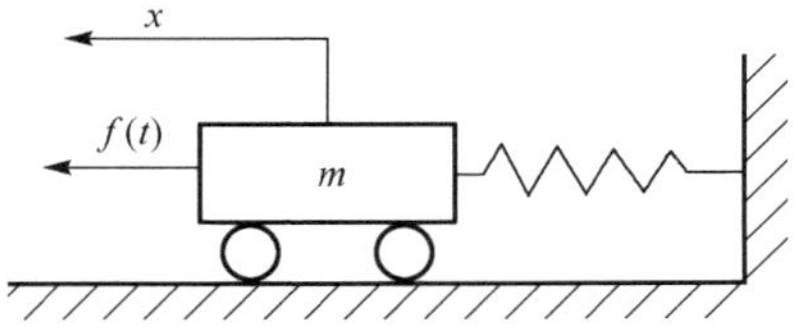

图 7-10

解 根据牛顿第二定律，有

$$mx''+kx=f(t),$$

且

$$x\big|_{t=0}=0, x'\big|_{t=0}=0 .$$

这是二阶常系数非齐次微分方程，现对方程两边取 Laplace 变换，设 $\mathscr{L}[x(t)]=X(s)$，$\mathscr{L}[f(t)]=F(s)$，并考虑初始条件，则得

$$ms^2X(s)+kX(s)=F(s) .$$

所以

$$X(s)=\frac{F(s)}{ms^2+k}=\frac{1}{m}\cdot\frac{1}{s^2+\omega_0{}^2}\cdot F(s), \quad \text{其中 } \omega_0{}^2=\frac{k}{m} .$$

因为 $\mathscr{L}\left[\dfrac{\sin(\omega_0 t)}{\omega_0}\right]=\dfrac{1}{s^2+\omega_0{}^2}$，应用卷积定理，有

$$x(t)=\mathscr{L}^{-1}[X(s)]=\frac{1}{m}\cdot\frac{\sin(\omega_0 t)}{\omega_0}*f(t)=\frac{1}{m\omega_0}\int_0^t f(\tau)\sin[\omega_0(t-\tau)]\mathrm{d}\tau .$$

当 $f(t)$ 具体给出时，可以直接从解的象函数 $X(s)$ 的关系式中解出 $x(t)$ 来. 例如：当物体在 $t=0$ 时受到冲击力 $f(t)=A\delta(t)$，其中 A 为常数，此时

$$\mathscr{L}[f(t)]=\mathscr{L}[A\delta(t)]=A,$$

所以

$$X(s)=\frac{A}{m}\cdot\frac{1}{s^2+\omega_0^2},$$

从而

$$x(t)=\frac{A}{m\omega_0}\sin(\omega_0 t) .$$

由此可见，在冲击力的作用下，运动为一正弦振动，振幅是 $\dfrac{A}{m\omega_0}$，角频率是 ω_0，称 ω_0 为该系统的自然频率(或称为固有频率).

当物体所受作用力为 $f(t)=A\sin(\omega t)$ (A 为常数)时，$\mathscr{L}[f(t)]=A\dfrac{\omega}{s^2+\omega^2}$，所以

$$X(s)=\frac{1}{m}\cdot\frac{1}{s^2+\omega_0{}^2}\cdot\frac{A\omega}{s^2+\omega^2}=\frac{A\omega}{m}\cdot\frac{1}{\omega^2-\omega_0{}^2}\left(\frac{1}{s^2+\omega_0{}^2}-\frac{1}{s^2+\omega^2}\right),$$

从而

$$\begin{aligned}x(t)&=\frac{A\omega}{m(\omega^2-\omega_0{}^2)}\cdot\left[\frac{\sin(\omega_0 t)}{\omega_0}-\frac{\sin(\omega t)}{\omega}\right]\\&=\frac{A}{m\omega_0(\omega^2-\omega_0{}^2)}\cdot[\omega\sin(\omega_0 t)-\omega_0\sin(\omega t)].\end{aligned}$$

这里 ω 为作用力的频率(或称扰动频率)，若 $\omega \neq \omega_0$，则运动是由两种不同频率的振动复合而成的. 若 $\omega = \omega_0$ (即扰动频率等于自然频率)，便产生共振，此时振幅将随时间无限增大，这是理论上的情形. 实际上，在振幅相当大时，或者系统已被破坏，或者系统已不再满足原来的微分方程.

2. 边值问题

Laplace 变换也可用于解线性微分方程的边值问题，这时，边值问题可以先当作初值问题来求解，而所得微分方程的解中含有未知的初值可由已知的边值来求得，从而完全确定微分方程满足边界条件的解.

例 7.35　求微分方程 $y''-y=0$ 满足边界条件 $y(0)=0, y(2\pi)=1$ 的解.

解　设 $\mathscr{L}[y(t)]=Y(s)$，对方程两边取 Laplace 变换可得

$$s^2Y(s)-sy(0)-y'(0)-Y(s)=0,$$

所以

$$Y(s)=\frac{y'(0)}{s^2-1}=\frac{y'(0)}{2}\left(\frac{1}{s-1}-\frac{1}{s+1}\right),$$

取逆变换可得

$$y(t)=\mathscr{L}^{-1}[Y(s)]=\frac{y'(0)}{2}(\mathrm{e}^t-\mathrm{e}^{-t})=y'(0)\operatorname{sh}t.$$

为了确定 $y'(0)$，将条件 $y(2\pi)=1$ 代入上式可得

$$y'(0)=\frac{1}{\operatorname{sh}2\pi},$$

从而原方程的解为

$$y(t)=\frac{\operatorname{sh}t}{\operatorname{sh}2\pi}.$$

7.5.2　解积分微分方程

例 7.36　求微分积分方程 $\int_0^t y(\tau)\cos(t-\tau)\mathrm{d}\tau=y'(t)$ 满足初始条件 $y(0)=1$ 的解.

解　在方程两边取 Laplace 变换，并注意到原方程中的积分就是未知函数 $y(t)$ 与 $\cos t$ 的卷积，得

$$\mathscr{L}[y(t)*\cos t]=\mathcal{L}[y'(t)],$$

设 $\mathscr{L}[y(t)]=Y(s)$，由卷积定理可得

$$Y(s)\frac{s}{s^2+1}=sY(s)-1,$$

所以

$$Y(s)=\frac{s^2+1}{s^3}=\frac{1}{s}+\frac{1}{s^3},$$

取 Laplace 逆变换，得原方程的解为

$$y(t)=\mathscr{L}^{-1}[Y(s)]=1+\frac{1}{2}t^2.$$

例 7.37　在 RLC 电路中串联直流电源 E(图 7-11)，求回路中的电流 $i(t)$.

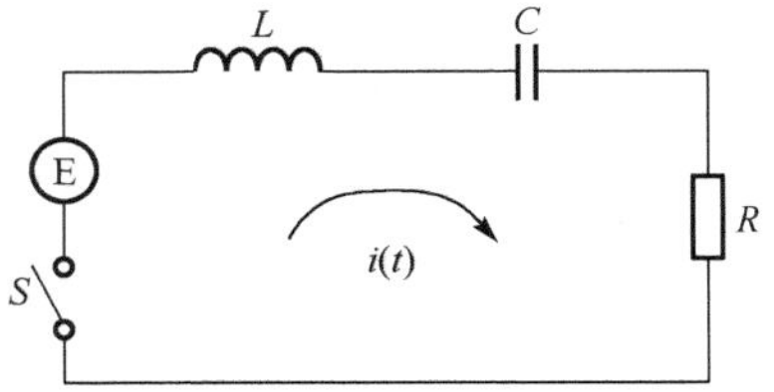

图 7-11

解　根据回路电压定律，列出 $i(t)$ 所满足的关系式为

$$\frac{1}{C}\int_0^t i(t)\mathrm{d}t+Ri(t)+L\frac{\mathrm{d}i(t)}{\mathrm{d}t}=E,\quad i(0)=0.$$

对方程两边取 Laplace 变换，并设 $\mathscr{L}[i(t)]=I(s)$，则

$$\frac{1}{Cs}I(s)+RI(s)+LsI(s)=\frac{E}{s},$$

所以

$$I(s)=\frac{E}{L}\frac{1}{s^2+\frac{R}{L}s+\frac{1}{LC}}.$$

若用 r_1 和 r_2 表示方程 $s^2+\frac{R}{L}s+\frac{1}{LC}=0$ 的根，则

$$r_1=-\frac{R}{2L}+\sqrt{\frac{R^2}{4L^2}-\frac{1}{LC}},\quad r_2=-\frac{R}{2L}-\sqrt{\frac{R^2}{4L^2}-\frac{1}{LC}}.$$

记 $\alpha=\frac{R}{2L},\beta=\sqrt{\alpha^2-\frac{1}{LC}}$，则 r_1,r_2 可写成

$$r_1=-\alpha+\beta,\quad r_2=-\alpha-\beta,$$

所以

$$I(s)=\frac{E}{L}\cdot\frac{1}{(s-r_1)(s-r_2)}=\frac{E}{L}\cdot\frac{1}{r_1-r_2}\left(\frac{1}{s-r_1}-\frac{1}{s-r_2}\right).$$

取 Laplace 逆变换，可求得电流为

$$i(t)=\frac{E}{L}\cdot\frac{1}{r_1-r_2}(\mathrm{e}^{r_1t}-\mathrm{e}^{r_2t}).$$

将 r_1,r_2 的数值代入得

$$i(t)=\frac{E}{L}\cdot\frac{\mathrm{e}^{-\alpha t}(\mathrm{e}^{\beta t}-\mathrm{e}^{-\beta t})}{2\beta}=\frac{E}{\beta L}\mathrm{e}^{-\alpha t}\mathrm{sh}\,\beta t.$$

当 $\alpha^2>\frac{1}{LC}$，即 $R>2\sqrt{\frac{L}{C}}$ 时，β 为一实数，此时可直接由上式计算 $i(t)$.

当 $R<2\sqrt{\frac{L}{C}}$ 时，β 为一虚数，令 $\omega=\sqrt{\frac{1}{LC}-\alpha^2}$，此时，$\beta=\sqrt{\alpha^2-\frac{1}{LC}}=\mathrm{i}\omega$. 考虑到 $\mathrm{sh}\,\mathrm{i}z=\mathrm{i}\sin z$，此时 $i(t)$ 可写成

$$i(t)=\frac{E}{\omega L}\mathrm{e}^{-\alpha t}\sin\omega t.$$

该式表明在回路中出现了角频率为 ω 的衰减正弦振荡.

当 $R=2\sqrt{\frac{L}{C}}$ 时，即在临界情况下，此时 $\beta=0$，$r_1=r_2=-\alpha$，有

$$I(s)=\frac{E}{L}\cdot\frac{1}{(s-r_1)(s-r_2)}=\frac{E}{L}\cdot\frac{1}{(s+\alpha)^2},$$

取 Laplace 逆变换，容易求得电流为

$$i(t)=\frac{E}{L}t\,\mathrm{e}^{-\alpha t}.$$

值得一提的是，本例中的积分微分方程的初值问题可以转化为一个二阶线性常系数齐次微分方程的初值问题，感兴趣的读者不妨做一下.

7.5.3　解线性常微分方程组

例 7.38　求方程组

$$\begin{cases}y''-x''+x'-y=\mathrm{e}^t-2,\\2y''-x''-2y'+x=-t\end{cases}$$

满足初值条件

$$\begin{cases}y(0)=y'(0)=0,\\x(0)=x'(0)=0\end{cases}$$

的解.

解　对方程组两个方程两边取 Laplace 变换，设 $\mathcal{L}[y(t)]=Y(s)$，$\mathcal{L}[x(t)]=X(s)$，并考虑到初始条件，则得

$$\begin{cases} s^2Y(s)-s^2X(s)+sX(s)-Y(s)=\dfrac{1}{s-1}-\dfrac{2}{s}, \\ 2s^2Y(s)-s^2X(s)-2sY(s)+X(s)=-\dfrac{1}{s^2}. \end{cases}$$

整理化简为

$$\begin{cases} (s+1)Y(s)-sX(s)=\dfrac{-s+2}{s(s-1)^2}, \\ 2sY(s)-(s+1)X(s)=-\dfrac{1}{s^2(s-1)}. \end{cases}$$

解这个代数方程组，即得

$$\begin{cases} Y(s)=\dfrac{1}{s(s-1)^2}, \\ X(s)=\dfrac{2s-1}{s^2(s-1)^2}. \end{cases}$$

现根据赫维赛德(Heaviside)展开式来求它们的逆变换. $Y(s)=\dfrac{1}{s(s-1)^2}$， $s=0$ 为一级极点， $s=1$ 为二级极点. 所以

$$\begin{aligned} y(t)&=\frac{1}{3s^2-4s+1}\mathrm{e}^{st}\bigg|_{s=0}+\lim_{s\to1}\frac{\mathrm{d}}{\mathrm{d}s}\left[(s-1)^2\frac{1}{s(s-1)^2}\mathrm{e}^{st}\right] \\ &=1+\lim_{s\to1}\frac{\mathrm{d}}{\mathrm{d}s}\left[\frac{1}{s}\mathrm{e}^{st}\right]=1+\lim_{s\to1}\left[\frac{t}{s}\mathrm{e}^{st}-\frac{1}{s^2}\mathrm{e}^{st}\right] \\ &=1+t\mathrm{e}^t-\mathrm{e}^t. \end{aligned}$$

$X(s)=\dfrac{2s-1}{s^2(s-1)^2}$ 具有两个二级极点： $s=0$， $s=1$. 所以

$$\begin{aligned} x(t)&=\lim_{s\to0}\frac{\mathrm{d}}{\mathrm{d}s}\left[\frac{2s-1}{(s-1)^2}\mathrm{e}^{st}\right]+\lim_{s\to1}\frac{\mathrm{d}}{\mathrm{d}s}\left[\frac{2s-1}{s^2}\mathrm{e}^{st}\right] \\ &=\lim_{s\to0}\left[t\mathrm{e}^{st}\frac{2s-1}{(s-1)^2}-\frac{2s}{(s-1)^3}\mathrm{e}^{st}\right]+\lim_{s\to1}\left[t\mathrm{e}^{st}\frac{2s-1}{s^2}+\mathrm{e}^{st}\frac{2(1-s)}{s^3}\right] \\ &=-t+t\mathrm{e}^t. \end{aligned}$$

故

$$\begin{cases} x(t)=-t+t\mathrm{e}^t, \\ y(t)=1+t\mathrm{e}^t-\mathrm{e}^t. \end{cases}$$

这便是所求方程组的解.

从以上这些例子可以看出，运用 Laplace 变换求线性微分方程、积分方程及其方程组的解时，具有下述优点.

(1) 在求解的过程中，初始条件也同时用上，求出的结果就是需要的特解，这就避免了微分方程的一般解法中，先求通解再根据初始条件确定任意常数，求出特解的复杂运算.

(2) 零初始条件在工程技术中十分常见，由第一条优点可知，用 Laplace 变换求解就更加简单，而在微分方程的一般解法中不会因此有任何简化.

(3) 对于一个非齐次的线性微分方程来说，当非齐项不是连续函数，而是包含 δ-函数或有第一类间断点的函数时，用 Laplace 变换求解很方便，而用微分方程的一般解法会非常困难.

(4) 用 Laplace 变换求解线性微分、积分方程组时，不仅比微分方程组的一般解法要简单得多，而且可以单独求出某一个未知函数，而不需要知道其他的未知函数，这在微分方程组的一般解法中通常是不可能的.

此外，用 Laplace 变换方法求解的步骤简明、规范，便于在工程技术中应用. 而且有现成的 Laplace 变换表，对有些函数可以直接查表得出其象原函数(即方程的解). 由于上述优点，Laplace 变换广泛应用于许多工程技术领域中. 下面将介绍某些偏微分方程的 Laplace 变换解法.

7.5.4* 解线性偏微分方程

Laplace 变换也是求解某些偏微分方程的方法之一，其计算过程和步骤与求解线性常微分方程及用Fourier变换求解偏微分方程的过程及步骤相似. 这里也主要讨论线性偏微分方程中的未知函数是二元函数的情形，再假定二元函数 $u(x,t)$ 的偏导数 $\dfrac{\partial u}{\partial x},\dfrac{\partial^2 u}{\partial x^2}$ 关于 t 取 Laplace 变换或 $\dfrac{\partial u}{\partial t},\dfrac{\partial^2 u}{\partial t^2}$ 关于 x 取 Laplace 变换都满足偏导数运算与积分运算可交换次序的条件.

例 7.39 求解定解问题：

$$\begin{cases} \dfrac{\partial^2 u}{\partial x\partial t}=1 \quad (x>0,t>0), \\ u\big|_{x=0}=t+1, \\ u\big|_{t=0}=1. \end{cases}$$

解 设二元函数 $u=u(x,t)$，这里 x，t 的变化范围都是 $(0,+\infty)$，对定解问题关于 x 取 Laplace 变换，记 $\mathscr{L}[u(x,t)]=U(s,t)$，由已知条件 $u\big|_{x=0}=t+1$，可以推出 $\dfrac{\partial u}{\partial t}\bigg|_{x=0}=1$，并利用 Laplace 变换的微分性质及初值条件，可得

$$\mathscr{L}\left[\frac{\partial^2 u}{\partial x\partial t}\right]=\mathscr{L}\left[\frac{\partial}{\partial x}\left(\frac{\partial u}{\partial t}\right)\right]=s\mathscr{L}\left[\frac{\partial u}{\partial t}\right]-\left.\frac{\partial u}{\partial t}\right|_{x=0}$$

$$=s\int_0^{+\infty}\frac{\partial u}{\partial t}\mathrm{e}^{-sx}\,\mathrm{d}x-1=s\frac{\partial}{\partial t}\int_0^{+\infty}u(x,t)\mathrm{e}^{-sx}\,\mathrm{d}x-1$$

$$=s\frac{\partial}{\partial t}\mathscr{L}[u(x,t)]-1=s\frac{\mathrm{d}}{\mathrm{d}t}U(s,t)-1,$$

$$\mathscr{L}[u(x,0)]=U(s,0)=\mathscr{L}[1]=\frac{1}{s}.$$

这样，求解原定解问题转化为求解含有参数 s 的一阶常系数线性微分方程的初值问题：

$$\begin{cases}\dfrac{\mathrm{d}U(s,t)}{\mathrm{d}t}=\dfrac{1}{s^2}+\dfrac{1}{s},\\ U(s,0)=\dfrac{1}{s}.\end{cases}$$

容易求得该方程的通解为

$$U(s,t)=\frac{1}{s^2}t+\frac{1}{s}t+c\,.$$

由初始条件可知

$$c=\frac{1}{s},$$

所以

$$U(s,t)=\frac{1}{s^2}t+\frac{1}{s}t+\frac{1}{s}\,.$$

对上式取 Laplace 逆变换，可得原定解问题的解为

$$u(x,t)=xt+t+1\,.$$

本例题的定解问题也可以关于 t 取 Laplace 变换，其结果完全一样. 读者可试之. 从例 7.39 求解的过程可以看出，用 Laplace 变换求解偏微分方程类似于用 Fourier 变换求解偏微分方程的三个步骤，即先将定解问题中的未知函数看作某一个自变量的函数，对方程及定解条件关于该自变量取 Laplace 变换，把偏微分方程和定解条件化为象函数的常微分方程的定解问题，再根据这个常微分方程和相应的定解条件求出象函数，最后再取 Laplace 逆变换，得到原定解问题的解.

例 7.40　求解半有界弦振动方程的混合问题：

$$\begin{cases}\dfrac{\partial^2 u}{\partial t^2}=a^2\dfrac{\partial^2 u}{\partial x^2}\quad(x>0,t>0),\\ \left.u\right|_{t=0}=0,\quad \left.\dfrac{\partial u}{\partial t}\right|_{t=0}=0,\\ \left.u\right|_{x=0}=\varphi(t),\quad \lim\limits_{x\to+\infty}u(x,t)=0.\end{cases}$$

解　对定解问题关于 t 取 Laplace 变换，设二元函数 $u=u(x,t)$，记

$$\mathscr{L}[u(x,t)]=U(x,s),\quad \mathscr{L}[\varphi(t)]=\Phi(s),$$

并利用 Laplace 变换的微分性质及初值条件，可得

$$\mathscr{L}\left[\frac{\partial^2 u}{\partial t^2}\right]=s^2U(x,s)-su(x,0)-\left.\frac{\partial u}{\partial t}\right|_{t=0}=s^2U(x,s),$$

$$\mathscr{L}\left[\frac{\partial^2 u}{\partial x^2}\right]=\frac{\partial^2}{\partial x^2}\mathcal{L}[u(x,t)]=\frac{\mathrm{d}^2}{\mathrm{d}x^2}U(x,s),$$

$$\mathscr{L}[u(0,t)]=U(0,s)=\Phi(s),$$

再由 $\lim\limits_{x\to+\infty}u(x,t)=0$ 可知，当 x 充分大时，对任给的正数 ε，对一切 $t>0$，有

$$|u(x,t)-0|=|u(x,t)|<\varepsilon,$$

所以

$$|U(x,s)-0|=\left|\int_0^{+\infty}u(x,t)\mathrm{e}^{-st}\,\mathrm{d}t\right|\leqslant\int_0^{+\infty}|u(x,t)||\mathrm{e}^{-st}|\,\mathrm{d}t$$

$$\leqslant\varepsilon\int_0^{+\infty}|\mathrm{e}^{-st}|\mathrm{d}t=\frac{\varepsilon}{\mathrm{Re}(s)}\quad(\mathrm{Re}(s)>0).$$

从而

$$\lim_{x\to+\infty}U(x,s)=0.$$

这样，求解原定解问题转化为求解含有参数 s 的一个常系数二阶齐次线性常微分方程的边值问题：

$$\begin{cases}\dfrac{\mathrm{d}^2U}{\mathrm{d}x^2}-\dfrac{s^2}{a^2}U=0,\\ U(0,s)=\Phi(s),\ \lim\limits_{x\to+\infty}U(x,s)=0.\end{cases}$$

由二阶常系数齐次线性微分方程的一般解法可得其通解为

$$U(x,s)=c_1\mathrm{e}^{-\frac{s}{a}x}+c_2\mathrm{e}^{\frac{s}{a}x}.$$

由其边界条件可得

$$c_2=0,\quad c_1=\Phi(s).$$

于是

$$U(x,s)=\Phi(s)\mathrm{e}^{-\frac{s}{a}x}.$$

对上式取 Laplace 逆变换，且利用延迟性质，则原定解问题的解为

$$u(x,t)=\mathscr{L}^{-1}[U(x,s)]=\mathscr{L}^{-1}[\Phi(s)\mathrm{e}^{-\frac{x}{a}s}]$$
$$=\begin{cases}0, & t<\dfrac{x}{a},\\ \varphi\left(t-\dfrac{x}{a}\right), & t>\dfrac{x}{a}.\end{cases}$$

需要指出的是，对于$u=u(x,t)$，这里x，t的变化范围都是$(0,+\infty)$，是否可以将此定解问题关于x取Laplace变换呢？实际上，我们从$\dfrac{\partial^2 u}{\partial x^2}$对$x$的Laplace变换可以看出

$$\mathscr{L}\left[\frac{\partial^2 u}{\partial x^2}\right]=s^2U(s,t)-su(0,t)-\left.\frac{\partial u}{\partial x}\right|_{x=0},$$

其中$\left.\dfrac{\partial u}{\partial x}\right|_{x=0}$是未知的，上式不能确定，从而对原定解问题关于$x$取Laplace变换后得到的关于象函数$U(s,t)$的方程是不确定的，因此，本例题不能对$x$取Laplace变换. 综上可知，由二元函数$u=u(x,t)$所构成线性偏微分方程的定解问题，是关于$x$还是关于$t$取Laplace变换，不仅要看$x$，$t$的变化范围，还要考虑定解问题中给出的定解条件.

7.5.5* 线性系统的传递函数

一个物理系统，若可以用常系数线性微分方程来描述，则称这个物理系统为**线性系统**.

例如，在RC串联电路中，电容器的输出端电压$u_C(t)$与R，C及输入电压$e(t)$之间的关系

$$RC\frac{\mathrm{d}u_C}{\mathrm{d}t}+u_C=e(t),$$

就是一个线性系统(图 7-12).

线性系统的两个主要概念是激励与响应. 通常称输入函数为系统的**激励**，而称输出函数为系统的**响应**.

如RC串联电路中，外加电动势$e(t)$就是该系统的激励，电容器两端的电压$u_C(t)$就是该系统的响应.

在线性系统的分析中，要研究激励和响应同系统本身特性之间的关系(图 7-13)，这就需要有描述系统本性特征的函数，这个函数称为**传递函数**.

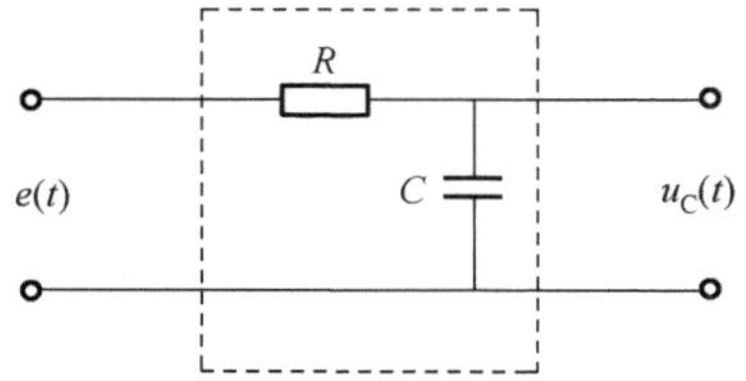

图 7-12

图 7-13

下面以二阶常系数线性微分方程为例，来讨论这一问题.

设线性系统可由

$$y'' + a_1 y' + a_0 y = f(t)$$

来描述，其中 a_0， a_1 为常数， $f(t)$ 为激励， $y(t)$ 为响应，并且系统的初始条件为

$$y(0) = y_0, \quad y'(0) = y_1.$$

对方程两边取 Laplace 变换，并设 $\mathscr{L}[y(t)] = Y(s)$， $\mathscr{L}[f(t)] = F(s)$，则有

$$s^2 Y(s) - sy(0) - y'(0) + a_1[sY(s) - y(0)] + a_0 Y(s) = F(s),$$

即

$$(s^2 + a_1 s + a_0)Y(s) = F(s) + (s + a_1)y_0 + y_1.$$

令

$$G(s) = \frac{1}{s^2 + a_1 s + a_0}, \quad B(s) = (s + a_1)y_0 + y_1,$$

则上式可化为

$$Y(s) = G(s)F(s) + G(s)B(s).$$

显然， $G(s)$ 描述了系统本身的特性，且与激励和系统的初始状态无关，我们称它为系统的**传递函数**.

如果初始条件全为零，则 $B(s) = 0$，于是

$$G(s) = \frac{Y(s)}{F(s)}.$$

这表明在零初始条件下，线性系统的传递函数等于其响应(输出函数)的 Laplace 变换与其激励(输入函数)的 Laplace 变换之比.

一般地，如果线性系统由方程

$$a_n y^{(n)} + a_{n-1} y^{(n-1)} + \cdots + a_1 y' + a_0 y = f(t)$$

来描述，其中 $a_0, a_1, \cdots, a_n$ 为常数($a_n \neq 0$)，并且 $y^{(k)}(0) = y_k (k = 0,1,\cdots,n-1)$， $f(t)$ 为系统的激励， $y(t)$ 为系统的响应，则称

$$G(s) = \frac{1}{a_n s^n + a_{n-1} s^{n-1} + \cdots + a_1 s + a_0}$$

为系统的传递函数，它刻画了系统本身的特征，而与系统的激励 $f(t)$ 及初始条件无关.

当初始条件都为零时，则

$$G(s) = \frac{Y(s)}{F(s)},$$

其中 $\mathscr{L}[y(t)] = Y(s)$， $\mathscr{L}[f(t)] = F(s)$.

当激励是一个单位脉冲函数，即 $f(t)=\delta(t)$ 时，在零初始条件下，由于 $F(s)=\mathscr{L}[\delta(t)]=1$，所以

$$Y(s)=G(s),$$

即

$$y(t)=\mathscr{L}^{-1}[G(s)],$$

这时称 $y(t)$ 为系统的**脉冲响应函数**.

在零初始条件下，令 $s=\mathrm{i}\omega$，代入系统的传递函数，则可得

$$G(\mathrm{i}\omega)=\frac{Y(\mathrm{i}\omega)}{F(\mathrm{i}\omega)}=\frac{1}{a_n(\mathrm{i}\omega)^n+a_{n-1}(\mathrm{i}\omega)^{n-1}+\cdots+a_1(\mathrm{i}\omega)+a_0},$$

称 $G(\mathrm{i}\omega)$ 为系统的**频率特征函数**，简称**频率响应**.

线性系统的传递函数、脉冲响应函数、频率响应是表征线性系统特征的几个重要的特征量.

例 7.41　求 RC 串联电路(图 7-12)

$$RC\frac{\mathrm{d}u_C(t)}{\mathrm{d}t}+u_C(t)=e(t)$$

的传递函数、脉冲响应函数和频率响应.

解　按传递函数的定义，此电路的传递函数为

$$G(s)=\frac{1}{RCs+1}=\frac{1}{RC\left(s+\frac{1}{RC}\right)},$$

而电路的脉冲响应函数就是传递函数的 Laplace 逆变换，即

$$u_C(t)=\mathscr{L}^{-1}[G(s)]=\mathscr{L}^{-1}\left[\frac{1}{RC\left(s+\frac{1}{RC}\right)}\right]=\frac{1}{RC}\mathrm{e}^{-\frac{1}{RC}t}.$$

在传递函数 $G(s)$ 中，令 $s=\mathrm{i}\omega$，可得频率响应为

$$G(\mathrm{i}\omega)=\frac{1}{RC\mathrm{i}\omega+1}.$$

本 章 小 结

1. Laplace 变换的概念

(1) 设函数 $f(t)$ 当 $t\geqslant 0$ 时有定义，而且积分 $\int_0^{+\infty}f(t)\mathrm{e}^{-st}\mathrm{d}t$ (s 是一个复参量) 在复平面 s 的某一区域内收敛，则由此积分所确定的函数

$$F(s)=\int_0^{+\infty} f(t)\mathrm{e}^{-st}\mathrm{d}t$$

称为函数 $f(t)$ 的Laplace变换. 记为 $F(s)=\mathscr{L}[f(t)]$. 称 $f(t)$ 为 $F(s)$ 的Laplace逆变换，记为 $f(t)=\mathscr{L}^{-1}[F(s)]$. 也称 $F(s)$ 为 $f(t)$ 的象函数， $f(t)$ 为 $F(s)$ 的象原函数.

事实上， $f(t)$（$t\geqslant 0$）的 Laplace 变换就是 $f(t)u(t)\mathrm{e}^{-\beta t}$（$\beta>0$）的 Fourier 变换. Laplace 变换是在 Fourier 变换的基础上，引入了单位阶跃函数 $u(t)$ 和指数衰减函数 $\mathrm{e}^{-\beta t}$，从而放宽了对函数的限制并使之更适合工程技术方面的应用.

Laplace 变换对函数的要求比 Fourier 低，物理学和工程技术中所遇到的函数大部分都存在 Laplace 变换，因而 Laplace 变换的应用范围更为广泛.

(2) 一些常用函数的 Laplace 变换

$\mathscr{L}[u(t)]=\dfrac{1}{s}(\mathrm{Re}(s)>0)$；　　$\mathscr{L}[\delta(t)]=1$；

$\mathscr{L}[\mathrm{e}^{kt}]=\dfrac{1}{s-k}(\mathrm{Re}(s)>k)$；　　$\mathscr{L}[t^m]=\dfrac{m!}{s^{m+1}}$（$\mathrm{Re}(s)>0$，$m$ 为正整数）；

$\mathscr{L}[\sin kt]=\dfrac{k}{s^2+k^2}(\mathrm{Re}(s)>0)$；　　$\mathscr{L}[\cos kt]=\dfrac{s}{s^2+k^2}(\mathrm{Re}(s)>0)$.

2. Laplace 变换的性质

Laplace 变换有许多与 Fourier 变换类似的性质，这是它的定义所决定的，它们都几乎反映的是象原函数(或象函数)改变后的象(或原象)与改变前的象(或原象)间的关系，特别是其中有些性质(如微分性质、卷积等)比 Fourier 变换更实用、更方便.

设 $\mathscr{L}[f(t)]=F(s)$， $\mathscr{L}[f_i(t)]=F_i(s)(i=1,2)$， α,β 为常数.

(1) 线性性质

$$\mathscr{L}[\alpha f_1(t)+\beta f_2(t)]=\alpha\mathscr{L}[f_1(t)]+\beta\mathscr{L}[f_2(t)],$$

$$\mathscr{L}^{-1}[\alpha F_1(s)+\beta F_2(s)]=\alpha\mathscr{L}^{-1}[F_1(s)]+\beta\mathscr{L}^{-1}[F_2(s)].$$

(2) 微分性质

$$\mathscr{L}[f'(t)]=sF(s)-f(0),$$

$$\mathscr{L}[f^{(n)}(t)]=s^nF(s)-s^{n-1}f(0)-s^{n-2}f'(0)-\cdots-f^{(n-1)}(0).$$

(3) 象函数的微分性质

$$F'(s)=-\mathscr{L}[tf(t)].$$

$$F^{(n)}(s)=(-1)^n\mathscr{L}[t^nf(t)].$$

(4) **积分性质**

$$\mathscr{L}\left[\int_0^t f(t)\mathrm{d}t\right]=\frac{1}{s}F(s).$$

(5) **象函数的积分性质**

$$\int_s^{\infty} F(s)\mathrm{d}s=\mathscr{L}\left[\frac{f(t)}{t}\right]$$

(6) **位移性质**

$$\mathscr{L}[\mathrm{e}^{at} f(t)]=F(s-a) \quad (\mathrm{Re}(s-a)>c).$$

(7) **延迟性质**

$$\mathscr{L}[f(t-\tau)u(t-\tau)]=\mathrm{e}^{-s\tau} F(s),$$

其中 τ 为任一非负实数.

(8) **相似性质**

$$\mathscr{L}[f(at)]=\frac{1}{a}F\left(\frac{s}{a}\right) \quad (a \text{ 为正实数}).$$

3. 卷积

(1) **卷积概念**　若 $f_1(t)=f_2(t)=0$ ($t<0$)，则称 $f_1(t)*f_2(t)=\int_0^t f_1(\tau)f_2(t-\tau)\mathrm{d}\tau$ 为函数 $f_1(t)$ 与 $f_2(t)$ 的卷积.

(2) **卷积定理**　设 $f_1(t)$ 与 $f_2(t)$ 满足 Laplace 变换存在定理的条件，且 $\mathscr{L}[f_1(t)]=F_1(s)$，$\mathscr{L}[f_2(t)]=F_2(s)$，则

$$\mathscr{L}[f_1(t)*f_2(t)]=F_1(s)F_2(s)$$

或

$$\mathscr{L}^{-1}[F_1(s)F_2(s)]=f_1(t)*f_2(t).$$

Laplace 变换的卷积，实际上是 $f_1(t)=f_2(t)=0$ ($t<0$) 时的 Fourier 变换的卷积. 在 Laplace 变换的应用中，卷积定理起着十分重要的作用，利用它不仅可以求一些函数的象原函数，而且还可以求函数的卷积.

4. Laplace 逆变换

(1) **反演积分公式**　若函数 $f(t)$ 满足 Laplace 变换存在定理中的条件，$\mathscr{L}[f(t)]=F(s)$，则在 $f(t)$ 的连续点处有

$$f(t)=\frac{1}{2\pi\mathrm{i}}\int_{\beta-\mathrm{i}\infty}^{\beta+\mathrm{i}\infty} F(s)\mathrm{e}^{st}\mathrm{d}s, \quad s=\beta+\mathrm{i}\omega, \quad t>0.$$

(2) **Laplace 逆变换计算**

定理　若 $s_1, s_2, \cdots, s_n$ 是函数 $F(s)$ 的所有奇点(适当选取 β 使这些奇点全在 $\mathrm{Re}(s)<\beta$ 的范围内)，且 $\lim\limits_{s\to\infty} F(s)=0$，则有

$$f(t)=\frac{1}{2\pi\mathrm{i}}\int_{\beta-\mathrm{i}\infty}^{\beta+\mathrm{i}\infty} F(s)\mathrm{e}^{st}\mathrm{d}s=\sum_{k=1}^{n}\mathrm{Res}[F(s)\mathrm{e}^{st}, s_k],\quad t>0 .$$

特别地，当 $F(s)=\dfrac{A(s)}{B(s)}$ (其中 $A(s)$，$B(s)$ 是不可约的多项式，$A(s)$ 的次数小于 $B(s)$ 的次数 n) 时，则有下列 Heaviside 展开式：

① $f(t)=\sum\limits_{k=1}^{n}\mathrm{Res}\left[\dfrac{A(s)}{B(s)}\mathrm{e}^{st}, s_k\right]=\sum\limits_{k=1}^{n}\dfrac{A(s_k)}{B'(s_k)}\mathrm{e}^{s_k t}$，$t>0$，其中 $s_1, s_2, \cdots, s_n$ 是 $B(s)$ 的 n 个单零点.

② $f(t)=\sum\limits_{j=m+1}^{n}\dfrac{A(s_j)}{B'(s_j)}\mathrm{e}^{s_j t}+\dfrac{1}{(m-1)!}\lim\limits_{s\to s_1}\dfrac{\mathrm{d}^{m-1}}{\mathrm{d}s^{m-1}}\left[(s-s_1)^m\dfrac{A(s)}{B(s)}\mathrm{e}^{st}\right]$，$t>0$，其中 s_1 是 $B(s)$ 的一个 m 级零点，$s_{m+1}, s_{m+2}, \cdots, s_n$ 是 $B(s)$ 的单零点.

根据 Laplace 变换与 Fourier 变换的关系导出的反演积分公式，原则上讲，是一种求 Laplace 逆变换的通用方法. 但有时应根据象函数的具体情况而灵活采用其他方法(如部分分式法、卷积定理等). 这些方法通常是将象函数分解为一些基本函数的相加减或相乘，再利用线性性质、位移性质、延迟性质、卷积定理等，并结合这些基本函数的象原函数求出总的象原函数.

5. Laplace 变换的应用

Laplace 变换和 Fourier 变换一样，可以把线性微分方程、积分方程、微分积分方程以及偏微分方程化为关于象函数的代数方程或常微分方程来求解，这种思想在许多工程技术和科学研究领域中有着广泛的应用.

1) 微分、积分方程的 Laplace 变换解法

对所给方程的两边进行 Laplace 变换，然后根据 Laplace 变换的微分或积分性质得到象函数的代数方程，从而求出未知函数的象函数，最后通过求其逆变换的方法得出所给方程的解.

2) 偏微分方程的 Laplace 变换解法

先将偏微分方程中的未知函数看作是某一个自变量的函数，对原方程两边及定解条件关于该自变量取 Laplace 变换，得到象函数的常微分方程的定解问题；然后求解上述常微分方程的定解问题，得到未知函数的象函数；最后对象函数取 Laplace 逆变换，得到原定解问题的解.

习题 7

1．用定义求下列函数的 Laplace 变换，并给出收敛域，再用查表的方法验证结果.

(1) $\sin\dfrac{t}{3}$；　(2) e^{-3t}；　(3) t^2；

(4) $\operatorname{sh}kt$（k 为实常数）；　(5) $\sin^2 t$.

2．用定义求下列函数的 Laplace 变换.

(1) $f(t)=\begin{cases}0, & 0\leqslant t<1,\\ 1, & 1\leqslant t\leqslant 2,\\ 0, & t>2;\end{cases}$　(2) $f(t)=\begin{cases}\sin t, & 0\leqslant t\leqslant \pi,\\ 0, & t>\pi;\end{cases}$

(3) $f(t)=e^{5t}+3\delta(t)$；　(4) $f(t)=\delta(t)\cos t-u(t)\sin t$.

3．求下列周期函数的 Laplace 变换：

(1) $f(t)$ 是以 b 为周期的函数，且在一个周期内的表达式为 $f(t)=t, 0\leqslant t<b$；

(2) $f(t)$ 是以 $2b$ 为周期的函数，且在一个周期内的表达式为

$$f(t)=\begin{cases}1, & 0\leqslant t<b,\\ -1, & b\leqslant t<2b.\end{cases}$$

4．利用 Laplace 变换的性质求下列函数的 Laplace 变换.

(1) $f(t)=t^2+4t+3$；　(2) $f(t)=3\sin 2t+5\cos 2t$；

(3) $f(t)=1+te^{2t}$；　(4) $f(t)=(t-1)^2 e^{-t}$；

(5) $f(t)=e^{-2t}\cos 4t$；　(6) $f(t)=t\sin at$；

(7) $f(t)=t^n e^{at}$（n 为正整数）；　(8) $f(t)=u(2t-3)$.

5．利用 Laplace 变换的性质求下列函数的 Laplace 变换.

(1) $f(t)=\dfrac{e^{-3t}\sin 2t}{t}$；　(2) $f(t)=te^{-3t}\sin 2t$；

(3) $f(t)=t\displaystyle\int_0^t e^{-3t}\sin 2t\,dt$；　(4) $f(t)=\displaystyle\int_0^t \frac{e^{-3t}\sin 2t}{t}\,dt$.

6．求下列卷积.

(1) $1*u(t)$；　(2) $t*t$；

(3) $t*e^t$；　(4) $t*\sin t$；

(5) $\sin kt*\sin kt$（$k\neq 0$）.

7．设 $\mathscr{L}[f(t)]=F(s)$，利用卷积定理证明下列等式.

(1) $\mathscr{L}\left[\displaystyle\int_0^t f(t)dt\right]=\mathscr{L}[f(t)*u(t)]=\dfrac{F(s)}{s}$；

(2) $\mathscr{L}^{-1}\left[\dfrac{s^2}{(s^2+1)^2}\right]=\dfrac{1}{2}(t\cos t+\sin t)$.

8．求下列函数的 Laplace 逆变换.

(1) $\dfrac{3s+2}{s^2+4}$；　　(2) $\dfrac{s}{s+3}$；

(3) $\dfrac{1}{(s+2)^3}$；　　(4) $\dfrac{3s+7}{(s+1)(s-3)}$；

(5) $\dfrac{s+1}{s^2-5s+6}$；　　(6) $\dfrac{2s+3}{s^2+2s+5}$.

9．求下列函数的 Laplace 逆变换.

(1) $\dfrac{2s+1}{s(s+1)(s+2)}$；　　(2) $\dfrac{3s+1}{(s-1)(s^2+1)}$；

(3) $\dfrac{1}{s(s-1)^2}$；　　(4) $\dfrac{s}{(s^2+1)(s^2+4)}$；

(5) $\dfrac{1}{(s^2+4)^2}$；　　(6) $\dfrac{1+\mathrm{e}^{-2s}}{s^2}$；

(7) $\dfrac{s+1}{(s^2+2s+2)^2}$；　　(8) $\ln\dfrac{s^2+1}{s^2}$.

10．求下列微(积)分方程(组)的解.

(1) $y''+9y=0$， $y(0)=1$， $y'(0)=6$；

(2) $y''+3y'+y=3\cos t$， $y(0)=0, y'(0)=1$；

(3) $y''+2y'-3y=\mathrm{e}^{-t}$， $y(0)=0, y'(0)=1$；

(4) $y''-2y'+2y=2\mathrm{e}^{t}\cos t$， $y(0)=0, y'(0)=0$；

(5) $y'''+3y''+3y'+y=6\mathrm{e}^{-t}$， $y(0)=0, y'(0)=0, y''(0)=0$；

(6) $y''-2y'+y=0$， $y(0)=0, y(1)=3$；

(7) $y''+y=5\sin 2t$， $y(0)=0, y\left(\dfrac{\pi}{2}\right)=1$；

(8) $ty''+2y'+ty=0$， $y(0)=1, y'(0)=c$（c 为常数）；

(9) $y(t)+\int_0^t \mathrm{e}^{\tau}y(t-\tau)\mathrm{d}\tau=2t-3$；

(10) $y'(t)+3y(t)+2\int_0^t y(\tau)\mathrm{d}\tau=2\mathrm{e}^{-3t}$， $y(0)=0$；

(11) $\begin{cases} x''-2y'-x=0, \\ x'-y=0, \end{cases}$ $x(0)=0, x'(0)=1, y(0)=1$；

(12) $\begin{cases} x'+x-y=\mathrm{e}^{t}, \\ 3x+y'-2y=2\mathrm{e}^{t}, \end{cases}$ $x(0)=1, y(0)=1$.

11*．求解线性偏微分方程的定解问题：

$$\begin{cases} \dfrac{\partial^2 u}{\partial x\partial y}=x^2y \quad (x>0, y>0), \\ u\big|_{x=0}=3y, \\ u\big|_{y=0}=x^2. \end{cases}$$

12. 设在原点处质量为 m 的一质点，当 $t=0$ 时在 x 轴正方向上受到冲击力 $k\delta(t)$ 的作用，其中 k 为常数，假定质点的初速度为零，求质点的运动规律.

13. 设有如图 7-14 所示的 RL 串联电路，在 $t=t_0$ 时将电路接上直流电源 E，求电路中的电流 $i(t)$.

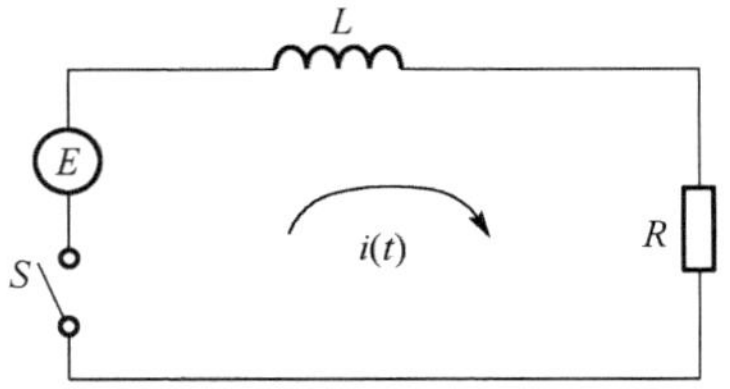

图 7-14

14*. 某系统的激励 $f(t)=\sin t$，当系统的响应 $y(t)=\mathrm{e}^{-t}+\sin t-\cos t$ 时，求

(1) 系统的传递函数 $G(s)$；

(2) 系统的脉冲响应函数 $g(t)$；

(3) 系统的频率响应函数 $G(\mathrm{i}\omega)$.

第 8 章　Matlab 在复变函数与积分变换中的应用

Matlab 是“Matlab Laboratory”的缩写，是“矩阵实验室”的意思，是当今使用最广泛的科学计算软件之一，具有优异的数值计算功能和强大的数据可视化能力，为人们提供了一个方便的数值计算平台，在控制论、时间序列分析、系统仿真、图像信号处理等许多领域有着广泛的应用. 本章将重点介绍使用 Matlab 解决复变函数与积分变换中的一些问题，主要包括：使用 Matlab 实现复数的各种运算、复变函数的微积分、留数及其在计算闭曲线积分中的应用、Fourier 变换和 Laplace 变换及其逆变换.

8.1　Matlab 编程基础

8.1.1　语句与变量

Matlab 语句通常形式为

>> 变量=表达式

或者简化为

>> 表达式

表达式一般由运算符、函数和变量名组成，它通过符号将表达式的值赋予指定变量，没有指定变量时，Matlab 将结果赋值给特殊的变量 ans. 按回车键，Matlab 就会执行所输入的命令，并给出计算结果. 通过上、下箭头可以调出以前输入的命令，用滚动条可以查看以前的命令及输出信息.

Matlab 语句的变量输出格式由 format 命令来控制，如果输出格式是整数，则显示结果没有小数；如果输出格式不是整数，则常用的输出格式有：format 或 format short（短格式），format long（长格式），format rat（有理数格式）. format short 是系统默认的显示格式.

需要注意以下几个问题.

(1) 如果在输入命令后以分号结束，则不显示当前命令的结果. 要得知结果只需输入该变量即可.

(2) 变量名的第一个字符必须为英文字母，随后可以使用英文字符、数字或下划线.

(3) 变量名区分英文大小写.

Matlab 中也有一些系统的保留变量. 例如 i 或 j 表示虚数单位，pi 表示圆周率 π，

inf 表示无穷大等，所以在定义变量时最好不要使用这些保留变量，以免发生混淆，出现错误.

8.1.2　向量与矩阵

要产生一个向量，除了直接列出向量元素外，最常用的是利用“:”运算符产生相同增量的向量元素. 例如：

```
>> z=1:4
z =
     1     2     3     4
```

即产生一个由 1 到 4 的默认单位增量为 1 的行向量.

也可以把要求的增量放在起始量与结尾量之间，产生指定增量的行向量. 例如：

```
>> x=0:2:6
x =
     0     2     4     6
```

即产生一个由 0 到 6 且单位增量为 2 的行向量.

Matlab 中输入一个矩阵最简单的方法是用直接排列的形式，矩阵用方括号括起来，元素之间用空格或逗号分隔，矩阵行与行之间用分号分开. 例如：

```
>> A=[1 2 3;4 5 6;7 8 9]
A =
     1     2     3
     4     5     6
     7     8     9
```

8.1.3　控制流和 M 文件

Matlab 也有控制流语句，它把简单的一系列命令或函数组合在一起构成一个程序，提高工作效率. 包括 for 循环、while 循环、if 和 switch 语句等. 它们的使用方法与其他计算机语言类似，这里不再过多介绍.

在 Matlab 中，以文件形式保存的源代码一般使用 m 作为后缀名，这样的文件称为 M 文件. 当 Matlab 处理较复杂的程序设计时，如果把所有语句都放在命令窗口实现的话，会非常繁琐. 这时需要把问题分解成多个子程序，每个子程序以 M 文件形式保存. 一个 M 文件包含一系列的 Matlab 语句，并且可以循环地调用它自己.

建立 M 文件有以下几种方法：

(1) 鼠标左键单击 File 区域的 New Scipt 按钮.

(2) 单击 File 区域的 New 按钮，在弹出的菜单中选择 Scipt 选项.

(3) 直接在命令窗口输入命令：edit.

M 文件按其内容和功能可分为命令文件和函数文件两类.

1) 命令文件

它是一系列命令、语句的简单组合，不接收参数的输入和输出，与 Matlab 工作区共享变量空间，用来实现一个相对独立的功能.

例如：自编的命令文件 fibo. m，用来计算 Fibonacci 数列：

```
f=[1,1];i=1;
while f(i)+f(i+1)<100
    f(i+2)=f(i)+f(i+1);
    i=i+1;
end
f
```

在 Matlab 命令窗口输入 fibo，并按回车执行，将计算出所有小于 100 的 Fibonacci 数.

2) 函数文件

它是用户为解决一个特定问题而编写的大量外部函数，这样的一组外部函数形成一个专用的软件包. 它需要接受参数的输入和输出，并能把处理结果作为函数输出参数，返回给 Matlab 工作区中的指定接受变量. Matlab 提供的许多函数都是用函数文件编写的，尤其是工具箱中的函数.

例如：自编的函数文件 mean. m，用来求矩阵或向量的平均值：

```
function y=mean(x)
[m,n]=size(x);
if m==1
   m=n;
end
y=sum(x)/m;
```

保存 M 文件后，就在磁盘文件里建立了新的函数. 它与 Matlab 的内部函数一样使用，如取 z 为 1～99 的实数向量，在命令窗口中输入：

```
>> z=1:99;
>> mean(z)
ans =
    50
```

需要注意的是，如果没有“function y = mean (x)”，那么它就是命令文件而不是函数文件；另外，m,n 和 y 都是 mean 函数的局部文件，当 mean 运行结束后，它们不会在工作空间中存在，如果在调用函数之前，工作空间中存在与 m,n 和 y 同名的变量，则先前存在的变量值也不会改变.

8.2　Matlab 在复变函数与积分变换中的应用

8.2.1　复数与复矩阵的生成

(1) 复数可以使用直接输入的方法由 z=a+b*i 语句生成.

(2) 另一种生成复数的语句是 z=r*exp(i*theta)，其中 theta 为复数辐角的弧度数，r 为复数的模.

(3) 还可以使用函数 complex 定义一个复数或复数矩阵.

例 8.1　在 Matlab 中输入复数 $z=1+\sqrt{3}\,\mathrm{i}$.

解　在 Matlab 命令窗口中输入：

```
>> z=1+3^(0.5)*i
z =
    1.00 + 1.7321i
```

或

```
>> z=2*exp(i*pi/3)
z =
   1.0000 + 1.7321i
```

或

```
>> z=complex(1,3^(0.5))
z =
   1. 0000 + 1.7321i
```

例 8.2　在 Matlab 中输入复数矩阵$\begin{pmatrix} 1+5\mathrm{i} & 2+6\mathrm{i} \\ 3+7\mathrm{i} & 4+8\mathrm{i} \end{pmatrix}$.

解　在 Matlab 命令窗口中输入：

```
>> A=[1+5*i,2+6*i;3+7*i,4+8*i]
A =
   1.0000 + 5.0000i   2.0000 + 6.0000i
   3.0000 + 7.0000i   4.0000 + 8.0000i
```

或

```
>> A=[1,2;3,4];B=[5,6;7,8];
>> z=complex(A,B)
z =
   1.0000 + 5.0000i   2.0000 + 6.0000i
   3.0000 + 7.0000i   4.0000 + 8.0000i
```

8.2.2　复数的运算

(1) 复数的实部、虚部、模、辐角主值和共轭复数分别可由函数 real，imag，abs，angle 和 conj 实现.

(2) 复数的加、减、乘、除、乘方分别可由 "+" "−" "*" "/" "^" 实现.

(3) 复数的平方根运算由函数 sqrt 实现.

(4) 复数的三角函数运算可由与其函数名相类似的函数进行运算.

(5) 复数的指数和对数运算分别由函数 exp 和 log 实现.

(6) 复数方程求根或实方程的复数根求解都由函数 solve 实现.

例 8.3　(1) 求复数 $z=3+4\mathrm{i}$ 的实部、虚部、模、辐角和共轭复数.

(2) 求 $z=(a+b\mathrm{i})/(c+d\mathrm{i})$ 的实部与虚部，其中 a,b,c,d 都是实数.

解　(1) 建立 M 文件，Matlab 程序如下：

```
z=3+4*i;
re=real(z)
im=imag(z)
r=abs(z)
theta=angle(z)
co=conj(z)
```

运行结果如下：

```
re =
    3
im =
    4
r =
    5
theta =
   0.9273
co =
   3. 0000 - 4. 0000i
```

(2) 在 Matlab 命令窗口中输入：

```
>> syms a b c d real    %定义实的符号变量 a,b,c,d
>> real((a+b*i)/(c+d*i))
ans =
(a + b*i)/(2*(c + d*i)) + (a - b*i)/(2*(c - d*i))
>> simple(ans)  %对结果进行简化
ans =
(a*c + b*d)/(c^2 + d^2)
```

```
>> imag((a+b*i)/(c+d*i))
ans =
(i*(a - b*i))/(2*(c - d*i)) - (i*(a + b*i))/(2*(c + d*i))
>> simple(ans)
ans =
-(a*d - b*c)/(c^2 + d^2)
```

注意　%表示对相应语句的解释.

例 8.4　求 $\sqrt{-1}$， $\sin(1+2\mathrm{i})$， $\mathrm{e}^{1+\mathrm{i}}$， $\ln(-3+4\mathrm{i})$ 的值.

解　在 Matlab 命令窗口中输入：

```
>> clc   %清除显示的内容
>> clear     %清除工作空间中的变量
>> (-1)^(1/2)
ans =
  0. 0000 + 1. 0000i
```

或

```
>> sqrt(-1)
ans =
     0 + 1. 0000i
>> sin(1+2*i)
ans =
   3.1658 + 1.9596i
>> exp(1+i)
ans =
   1.4687 + 2.2874i
>> log(-3+4*i)
ans =
   1.6094 + 2.2143i
```

例 8.5　求方程 $z^3+8=0$ 的所有根.

解　在 Matlab 命令窗口中输入：

```
>> solve('x^3+8=0')
ans =
                -2
 1 - 3^(1/2)*i
 3^(1/2)*i + 1
```

8.2.3　留数

(1) 复变函数的极限可由函数 limit 实现，调用形式如下：

```
>> limit(function,variable,a)
```

该命令是求复变函数表达式 function 当变量 variable 趋向于 a 时的极限.

(2) 复变函数的导数可由函数 diff 实现，调用形式如下：

```
>> diff(function,variable,n)
```

该命令是复变函数表达式 function 对变量 variable 进行求导运算.

(3) 若复变函数为有理分式函数，利用函数 residue 求其留数,调用形式如下：

```
>> [R,P,K]=residue(B,A)
```

向量 B 和 A 为分子、分母以 s 降幂排列的多项式的系数，留数返回为向量 R，极点返回为向量 P.

如果没有重极点，两个多项式的比值 $B(s)/A(s)$ 的部分分式展开为

$$\frac{B(s)}{A(s)}=\frac{R(1)}{s-P(1)}+\frac{R(2)}{s-P(2)}+\cdots+\frac{R(n)}{s-P(n)}+K(s).$$

如果 length (B) < length (A)，则 K 为空向量，否则

$$\text{length}(K)=\text{length}(B)-\text{length}(A)+1.$$

如果存在重极点，即 $P(j)=\cdots=P(j+m-1)$，则展开式包括以下形式：

$$\frac{R(j)}{s-P(j)}+\frac{R(j+1)}{(s-P(j))^2}+\cdots+\frac{R(j+m-1)}{(s-P(j))^m}.$$

(4) 若复变函数不是有理分式函数，则 residue 命令不能解决问题. 此时对留数的计算主要根据留数的计算规则来进行.

例 8.6　计算函数 $f(z)=\dfrac{z+1}{z(z-1)^2}$ 在 $z=0$ 与 $z=1$ 的留数及其部分分式展开.

解　在 Matlab 命令窗口中输入：

```
>> B=[1,1];
>> A=[1,-2,1,0];
>> [R,P,K]=residue(B,A)
R =
    -1
     2
     1
P =
     1
     1
     0
K =
    []
```

结果表明：

$$\text{Res}[f(z),0]=1, \quad \text{Res}[f(z),1]=-1,$$

$$f(z)=\frac{-1}{z-1}+\frac{2}{(z-1)^2}+\frac{1}{z}.$$

例 8.7　设 $f(z)=\dfrac{\sin z-z}{z^6}$，求 $\text{Res}[f(z),0]$.

解　$z=0$ 似乎是函数 $f(z)$ 的六级极点，于是在 Matlab 命令窗口中输入：

```
>> syms z
>> f=(sin(z)-z)/z^6;
>> R=limit(diff(z^6*f,z,5)/prod(1:5),z,0)
R =
   1/120
```

实际上，$z=0$ 是函数 $f(z)$ 的三级极点，于是在 Matlab 命令窗口中输入：

```
>> syms z
>> f=(sin(z)-z)/z^6;
>> R=limit(diff(z^6*f,z,2)/prod(1:2),z,0)
R =
   1/120
```

可见，二者的结果相同. 所以应用公式

$$\text{Res}[f(z),z_0]=\frac{1}{(m-1)!}\lim_{z\to z_0}\frac{\mathrm{d}^{m-1}}{\mathrm{d}z^{m-1}}\{(z-z_0)^m f(z)\}$$

求极点 z_0 处的留数时，可以选择 m 大于极点的级数.

例 8.8　设 $f(z)=\dfrac{\mathrm{e}^z}{z^2-1}$，求 $\text{Res}[f(z),\infty]$.

解　如果函数 $f(z)$ 在扩充复平面内只有有限个孤立奇点，那么 $f(z)$ 在各奇点(包括 ∞)的留数总和为零. 于是在 Matlab 命令窗口中输入：

```
>>  syms z
>>  f=exp(z)/(z^2-1);
>> R1=limit(f*(z-1),z,1);
>> R2=limit(f*(z+1),z,-1);
>> R=-(R1+R2)
R =
1/(2*exp(1)) - exp(1)/2
```

8.2.4　复变函数的积分

复变函数的积分可由函数 int 实现，调用形式如下：

```
>> int(function,variable,a,b)
```

其中，参数 function 为被积分的复变函数表达式，variable 为积分变量，a 和 b 分别为积分的下限和上限.

例 8.9　计算积分 $\int_0^{\mathrm{i}} z\cos z\mathrm{d}z$.

解　在 Matlab 命令窗口中输入：

```
>> syms z;
>> f=z*cos(z) ;
>> intf=int(f,z,0,i)
intf =
    1/exp(1) - 1
```

例 8.10　计算积分 $\int_C \bar{z}\,\mathrm{d}z$，其中 C 为从点 1 到 i 的直线段：

$$z=(1-t)+\mathrm{i}t,\quad 0\leqslant t\leqslant 1 .$$

解　在 Matlab 命令窗口中输入：

```
>> syms t real
>> z=(1-t)+i*t;
>> int(conj(z)*diff(z),t,0,1)
ans =
     i
```

例 8.11　计算积分 $\oint_C \frac{\mathrm{z}}{\mathrm{z}^4-1}\mathrm{d}z$，其中 C 为正向圆周：$|z|=2$.

解　先求被积函数的留数. 在 Matlab 命令窗口中输入：

```
>> [R,P,K]=residue([1,0],[1,0,0,0,-1])
R =
     0.2500
     0.2500
    -0.2500 - 0. 0000i
    -0.2500 + 0. 0000i
P =
    -1. 0000
     1. 0000
    -0. 0000 + 1. 0000i
    -0. 0000 - 1. 0000i
K =
        []
>> disp('所以积分值为')
```

```
>> 2*pi*i*sum(R)  %sum为求所有极点的留数之和
ans =
     0
```

例 8.12　计算积分 $\oint_C \frac{\cos z}{z^3}\mathrm{d}z$，其中 C 为正向圆周：$|z|=1$.

解　利用留数定理结合留数的计算规则计算该积分. 在 Matlab 命令窗口中输入：

```
>> syms z
>> f=cos(z)/z^3;
>> 2*pi*i/prod(1:2)*limit(diff(z^3*f,z,2),z,0)
ans =
 -pi*i
```

8.2.5　Fourier 变换

Fourier 变换及其逆变换的定义式为

$$F(\omega)=\int_{-\infty}^{+\infty} f(t)\mathrm{e}^{-\mathrm{j}\omega t}\,\mathrm{d}t\,,\quad f(t)=\frac{1}{2\pi}\int_{-\infty}^{+\infty} F(\omega)\mathrm{e}^{\mathrm{j}\omega t}\,\mathrm{d}\omega\,.$$

Fourier 变换可由函数 fourier 实现，调用形式如下：

```
>> F=fourier(f)  %按默认变量进行 Fourier 变换
>> F=fourier(f,v,u)    %将 v 的函数变换成 u 的函数
```

Fourier 逆变换可由函数 ifourier 实现，调用形式如下：

```
>> f=ifourier(F)  %按默认变量进行 Fourier 逆变换
>> f=ifourier(F,u,v)    %将 u 的函数变换成 v 的函数
```

例 8.13　求指数衰减函数 $f(t)=\begin{cases}0, & t<0,\\ \mathrm{e}^{-3t}, & t\geqslant 0\end{cases}$ 的 Fourier 变换，并对结果进行 Fourier 逆变换，看能否变换回原函数.

解　在 Matlab 命令窗口中输入：

```
>> syms t;
>> f=Heaviside(t)/exp(3*t); % Heaviside(t)为单位阶跃函数
>> F=fourier(f)
F =
    1/(i*w + 3)
>> syms w;
>> f=ifourier(F,w,t)
f =
    heaviside(t)/exp(3*t)
```

例 8.14　设函数

$$f_1(t)=\begin{cases}0, & t<0,\\ 1, & t\geqslant 0,\end{cases}\qquad f_2(t)=\begin{cases}0, & t<0,\\ e^{-t}, & t\geqslant 0.\end{cases}$$

利用卷积定理计算卷积 $f_1(t)*f_2(t)$.

解　在 Matlab 命令窗口中输入:

```
>> syms t w;
>> f1=Heaviside(t);
>> f2=Heaviside(t)/exp(t);
>> juanji=ifourier(fourier(f1)*fourier(f2),w,t)
juanji =
(pi + pi*(2*heaviside(t) - 1) - (2*pi*heaviside(t))/exp(t))/(2*pi)
>> simple(juanji)
ans =
-heaviside(t)*(1/exp(t) - 1)
```

8.2.6　Laplace 变换

Laplace 变换及其逆变换的定义式为

$$F(s)=\int_0^{+\infty} f(t)e^{-st}\,dt,\qquad f(t)=\frac{1}{2\pi j}\int_{\beta-j\infty}^{\beta+j\infty}F(s)e^{st}\,ds.$$

Laplace 变换可由函数 laplace 实现，调用形式如下:

```
>> F=laplace(f)   %按默认变量进行 Laplace 变换
>> F=laplace(f,v,u)      %将 v 的函数变换成 u 的函数
```

Laplace 逆变换可由函数 ilaplace 实现，调用形式如下:

```
>> f=ilaplace(F)  %按默认变量进行 Laplace 逆变换
>> f=ilaplace(F,u,v)      %将 u 的函数变换成 v 的函数
```

例 8.15　求函数 $f_1(t)=t$ ，$f_2(t)=e^{2t}$ ，$f_3(t)=\sin 3t$ 的 Laplace 变换.

解　在 Matlab 命令窗口中输入:

```
>> syms t;
>> laplace(t)
ans =
    1/s^2
>> laplace(exp(2*t))
ans =
    1/(s - 2)
>> laplace(sin(3*t))
```

```
ans =
    3/(s^2 + 9)
```

例 8.16　求函数 $F_1(s)=\dfrac{1}{s-1}$，$F_2(s)=\dfrac{1}{s^2+1}$，$F_3(s)=\dfrac{s}{s^2+1}$ 的 Laplace 逆变换.

解　在 Matlab 命令窗口中输入：

```
>> syms s;
>> ilaplace(1/(s-1))
ans =
    exp(t)
>> ilaplace(1/(s^2+1))
ans =
    sin(t)
>> ilaplace(s/(s^2+1))
ans =
    cos(t)
```

例 8.17　求函数 $f_1(t)=t$ 和 $f_2(t)=\sin t$ 的卷积.

解　在 Matlab 命令窗口中输入：

```
>> syms t;
>> f1=t;
>> f2=sin(t);
>> juanji=ilaplace(laplace(f1)*laplace(f2))
juanji =
    t - sin(t)
```

本 章 小 结

本章把复变函数与积分变换和 Matlab 数学软件结合起来，利用 Matlab 内置函数求解复变函数与积分变换中出现的各种计算问题. Matlab 强大的计算功能可以简化计算过程，大大提高了解题速度.

学习本章内容，第一，要了解 Matlab 操作平台，熟练掌握 Matlab 基本用法，尤其注意各种基本函数的使用以及如何编写 M 文件，会用符号运算工具箱中的函数进行各种符号运算；第二，会用 Matlab 对复变函数进行各种计算，包括使用 Matlab 实现复数的实部、虚部、模、辐角和共轭复数，复变函数的积分，留数及其在计算闭曲线积分中的应用，Fourier 变换和 Laplace 变换及其逆变换.

学习本章需要注意的是，运用 Matlab 解决复变函数与积分变换中的问题时，要本着简便的原则，不要为了运用而运用，有些理性分析的问题使用 Matlab 来解决未必简单.

习题 8

1．求复数 $z=\frac{1}{\mathrm{i}}-\frac{3\mathrm{i}}{1-\mathrm{i}}$ 的实部、虚部、模、辐角和共轭复数.

2．求 $\sqrt[6]{-1}$，$\sin(2+3\mathrm{i})$，$\mathrm{e}^{\frac{1+\mathrm{i}}{4}}$，$\ln(-\mathrm{i})$ 的值.

3．计算函数 $f(z)=\frac{z+1}{z^2-2z}$ 在 $z=0$ 与 $z=2$ 的留数，并求其部分分式展开.

4．设 $f(z)=\frac{z\,\mathrm{e}^z}{z^2-1}$，求 $\mathrm{Res}[f(z),\pm 1]$.

5．计算积分 $\int_1^{1+\mathrm{i}} z\,\mathrm{e}^z\,\mathrm{d}z$.

6．分别沿 $y=x$ 和 $y=x^2$ 计算积分 $\int_0^{1+\mathrm{i}}(x^2+\mathrm{i}\,y)\mathrm{d}z$.

7．计算积分 $\oint_C \frac{\mathrm{e}^z}{z(z-1)^2}\mathrm{d}z$，其中 C 为正向圆周：$|z|=2$.

8．求钟形脉冲函数 $f(t)=4\,\mathrm{e}^{-2t^2}$ 的 Fourier 变换，并对结果进行 Fourier 逆变换，看能否变换回原函数.

9．求函数 $f_1(t)=t\,\mathrm{e}^t$，$f_2(t)=\frac{\sin t}{t}$ 的 Laplace 变换.

10．求函数 $F_1(s)=\frac{1}{s(s-1)^2}$，$F_2(s)=\frac{1}{s^2(s+1)}$ 的 Laplace 逆变换.

11．求函数 $f_1(t)=t$ 和 $f_2(t)=\mathrm{e}^t$ 的卷积.

习 题 答 案

习题 1

1．(1) $\mathrm{Re}(z)=\dfrac{3}{13}$， $\mathrm{Im}(z)=-\dfrac{2}{13}$， $\overline{z}=\dfrac{3}{13}+\dfrac{2}{13}\mathrm{i}$， $|z|=\dfrac{1}{\sqrt{13}}$， $\arg z=-\arctan\dfrac{2}{3}$；

(2) $\mathrm{Re}(z)=\dfrac{3}{2}$， $\mathrm{Im}(z)=-\dfrac{5}{2}$， $\overline{z}=\dfrac{3}{2}+\dfrac{5}{2}\mathrm{i}$， $|z|=\dfrac{\sqrt{34}}{2}$， $\arg z=-\arctan\dfrac{5}{3}$；

(3) $\mathrm{Re}(z)=-\dfrac{7}{2}$， $\mathrm{Im}(z)=-13$， $\overline{z}=-\dfrac{7}{2}+13\mathrm{i}$， $|z|=\dfrac{5\sqrt{29}}{2}$， $\arg z=\arctan\dfrac{26}{7}-\pi$；

(4) $\mathrm{Re}(z)=1$， $\mathrm{Im}(z)=-3$， $\overline{z}=1+3\mathrm{i}$， $|z|=\sqrt{10}$， $\arg z=-\arctan 3$.

2．$x=1$， $y=11$.

3．(1) 假，两个复数不全为实数时不能比较大小；

(2) 真，因为 $\overline{\mathrm{i}}=-\mathrm{i}=\dfrac{1}{\mathrm{i}}$；

(3) 假，例如，取 $z_1=1$， $z_2=\mathrm{i}$；

(4) 假，零的辐角不确定；

(5) 真，实数的共轭是其本身；

(6) 真，纯虚数 $\mathrm{i}b$（$b\in R$ 且 $b\neq 0$）的共轭为 $-\mathrm{i}b$；

(7) 假， $z=\pm\mathrm{i}$ 都满足 $\dfrac{1}{z}=-z$；

(8) 假，取 $z=\mathrm{i}$.

4．$1+|a|$.

5．利用 $|z|^2=z\overline{z}$ 证明，式(2)的几何意义是：平行四边形两条对角线的长度平方和等于四边的长度平方和.

6．(1) $\mathrm{i}=\cos\dfrac{\pi}{2}+\mathrm{i}\sin\dfrac{\pi}{2}=\mathrm{e}^{\frac{\pi}{2}\mathrm{i}}$；

(2) $-1=\cos\pi+\mathrm{i}\sin\pi=\mathrm{e}^{\pi\mathrm{i}}$；

(3) $1-\cos\varphi+\mathrm{i}\sin\varphi=2\sin\dfrac{\varphi}{2}\left[\cos\left(\dfrac{\pi}{2}-\dfrac{\varphi}{2}\right)+\mathrm{i}\sin\left(\dfrac{\pi}{2}-\dfrac{\varphi}{2}\right)\right]=2\sin\dfrac{\varphi}{2}\mathrm{e}^{\mathrm{i}\left(\frac{\pi}{2}-\frac{\varphi}{2}\right)}$；

(4) $1+\sqrt{3}\mathrm{i}=2\left(\cos\dfrac{\pi}{3}+\mathrm{i}\sin\dfrac{\pi}{3}\right)=2\mathrm{e}^{\frac{\pi}{3}\mathrm{i}}$；

(5) $\dfrac{2\mathrm{i}}{-1+\mathrm{i}}=\sqrt{2}\left(\cos\dfrac{\pi}{4}-\mathrm{i}\sin\dfrac{\pi}{4}\right)=\sqrt{2}\,\mathrm{e}^{-\frac{\pi}{4}\mathrm{i}}$；

(6) $\dfrac{(\cos 5\varphi+\mathrm{i}\sin 5\varphi)^2}{(\cos 3\varphi-\mathrm{i}\sin 3\varphi)^3}=\cos 19\varphi+\mathrm{i}\sin 19\varphi=\mathrm{e}^{19\varphi\mathrm{i}}$.

7．利用复数的指数表示，求得 $n=4k(k=0,\pm1,\pm2,\cdots)$.

8．利用棣莫弗公式证明.

9．(1) $-16\sqrt{3}-16\mathrm{i}$； (2) $-8\mathrm{i}$；

(3) $\dfrac{\sqrt{3}}{2}+\dfrac{1}{2}\mathrm{i}$，$\mathrm{i}$，$-\dfrac{\sqrt{3}}{2}+\dfrac{1}{2}\mathrm{i}$，$-\dfrac{\sqrt{3}}{2}-\dfrac{1}{2}\mathrm{i}$，$-\mathrm{i}$，$\dfrac{\sqrt{3}}{2}-\dfrac{1}{2}\mathrm{i}$；

(4) $\sqrt[6]{2}\left(\cos\dfrac{\pi}{12}-\mathrm{i}\sin\dfrac{\pi}{12}\right)$，$\sqrt[6]{2}\left(\cos\dfrac{7\pi}{12}+\mathrm{i}\sin\dfrac{7\pi}{12}\right)$，$\sqrt[6]{2}\left(\cos\dfrac{5\pi}{4}+\mathrm{i}\sin\dfrac{5\pi}{4}\right)$.

10．$1+\sqrt{3}\mathrm{i}$，-2，$1-\sqrt{3}\mathrm{i}$.

11．利用第 5 题的结论(2)，证明 $|z_2-z_1|=|z_3-z_2|=|z_1-z_3|$.

12．(1) 以 i 为圆心，2 为半径的圆周；

(2) 中心在 $-2\mathrm{i}$，半径为 1 的圆周及其外部区域；

(3) 直线 $x=2$ 及其右边的平面；

(4) 实轴；

(5) 直线 $y=-3$；

(6) 以-3 与-1 为焦点，长轴为 4 的椭圆；

(7) 曲线 $y=\dfrac{1}{2x}$；

(8) 直线 $x=\dfrac{5}{2}$ 及其左边的平面；

(9) 两条射线 $y=\sqrt{3}x\ (x>0)$ 和 $y=-\sqrt{3}x\ (x>0)$ 所夹区域，不含边界；

(10) 以 i 为起点的射线 $y=x+1(x>0)$.

13．(1) 圆 $(x-1)^2+y^2=16$ 的外部区域(不包括圆周)，是无界的多连通域；

(2) 以 3i 为中心，1 与 3 分别为内、外半径的圆环域(不包括两圆周在内)，是有界的多连通域；

(3) 不包含实轴的上半平面，是无界的单连通域；

(4) 由射线 $\theta=-1$ 及 $\theta=-1+\pi$ 构成的角形域，不包含两射线在内，即为一半平面，是无界的单连通域；

(5) 直线 $x=-1$ 右边的平面区域，不包括直线在内，是无界的单连通域；

(6) 双曲线 $4x^2-\dfrac{4}{15}y^2=1$ 的左边分支的内部(即包括焦点 $z=-2$ 的那部分)区域，是无界的单连通域；

(7) 中心在 $z=-\dfrac{17}{15}$，半径为 $\dfrac{8}{15}$ 的圆周的外部区域(不包括圆周本身在内)，是无界的多连通域；

(8) 椭圆 $\dfrac{x^2}{9}+\dfrac{y^2}{5}=1$ 及其围成的区域，是有界的单连通闭区域；

(9) 由直线 $x=0$ 和 $x=1$ 构成的带形区域，不包括两直线在内，是无界的单连通区域；

(10) 圆 $(x-2)^2+(y+1)^2=9$ 及其内部区域，是有界的单连通闭区域.

14．设复平面上的直线方程为 $Ax+By+C=0$（$A,B,C\in R$ 且 A,B 不全为零），将 $x=\dfrac{z+\overline{z}}{2}$，$y=\dfrac{z-\overline{z}}{2\mathrm{i}}$ 代入.

15．复平面上以点 $z_0=a+\mathrm{i}b$ 为圆心，r 为半径的圆周方程为 $|z-z_0|=r$，利用 $|z|^2=z\overline{z}$ 展开.

16．(1) 直线 $y=x$；

(2) 椭圆 $\dfrac{x^2}{a^2}+\dfrac{y^2}{b^2}=1$；

(3) 等轴双曲线 $xy=1$；

(4) 等轴双曲线 $xy=1$（第一象限中的一支）；

(5) 椭圆 $\dfrac{x^2}{(a+b)^2}+\dfrac{y^2}{(a-b)^2}=1$；

(6) $x^2+y^2=\mathrm{e}^{\frac{2a}{b}\arctan\frac{y}{x}}$.

17．(1) 令 $P(z)=u_1(x,y)+\mathrm{i}v_1(x,y)$，$Q(z)=u_2(x,y)+\mathrm{i}v_2(x,y)$ 代入 $R(z)$；

(2) 只需说明 $\overline{R(z)}=R(\overline{z})$；

(3) 方程两边同时取共轭.

18．(1) 圆周 $u^2+v^2=\dfrac{1}{4}$；　　(2) 直线 $v=-u$；

(3) 圆周 $(u-\dfrac{1}{2})^2+v^2=\dfrac{1}{4}$；　(4) 直线 $u=\dfrac{1}{2}$.

19．(1) $w_1=-\mathrm{i}$，$w_2=8\mathrm{i}$；　　(2) $0<\arg w<\pi$.

20．将 $z=x+\mathrm{i}y$ 代入 $f(z)$.

习题 2

1．(1) 在直线 $x=-\dfrac{1}{2}$ 上可导，但在复平面上处处不解析；

(2) 在原点 $z=0$ 处可导，但在复平面上处处不解析；

(3) 在复平面上处处不可导，处处不解析；

(4) 在复平面上处处可导，处处解析.

2．(1) 在复平面上处处解析，$f'(z)=5(z-1)^4$；

(2) 在复平面上处处解析，$f'(z)=3z^2+2\mathrm{i}$；

(3) 除 $z=\pm1$ 外在复平面上处处解析，$f'(z)=-\dfrac{2z}{(z^2-1)^2}$；

(4) 除 $z=-\dfrac{d}{c}(c\neq0)$ 外在复平面上处处解析，$f'(z)=\dfrac{ad-bc}{(cz+d)^2}$.

3．(1) 0，$\pm\mathrm{i}$；　　(2) -1，$\pm\mathrm{i}$.

4．(1)假，例如函数 $f(z)=\overline{z}=x-\mathrm{i}y$ 在任一点 z_0 连续，但不可导；

(2)假，例如函数 $f(z)=x^2+\mathrm{i}y^2$ 在 $z=0$ 可导，但不解析；

(3)假，例如函数 $f(z)=x^2+\mathrm{i}y^2$ 在 $z=0$ 可导，但 $z=0$ 为 $f(z)$ 的奇点；

(4)假，例如函数 $f(z)=\overline{z}=x-\mathrm{i}y$，$u=x$ 和 $v=-y$ 可导，但 $f(z)$ 处处不可导；

(5)假，由 $u+\mathrm{i}v$ 解析得到 $\dfrac{\partial u}{\partial y}=-\dfrac{\partial v}{\partial x}$，但 $v+\mathrm{i}u$ 解析需满足 $\dfrac{\partial v}{\partial x}=\dfrac{\partial u}{\partial y}$；

(6)假，例如函数 $f(z)=-g(z)=\overline{z}$ 在复平面内处处不解析，但 $f(z)+g(z)$ 与 $f(z)/g(z)$ 都是常值函数，在复平面内没有奇点.

5．将 $|f(z)|=\sqrt{u^2+v^2}$ 求偏导数代入到等式左边.

6．利用柯西-黎曼方程求得 $l=-3,m=1,n=-3$.

7．利用直角坐标与极坐标的关系式 $x=r\cos\theta$，$y=r\sin\theta$，根据复合函数求导法则，求出 $\dfrac{\partial u}{\partial r}$，$\dfrac{\partial u}{\partial\theta}$，$\dfrac{\partial v}{\partial r}$，$\dfrac{\partial v}{\partial\theta}$，将柯西-黎曼方程 $\dfrac{\partial u}{\partial x}=\dfrac{\partial v}{\partial y}$，$\dfrac{\partial u}{\partial y}=-\dfrac{\partial v}{\partial x}$ 代入.

8．由柯西-黎曼方程证明 $u_x=u_y=v_x=v_y=0$.

9．(1)设 $z=x+\mathrm{i}y$，$\overline{\mathrm{e}^z}==\overline{\mathrm{e}^{x+\mathrm{i}y}}=\mathrm{e}^x(\cos y-\mathrm{i}\sin y)=\mathrm{e}^x[\cos(-y)+\mathrm{i}\sin(-y)]=\mathrm{e}^{\overline{z}}$；

(2)和(3)利用 Euler 公式和(1)可证.

10．将 $\sin z=\dfrac{1}{2\mathrm{i}}(\mathrm{e}^{\mathrm{i}z}-\mathrm{e}^{-\mathrm{i}z})$，$\cos z=\dfrac{1}{2}(\mathrm{e}^{\mathrm{i}z}+\mathrm{e}^{-\mathrm{i}z})$ 代入可证.

11．(1) $\dfrac{1}{2}\ln 2+\left(2k\pi-\dfrac{\pi}{4}\right)\mathrm{i}$，主值为 $\dfrac{1}{2}\ln 2-\dfrac{\pi}{4}\mathrm{i}$；

(2) $\ln 5-\mathrm{i}\arctan\dfrac{4}{3}+(2k+1)\pi\mathrm{i}$，主值为 $\ln 5+\left(\pi-\arctan\dfrac{4}{3}\right)\mathrm{i}$.

12．(1) $-\mathrm{e}$；　(2) $\mathrm{ch}\,2\sin 1+\mathrm{i}\,\mathrm{sh}\,2\cos 1$；

(3) $\mathrm{e}^{-2k\pi}(\cos\ln 3+\mathrm{i}\sin\ln 3)$；　(4) $\mathrm{e}^{-\left(2k+\frac{1}{4}\right)\pi}(\cos\ln\sqrt{2}+\mathrm{i}\sin\ln\sqrt{2})$.

13．(1) $(2k+1)\pi\mathrm{i}$；　(2) $\ln 2+\left(2k\pi+\dfrac{\pi}{3}\right)\mathrm{i}$；

(3) $k\pi$；　(4) $k\pi-\dfrac{\pi}{4}$；

(5) $\dfrac{2k+1}{2}\pi\mathrm{i}$；　(6) $\left(2k+\dfrac{1}{2}\right)\pi\mathrm{i}$. 这里 $k=0,\pm1,\pm2,\cdots$.

14．将 $\mathrm{sh}\,z=\dfrac{1}{2}(\mathrm{e}^{z}-\mathrm{e}^{-z})$，$\mathrm{ch}\,z=\dfrac{1}{2}(\mathrm{e}^{z}+\mathrm{e}^{-z})$ 代入可证.

15．因为 $z=\mathrm{sh}\,\omega=\mathrm{i}\sin(-\mathrm{i}\omega)$，故 $-\mathrm{i}\omega=\arcsin(-\mathrm{i}z)$，

$$\omega=\mathrm{i}\arcsin(-\mathrm{i}z)=\mathrm{i}(-\mathrm{i})\mathrm{Ln}[\mathrm{i}(-\mathrm{i}z)+\sqrt{1-(-\mathrm{i}z)^2}]=\mathrm{Ln}(z+\sqrt{z^2+1}).$$

习题 3

1. (1)，(2)，(3) 都等于 $\frac{1}{3}(3+\mathrm{i})^3$.

2. $-\frac{1}{6}+\frac{5}{6}\mathrm{i}$； $-\frac{1}{6}+\frac{5}{6}\mathrm{i}$.

3. 不一定成立. 例如 $f(z)=z$， $C:|z|=1$. 此时二者均不为零.

4. (1) $4\pi\mathrm{i}$；　(2) $8\pi\mathrm{i}$.

5. (1) 0；　(2) 0；　(3) 0；　(4) $2\pi\mathrm{i}$.

6. (1) 0；　(2) $\left(\pi-\frac{1}{2}\mathrm{sh}\,2\pi\right)\mathrm{i}$；　(3) $\mathrm{ie}(\cos 1+\mathrm{i}\sin 1)$；

(4) $-\left(\tan 1+\frac{1}{2}\tan^2 1+\frac{1}{2}\mathrm{th}^2 1\right)+\mathrm{i}\,\mathrm{th}\,1$.

7. (1) 0；　(2) $2\pi\mathrm{e}^2\mathrm{i}$；　(3) 0；　(4) $\frac{\pi\mathrm{i}}{a}$；

(5) π；　(6) 0；　(7) $14\pi\mathrm{i}$；　(8) 0.

8. (1) 0；　(2) 0；　(3) $\frac{\pi\mathrm{i}}{12}$；

(4) 当 $|a|<1$ 时， $\pi\mathrm{e}^a\mathrm{i}$； $|a|>1$ 时，0.

9. 当原点在 C 的外部时，利用柯西-古萨基本定理证明；当原点在 C 的内部时，利用解析函数的高阶导数公式证明.

10. (1) a 与 $-a$ 都在 C 的外部时， $\oint_C \frac{z}{z^2-a^2}\mathrm{d}z=0$；

(2) a 与 $-a$ 都在 C 的内部时， $\oint_C \frac{z}{z^2-a^2}\mathrm{d}z=2\pi\mathrm{i}$；

(3) a 与 $-a$ 有一个在 C 的内部时， $\oint_C \frac{z}{z^2-a^2}\mathrm{d}z=\pi\mathrm{i}$.

11. 利用柯西-古萨基本定理结合柯西积分公式证明.

12. 不一定，例如，第 9 题中 $f(z)=\frac{1}{z^2}$ 在 $z=0$ 处不解析，但满足题中条件.

13. 设 z 为 C 内部任意一点，由柯西积分公式，

$$f(z)=\frac{1}{2\pi\mathrm{i}}\oint_C \frac{f(\zeta)}{\zeta-z}\mathrm{d}\zeta,\quad g(z)=\frac{1}{2\pi\mathrm{i}}\oint_C \frac{g(\zeta)}{\zeta-z}\mathrm{d}\zeta,$$

而沿曲线 C， $f(\zeta)=g(\zeta)$ 处处成立，从而 $f(z)=g(z)$.

14. 等于零，因为 $\frac{f'(z)}{f(z)}$ 在 D 内处处解析，由柯西-古萨基本定理 $\oint_C \frac{f'(z)}{f(z)}\mathrm{d}z=0$.

15. (1) z_0 在 C 的外部时，由柯西-古萨基本定理， $\oint_C \frac{f'(z)}{z-z_0}\mathrm{d}z=\oint_C \frac{f(z)}{(z-z_0)^2}\mathrm{d}z=0$；

(2) z_0 在 C 的内部时，由柯西积分公式，$\oint_C \frac{f'(z)}{z-z_0}\mathrm{d}z = 2\pi\mathrm{i}\,f'(z_0)$，由高阶导数公式 $\oint_C \frac{f(z)}{(z-z_0)^2}\mathrm{d}z = 2\pi\mathrm{i}\,f'(z_0)$.

16. (1) 不正确； (2) 正确； (3) 不正确.

17. (1) $\mathrm{i}\overline{\overline{f(z)}} = (-\mathrm{i})f(z)$ 解析；

(2) $\mathrm{i}\overline{\overline{f(z)}} = (-\mathrm{i})f(z) = -\mathrm{i}(u+\mathrm{i}v) = v+\mathrm{i}(-u)$，所以 $-u$ 是 v 的共轭调和函数；

(3) 对 $|f(z)|^2 = u^2+v^2$ 求二阶偏导数，结合拉普拉斯方程和柯西-黎曼方程可证.

18. 分别求 u, v 对 x 及 y 二阶偏导数，并验证其满足拉普拉斯方程，从而 u, v 都是调和函数；验证柯西-黎曼方程仅在一个圆周上成立，即 $u+\mathrm{i}v$ 在复平面上处处不解析.

19. (1) $(1-\mathrm{i})z^3+\mathrm{i}c$； (2) $\frac{1}{2}-\frac{1}{z}$；

(3) $-\mathrm{i}(z-1)^2$； (4) $\ln z + c$.

20. $p=1$，$f(z)=\mathrm{e}^z+c$；$p=-1$，$f(z)=-\mathrm{e}^{-z}+c$.

习题 4

1. (1) 发散； (2) 收敛，极限为 0； (3) 发散；

(4) 收敛，极限为 1； (5) 收敛，极限为 0； (6) 收敛，极限为 0；

(7) 发散； (8) 收敛，极限为 1.

2. (1) 原级数收敛，且为绝对收敛； (2) 发散；

(3) 原级数收敛，且为条件收敛； (4) 原级数收敛，且为绝对收敛；

(5) 原级数发散； (6) 原级数收敛，且为条件收敛.

3. (1) 2； (2) e； (3) 0； (4) 1；

(5) $\frac{\sqrt{2}}{2}$； (6) $\frac{1}{\mathrm{e}}$； (7) 1； (8) 1.

4. (1) $\sum_{n=0}^{\infty}\frac{2^n}{3^{n+1}}z^n$，$R=\frac{3}{2}$； (2) $\sum_{n=0}^{\infty}(-1)^n z^{3n}$，$R=1$；

(3) $\sum_{n=0}^{\infty}\frac{(-1)^n}{2^{n+1}}z^{2n}$，$R=\sqrt{2}$； (4) $\sum_{n=1}^{\infty}(-1)^{n-1}nz^{n-1}$，$R=1$；

(5) $\sum_{n=0}^{\infty}\frac{(-1)^n}{(2n)!}z^{4n+1}$，$R=+\infty$； (6) $\sum_{n=0}^{\infty}\frac{\mathrm{i}^n}{n!}z^{2n}$，$R=+\infty$；

(7) $\sum_{n=0}^{\infty}\frac{1}{(2n+1)!}z^{2n+1}$，$R=+\infty$； (8) $-\frac{1}{3}\sum_{n=0}^{\infty}\left[\frac{1}{2^{n+1}}+(-1)^n\right]z^n$，$R=1$.

5. (1) $\sum_{n=0}^{\infty}\frac{(-1)^n}{3^{n+1}}(z-1)^{n+1}$，$|z-1|<3$；

(2) $\sum_{n=0}^{\infty}(-1)^n\left(\frac{1}{2^{2n+1}}-\frac{1}{3^{n+1}}\right)(z-2)^n$， $|z-2|<3$；

(3) $\sum_{n=0}^{\infty}\frac{n+1}{\mathrm{i}^{n+2}}(z+\mathrm{i})^n$， $|z+\mathrm{i}|<1$；

(4) $\mathrm{e}^2\sum_{n=0}^{\infty}\frac{1}{n!}(z-2)^n$， $|z-2|<+\infty$；

(5) $\sin 1+\frac{\cos 1}{1!}(z-1)-\frac{\sin 1}{2!}(z-1)^2-\frac{\cos 1}{3!}(z-1)^3+\cdots$, $|z-1|<+\infty$；

(6) $\ln \mathrm{i}+\sum_{n=1}^{\infty}\frac{(-1)^{n-1}}{n\cdot \mathrm{i}^n}(z-\mathrm{i})^n$， $|z-\mathrm{i}|<1$.

6. (1) $\cdots+\frac{2}{5}\frac{1}{z^4}+\frac{1}{5}\frac{1}{z^3}-\frac{2}{5}\frac{1}{z^2}-\frac{2}{5}\frac{1}{z}-\frac{1}{10}+\frac{z}{20}-\frac{z^2}{40}-\cdots$；

(2) $\sum_{n=1}^{\infty}\frac{(-1)^{n-1}2^{n-1}}{z^{n+1}}$， $-\sum_{n=-1}^{\infty}\frac{(z+2)^n}{2^{n+2}}$；

(3) $\frac{1}{z}-\sum_{n=1}^{\infty}\frac{(-1)^n}{z^{n+1}}$， $-2\sum_{n=0}^{\infty}(z+1)^n-\frac{1}{z+1}$；

(4) $\sum_{n=1}^{\infty}\frac{(-1)^{n-1}n}{z^{n+2}}$， $-\sum_{n=0}^{\infty}(z+1)^{n-2}$；

(5) $\sum_{n=0}^{\infty}\frac{\mathrm{i}^{n-1}}{2^{n+1}}(z-\mathrm{i})^{n-1}$， $\sum_{n=0}^{\infty}\frac{(-2\mathrm{i})^n}{(z-\mathrm{i})^{n+2}}$；

(6) $\sum_{n=0}^{\infty}\frac{z^{2n-2}}{(2n+1)!}$；

(7) $\sum_{n=0}^{\infty}\frac{(-1)^n}{(2n)!}\frac{1}{(z-1)^{2n}}$；

(8) $(z-2)+3+\frac{5}{2}\frac{1}{z-2}+\frac{1}{6}\frac{1}{(z-2)^2}+\cdots$；

(9) $\sum_{n=0}^{\infty}\frac{1}{n!}\frac{1}{z^{n-2}}$.

习题 5

1. (1) $z=2$，一级极点； $z=\pm\mathrm{i}$，二级极点； (2) $z=0$，二级极点；

(3) $z=0$，可去奇点； (4) $z=1$，本性奇点；

(5) $z=\pm\mathrm{i}$，二级极点， $z_k=(2k+1)\mathrm{i}\ (k=1,\pm2,\cdots)$，一级极点；

(6) $z=0$，一级极点， $z_k=2k\pi\mathrm{i}\ (k=\pm1,\pm2,\cdots)$，三级极点.

3. (1) 可去奇点； (2) 本性奇点； (3) 三级极点； (4) 本性奇点.

4. 不对. 因为孤立奇点的分类必须根据函数在这个奇点的去心邻域内的洛朗展开式来决定，而题中的展开式不是在 $z=1$ 的去心邻域内的洛朗展开式.

5．(1) $\mathrm{Res}[f(z),0]=0$； (2) $\mathrm{Res}[f(z),0]=-\frac{1}{2}$， $\mathrm{Res}[f(z),2]=\frac{3}{2}$；

(3) $\mathrm{Res}[f(z),\mathrm{i}]=-\frac{\mathrm{i}}{4}$， $\mathrm{Res}[f(z),-\mathrm{i}]=\frac{\mathrm{i}}{4}$； (4) $\mathrm{Res}[f(z),0]=-\frac{4}{3}$；

(5) $\mathrm{Res}[f(z),2k\pi\mathrm{i}]=-1\quad(k=0,\pm1,\cdots)$； (6) $\mathrm{Res}[f(z),(k+\frac{1}{2})\pi]=-1\ (k=0,\pm1,\cdots)$；

(7) $\mathrm{Res}[f(z),0]=0$， $\mathrm{Res}[f(z),k\pi]=(-1)^k\frac{1}{k\pi}$，$k$ 为不等于零的整数.

6．(1) 0； (2) $4\pi\mathrm{e}^2\mathrm{i}$； (3) $-2\pi\mathrm{i}$； (4) $2\pi\mathrm{i}$； (5) $-12\mathrm{i}$； (6) $-2\pi\mathrm{i}$.

7．(1) -1； (2) -2； (3) 0； (4) $-\mathrm{sh}1$.

8．(1) $-\frac{\pi\mathrm{i}}{121}$； (2) $2\pi\mathrm{i}$； (3) $-\frac{2\pi\mathrm{i}}{3}$.

9．(1) $\frac{\pi}{2}$； (2) π； (3) $\frac{\pi}{2a}$； (4) $\pi\mathrm{e}^{-1}\cos 2$； (5) $\frac{\pi}{2\mathrm{e}}$.

习题 6

2．(1) $f(t)=\frac{4}{\pi}\int_0^{+\infty}\frac{\sin\omega-\omega\cos\omega}{\omega^3}\cos\omega t\,\mathrm{d}\omega$； $-\frac{3}{16}\pi$；

(2) $f(t)=\frac{2}{\pi}\int_0^{+\infty}\frac{1-\cos\omega}{\omega}\sin\omega t\,\mathrm{d}\omega(t\neq 0,\pm1)$，当 $t=0,1,-1$ 时，$f(t)$ 分别应以 $0,\frac{1}{2},-\frac{1}{2}$ 代替；0；

(3) $f(t)=\frac{1}{\pi}\int_0^{+\infty}\frac{\cos\omega t-\omega\sin\omega t}{1+\omega^2}\mathrm{d}\omega(t\neq 0)$，当 $t=0$ 时，$f(t)$ 应以 $\frac{1}{2}$ 代替； $\pi\mathrm{e}^{-\frac{1}{2}}$.

3．(1) $F(\omega)=\frac{E}{\mathrm{i}\omega}(1-\mathrm{e}^{-\mathrm{i}\omega\tau})$； (2) $F(\omega)=\frac{2-\omega^2-2\omega\mathrm{i}}{\omega^4+4}$；

(3) $F(\omega)=\frac{2}{\omega^2+1}$； (4) $F(\omega)=\frac{4}{\omega^2}\sin^2\frac{\omega}{2}$.

5． $$f(t)=\begin{cases}\frac{1}{2}, & |t|<1,\\ \frac{1}{4}, & |t|=1,\\ 0, & |t|>1.\end{cases}$$

6． $f(t)=\frac{1}{\pi\mathrm{i}}\sin t$.

7． $F(\omega)=\frac{8E}{\tau\omega^2}\sin^2\frac{\omega\tau}{4}$.

8． $F(\omega)=\frac{2\beta}{\omega^2+\beta^2}$.

9．(1) 10； (2) $-\frac{1}{2}$； (3) $\frac{1}{2}\mathrm{e}^{\frac{1}{2}}$； (4) $2\pi\delta(\omega)$.

10．(1) $F(\omega)=\cos\frac{\omega a}{2}$；

(2) $F(\omega)=\frac{\pi \mathrm{i}}{2}[\delta(\omega+2)-\delta(\omega-2)]$；

(3) $F(\omega)=\frac{\pi}{2}[2\delta(\omega)+\delta(\omega+2)+\delta(\omega-2)]$；

(4) $F(\omega)=\frac{\pi}{2}[(\sqrt{3}+\mathrm{i})\delta(\omega+2)+(\sqrt{3}-\mathrm{i})\delta(\omega-2)]$；

(5) $F(\omega)=\frac{1}{\mathrm{i}(\omega-\omega_0)}+\pi\delta(\omega-\omega_0)$；

(6) $F(\omega)=\frac{\omega_0}{\omega_0{}^2-\omega^2}+\frac{\pi}{2\mathrm{i}}[\delta(\omega-\omega_0)-\delta(\omega+\omega_0)]$；

(7) $F(\omega)=\frac{\mathrm{i}\,\omega}{\omega_0{}^2-\omega^2}+\frac{\pi}{2}[\delta(\omega-\omega_0)+\delta(\omega+\omega_0)]$；

(8) $F(\omega)=\mathrm{e}^{-\mathrm{i}(\omega-\omega_0)t_0}\left[\frac{1}{\mathrm{i}(\omega-\omega_0)}+\pi\delta(\omega-\omega_0)\right]$；

(9) $F(\omega)=2\pi\mathrm{i}\,\delta'(\omega)$；

(10) $F(\omega)=-\frac{1}{\omega^2}+\mathrm{i}\,\pi\delta'(\omega)$；

(11) $F(\omega)=\mathrm{i}\,\omega$；

(12) $F(\omega)=2\pi\delta(\omega)-\mathrm{e}^{-\mathrm{i}\omega}-\omega^2\mathrm{e}^{\mathrm{i}\omega}$.

11．(1) $F(\omega)=\frac{\pi}{\beta}\mathrm{e}^{-\beta|\omega-a|}$；

(2) $F(\omega)=-\frac{\mathrm{i}\pi\,\omega}{2\beta}\mathrm{e}^{-\beta|\omega|}$.

12．(1) $G(\omega)=\frac{\mathrm{i}}{4}F'\left(\frac{\omega}{2}\right)$；　　(2) $G(\omega)=\mathrm{i}\,F'(\omega)+2F(\omega)$；

(3) $G(\omega)=-F(\omega)-\omega F'(\omega)$；　　(4) $G(\omega)=\mathrm{e}^{-\mathrm{i}\omega}F(-\omega)$；

(5) $G(\omega)=-F''(\omega)$；　　(6) $G(\omega)=\frac{1}{3}\mathrm{e}^{-\frac{2}{3}\omega\mathrm{i}}F\left(\frac{\omega}{3}\right)$.

13．$f_1(t)*f_2(t)=\begin{cases}0, & t<0,\\ \frac{1}{2}(\mathrm{e}^{-t}-\mathrm{e}^{-3t}), & t\geqslant 0.\end{cases}$

14．$f_1(t)*f_2(t)=\begin{cases}t-\frac{t^2}{2}, & 0\leqslant t<1,\\ \frac{1}{2}, & 1\leqslant t<2,\\ \frac{9}{2}-3t+\frac{t^2}{2}, & 2\leqslant t<3,\\ 0, & \text{其他}.\end{cases}$

15．$f_1(t)*f_2(t)=\begin{cases}2+t, & -2<t<0,\\ 2-t, & 0\leqslant t<2,\\ 0, & |t|\geqslant 2.\end{cases}$

16. $y(t)=\frac{1}{3}\int_{0}^{+\infty}\mathrm{e}^{-2\tau}\sin 3\tau\, f(t-\tau)\,\mathrm{d}\tau$.

17. $y(t)=\frac{a(b-a)}{\pi b[t^2+(b-a)^2]}$.

18. $y(t)=f(t)-\frac{a}{2}\int_{-\infty}^{+\infty}f(\tau)\mathrm{e}^{-a|t-\tau|}\mathrm{d}\tau$.

习题 7

1. (1) $\frac{3}{9s^2+1}$（$\mathrm{Re}(s)>0$）；　(2) $\frac{1}{s+3}$（$\mathrm{Re}(s)>-3$）；　(3) $\frac{2}{s^3}$（$\mathrm{Re}(s)>0$）；
(4) $\frac{k}{s^2-k^2}$（$\mathrm{Re}(s)>|k|$）；　(5) $\frac{2}{s(s^2+4)}$（$\mathrm{Re}(s)>0$）.

2. (1) $\frac{1}{s}(\mathrm{e}^{-s}-\mathrm{e}^{-2s})$；　(2) $\frac{\mathrm{e}^{-s\pi}+1}{s^2+1}$；　(3) $\frac{3s-14}{s-5}$；　(4) $\frac{s^2}{s^2+1}$.

3. (1) $\mathscr{L}[f(t)]=\frac{1+bs}{s^2}-\frac{b}{s(1-\mathrm{e}^{-bs})}$；　(2) $\mathscr{L}[f(t)]=\frac{1}{s}\cdot\frac{1-\mathrm{e}^{-bs}}{1+\mathrm{e}^{-bs}}=\frac{1}{s}\mathrm{th}\frac{bs}{2}$.

4. (1) $\frac{1}{s^3}(3s^2+4s+2)$；　(2) $\frac{6+5s}{s^2+4}$；
(3) $\frac{1}{s}+\frac{1}{(s-2)^2}$；　(4) $\frac{s^2+1}{(s+1)^3}$；
(5) $\frac{s+2}{(s+2)^2+16}$；　(6) $\frac{2as}{(s^2+a^2)^2}$；
(7) $\frac{n!}{(s-a)^{n+1}}$；　(8) $\frac{\mathrm{e}^{-\frac{3}{2}s}}{s}$.

5. (1) $\mathrm{arccot}\frac{s+3}{2}$；　(2) $\frac{4(s+3)}{[(s+3)^2+4]^2}$；
(3) $\frac{2(3s^2+12s+13)}{s^2[(s+3)^2+4]^2}$；　(4) $\frac{\mathrm{arccot}\frac{s+3}{2}}{s}$.

6. (1) t;　(2) $\frac{1}{6}t^3$；　(3) e^t-t-1；
(4) $t-\sin t$；　(5) $-\frac{1}{2}t\cos kt+\frac{\sin kt}{2k}$.

8. (1) $3\cos 2t+\sin 2t$；　(2) $\delta(t)-3\mathrm{e}^{-3t}$；
(3) $\frac{1}{2}t^2\mathrm{e}^{-2t}$；　(4) $4\mathrm{e}^{3t}-\mathrm{e}^{-t}$；
(5) $4\mathrm{e}^{3t}-3\mathrm{e}^{2t}$；　(6) $2\cos 2t\cdot\mathrm{e}^{-t}+\frac{1}{2}\sin 2t\cdot\mathrm{e}^{-t}$.

9. (1) $\frac{1}{2}(1+2\mathrm{e}^{-t}-3\mathrm{e}^{-2t})$；　(2) $2\mathrm{e}^t-2\cos t+\sin t$；

(3) $1-e^t+te^t$；

(4) $\frac{1}{3}(\cos t-\cos 2t)$；

(5) $\frac{\sin 2t}{16}-\frac{t\cos 2t}{8}$；

(6) $f(t)=\begin{cases} t, & 0\leqslant t<2, \\ 2(t-1), & t\geqslant 2. \end{cases}$

(7) $\frac{1}{2}te^{-t}\sin t$；

(8) $-\frac{2}{t}(\cos t-1)$.

10. (1) $y(t)=\cos 3t+2\sin 3t$；

(2) $y(t)=\sin t$；

(3) $y(t)=-\frac{1}{4}e^{-t}+\frac{3}{8}e^{t}-\frac{1}{8}e^{-3t}$；

(4) $y(t)=te^t\sin t$；

(5) $y(t)=t^3e^{-t}$；

(6) $y(t)=3te^{t-1}$；

(7) $y(t)=\sin t-\frac{5}{3}\sin 2t$；

(8) $y(t)=\frac{\sin t}{t}$；

(9) $y(t)=-3+5t-t^2$；

(10) $y(t)=-e^{-t}+4e^{-2t}-3e^{-3t}$；

(11) $\begin{cases} x(t)=\sin t, \\ y(t)=\cos t; \end{cases}$

(12) $\begin{cases} x(t)=e^t, \\ y(t)=e^t. \end{cases}$

11*. $u(x,y)=\frac{x^3y^2}{6}+3y+x^2$.

12. $x(t)=\frac{k}{m}t$.

13. $i(t)=\frac{E}{R}\left[1-e^{-\frac{R}{L}(t-t_0)}\right]$ $(t>t_0)$.

14*. (1) $G(s)=\frac{2}{s+1}$； (2) $g(t)=2e^{-t}$； (3) $G(i\omega)=\frac{2(1-i\omega)}{1+\omega^2}$.

习题 8

1. 1.5000, –2.5000, 2.9155, –1.0304, 1.5000 + 2.5000i.
2. 0.8660 + 0.5000i, 9.1545–4.1689i, 1.2441 + 0.3177i，0–1.5708i.
3. $\mathrm{Res}[f(z),0]=-\frac{1}{2}$， $\mathrm{Res}[f(z),2]=\frac{3}{2}$， $f(z)=\frac{1}{2}\left(\frac{3}{z-2}-\frac{1}{z}\right)$.
4. exp(1)/2，1/(2*exp(1)).
5. i*exp(i + 1).
6. (5*i)/6 – 1/6，i – 1/3.
7. 2*pi*i.
8. (2*(2*pi)^(1/2))/exp(w^2/8).
9. 1/(s – 1)^2，atan(a/s).
10. t*exp(t) – exp(t) + 1，t + 1/exp(t) – 1.
11. exp(t) – t – 1.

参 考 文 献

[1] 西安交通大学高等数学教研室．复变函数[M]．4 版．北京：高等教育出版社，1996．

[2] 张元林．积分变换[M]．5 版．北京：高等教育出版社，2012．

[3] 哈尔滨工业大学数学系．复变函数与积分变换[M]．3 版．北京：科学出版社，2013．

[4] 张建国，李冱岸．复变函数与积分变换[M]．北京：机械工业出版社，2010．

[5] 张鸿艳．复变函数与积分变换[M]．北京：化学工业出版社，2011．

[6] 宋叔尼，孙涛，张国伟．复变函数与积分变换[M]．北京：科学出版社，2006．

[7] 陈洪，贾积身，王杰．复变函数与积分变换[M]．北京：高等教育出版社，2002．

[8] 赵建丛，黄文亮．复变函数与积分变换[M]．2 版．上海：华东理工大学出版社，2012．

[9] 刘子瑞，梅家斌．复变函数与积分变换[M]．北京：科学出版社，2007．

[10] 李汉龙，缪淑贤．复变函数[M]．北京：国防工业出版社，2011．

[11] 郑唯唯．复变函数与积分变换[M]．西安：西北工业大学出版社，2011．

[12] 宋叶志．MATLAB 数值分析与应用[M]．2 版．北京：机械工业出版社，2014．

附录 I　Fourier 变换简表

序号	$f(t)$	$F(\omega)$
1	矩形单脉冲 $f(t)=\begin{cases}E, & \|t\|\leqslant\dfrac{\tau}{2}\\0, & 其他\end{cases}$	$2E\dfrac{\sin\dfrac{\omega\tau}{2}}{\omega}$
2	指数衰减函数 $f(t)=\begin{cases}0, & t<0\\e^{-\beta t}, & t\geqslant 0\end{cases}\quad(\beta>0)$	$\dfrac{1}{\beta+i\omega}$
3	三角形单脉冲 $f(t)=\begin{cases}\dfrac{2A}{\tau}\left(\dfrac{\tau}{2}+t\right), & -\dfrac{\tau}{2}\leqslant t<0\\\dfrac{2A}{\tau}\left(\dfrac{\tau}{2}-t\right), & 0\leqslant t<\dfrac{\tau}{2}\\0, & 其他\end{cases}$	$\dfrac{4A}{\tau\omega^2}\left(1-\cos\dfrac{\omega\tau}{2}\right)$
4	钟形脉冲 $f(t)=Ae^{-\beta t^2}\quad(\beta>0)$	$\sqrt{\dfrac{\pi}{\beta}}Ae^{-\frac{\omega^2}{4\beta}}$
5	Fourier 核 $f(t)=\dfrac{\sin\omega_0 t}{\pi t}$	$\begin{cases}1, & \|\omega\|\leqslant\omega_0\\0, & 其他\end{cases}$
6	Gauss 分布函数 $f(t)=\dfrac{1}{\sqrt{2\pi}\sigma}e^{-\frac{t^2}{2\sigma^2}}$	$e^{-\frac{\sigma^2\omega^2}{2}}$
7	矩形射频脉冲 $f(t)=\begin{cases}E\cos\omega_0 t, & \|t\|\leqslant\dfrac{\tau}{2}\\0, & 其他\end{cases}$	$\dfrac{E\tau}{2}\left[\dfrac{\sin(\omega-\omega_0)\dfrac{\tau}{2}}{(\omega-\omega_0)\dfrac{\tau}{2}}+\dfrac{\sin(\omega+\omega_0)\dfrac{\tau}{2}}{(\omega+\omega_0)\dfrac{\tau}{2}}\right]$
8	单位脉冲函数 $f(t)=\delta(t)$	1
9	单位阶跃函数 $f(t)=u(t)$	$\dfrac{1}{i\omega}+\pi\delta(\omega)$
10	周期性脉冲函数 $f(t)=\sum\limits_{n=-\infty}^{\infty}\delta(t-nT)$ （T 为脉冲函数的周期）	$\dfrac{2\pi}{T}\sum\limits_{n=-\infty}^{\infty}\delta\left(\omega-\dfrac{2n\pi}{T}\right)$
11	$\cos\omega_0 t$	$\pi[\delta(\omega+\omega_0)+\delta(\omega-\omega_0)]$
12	$\sin\omega_0 t$	$i\pi[\delta(\omega+\omega_0)-\delta(\omega-\omega_0)]$
13	$u(t-c)$	$\dfrac{1}{i\omega}e^{-i\omega c}+\pi\delta(\omega)$
14	$u(t)\cdot t$	$-\dfrac{1}{\omega^2}+\pi i\delta'(\omega)$

续表

序号	$f(t)$	$F(\omega)$
15	$u(t)\cdot t^n$	$\dfrac{n!}{(\mathrm{i}\,\omega)^{n+1}}+\pi \mathrm{i}^n\,\delta^{(n)}(\omega)$
16	$u(t)\sin at$	$\dfrac{a}{a^2-\omega^2}+\dfrac{\pi}{2\mathrm{i}}[\delta(\omega-a)-\delta(\omega+a)]$
17	$u(t)\cos at$	$\dfrac{\mathrm{i}\,\omega}{a^2-\omega^2}+\dfrac{\pi}{2}[\delta(\omega-a)-\delta(\omega+a)]$
18	$u(t)\mathrm{e}^{\mathrm{i}\,at}$	$\dfrac{1}{\mathrm{i}(\omega-a)}+\pi\delta(\omega-a)$
19	$u(t\text{-}c)\,\mathrm{e}^{\mathrm{i}\,at}$	$\dfrac{1}{\mathrm{i}(\omega-a)}\mathrm{e}^{-\mathrm{i}(\omega-a)c}+\pi\delta(\omega-a)$
20	$u(t)\,\mathrm{e}^{\mathrm{i}\,at}\,t^n$	$\dfrac{n!}{[\mathrm{i}(\omega-a)]^{n+1}}+\pi \mathrm{i}^n\delta^{(n)}(\omega-a)$
21	$\mathrm{e}^{a\|t\|}\quad(\mathrm{Re}(a)<0)$	$\dfrac{-2a}{\omega^2+a^2}$
22	$\delta(t-c)$	$\mathrm{e}^{-\mathrm{i}\,\omega c}$
23	$\delta'(t)$	$\mathrm{i}\,\omega$
24	$\delta^{(n)}(t)$	$(\mathrm{i}\,\omega)^n$
25	$\delta^{(n)}(t-c)$	$(\mathrm{i}\,\omega)^n\,\mathrm{e}^{-\mathrm{i}\omega c}$
26	1	$2\,\pi\,\delta(\omega)$
27	t	$2\,\pi \mathrm{i}\,\delta'(\omega)$
28	t^n	$2\,\pi \mathrm{i}^n\,\delta^{(n)}(\omega)$
29	$\mathrm{e}^{\mathrm{i}\,at}$	$2\,\pi\,\delta(\omega-a)$
30	$t^n\,\mathrm{e}^{\mathrm{i}\,at}$	$2\,\pi \mathrm{i}^n\,\delta^{(n)}(\omega-a)$
31	$\dfrac{1}{a^2+t^2}\quad(\mathrm{Re}(a)<0)$	$-\dfrac{\pi}{a}\mathrm{e}^{a\|\omega\|}$
32	$\dfrac{t}{(a^2+t^2)^2}\quad(\mathrm{Re}(a)<0)$	$\dfrac{\mathrm{i}\,\omega\,\pi}{2a}\mathrm{e}^{a\|\omega\|}$
33	$\dfrac{\mathrm{e}^{\mathrm{i}\,bt}}{a^2+t^2}\quad(\mathrm{Re}(a)<0,b\text{为实数})$	$-\dfrac{\pi}{a}\mathrm{e}^{a\|\omega-b\|}$
34	$\dfrac{\cos bt}{a^2+t^2}\quad(\mathrm{Re}(a)<0,b\text{为实数})$	$-\dfrac{\pi}{2a}[\mathrm{e}^{a\|\omega-b\|}+\mathrm{e}^{a\|\omega+b\|}]$
35	$\dfrac{\sin bt}{a^2+t^2}\quad(\mathrm{Re}(a)<0,b\text{为实数})$	$-\dfrac{\pi}{2a\,\mathrm{i}}[\mathrm{e}^{a\|\omega-b\|}-\mathrm{e}^{a\|\omega+b\|}]$
36	$\dfrac{\mathrm{sh}\,at}{\mathrm{sh}\pi\,t}(-\pi<a<\pi)$	$\dfrac{\sin a}{\mathrm{ch}\,\omega+\cos a}$
37	$\dfrac{\mathrm{sh}\,at}{\mathrm{ch}\pi\,t}(-\pi<a<\pi)$	$-2\mathrm{i}\dfrac{\sin\dfrac{a}{2}\,\mathrm{sh}\dfrac{\omega}{2}}{\mathrm{ch}\,\omega+\cos a}$
38	$\dfrac{\mathrm{ch}\,at}{\mathrm{ch}\,\pi t}(-\pi<a<\pi)$	$2\dfrac{\cos\dfrac{a}{2}\,\mathrm{ch}\dfrac{\omega}{2}}{\mathrm{ch}\,\omega+\cos a}$
39	$\dfrac{1}{\mathrm{ch}\,at}$	$\dfrac{\pi}{a}\dfrac{1}{\mathrm{ch}\dfrac{\pi\,\omega}{2a}}$

续表

序号	$f(t)$	$F(\omega)$
40	$\sin at^2 \quad (a>0)$	$\sqrt{\frac{\pi}{a}}\cos\left(\frac{\omega^2}{4a}+\frac{\pi}{4}\right)$
41	$\cos at^2 \quad (a>0)$	$\sqrt{\frac{\pi}{a}}\cos\left(\frac{\omega^2}{4a}-\frac{\pi}{4}\right)$
42	$\frac{\sin at}{t} \quad (a>0)$	$\begin{cases}\pi, & \lvert\omega\rvert\leqslant a\\ 0, & \lvert\omega\rvert>a\end{cases}$
43	$\frac{\sin^2 at}{t^2} \quad (a>0)$	$\begin{cases}\pi\left(a-\frac{\lvert\omega\rvert}{2}\right), & \lvert\omega\rvert\leqslant 2a\\ 0, & \lvert\omega\rvert>2a\end{cases}$
44	$\frac{\sin at}{\sqrt{\lvert t\rvert}}$	$\mathrm{i}\sqrt{\frac{\pi}{2}}\left(\frac{1}{\sqrt{\lvert\omega+a\rvert}}-\frac{1}{\sqrt{\lvert\omega-a\rvert}}\right)$
45	$\frac{\cos at}{\sqrt{\lvert t\rvert}}$	$\sqrt{\frac{\pi}{2}}\left(\frac{1}{\sqrt{\lvert\omega+a\rvert}}+\frac{1}{\sqrt{\lvert\omega-a\rvert}}\right)$
46	$\frac{1}{\sqrt{\lvert t\rvert}}$	$\sqrt{\frac{2\pi}{\omega}}$
47	$\operatorname{sgn} t$	$\frac{2}{\mathrm{i}\omega}$
48	$\mathrm{e}^{-at^2} \quad (\mathrm{Re}(a)>0)$	$\sqrt{\frac{\pi}{a}}\,\mathrm{e}^{-\frac{\omega^2}{4a}}$
49	$\lvert t\rvert$	$-\frac{2}{\omega^2}$
50	$\frac{1}{\lvert t\rvert}$	$\frac{\sqrt{2\pi}}{\lvert\omega\rvert}$

附录II Laplace 变换简表

序号	$f(t)$	$F(s)$
1	1	$\frac{1}{s}$
2	e^{at}	$\frac{1}{s-a}$
3	$t^m (m>-1)$	$\frac{\Gamma(m+1)}{s^{m+1}}$
4	$t^m \mathrm{e}^{at} (m>-1)$	$\frac{\Gamma(m+1)}{(s-a)^{m+1}}$
5	$\sin at$	$\frac{a}{s^2+a^2}$
6	$\cos at$	$\frac{s}{s^2+a^2}$
7	$\operatorname{sh} at$	$\frac{a}{s^2-a^2}$
8	$\operatorname{ch} at$	$\frac{s}{s^2-a^2}$
9	$t\sin at$	$\frac{2as}{(s^2+a^2)^2}$
10	$t\cos at$	$\frac{s^2-a^2}{(s^2+a^2)^2}$
11	$t\operatorname{sh} at$	$\frac{2as}{(s^2-a^2)^2}$
12	$t\operatorname{ch} at$	$\frac{s^2+a^2}{(s^2-a^2)^2}$
13	$t^m \sin at (m>-1)$	$\frac{\Gamma(m+1)}{2\mathrm{i}(s^2+a^2)^{m+1}}[(s+\mathrm{i}a)^{m+1}-(s-\mathrm{i}a)^{m+1}]$
14	$t^m \cos at (m>-1)$	$\frac{\Gamma(m+1)}{2(s^2+a^2)^{m+1}}[(s+\mathrm{i}a)^{m+1}+(s-\mathrm{i}a)^{m+1}]$
15	$\mathrm{e}^{-bt}\sin at$	$\frac{a}{(s+b)^2+a^2}$
16	$\mathrm{e}^{-bt}\cos at$	$\frac{s+b}{(s+b)^2+a^2}$
17	$\mathrm{e}^{-bt}\sin(at+c)$	$\frac{(s+b)\sin c+a\cos c}{(s+b)^2+a^2}$
18	$\sin^2 t$	$\frac{1}{2}\left(\frac{1}{s}-\frac{s}{s^2+4}\right)$
19	$\cos^2 t$	$\frac{1}{2}\left(\frac{1}{s}+\frac{s}{s^2+4}\right)$
20	$\sin at \sin bt$	$\frac{2abs}{[s^2+(a+b)^2][s^2+(a-b)^2]}$

续表

序号	$f(t)$	$F(s)$
21	$e^{at}-e^{bt}$	$\dfrac{a-b}{(s-a)(s-b)}$
22	$a\,e^{at}-b\,e^{bt}$	$\dfrac{(a-b)s}{(s-a)(s-b)}$
23	$\dfrac{1}{a}\sin at-\dfrac{1}{b}\sin bt$	$\dfrac{b^2-a^2}{(s^2+a^2)(s^2+b^2)}$
24	$\cos at-\cos bt$	$\dfrac{(b^2-a^2)s}{(s^2+a^2)(s^2+b^2)}$
25	$\dfrac{1}{a^2}(1-\cos at)$	$\dfrac{1}{s(s^2+a^2)}$
26	$\dfrac{1}{a^3}(at-\sin at)$	$\dfrac{1}{s^2(s^2+a^2)}$
27	$\dfrac{1}{a^4}(\cos at-1)+\dfrac{1}{2a^2}t^2$	$\dfrac{1}{s^3(s^2+a^2)}$
28	$\dfrac{1}{a^4}(\operatorname{ch} at-1)-\dfrac{1}{2a^2}t^2$	$\dfrac{1}{s^3(s^2-a^2)}$
29	$\dfrac{1}{2a^3}(\sin at-at\cos at)$	$\dfrac{1}{(s^2+a^2)^2}$
30	$\dfrac{1}{2a}(\sin at+at\cos at)$	$\dfrac{s^2}{(s^2+a^2)^2}$
31	$\dfrac{1}{a^4}(1-\cos at)-\dfrac{1}{2a^3}t\sin at$	$\dfrac{1}{s(s^2+a^2)^2}$
32	$(1-at)e^{-at}$	$\dfrac{s}{(s+a)^2}$
33	$t(1-\dfrac{at}{2})e^{-at}$	$\dfrac{s}{(s+a)^3}$
34	$\dfrac{1}{a}(1-e^{-at})$	$\dfrac{1}{s(s+a)}$
35[①]	$\dfrac{1}{ab}+\dfrac{1}{b-a}\left(\dfrac{e^{-bt}}{b}-\dfrac{e^{-at}}{a}\right)$	$\dfrac{1}{s(s+a)(s+b)}$
36[①]	$\dfrac{e^{-at}}{(b-a)(c-a)}+\dfrac{e^{-bt}}{(a-b)(c-b)}+\dfrac{e^{-ct}}{(a-c)(b-c)}$	$\dfrac{1}{(s+a)(s+b)(s+c)}$
37[①]	$\dfrac{a\,e^{-at}}{(c-a)(a-b)}+\dfrac{b\,e^{-bt}}{(a-b)(b-c)}+\dfrac{c\,e^{-ct}}{(b-c)(c-a)}$	$\dfrac{s}{(s+a)(s+b)(s+c)}$
38[①]	$\dfrac{a^2e^{-at}}{(c-a)(b-a)}+\dfrac{b^2e^{-bt}}{(a-b)(c-b)}+\dfrac{c^2e^{-ct}}{(b-c)(a-c)}$	$\dfrac{s^2}{(s+a)(s+b)(s+c)}$
39[①]	$\dfrac{e^{-at}-e^{-bt}[1-(a-b)t]}{(a-b)^2}$	$\dfrac{1}{(s+a)(s+b)^2}$
40[①]	$\dfrac{[a-b(a-b)t]e^{-bt}-a\,e^{-at}}{(a-b)^2}$	$\dfrac{s}{(s+a)(s+b)^2}$
41	$e^{-at}-e^{\frac{at}{2}}\left(\cos\dfrac{\sqrt{3}at}{2}-\sqrt{3}\sin\dfrac{\sqrt{3}at}{2}\right)$	$\dfrac{3a^2}{s^3+a^3}$

续表

序号	$f(t)$	$F(s)$
42	$\sin at\,\mathrm{ch}\,at - \cos at\,\mathrm{sh}\,at$	$\dfrac{4a^3}{s^4+4a^4}$
43	$\dfrac{1}{2a^2}\sin at\,\mathrm{sh}\,at$	$\dfrac{s}{s^4+4a^4}$
44	$\dfrac{1}{2a^3}(\mathrm{sh}\,at - \sin at)$	$\dfrac{1}{s^4-a^4}$
45	$\dfrac{1}{2a^2}(\mathrm{ch}\,at - \cos at)$	$\dfrac{s}{s^4-a^4}$
46	$\dfrac{1}{\sqrt{\pi t}}$	$\dfrac{1}{\sqrt{s}}$
47	$2\sqrt{\dfrac{t}{\pi}}$	$\dfrac{1}{s\sqrt{s}}$
48	$\dfrac{1}{\sqrt{\pi t}}\mathrm{e}^{at}(1+2at)$	$\dfrac{s}{(s-a)\sqrt{s-a}}$
49	$\dfrac{1}{2\sqrt{\pi t^3}}(\mathrm{e}^{bt}-\mathrm{e}^{at})$	$\sqrt{s-a}-\sqrt{s-b}$
50	$\dfrac{1}{\sqrt{\pi t}}\cos 2\sqrt{at}$	$\dfrac{1}{\sqrt{s}}\mathrm{e}^{-\frac{a}{s}}$
51	$\dfrac{1}{\sqrt{\pi t}}\mathrm{ch}\,2\sqrt{at}$	$\dfrac{1}{\sqrt{s}}\mathrm{e}^{\frac{a}{s}}$
52	$\dfrac{1}{\sqrt{\pi t}}\sin 2\sqrt{at}$	$\dfrac{1}{s\sqrt{s}}\mathrm{e}^{-\frac{a}{s}}$
53	$\dfrac{1}{\sqrt{\pi t}}\mathrm{sh}\,2\sqrt{at}$	$\dfrac{1}{s\sqrt{s}}\mathrm{e}^{\frac{a}{s}}$
54	$\dfrac{1}{t}(\mathrm{e}^{bt}-\mathrm{e}^{at})$	$\ln\dfrac{s-a}{s-b}$
55	$\dfrac{2}{t}\mathrm{sh}\,at$	$\ln\dfrac{s+a}{s-a}$
56	$\dfrac{2}{t}(1-\cos at)$	$\ln\dfrac{s^2+a^2}{s^2}$
57	$\dfrac{2}{t}(1-\mathrm{ch}\,at)$	$\ln\dfrac{s^2-a^2}{s^2}$
58	$\dfrac{1}{t}\sin at$	$\arctan\dfrac{a}{s}$
59	$\dfrac{1}{t}(\mathrm{ch}\,at-\cos bt)$	$\ln\sqrt{\dfrac{s^2+b^2}{s^2-a^2}}$
60②	$\dfrac{1}{\pi t}\sin(2a\sqrt{t})$	$\mathrm{erf}\left(\dfrac{a}{\sqrt{s}}\right)$
61②	$\dfrac{1}{\sqrt{\pi t}}\mathrm{e}^{-2a\sqrt{t}}$	$\dfrac{1}{\sqrt{s}}\mathrm{e}^{\frac{a^2}{s}}\mathrm{erfc}\left(\dfrac{a}{\sqrt{s}}\right)$
62	$\mathrm{erfc}\left(\dfrac{a}{2\sqrt{t}}\right)$	$\dfrac{1}{s}\mathrm{e}^{-a\sqrt{s}}$

续表

序号	$f(t)$	$F(s)$
63	$\mathrm{erf}\left(\frac{t}{2a}\right)$	$\frac{1}{s}\mathrm{e}^{a^2s^2}\mathrm{erfc}(as)$
64	$\frac{1}{\sqrt{\pi t}}\mathrm{e}^{-2\sqrt{at}}$	$\frac{1}{\sqrt{s}}\mathrm{e}^{\frac{a}{s}}\mathrm{erfc}\left(\sqrt{\frac{a}{s}}\right)$
65	$\frac{1}{\sqrt{\pi(t+a)}}$	$\frac{1}{\sqrt{s}}\mathrm{e}^{as}\mathrm{erfc}\left(\sqrt{as}\right)$
66	$\frac{1}{\sqrt{a}}\mathrm{erf}\left(\sqrt{at}\right)$	$\frac{1}{s\sqrt{s+a}}$
67	$\frac{1}{\sqrt{a}}\mathrm{e}^{at}\mathrm{erf}\left(\sqrt{at}\right)$	$\frac{1}{\sqrt{s}(s-a)}$
68	$u(t)$	$\frac{1}{s}$
69	$tu(t)$	$\frac{1}{s^2}$
70	$t^m u(t)(m>-1)$	$\frac{\Gamma(m+1)}{s^{m+1}}$
71	$\delta(t)$	1
72	$\delta^{(n)}(t)$	s^n
73	$\mathrm{sgn}\, t$	$\frac{1}{s}$
74③	$J_0(at)$	$\frac{1}{\sqrt{s^2+a^2}}$
75③	$I_0(at)$	$\frac{1}{\sqrt{s^2-a^2}}$
76	$J_0(2\sqrt{at})$	$\frac{1}{s}\mathrm{e}^{-\frac{a}{s}}$
77	$\mathrm{e}^{-bt}I_0(at)$	$\frac{1}{\sqrt{(s+b)^2-a^2}}$
78	$tJ_0(at)$	$\frac{s}{\sqrt{(s^2+a^2)^3}}$
79	$tI_0(at)$	$\frac{s}{\sqrt{(s^2-a^2)^3}}$
80	$J_0\left(a\sqrt{t(t+2b)}\right)$	$\frac{1}{\sqrt{s^2+a^2}}\mathrm{e}^{b(s-\sqrt{s^2+a^2})}$

① 式中 a, b, c 为不相等的常数.

② $\mathrm{erf}(x)=\frac{2}{\sqrt{\pi}}\int_0^x \mathrm{e}^{-t^2}\mathrm{d}t$，称为误差函数.

$\mathrm{erfc}(x)=1-\mathrm{erf}(x)=\frac{2}{\sqrt{\pi}}\int_x^{+\infty}\mathrm{e}^{-t^2}\mathrm{d}t$，称为余误差函数.

③ $J_n(x)=\sum_{k=0}^{\infty}\frac{(-1)^k}{k!\Gamma(n+k+1)}\left(\frac{x}{2}\right)^{n+2k}$，$I_n(x)=\mathrm{i}^{-n}J_n(\mathrm{i}x)$，$J_n$ 称为第一类 n 阶 Bessel 函数. I_n 称为第一类 n 阶变形的 Bessel 函数，或称为虚宗量的 Bessel 函数.